全国高职高专项目课程立体化教材
国家示范性高职院校建设项目规划教材

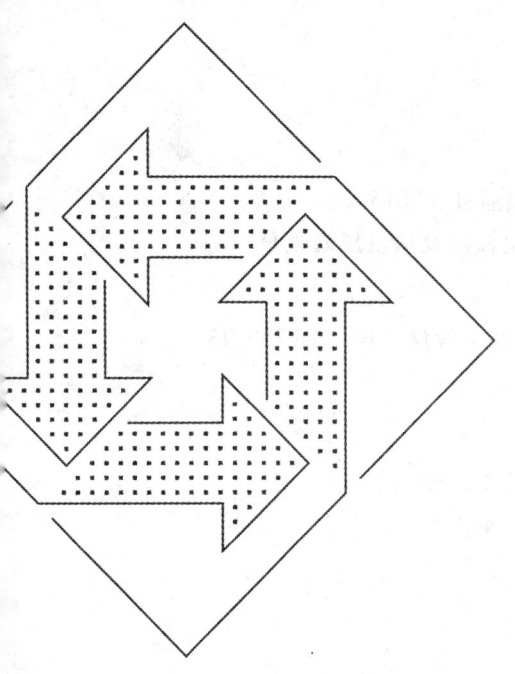

国际结算业务

GUOJI JIESUAN YEWU

张宏博　主编

中国财政经济出版社

图书在版编目（CIP）数据

国际结算业务／张宏博主编．—北京：中国财政经济出版社，2015.2
全国高职高专项目课程立体化教材　国家示范性高职院校建设项目规划教材
ISBN 978－7－5095－6003－7

Ⅰ．①国…　Ⅱ．①张…　Ⅲ．①国际结算－高等职业教育－教材　Ⅳ．①F830.73

中国版本图书馆 CIP 数据核字（2015）第 022713 号

责任编辑：李　媛　　　　　　　　　责任校对：李　丽
封面设计：华乐功　　　　　　　　　版式设计：董生萍

中国财政经济出版社出版
URL: http://edu.cfeph.cn
E-mail: jiaoyu@cfeph.cn
（版权所有　翻印必究）
社址：北京市海淀区阜成路甲 28 号　邮政编码：100142
营销中心电话：010-88190406　编辑部门电话：010-88190683
北京财经印刷厂印刷　各地新华书店经销
787×1092 毫米　16 开　20.5 印张　476 000 字
2015 年 2 月第 1 版　2015 年 2 月北京第 1 次印刷
定价：37.00 元
ISBN 978－7－5095－6003－7/F·4833
（图书出现印装问题，本社负责调换）
本社质量投诉电话：010-88190744
打击盗版举报热线：010-88190492、QQ：634579818

序言

以 2006 年启动的国家示范院校建设为起点，职业教育改革一系列项目的实施将我国高等职业教育一步步推向了新的发展阶段——示范院校建设、骨干院校建设、精品课程建设、教学资源库建设、精品资源共享课建设、中央财政重点支持的实训基地建设等。教师们首先接受的是现代职教思想和职教改革理念的冲击，继而大规模开展了以人才培养模式改革为核心的课程和教学内容改革、实训基地建设和师资队伍建设，以及在此基础上的体制机制创新。在一系列疾风暴雨的改革推进过后，盘点一下这些改革的成果，我们发现：体现教学内容更新、促进教学方法改革、促进教学条件配套、促进教师能力提升的教材，不论从形式到内容都发生了颠覆性的变革。

本系列教材诞生于第一批国家示范院校建设项目，是教育部、财政部重点支持的国家示范院校建设项目立项建设的重点教材。在示范建设过程中，通过借鉴工作过程系统化的课程开发原理，采用项目课程的开发方法，重新设计了专业课程体系，系统开发了专业课程标准，围绕专业课程标准进行了教学项目设计，在教学项目设计的基础上进行教材建设，开创了财经类教材开发模式和表现形式的先河。至 2009 年 5 月，国内财经类专业第一套项目模块式系列教材正式出版，在全国产生了深远影响。本系列教材以岗位工作内容作为教学内容，根据工作项目确定教学项目，根据岗位工作任务确定学习性工作任务，以岗位工作顺序组织教学过程，注重了学生校内学习与实际工作的一致性，实现了以教材推进任务驱动、项目导向等有利于增强学生能力的教学模式的实施。与传统教材相比，本系列教材有如下特点：

第一，教材的体例舍弃了适应传统知识体系的章节结构形式（部分纯理论课教材除外），应用了适应工作体系的项目、模块结构形式。教材中的项目来源于根据岗位工作任务分析确定的工作项目所设计的教学项目，教材中的模块来源于完成工作项目的工作过程。按照本套教材组织教学，能够实现按照工作过程的逻辑来组织教学进程，实现教、学、做一体化。

第二，教材的内容不再依据相关学科的理论知识体系，而来源于相应岗位的工作内容。教学内容的选取依据完成岗位工作任务对知识和技能的要求，建立在行业专家对相应岗位工作任务分析和专业教师深入行业进行岗位调研的基础上。通过将行业岗位涉及的新业务、新方法和新工具及时地纳入教材，贴近了行业发展实际，充分体现了职业教育的职业性、实践性和开放性的要求。

第三，教材不再停留在对课程内容的直接描述，而是十分注重对教学过程的设计，注重学生对教学过程的参与。在教材的各个项目之前，一般都提出了该项目应该完成的工作任务和完成这些任务应该提交的标志性成果。教材注重根据工作情景设计教学情境，较好地模拟了岗位业务活动，具有较强的可操作性。

职业教育改革飞速发展，随着时间的推移，近几年的国家教学资源库建设、精品资源共享课建设为教材建设探索了更多成功的经验，教材的形式和内容在原有基础上发生了重大变化，为保持本套教材的与时俱进，我们组织全国各地十多家示范院校的专家、教授对这套教材进行了重新修订并扩充了选题。本次修订和选题扩充基于如下原则：

第一，基于行业标准。本系列教材编写参照全国财政职业教育教学指导委员会颁布的《会计专业三项标准》和《金融管理与实务专业三项标准》的总体要求和有关课程标准的要求，适当兼顾行业职业证书考试和银行、证券等行业服务标准的需要。同时，也参考了教育部职业教育与成人教育司发布的410个专业教学标准中的相关内容。

第二，强化一体化设计。一体化教学是项目课程的生命，教学练结合是职业教育最基本的教学方式，教材必须体现职业教育基本理念的要求。在目前职业院校教师的课程设计能力普遍有待提高的情况下，应通过一体化的教材设计将边讲边练的内容体现在教材之中，通过教材引导教育改革。

第三，立体化配套。教材的竞争不再是纸质教材单方面的竞争，教材出版单位对课程教学的服务已经开始走向全方位、立体化的服务。本系列教材在提供配套资源方面注重围绕课堂教学的基本需要，把主要精力集中到核心资源的建设上，尽量做到少而精，体现我们的特色，我们提供的不一定是最全面、但一定是性价比最好的服务。

第四，体现国内领先水平。本套教材的定位是作为国家级出版社依托国家示范院校面向全国市场精心策划重磅推出的拳头产品，代表了国家示范院校的最高水平，体现了职业教育改革的前沿要求。同时，考虑大部分院校的教学条件，在创新的前提下也注重了教材的普适性。

我们期望通过本系列教材的推广使用，可以使国家示范院校课程改革的经验为广大职业院校实现专业教学的跨越式发展提供借鉴。相信本套教材的出版必将对我国职业教育人才培养模式改革和教材建设产生较大的促进作用。也希望读者从不同的角度提出批评和建议，共同为促进我国职业教育事业的健康发展贡献力量。

中国财政经济出版社教材编审委员会

2014年2月

前言

现今，高职教育的培养目标已经不再仅仅立足于培养技能型人才，而是着眼于培养适应区域经济产业转型升级的、具有一定创新能力的高水平技术技能型人才。这种转变是本次升级新版教材的主要目的。本书作为广东省级精品资源共享课程"国际结算业务"的配套教材，是在"国家示范性高职高专院校系列教材"中的《国际结算》（2009 年版）项目课程教材基础上修订而成。我们不但在逻辑框架方面做了根本性调整，教材内容方面也做了彻底的更新，注重引导学生扬弃国有进出口企业的传统做法和选择贸易结算方式的固有观念，尝试兼顾中小型外贸企业的贸易结算与商业银行的贸易融资业务两个主体的双重需求，将近五年在教学改革实践中所积累的一体化项目教学的技能训练内容充实到教材中。

作为一本厚积薄发、立足创新的教材，我们有两个方面的建议：一是在教材使用方面，鉴于是根据银行、企业的实际岗位设计角色，使学生在仿真的环境中感受外贸跟单或商业银行工作氛围，所以可以配合采用情境式教学，让学生按"轮换制"的方法，以不同的角色来完成课程所设计项目与任务，从而达到对业务的具体流程、操作要点以及各阶段、各时点需要注意问题等能够全面了解和熟练掌握的目的。二是在教学环境方面，最好能够配合使用深圳市智盛信息技术有限公司开发的智盛国际结算软件。课程资源方面，我们配有与项目课程一体化教材配套的多媒体课件、实训指导书、课后习题集以及面向社会开放的网络课程和精品资源共享课程等完整的教学资源。

为了更好地凸显教材行业性、权威性，编写团队中除主编外的其他成员做了较大调整。主要由国家示范院校中国家级示范专业、省级示范专业的专业教师以及银行系统资深的国际结算专业人士构成，其中广州番禺职业技术学院财经学院张宏博教授担任主编，中国银行番禺支行国际结算部的孔杰成先生担任主审，广州番禺职业技术学院外语外贸学院严美姬老师作为副主编。具体分工为：张宏博负责编写一、二、三、六、七、八、九共七个项目的内容，并负责协调组织编写工作，拟定教材框架、教材体例和编写大纲，并对全书进行总纂。严美姬负责编写项目四、五项目两个项目的内容。孔杰成除负责内容的审校外，还提供了部分资源。

在课程建设与教材编写的过程中，我们大量参考了有关专家、学者的著作、教材、论文及相关网站资源等，在此一并表示诚挚的谢意。限于编者水平，书中难免出现一些疏漏和错误，恳请广大读者批评指正。

编　者
2014 年 2 月

目　录

绪　论 …………………………………………………………………（ 1 ）

项目一　汇出汇款业务 …………………………………………（ 4 ）
　任务1　汇款人填制汇款申请书 ……………………………（ 15 ）
　任务2　汇出行发出汇款指示 ………………………………（ 21 ）
　任务3　汇出行缮制即期汇票 ………………………………（ 24 ）
　任务4　汇款人背书银行汇票 ………………………………（ 32 ）

项目二　出口托收业务 …………………………………………（ 40 ）
　任务1　委托人填制托收申请书 ……………………………（ 55 ）
　任务2　托收行缮制托收指示 ………………………………（ 61 ）

项目三　进口代收业务 …………………………………………（ 74 ）
　任务1　代收行编制到单通知书 ……………………………（ 78 ）
　任务2　付款人承兑汇票后代收行交单 ……………………（ 86 ）

项目四　信用证结算业务 ………………………………………（ 96 ）
　任务1　开证申请人填制申请书 ……………………………（112）
　任务2　开证行制作开证报文 ………………………………（122）
　任务3　通知行制作信用证通知书 …………………………（129）
　任务4　受益人审核信用证 …………………………………（135）
　任务5　开证行制作信用证修改书 …………………………（144）
　任务6　受益人交单结汇 ……………………………………（149）
　任务7　开证行审单付款 ……………………………………（163）

项目五	信用证融资业务 ······ (174)
	任务1 出口信用证打包贷款业务 ······ (186)
	任务2 出口信用证押汇业务 ······ (193)
	任务3 进口信用证押汇业务 ······ (201)

项目六	支付方式的组合应用 ······ (210)
	任务1 外贸企业选择完全基于商业信用的支付方式组合 ······ (219)
	任务2 外贸企业选择部分基于银行信用的支付方式组合 ······ (221)
	任务3 外贸企业选择基本支付方式与其他结算方式组合 ······ (224)

项目七	银行保函业务 ······ (232)
	任务1 外贸企业将信用证支付与银行保函组合应用 ······ (245)
	任务2 外贸企业将汇款或托收与银行保函组合应用 ······ (255)

项目八	福费廷业务 ······ (264)
	任务1 调查商业银行福费廷业务现状 ······ (269)
	任务2 中小微企业尝试贸易融资创新 ······ (273)

项目九	国际结算与贸易融资 ······ (281)
	任务1 商业银行为进口企业设计贸易融资产品 ······ (285)
	任务2 商业银行为出口企业设计贸易融资产品 ······ (295)
	任务3 中小型企业远期信用证组合福费廷业务 ······ (307)

参考文献 ······ (318)

绪 论

根据国际结算业务的课程特点与人才培养要求，本教材主要围绕着目前外贸公司业务员和商业银行国际结算人员两种工作岗位上的国际结算业务展开，分为支付方式、融资方式以及贸易融资等三条路线共九个项目，其中以支付方式为中心内容，涉及外贸公司如何合理选择三种基本支付方式及商业银行如何将支付方式与融资方式的组合应用进行贸易融资产品营销等。

作为基于工作任务的项目教学的教材，编者针对每个业务，根据教学目标设计具体项目。学习项目是以外贸公司或商业银行一线国际结算业务类型为线索来设计，希望让学生在教材的使用过程中，模拟、学做九个项目的真实工作情境中的 28 个工作任务，并对工作的任务、过程和环境有着直观的感受，从而实现知识与技能、过程与方法、情感态度与价值观学习的统一。学生通过项目的学习与训练，掌握真实业务处理技能，不但借此学习专业知识和技能，而且通过经历工作过程获得职业意识和方法、通过合作学习学会交流与沟通，并最终形成综合职业能力。同时，本教材还考虑了高等职业教育对理论知识教授的需要，并尽可能融合相关职业资格证书对知识、技能和态度的要求。

一、《国际结算业务》涉及的工作岗位

本教材针对公司的外贸跟单、银行的国际结算两个职位，结合我院国际金融、金融管理与实务、国际商务专业的人才培养方案，共设计了 28 个典型工作任务。典型工作任务（Professional Tasks）是职业活动中的具体工作即有着完整结构的综合性任务，反映了该职业典型的工作内容和工作方式。一个职位通常包含 10～15 个典型工作任务。外贸跟单是指进出口贸易合同签订后，跟单员对贸易合同项下订单的货物，在生产加工、货物运输、报检报关、保险和结汇等环节进行部分或全部跟踪或操作，协同完成贸易合同履行。贸易金融是指银行突破传统国际结算、贸易融资束缚，形成涵盖本外币，满足国际、国内贸易需要的全方位金融服务，银行国际结算部职员为客户提供贯穿贸易活动整个价值链的全面金融服务。

二、《国际结算业务》编写的逻辑线条

本教材在注重引导学生扬弃国有进出口企业的传统做法和选择贸易结算方式的固有观念基础上，尝试着兼顾中小微型外贸企业的贸易结算与商业银行贸易融资业务两个主体的双重需求。在每个项目中，"必备知识"部分阐述了各种国际结算与贸易融资的知识原理；而在"业务场景"、"任务描述"、"业务描述"和"操作指导"中则以图文并茂的方式，训练学生掌握相应的技能点，同时还兼顾了商业银行从业人员如何完成相应的国际结算与贸易融资操作，以及银行人员设计、营销一些融资新产品的思路和方法。

三、《国际结算业务》设计的项目载体

国际结算业务涉及多个行业、多种岗位的工作任务，学生在学习中就需要在不同环节中扮演不同的角色。本书的项目载体如下：

1. 三种基本支付方式。

学生在模拟、学做从项目一到项目五的三种基本支付方式时，项目一、项目二和项目三是通过深圳智盛国际结算模拟系统，演示操作整个托收、汇款结算业务流程；项目四、项目五则通过南京世格外贸单证系统等，演示操作整个信用证结算业务流程。随后通过真实的案例展开每一个工作任务的训练，并将完成对应的工作任务后所形成的标志性业务成果展示出来。此外，我们还将国际结算的三种票据的出票、背书和承兑等票据行为，分别嵌入到该部分的项目一的票汇业务、项目三的托收业务中。

2. 担保方式与混付方式。

项目六属于混付方式部分，是从外贸企业的角度，运用对支付方式进行选择的原则，根据不同的业务，在"业务场景"、"任务描述"、"业务描述"和"操作指导"中以图文并茂的方式，通过案例分析如何将对支付方式进行两两组合或三种以上组合和应用等。

项目七属于担保方式部分，重点从商业银行的角度，介绍了开出银行保函、通知银行保函这两种业务操作的要点；此外，还围绕着具体任务，在"业务场景"、"任务描述"、"业务描述"和"操作指导"中以图文并茂的方式，从出口商的角度，通过案例分析，学习如何将银行保函与O/A或D/A等基于商业信用的支付方式进行组合应用。

3. 融资方式与贸易融资产品。

项目八属于融资业务部分，通过组织学生实地调查，了解国内商业银行福费廷业务现状，理解福费廷与其他支付方式组合应用；进而从外贸企业的角度来分析，无论是从福费廷业务的特点、操作流程还是费用上面来看，该业务都不失为中小出口企业融资的一种较为理想的选择。

项目九属于贸易融资业务部分，其重点是站在商业银行的立场，准确计算收益、合理评估风险、选择合适的客户，为中小型外贸企业设计、营销多种支付方式组合应用的贸易融资结算方案。

四、《国际结算业务》培养的职业能力

《国际结算业务》课程循着上述的 3 条路线、9 个项目，共 28 个典型工作任务，培养学生应具备的 13 种职业能力目标，包括：

1. 能够正确开立以及背书、承兑汇票。
2. 能够处理汇入汇款和汇出汇款业务。
3. 能够处理出口托收和进口代收业务。
4. 能够填制开证申请书及审核信用证。
5. 能够用 SWIFT 进行开证和改证操作。
6. 能进行外贸单证缮制、审核及不符单据的处理。
7. 拟定银行保函条款及应用赊销＋保函等支付组合。
8. 熟悉福费廷流程及应用赊销＋福费廷等融资组合。
9. 能够合理选择并组合应用三种基本支付方式。
10. 能够设计并营销支付方式组合融资方式产品。
11. 能与外商或银行客户进行良好的沟通与合作。
12. 能够熟悉和运用国际结算惯例及法律、法规。
13. 能够具备良好的国际结算风险防范意识和能力。

鉴于高职教育正处于迈向内涵式发展的建设时期，其培养目标不再仅仅立足于培养技能型人才，而是着眼于培养适应区域经济产业转型升级的、具有一定创新能力的高水平技术技能型人才，因此我们注重将近五年在教学改革实践中所积累的一体化项目教学的技能训练内容更系统完整地充实到教材中。目前这门课程已经正式立项成为广东省工程项目中的省级精品资源共享课程，正在进行课程的转型升级，而且以这门课程的教改成果为基础的教学成果已于 2013 年 12 月获得了广东省级教学成果二等奖。此外，主编还将其新近主持完成的广州市高校社会科学项目"广州市外贸企业国际贸易融资多元化战略研究"（项目编号：10B071）的相关研究成果的内容也有机地融合到教材中，保证了教材内容与时俱进和适应区域经济发展现状。

本教材的使用对象既可以是高职金融管理与实务、国际金融等专业学生，也可以是国际贸易、商务英语等非金融类专业学生。使用者可以根据不同专业，有所取舍，使本教材的教学符合相关专业人才培养目标和教学体系的客观要求。

项目一 汇出汇款业务

 **学习目标**

知识学习目标:

1. 了解电汇、票汇、信汇业务的异同;
2. 理解汇款申请书中每个项目的涵义;
3. 掌握主要汇款业务(电汇)的流程;
4. 运用软件模拟汇出、汇入汇款业务。

技能训练目标:

1. 汇款人熟练填制三种汇款汇款申请书;
2. 汇出行能够制作标准格式 MT103 报文;
3. 汇出行熟练缮制票汇业务所需的汇票;
4. 当事人能够正确完成票据的背书操作。

 **工作任务**

1. 电汇时,汇款人根据销售合同,填制汇款申请书;汇出行受理汇出业务。
2. 电汇时,汇出行根据汇款申请书,审核、办理汇出业务,发出 MT103 报文。
3. 票汇时,汇出行根据汇款申请书,缮制银行即期汇票。
4. 票汇时,汇款人背书银行汇票。

必备知识

一、汇款的概念

国际汇款是一种顺汇方式,银行(汇出行)应汇款人(债务人)的要求,以一定的方式将一定的金额,通过其国外联行或代理行作为付款行(汇入行),付给收款人(债权人)的一种结算方式(如无特别提示,本教材中所述汇款均指国际汇款)。

国际汇款有动态和静态两种含义。国际汇款的静态含义是指外汇,它是一国以外币表示的、用于国际结算的支付手段的总称。但通常所指的汇款都是指它的动态含义,即通过银行的汇兑来实现国与国之间债权债务的清偿和国际资金的转移。因此,国际汇款又被称作国际汇兑(International Exchange)。

二、汇款的当事人

汇付结算方式的基本当事人有四个(见图1-1):

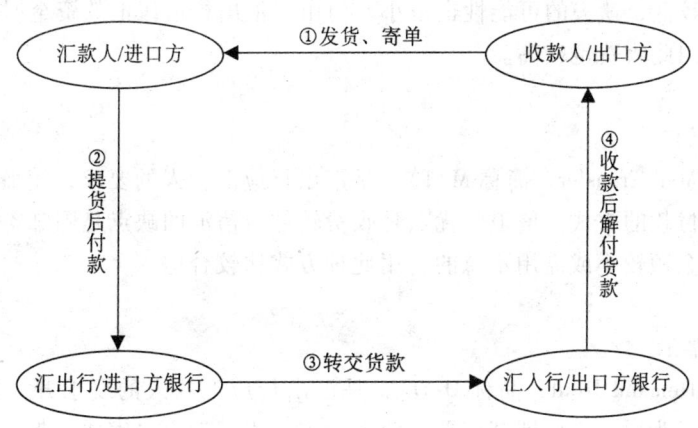

图 1-1 汇款业务关系人图

(一)汇款人

汇款人(Remitter),是指向银行交出款项,申请汇出款项的人。在进出口业务中,通常是买方。

(二)收款人或受益人

收款人或受益人(Payee or Beneficiary),接受汇款的人。在进出口业务中,通常是卖方。

（三）汇出行

汇出行（Remitting Bank），接受汇款人的委托，办理汇出款业务的银行。

（四）汇入行或解付行

汇入行或解付行（Paying Bank），接受汇出行的委托，解付汇款给收款人的银行，即办理汇入汇款业务的银行。其通常是汇出行的联行或代理行。

其中汇出行汇出的汇款称为汇出汇款（Outward Remittance）；汇入行汇入的汇款称为汇入汇款（Inward Remittance）。

三、三种汇款结算方式

汇款结算方式主要有三种：电汇、信汇和票汇。

（一）电汇

电汇（Telegraphic Transfer，简称 T/T），是汇出行应汇款人的要求，用电报、电传或 SWIFT 委托付款行向收款人付款的方式。电汇方式和信汇、票汇相比其显著特点是快。在银行，电汇的优先级最高，一般均在当天处理。而且，由于是银行之间的直接通讯，差错率较低，遗失的可能性也极小。但由于汇出行占压汇款资金时间极短，甚至根本不占压，因此收费也较高。

（二）信汇

信汇（Mail Transfer，简称 M/T），是汇出行应汇款人的要求，用航邮信函通知汇入行向收款人付款的方式。信汇的优点是收费较低。信汇的缺点是因邮寄时间较长，故收款较慢。凡金额较小或需用不急的，用此种方式比较合适。

（三）票汇

票汇（Demand Draft，简称 D/D），是汇出行应汇款人的要求开立以其在付款地的联行或代理行为付款人的即期汇票交给汇款人，由汇款人自寄或自带到付款地去凭票付款。由于汇票本身是一张独立的票据，它可以通过背书流通转让。而且票汇不像信汇那样，收款人只能向汇入行一家取款，一般来说，国外银行只要能核对汇票上签字的真伪，就能买入汇票。因此，收款人收款主动性、方便性较大。

▽ **想一想**

三种汇款方式如何选择？

根据三种汇款方式的结算工具的不同，我们可以从以下几方面进行比较，见表 1—1。

表 1-1

比较项目	T/T	M/T	D/D
结算工具	电报、电传、SWIFT	邮寄支付委托书	邮寄或携带银行即期汇票
时效性	快	慢	慢
安全性	高	有遗失或延误风险	有遗失或毁损风险，挂失或止付麻烦
支付费用	高	低	低
适应性	交易金额大，收款时间紧	金额小，收款时间充裕	邮购和各种费用的支付
应用性	广泛使用	很少使用	使用灵活简便，应用较广

D/D 的银行即期汇票有几个当事人？

汇出行作为出票人，汇入行为付款人，收款人根据汇票是寄给出口方还是进口方自带而定，既可以是出口方为收款人，也可以是进口方为收款人。

比较三种付款方式，D/D 方式更灵活简便，收款人自动上门，汇入行不需通知收款人。当出口方为收款人时，在汇票背后加盖公章并签字，即可送银行收款；若进口方为收款人，则由汇款人自带到付款地后，先背书给出口商，再经出口商空白背书，银行才接受办理付款。

四、汇款结算方式的特点

（一）信用风险比较大

预付货款或货到付款依据的都是商业信用。对于预付货款的买方及货到付款的卖方来说，一旦付款或发货就失去了制约对方的手段，他们能否收货或收款，完全依赖对方的信用，如果对方信用不好，很可能钱货两空。因而，汇款只在国际贸易结算的一些特殊场合和情况下使用。

（二）资金负担不平衡

对于预付货款的买方及货到付款的卖方来说，资金负担较重，整个交易过程中需要的资金几乎全部由他们来提供。对于出口商来说，货到付款可能还会出现钱货两空的情况。

（三）手续简便费用少

汇款支付方式的手续简单、费用低廉。因此，在交易双方相互信任的情况下，或者在跨国公司的不同子公司之间，汇款结算是十分理想的支付或结算方式。因此，汇款方式尽管有不足之处，但在国际贸易结算中还时有运用。

五、汇款在国际贸易中应用

在国际贸易中主要有两种支付方式：

（一）预付货款

预付货款是进口商（付款人）在出口商（收款人）将货物或货运单据交付之前将货款全部或者一部分通过银行付给出口商，出口商收到货款后，再根据约定发运货物。

预付货款是建立在买卖双方签定的贸易合同基础上的，买方应按合同规定，汇出款项，同时在汇款附言中说明款项的合约号码，如有要求或条件，也可在附言中写明。汇入行接到预付款后应立即通知卖方收款，并立即解付款项。预付款的使用情况通常有两种：①进出口双方关系十分密切，双方互相信赖；②双方交易的是紧俏商品。

预付货款对于进口商的不利之处有：①进口商未收到货时已先垫支付款项，可能会遭受损失或承担风险；②货物到手前付出货款，资金被他人长时间占用，造成利息损失。

预付货款对出口商有利之处：①出口商发货前即可收到货款，可以利用他人款项，或者等于得到无息贷款；②出口商在收款后发货，使发出的货物有担保，降低了发货风险，掌握了货物的主动权。

预付汇款的外汇政策

在贸易信贷登记管理系统进行预付款登记。自 2008 年 11 月 15 日（含）起，企业新发生进口预付货款，须登录国家外汇管理局网上服务平台上的"贸易信贷登记管理系统"办理逐笔登记和注销手续。银行只能为已办理预付货款登记且在可付汇额度内的预付货款办理对外付汇。

（二）货到付款

货到付款与预付货款相反，它是进口商在收到货物以后，立即或一定时间之内再付款给出口商的一种结算方式，也被称为延期付款，或赊销。

货到付款方式对出口商是不利的：①出口商先发出货物后，要承担进口商收货后不履约付款的风险；②货款往往不能及时收回，出口商的资金被占用，造成一定的损失。

货到付款方式对进口商是有利的：①进口商不用承担资金风险，依货付款，货物如不符合要求就可以不付款，在整个交易中处于主动地位；②进口商如迟付货款，实际上是占用了出口商的资金。

货到汇款的外汇政策

超过报关单日期 90 天以上，在贸易信贷登记管理系统进行延期付款登记；同时海关联网逐笔核查——进口购付汇联网核查系统。

汇综发【2008】157 号文规定，自 2008 年 10 月 1 日（含）起，海外代付企业货到付款项下（仅指 T/T 和代收，不包括信用证和海外代付）超过 90 天的延期付款，须登录国家外汇管理局网上服务平台上的"贸易信贷登记管理系统"办理逐笔登记。

银行收到企业进口货到付款项下对外付汇申请时，如进口报关单注明的海关签发日期在 2008 年 10 月 1 日之后，且该笔进口报关单项下申请付汇日期晚于海关签发日期超过 90 天的，应先登录"贸易信贷登记管理系统"查询到该笔进口报关单并进行核注后，再进入海关电子口岸"进口购付汇联网核查系统"查询该笔进口报关单并进行核注和结案后，才可为企业办理对外购付汇手续。

汇综发【2009】36 号文规定，自 2009 年 4 月 16 日，企业取得进口货物报关单前对外付汇时，如已取得运输单据或"中国电子口岸—进口付汇系统"中已有进口货物报关单电子底账的，无须办理预付货款登记手续。

流程图解

一、业务流程

（一）电汇的业务流程

电汇的业务流程如图 1-2 所示。

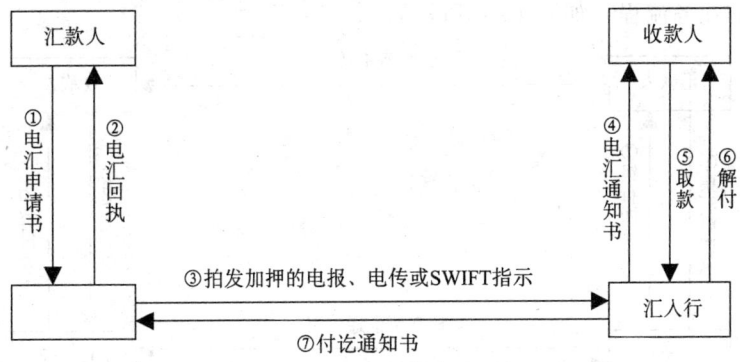

图 1-2 电汇的业务流程

注：
①汇款人委托汇出行办理电汇汇款，填写汇款申请书，注明"电汇"，缴纳汇款金额和手续费。
②汇出行受理汇款业务，收妥汇款金额及费用，将汇款申请书第二联作为回执交汇款人，从而确立双方的委托关系。
③汇出行根据汇款申请书的内容，以加密押的电报、电传或 SWIFT 系统发送电汇委托书至汇入行。
④汇入行核对密押，确认指示的真实性，缮制电汇通知书通知收款人。
⑤收款人凭电汇通知书及有效证件取款。
⑥汇入行核对相关凭证无误，解付款项。
⑦汇入行寄送付讫通知书至汇出行，告知款项付讫。

(二)信汇的业务流程

信汇的业务流程如图 1-3 所示。

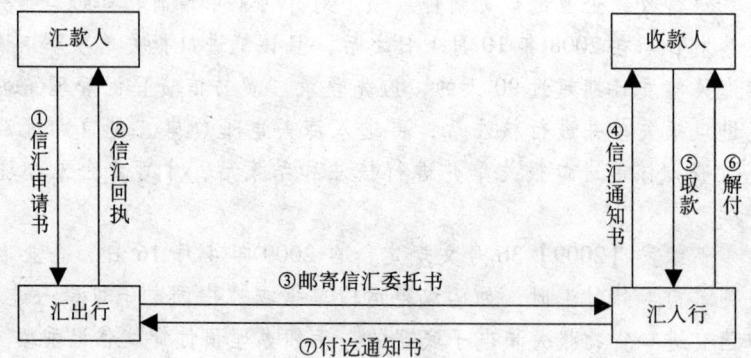

图 1-3 信汇的业务流程

注:
①汇款人委托汇出行办理信汇汇款,填写汇款申请书,注明"信汇",缴纳汇款金额和手续费。
②汇出行受理汇款业务,收妥汇款金额及费用,将汇款申请书第二联作为回执交汇款人,从而确立双方的委托关系。
③汇出行根据汇款申请书的内容,缮制信汇委托书,将其邮寄至汇入行。
④汇入行缮制信汇通知书通知收款人。
⑤收款人凭信汇通知书及有效证件取款。
⑥汇入行核对相关凭证无误,解付款项。
⑦汇入行寄送付讫通知书至汇出行,告知款项付讫。

(三)票汇的业务流程

票汇的业务流程(如图 1-4 所示)。

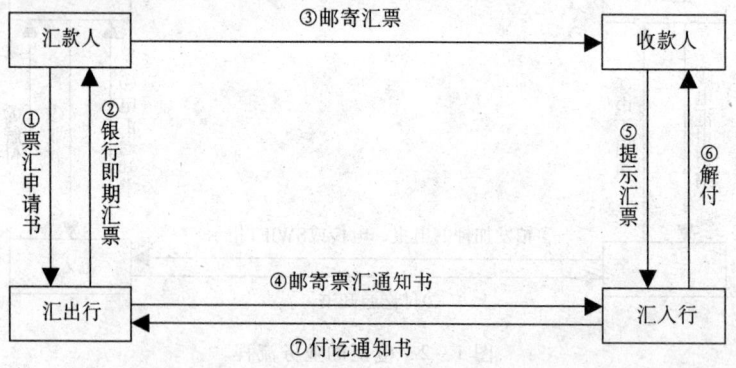

图 1-4 票汇的业务流程

注:
①汇款人委托汇出行办理票汇汇款,填写汇款申请书,注明"票汇",缴纳汇款金额和手续费。
②汇出行开立银行即期汇票交汇款人。
③汇款人邮寄汇票给国外收款人或自身携带出国。
④汇出行将汇票通知书(票根)邮寄给汇入行。
⑤收款人向汇入行提示汇票,要求取款。
⑥汇入行核对汇票与票根无误,解付款项。
⑦汇入行寄送付讫通知书至汇出行,告知款项付讫。

二、业务示范

在深圳智盛国际结算模拟系统上，模拟演示通过汇出行 WEST BEND SAVING BANK，美国固特异轮胎公司（世界最大的轮胎生产企业）向加拿大的乔治威士顿有限公司（北美最大的食品批发商和运营商），票汇 10 万美元货款这个完整的汇出汇款登记以及收款行进行汇入汇款登记的业务操作全过程。具体程序如图 1-5 所示。

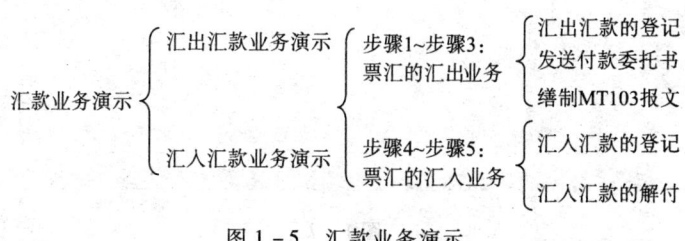

图 1-5　汇款业务演示

步骤 1　银行受理"汇出国外汇款"业务，在系统里进行业务登记，见图 1-6。

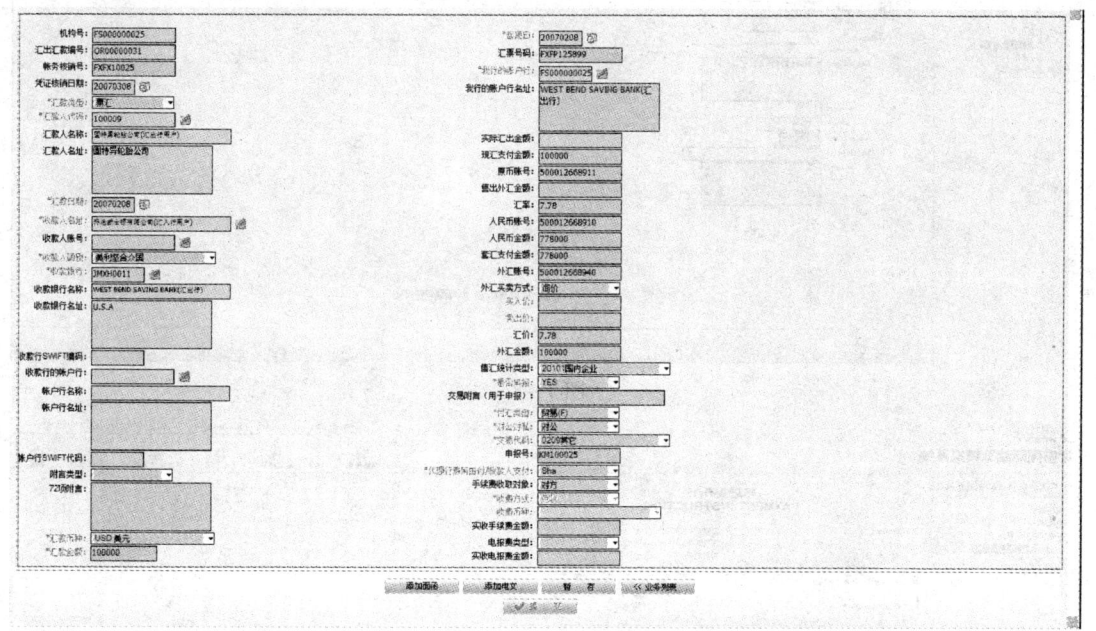

图 1-6

步骤 2　汇出行根据客户在汇款申请书中所选定的汇款方式（如电汇或票汇等），发送付款委托书（PAYMENT ORDER），如图 1-7、图 1-8、图 1-9 所示。

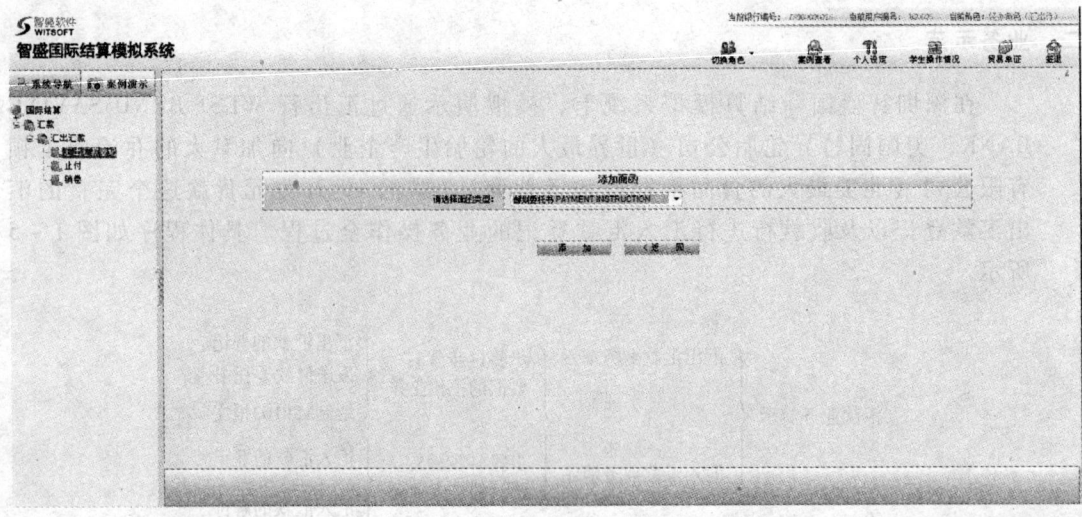

图 1-7

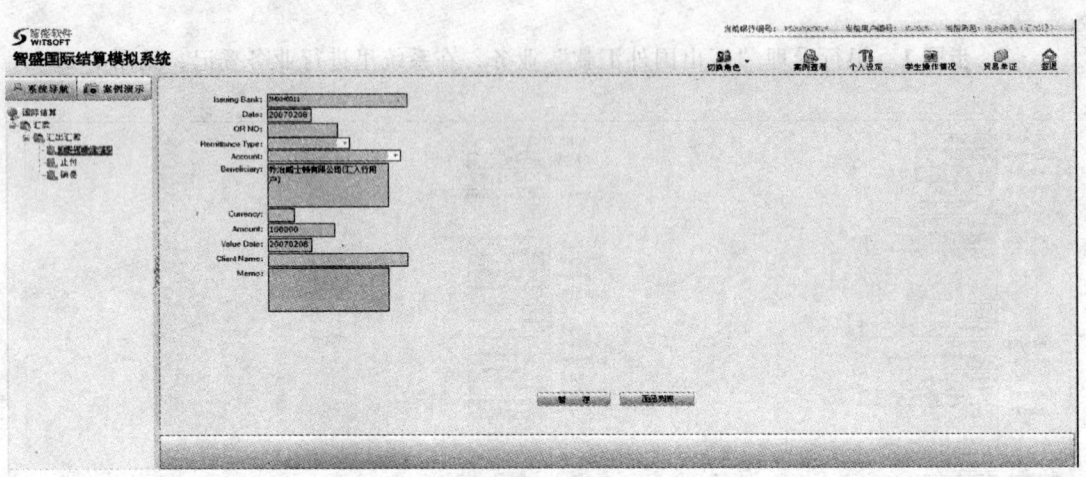

图 1-8

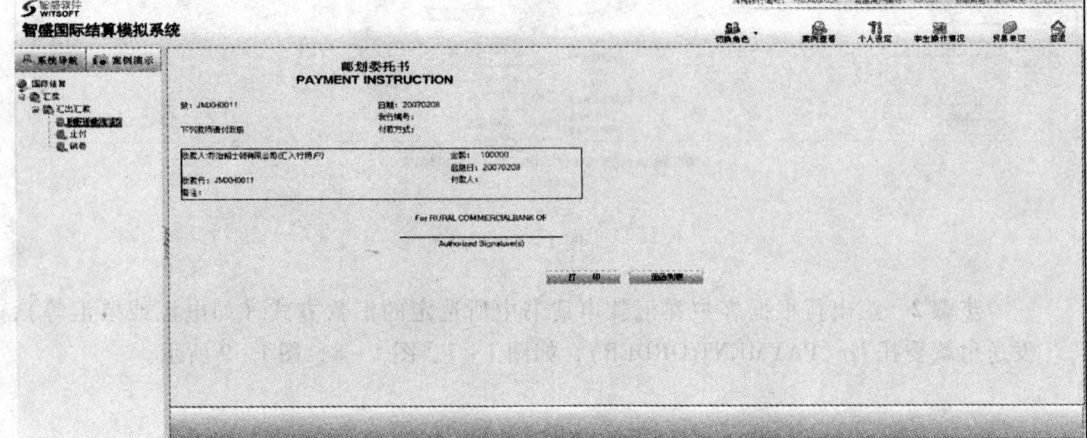

图 1-9

步骤3 汇出行根据汇款申请书内容，采用 SWIFT 系统，缮制报文 MT299，如图 1-10、图 1-11 所示。

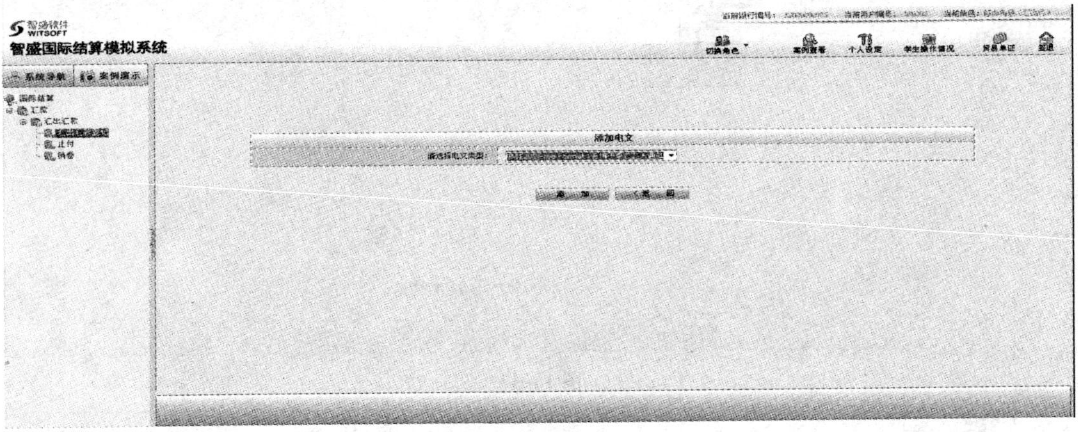

图 1-10

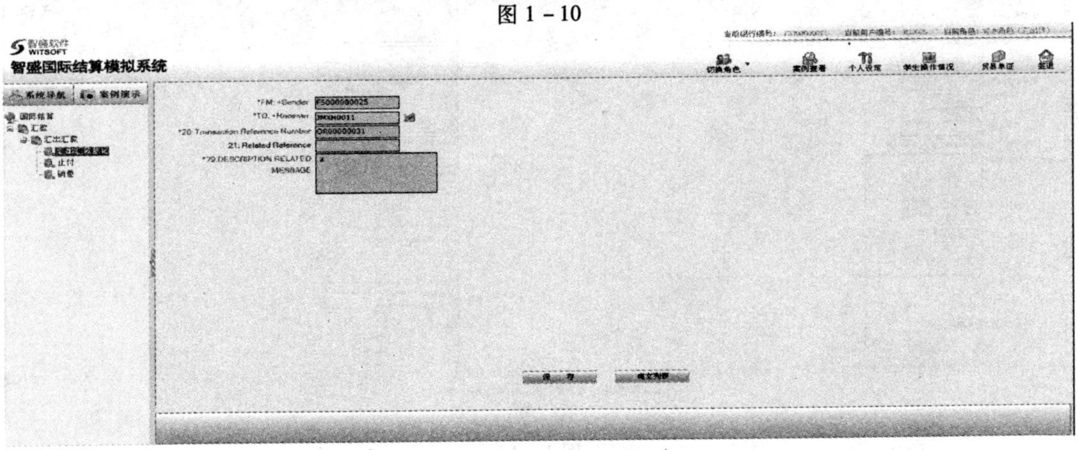

图 1-11

步骤4 汇入行根据境外代理行的来电或来函，进行汇入汇款登记，如图 1-12、图 1-13、图 1-14 所示。

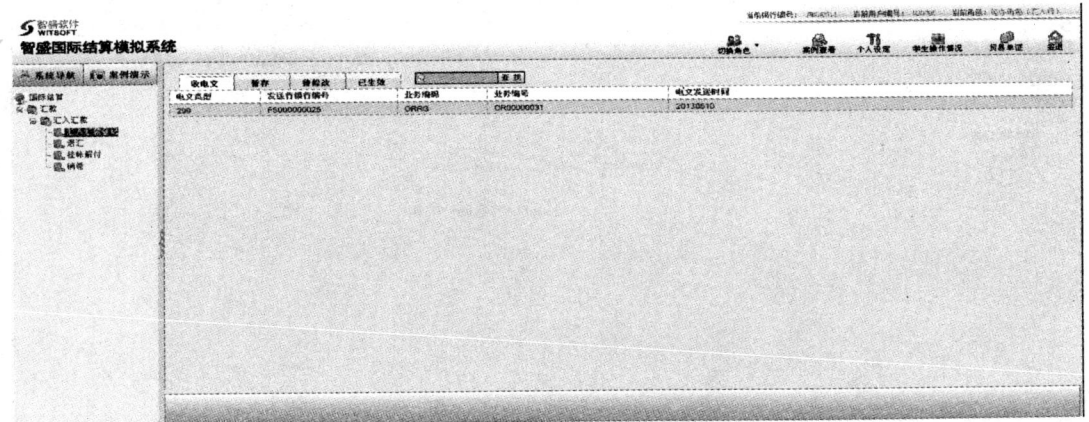

图 1-12

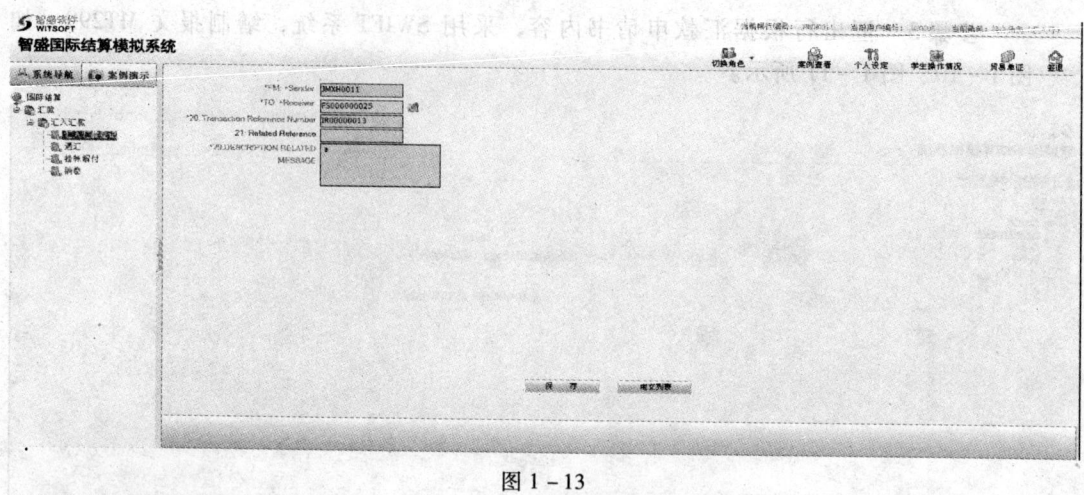

图 1-13

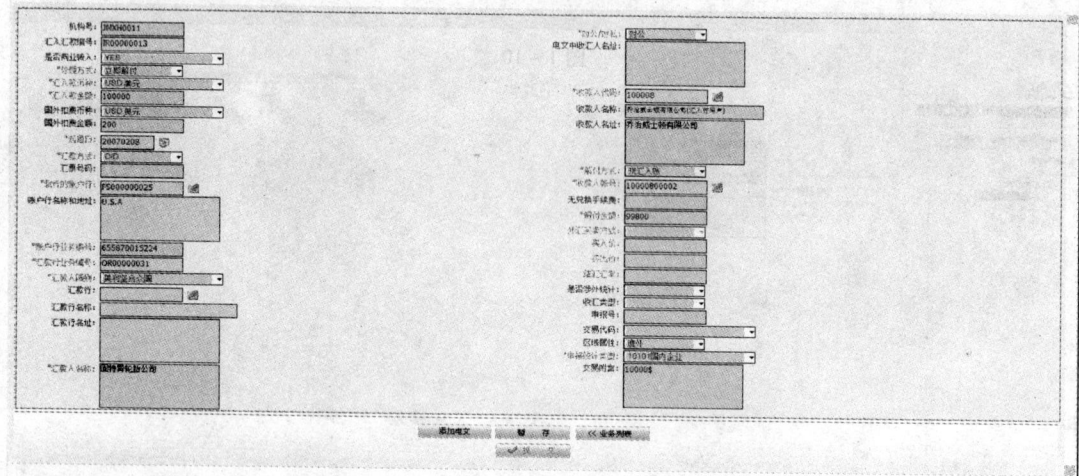

图 1-14

步骤5 汇入行通知收款人/出口商前来收款（在票汇形式下，出口商收到汇票后，向银行提示汇票，要求解付）。解付汇款后，汇入行向汇出行发出汇入通知，如图 1-15、图 1-16 所示。

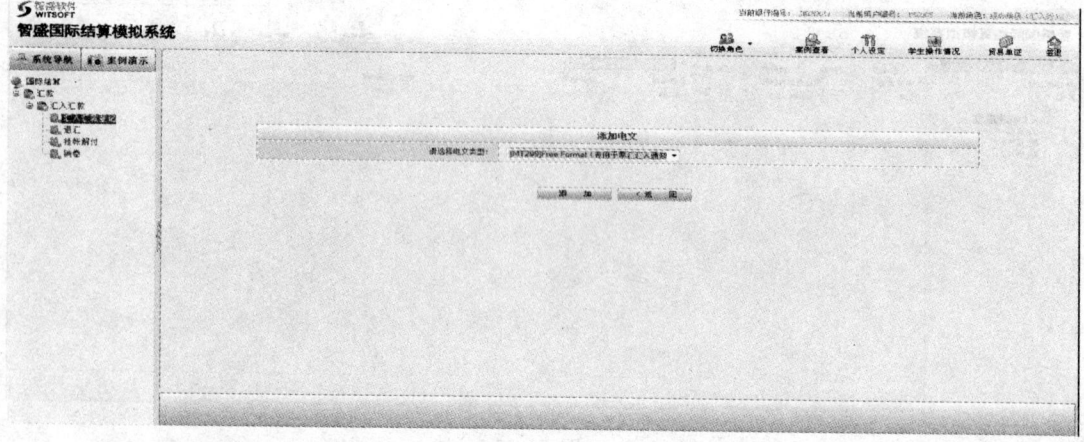

图 1-15

项目一 汇出汇款业务 | 15

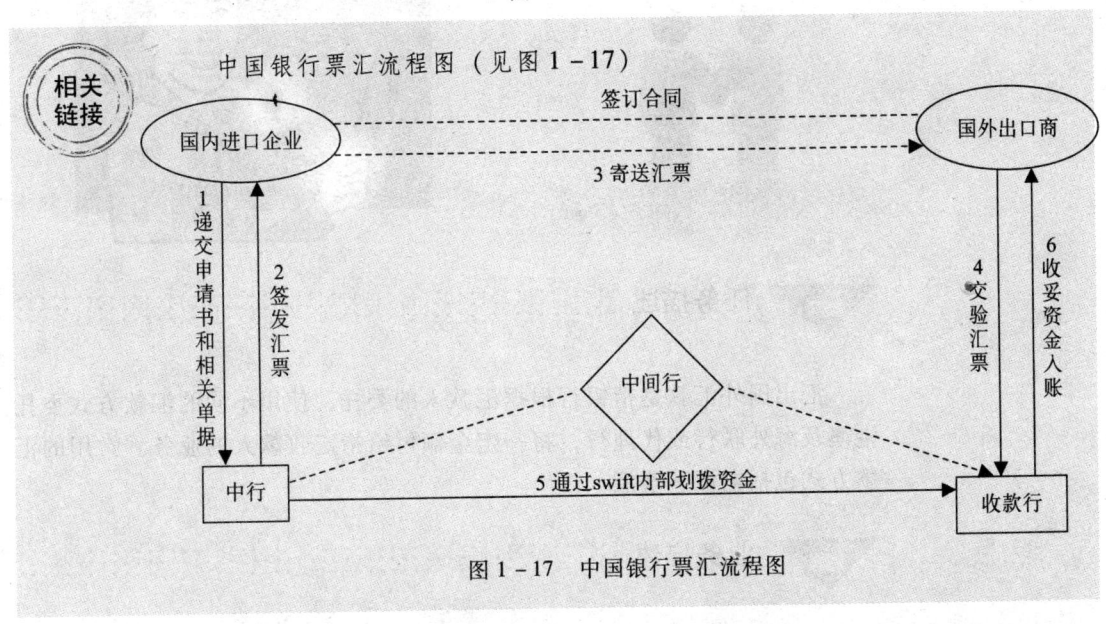

图 1-16

相关链接

中国银行票汇流程图（见图 1-17）

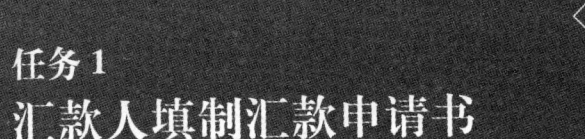

图 1-17 中国银行票汇流程图

任务 1
汇款人填制汇款申请书

 **业务场景**

叶妹是广州职业技术学院国际金融专业应届毕业生，应聘进入中国银行广州东山支行，岗位是大堂经理。一天，她正在大堂巡视，遇到旅游系校友张正，原来他正在广之旅国际旅行社股份有限公司实习，到银行是要

办理一个近期出团的欧洲游的团费电汇业务。

俩人寒暄之后,叶妹得知小张是第一次代表旅行社跟银行打交道,赶紧提醒校友,"带齐相关文件了吗?"小张在出门前,已询问师傅并带上了出境旅游组团社与境外接待社合同、发票、单位组织机构代码等,小叶称赞于小张的细心,并耐心地指点小张填写"境外汇款申请书"。

▶ 任务描述

汇出国外汇款是指银行根据汇款人的委托,使用不同的汇款方式委托港澳及海外联行或代理行,将一定金额付给指定收款人的业务。常用的汇款方式包括电汇和票汇。

▶ 业务描述

客户小张根据出境旅游组团社与境外接待社合同中,关于"在旅游团进入乙方国境之日起15天前,用电汇方式把旅游团的全部旅行费用汇入乙方账户。旅行费用以欧元(币种)支付"的条款,填写"境外汇款申请书"(见表1-2)并提交了相关文件;银行受理该笔团费"汇出国外汇款"业务。

操作指导

一、客户填写的项目

1. 32A 汇款币种及金额。用国际标准组织(ISO)代码表示币种,用阿拉伯数字表示金额。

（1）"购汇金额"：指汇款人申请汇出的实际付款金额，是通过银行购买外汇之后直接对境外支付。

（2）"金额大写"：用英文或中文表示金额。

2. 50a 汇款人名称及地址。旅行社全称及地址，即汇款人预留银行印鉴或国家外汇管理局或其分支局（以下简称外汇局）特殊机构代码赋码通知书上的名称及地址。

（1）"对公"或"对私"业务中，本业务属于对公业务。

（2）"组织机构代码"，填写国家外汇管理局或其分支局（以下简称外汇局）特殊机构代码赋码通知书上的单位组织机构代码（由 8 + 1 位数字组成）。

3. 54/56a 收款银行之代理行名称及地址。当汇出行与汇入行之间没有往来账户时，就需要通过中转行划拨头寸。这项也可以留空，由汇出行填写。

4. 57a 收款人开户银行名称及地址。一般将收款人在当地的开户行作为汇入行。该境外接待社的开户行是巴克莱银行。

5. 59a 收款人名称及地址。填写境外接待社的账号、全称及地址。

6. 70 汇款附言。对所汇款项作必要说明，限填 140 个字符。此处应填写"旅行社团费支出"。

7. 71A 国内外费用分担。分三种方式：

（1）汇款人支付；

（2）收款人支付；

（3）双方共同支付。

在小张填好"境外汇款申请书"（见表 1 - 2）并检查无误后，叶姝引导他到柜台，将汇款申请书连同费用和其他材料一并交给了银行工作人员。

表 1 - 2   境外汇款申请书

APPLICATION FOR FUNDS TRANSFERS（OVERSEAS）

致：中国银行　　　　　　　　　　　　　　　　　　　　　　　　日期：
To：BANK OF CHINA　　　　　　　　　　　　　　　　　　　　Date：

电汇 T/T　票汇 D/D　信汇 M/T　发电等级　普通 Normal　加急 Urgent			
申报号码 BOP Reporting No.			
20	银行业务编号 Bank Transac. Ref. No.	收电行/付款行 Receiver/Drawn on	
32A	汇款币种及金额 Currency & Interbank Settlement Amount	金额大写 Amount in Words	
其中	现汇金额 Amount in FX	账号 Amount No. /Credit No.	
	购汇金额 Amount of Purchase	账号 Amount No. /Credit No.	
	其他金额 Amount of Others	账号 Amount No. /Credit No.	
50a	汇款人名称及地址 Remitter's Name& Address		

续表

	对公组织机构代码 Unit Code		对私	个人身份证号码 Individual ID NO：
				中国个人居民 Resident Individual
				中国非居民个人 Non-Resident Individual
54/56a	收款银行之代理行名称及地址 Correspondent of Beneficiary's Bank Name & Address			
57a	收款人开户银行名称及地址 Beneficiary's Bank Name & Address		收款人开户银行在其代理行账号 Bene's Bank A/C No.：	
70	汇款附言 Remittance Information	只限140个字（Not Exceeding 140 Characters）	71A	国内外费用承担 All Bank's Charges if any are to be borne by 汇款人 OUR　收款人 BEN 共同 SHA

收款人常驻国家（地区）名称及代码 Resident Country/Region Name & Code

请选择：预付货款 Advance Payment　货到付款 Payment Against Delivery　退款 Refund　其他 Others　最迟装运日期

交易编码 BOP Transac. Code		相应币种及金额 Currency & Amount		交易附言 Transac. Remark	
是否为进口核销项下付款	是 否	合同号		发票号	
外汇局批件/备案表号		报关单经营单位代码			
报关单号		报关单币种及总金额		本次核注金额	

银行专用栏 For Bank Use Only	申请人签章 Applicant's Signature	银行签章 Bank's Signature
购汇汇率 @ Rate		
等值人民币 RMB Equivalent	请按照贵行背页所列条款代办以上汇款并进行申报 Please Effect the Upwards Remittance, Subject to the Conditions Overleaf：	
手续费 Commission		
电报费 Cable Charges		
合计 Total Charges	申请人姓名 Name of Applicant	核准人签字 Authorized Person
支付费用方式 In Payment of the Remittance	电话 Phone No.	日期 Date
核印 Sig. Ver.	经办 Maker	复核 Checker

二、银行填写的项目

1. 日期:填写到银行办理业务的时间。
2. 汇款方式:电汇、票汇或信汇中的一种。此处选择"电汇"。
3. 发电等级:一般银行的 SWIFT 系统默认设置发送"普通"级别报文。可以不填。
4. 申报号码:银行根据外汇局有关申报号码的编制规则编写。
5. 20 银行业务编号:是汇出行的业务编号,不同的项目编码不同。
6. 收电行/付款行。
7. 收款人常驻国家(地区)名称及代码:根据银行提供的代码表填写。英国的代码是"824"。
8. 汇款性质:可以在预付货款、货到付款、退款或其他中选一项。
9. 交易编码:根据查得对应的"国际收支交易编码表(支出)"填写。"旅行社团费支出",查得是"202010"。
10. 交易附言:描述交易性质。此处填"团费"。
11. 银行专用栏:购汇汇率等。
12. 申请人签章:加盖旅行社财务印鉴章、经办人张正签章,并填写联系电话。
13. 银行签章:加盖中国银行公章。

三、其他项目的填写

由于本任务是服务贸易中的"旅游企业团费支出",所以无须填写"报关单经营单位代码"、"报关单"等项目。

办理货物贸易中的"一般贸易支出"的汇款时,汇款人可能还需要填写以下项目:

(1)外汇局批件/备案表号:银行一般在业务发生后的一个工作日向外汇局报批。

(2)报关单经营单位代码:根据海关颁发的"自理报关单位注册登记证明书"填写报关单经营单位代码。

(3)报关单号等:在"后 T/T"时,还要按照报关单填写单号、币种、金额等内容;"前 T/T"则无须填写。

下面的任务 1 业务成果展示,即由客户小张填写完成,银行受理业务后打印出的《境外汇款申请书》(见表 1-3)。

任务1的业务成果展示（如表1-3）

表1-3

境外汇款申请书
APPLICATION FOR FUNDS TRANSFERS (OVERSEAS)

致：中国银行
TO: BANK OF CHINA

日期 Date: 2013

☑电汇 T/T	☐票汇 D/D	☐信汇 M/T
发电等级 Priority	☐普通 Normal	☐加急 Urgent

申报号码 BOP Reporting No.					
20	银行业务编号 Bank Transac. Ref.No	T73389130001473	被收银行/收款账户 Receiver/Drawn on		
32A	汇款币种及金额 Currency & Interbank Settlement Amount	欧元：12179.00	金额大写 Amount in Words	欧元：壹万贰仟壹佰柒拾玖元整	
其中	现汇金额 Amount in FX		账号 Account No./Credit Card No.		
	购汇金额 Amount of Purchase	EUR: 12179.00	账号 Account No./Credit Card No.		
	其他金额 Amount of Others		账号 Account No./Credit Card No.		
50a	汇款人名称及地址 Remitter's Name & Address	Co.,Ltd North Road Guangzhou China			
	☐对公 组织机构代码 Unit Code 9032729-6	☐对私 个人身份证件号码 Individual ID No. ☐中国居民个人 Resident Individual ☐非中国居民个人 Non-Resident Individual			
54/56a	收款银行之代理行 名称及地址 Correspondent of Beneficiary's Bank Name & Address	BARCGB22			
57a	收款人开户银行 名称及地址 Beneficiary's Bank Name & Address	BARCLAYS BANK PLC INTERNATIONAL DIVISION P.O.BOX8 13 LIBRARY PLACE ST.HELIER JERSEY JE48NE CHANNEL ISLANDS			
59a	收款人名称及地址 Beneficiary's Name & Address	收款人账号 Bene's A/C No. ASIA LTD GUERNSEY			
70	汇款附言 Remittance Information	只限140个字位 Not Exceeding 140 Characters 团费	71A	国内外费用承担 All Bank's Charges If Any Are To Be Borne By ☐汇款人 OUR ☐收款人 BEN ☑共同 SHA	
收款人常驻国家（地区）名称及代码 Resident Country/Region Name & Code	英国 826				
请选择： ☑预付货款 Advance Payment ☐货到付款 Payment Against Delivery ☐退款 Refund ☐其他 Others					
交易编码 BOP Transac. Code	202010	相应币种及金额 Currency & Amount	EUR:12179.00	交易附言 Transac. Remark	旅行社团费支出
本笔款项是否为保税货物项下付款	☐是 ☐否	合同号	N/A	发票号	97890
外汇局批件号/备案表号/业务编号					

银行专用栏 For Bank Use Only	申请人签章 Applicant's Signature	银行签章 Bank's Signature
购汇汇率 Rate @ 792.71	请按照贵行背页所列条款代办以上汇款并进行申报 Please Effect The Upwards Remittance, Subject To The Conditions Overleaf:	
等值人民币 RMB Equivalent		
手续费 Commission		
电报费 Cable Charges		
合计 Total Charges		
支付费用方式 In Payment of the Remittance ☐现金 by Cash ☐支票 by Check ☐账户 from Account	申请人姓名 Name of Applicant 电话 Phone No.	核准人签字 Authorized Person 日期 Date
核印 Sig. Ver.	经办 Maker	复核 Checker

填写前请仔细阅读各联背面条款及填报说明
Please read the conditions and instructions overleaf before filling in this application.

第一联 银行留存联

项目一 汇出汇款业务

任务 2
汇出行发出汇款指示

 **业务场景**

叶姝忙碌了一天之后，晚上回到宿舍还一直在想：客户交了"汇款申请书"之后，银行是怎么把钱汇给对方的呢？

第二天，认真的叶姝找到国际结算部具体经办的前辈孔生，说明了来意后，孔生虽然很忙，但是还是很乐意指点一下这个好学上进的实习生，所以就把汇出国外汇款业务审核要点和制作 MT103 汇款指示的要求等介绍了一遍，让她浏览了一下昨天的 MT103 报文。

 **任务描述**

1. 读懂汇款申请书内容，遵循相关原则确定汇款路线。
2. 采用 SWIFT 系统，缮制报文 MT103 和/或 MT202。

 **业务描述**

中国银行对广之旅该笔"汇出国外汇款"业务进行登记，并审核申请人所提交的资料，在确保广之旅办理汇款的资金（外汇或人民币）到位的前提下，进行付款报文的缮制。

操作指导

一、进行业务登记

登记的内容包括：汇出日期、汇款编号、汇款人、货币金额、汇入行（解付行）、外汇来源、销账日期等；同时还应在合同、进口批件（如需）、报关单（如有）、商业单据等有效证、商业单据上批注售付汇日期、金额、余额。

二、审核提交的材料

确保申请人办理汇款的资金（包括外汇和人民币资金）到位，并审核所提交的以下材料：①旅行社申请兑换的公函（出境旅游的人数、目的地、购买的团费及个人零用费）；②旅游行政管理部门核发的《中国公民自费出国旅游团队名单表》；③旅行社与境外机构根据《出境旅游组团与境外接待社合同范本》签订的有关合同；④旅行社组织的出境游游客已办完签证的护照及机票。

三、确定汇款线路

如客户已明确选定汇入行的，应根据客户的指示对外付汇；如客户委托银行代为选定汇入行的，则遵循"拉直付汇路线，减少中转环节，降低费用成本，提高汇款效率，缩短解付周期"的原则，合理选择汇入行（解付行）。

四、缮制付款报文

SWIFT报文（Text）由一些项目（Field）组成，每种报文格式（Message Type – MT）都由规定的项目组成，每个项目又由规定的字母、数字或字符组成。在一份SWIFT报文中，有些项目是必选项目（Mandatory Field），有些项目则为可选项目（Option Field）。

1. MT103报文必选项目。

（1）20：Sender's Reference，汇出行给该笔汇款业务的编号。

（2）23B：Bank Operation Code，银行操作代码。

（3）32A：Value Date/Currency/Interbank Settled Amount，结算起息日/币种/银行间清算金额。

（4）50a：Ordering Customer，汇款人。

（5）59a：Beneficiary Customer，收款人。

（6）71A：Detail of Charge，费用承担细节。

2. MT103报文逐项解读。

（1）20：是汇出行编制的编号，根据汇款申请书可知该笔汇款业务的编号是TT33539130001473。

（2）23B：①CRED；②CRTS；③SPAY；④SPRI；⑤SSTD分别对应的是SWLFT

"支付服务等级"、"优先服务等级"和"标准服务等级"。该笔业务选择"CRED",是常规的操作类型。

（3）32A：汇出行于 2013 年 5 月 23 日受理业务，日期填写为"130523"。金额按申请书数额填写。

（4）50K：其中 a 可用 A 或 K 替代，50A 表示汇款人账户及开户行 BIC 代码；50K 表示汇款人账号、名称和地址。本业务中汇出行掌握的汇款人信息全面，可选择 50K。

（5）53A：发报行的代理行。一律注明总行的 SWIFT 号码（BKCHCNBJ）。

（6）57A：账户行。

（7）59：与 50 类似，要注明收款人全称、详细地址和账号。59a 在操作中有两种形式：59A 表示收款人账户及开户行 BIC 代码；50 表示汇款人账号、名称和地址。本业务可选 50。

（8）71A：BEN、OUR、SHA 分别表示收款人支付、汇款人支付或各自承担境内费用。本业务选 SHA。

SWIFT 报文由对外有权签字人双签，并按规定程序对外发出（检查确认 SWIFT 回执发送成功）；同时进行相关会计核算，登记汇出汇款会计核算码，按规定收取手续费及电报费。

任务2的业务成果展示（如表1-4）

表 1-4   任务 2 的业务成果展示

```
             中国银行国际收付款报文

业务编号:TT33539130001473    报文类型:MT103    报文状态:ACK
{1:FO1BKCHCNBJA4000000695974}
{2:I103SVCHDEFFAXXXN}
{3:{108:BOCIPAY-RT}}
{4:
:20:TT33539130001473
:23B:CRED
:32A:130521EUR12179,
:50K:/
  
SERVICE CO.,LTD
           NORTH RD GZ CN
:53A:BKCHCNBJZZ
:57A:BARCGB22XXX
:59:/GB
        ORATION ASIA LTD
             ST ST PL      XXXX
GUERNSEY
:71A:SHA
-}
```

任务 3
汇出行缮制即期汇票

   **业务场景**

了解了银行的电汇业务后,叶姝想起在学校学过的汇款方式有三种,但在银行碰到的,好像大多是电汇,她索性刨根问底道:"经您指点,我对于电汇业务搞明白了。另外,现在是不是企业大多对外做电汇,很少用票汇和信汇?"孔生说:"由于电汇快捷,的确选用得最多,但实际上由于票汇也很方便,所以也还在做。等有机会一定让你了解一下"。

两周后的一天午餐时,孔生见到小叶,边吃边聊:"我刚帮一家研究所办理了一笔票汇业务,上次你不是说想了解一下票汇业务、学习签发汇票吗?"下午孔生把经过处理的"汇款申请书"和汇票给她看了一下。现在,她对于电汇申请书已经烂熟于心了,票汇申请书的项目内容只是大同小异而已,所以很快就看明白了,还询问了签发汇票流程。

   **任务描述**

银行审核售付汇资料齐备合规,确保申请人办理汇款的资金(包括外汇和人民币资金)到位后,根据汇款申请书内容缮打汇票。

业务描述

广州研究所正在委托美国亚特兰大的一间咨询机构，帮他们做一份北美太阳能路障产品研发的调研报告，中国银行将根据该研究所的汇款申请书相关内容缮打汇票。

操作指导

在本任务中，将训练在票汇汇出中，银行如何签发汇票、客户正确使用汇票。

一、读懂空白汇票内容

汇票（见图1-18）作为一种要式工具，判断汇票是否有效，需根据《票据法》对汇票必备项目所作的具体规定。《日内瓦统一票据法》规定，汇票的必备项目有：①"汇票（Exchange）"字样；②无条件支付命令；③一定金额货币；④付款人名称；⑤收款人名称；⑥出票地点和日期；⑦出票人签字。我国《票据法》和《日内瓦统一票据法》规定的汇票必备项目一致，英国《票据法》没有"汇票"字样和出票日期两项规定，只有5个必备项目。

图1-18 汇票样式

（一）汇票的必备项目

1. "汇票"字样。注明"汇票"字样旨在表明票据的种类和性质，以区别本票、支票等其他票据。英文中，汇票可用Bill of Exchange、Exchange和Draft来表示。

2. 无条件支付命令。

（1）汇票是一项支付命令，而不是付款请求。英文汇票中以动词开头，使用祈使句，不能用表示请求的虚拟句。例如：

有效汇票,"Pay to A Company or order the sum of five thousand pounds only."

无效汇票,"I should be pleased if you pay to the order of B Company the sum of five thousand pounds only."

（2）命令是书面的,而不能是口头的。汇票是一种票据,具有文义性和设权性,汇票当事人之间的权利义务随汇票的出票而存在,由票据上的文义来界定。再者,当事人的签字只有在书面形式的汇票上才能完成,口头汇票上是无法完成的,不签字则意味着不会承担责任。

（3）支付命令是无条件的,即出票人要求受票人的付款必须是无条件的,付款人的支付不能以收款人履行某项行为或事件为前提条件。否则,该汇票无效。例如:

无效汇票,"Pay to A Company or order the sum of five thousand pounds only providing the goods supplied in compliance with contract."

无效汇票,"Pay to A Company or order the sum of five thousand pounds from our account No. 1 with you."

但汇票有下列说明的,不能作为有条件支付的记载。

①汇票上注明起源交易,即出票条款（Drawn Clause）-,不构成支付命令的条件。例如:Pay to A Company or order the sum of five thousand pounds. Drawn under Midland Bank, London L/C No. 3456 dated 1st June 2×××.

②汇票上注明付款后如何取得偿付的,不构成支付命令的条件。例如:Pay to Robert the sum of one hundred pounds and debit our a/c with you.

③汇票上注明"对价收讫"或"对价已收"的,也是有效的。例如:Pay to A Company or order the sum of five thousand pounds only for value received.

3. 确定的金额。

（1）以确定的货币表示。汇票的支付标的必须是金钱,不能以货物数量表示,且其金额必须是可以确定的,任何人根据汇票上的文义都能准确地计算出来。任何选择的、浮动的或未定的记载,都会使汇票无效。如 USD1000 or USD2000, between USD1000 and USD2000, about USD1000。

（2）大写和小写金额。汇票的金额包括两部分:货币名称和货币金额,且金额同时以大小写表示。一般来说,"Exchange for"后面填小写金额,"the sum of"后面填大写金额。我国《票据法》规定,票据上大小写金额必须一致,大小写金额不符,票据无效,银行以退票处理。英国《票据法》和《日内瓦统一票据法》规定,当汇票上大小写金额不一致时,汇票有效,金额以大写为准。

4. 付款人名称。付款人也叫受票人,在汇票上通常表述为"To（drawee）"。受票人的记载应有一定的确定性,以便持票人向其提示承兑或付款。英国《票据法》规定可有两个或两个以上受票人,同时要求他们之间应为并列关系。如受票人可以是A、B和C,但不能是A或B或C,也不能是先A后B再C。在实务中,在受票人旁还注明受票人的地址,但其并非必备项目,目的是为了便于持票人提示。

5. 收款人名称。收款人也称抬头人,是汇票出票时记载的债权人。可以表示为三种方式:

（1）空白抬头,也称为来人抬头。空白抬头汇票不需背书,持票人凭交付即可转让汇票。例如：pay to bearer / holder。有时虽有具体的收款人名称，但只要有"bearer"，即为空白抬头。例如：pay to A Co. or bearer 相当于 pay to bearer。

（2）限制性抬头，此类抬头的汇票不得转让他人，只有票面上的收款人才有权取得票款。例如：pay to John only；pay to John not transferable 等。

（3）指示性抬头，此类抬头的汇票在实务中较多见，可通过背书或交付的方式转让。例如：pay to the order of A Co.；pay to A Co. or order；pay to A Co.。

6. 出票日期。出票日期记载汇票的具体签发日期，其作用有三个。

（1）决定汇票的有效期。汇票的流通有其时效性，即汇票具有有效期，其起算日为出票日期。如我国《票据法》规定见票即付汇票自出票日起一个月内向付款人提示付款，其有效期为出票日起2年；《日内瓦统一票据法》规定即期汇票的有效期为自出票日起1年。没有注明出票日期的汇票其有效期无法判定。

（2）决定付款的到期日。对于出票后若干天（月）（At ××× days/months after date）付款的汇票，付款到期日的确定取决于出票日。

（3）决定出票人的行为效力。如出票时出票人已宣告破产清理，已表明他丧失相应的行为能力，则汇票不能成立。

7. 出票人签章或签字。票据责任的承担以签字为条件，"谁签字，谁负责，不签字，不负责"，票据必须经出票人签字才能成立。汇票上要有出票人签名，以确认出票人对汇票的债务责任。如果汇票上没有出票人签字，签字系伪造签字或代签名的人未得到授权，则不能认定是出票人的签名，这样的汇票不具备法律上的效力。

我国《票据法》规定票据上的签字为签名或盖章或签名加盖章。英国《票据法》规定必须手签。目前按照国际惯例，涉外票据采用手签方式。

如果出票人是代理其委托人（公司、银行等）签字，应在委托人名称前面加注"for"、"on behalf of"、"for and on behalf of"等字样，并在个人签字后注明职务的名称。例如：

For A Bank
John Smith
General Manager

（二）汇票的其他项目

1. 付款期限。

（1）即期付款（at sight/on demand/on presentation）。即期付款也叫见票即付，提示汇票的当天为付款日，无须承兑。若汇票上无标明付款期限的，两大法系和我国《票据法》都规定：一概作为即期汇票处理。例如：At sight pay to ourselves or order the sum of US dollars one thousand only。

（2）远期付款（at a determinable future time /time/ usance / term bill）。远期付款方式下，持票人向受票人提示汇票两次：一是提示承兑，二是提示付款。远期付款的形式有四种：

①见票后若干天（月）付款（payable at ××× days/months after sight）。此种汇票

须由持票人向受票人提示承兑并从承兑次日起确定付款到期日。例如：At 2 months after sight pay to ourselves or order the sum of US dollars one thousand only。

②出票后若干天（月）付款（payable at ×××days/months after date）。此种汇票可以直接根据汇票的记载，计算付款到期日，但为了落实受票人对该汇票的态度以及让受票人对到期付款有所准备，一般持票人在汇票到期前向受票人提示承兑。例如：At 15 days after date pay to ourselves or order the sum of US dollars one thousand only。

③定日付款（payable on a fixed future date）。此种汇票具体指明付款的年月日。一般也须提示承兑，以明确受票人的付款责任。如：On 30 Mar., 2×××, pay to ourselves or order the sum of US dollars one thousand only。

④装运日/提单日后若干天（月）付款（payable at ××× days/months after shipment/the date of B/L）。如：At 30 days after B/L date (20 Nov., 2×××) pay to ourselves or order the sum of US dollars one thousand only。

(3) 付款到期日的计算及其规则。

①见票日/出票日/提单日/装运日后（包含after和from）若干天付款的汇票，采用"算尾不算头"的方法，也即不算见票日/出票日/装运日/提单日，而要算付款日。如2×××年3月1日见票，见票后30天付款的汇票，其到期付款日为3月31日。

②见票日/出票日/提单日/装运日后（包含after和from）若干月付款的汇票，采用"月为日历月"的方法，即日历上的月份，不论大月或小月，都以1个月计。其中包含两种情况：月之同日为到期日和无同日则为月之末日。如2×××年3月1日见票，见票后1个月付款的汇票，其到期付款日为4月1日（月之同日为到期日）。再如，2×××年3月31日见票，见票后1个月付款的汇票，其到期付款日应为4月30日（无同日则为月之末日）。

③先算整月，再算半月，半月以15天算。如2×××年3月1日见票，见票后1个半月付款的汇票，其到期付款日为4月16日。

④假日顺延。到期日是银行非营业日，则顺延至下一营业日为到期日。如2×××年3月1日见票，见票后2个月付款的汇票，若5月1日到3日是假日，则其到期付款日为5月4日。

2. 汇票号码。为方便查询，出票人在汇票上可加列序号，如式样中的"No. ×××"。在托收和信用证项下，可用商业发票号码作为汇票号码。

3. 出票条款。出票条款又称出票依据，表明汇票的起源，并非表示条件。如信用证项下常要求注明汇票是"根据××银行××日期开立的××信用证而开立的"。

除上述三种汇票的其他项目外，常见的其他项目还有付一不付二、担当付款人、预备付款人、免作拒绝证书、免作拒付通知、免于追索等。

二、根据汇款申请书内容，填写并签发汇票

为对签发汇票有更为详尽的认识和了解，现结合工商银行对新员工培训汇票业务的资料列示详图如图1-19所示（原图出自工行西安分行会计部）。

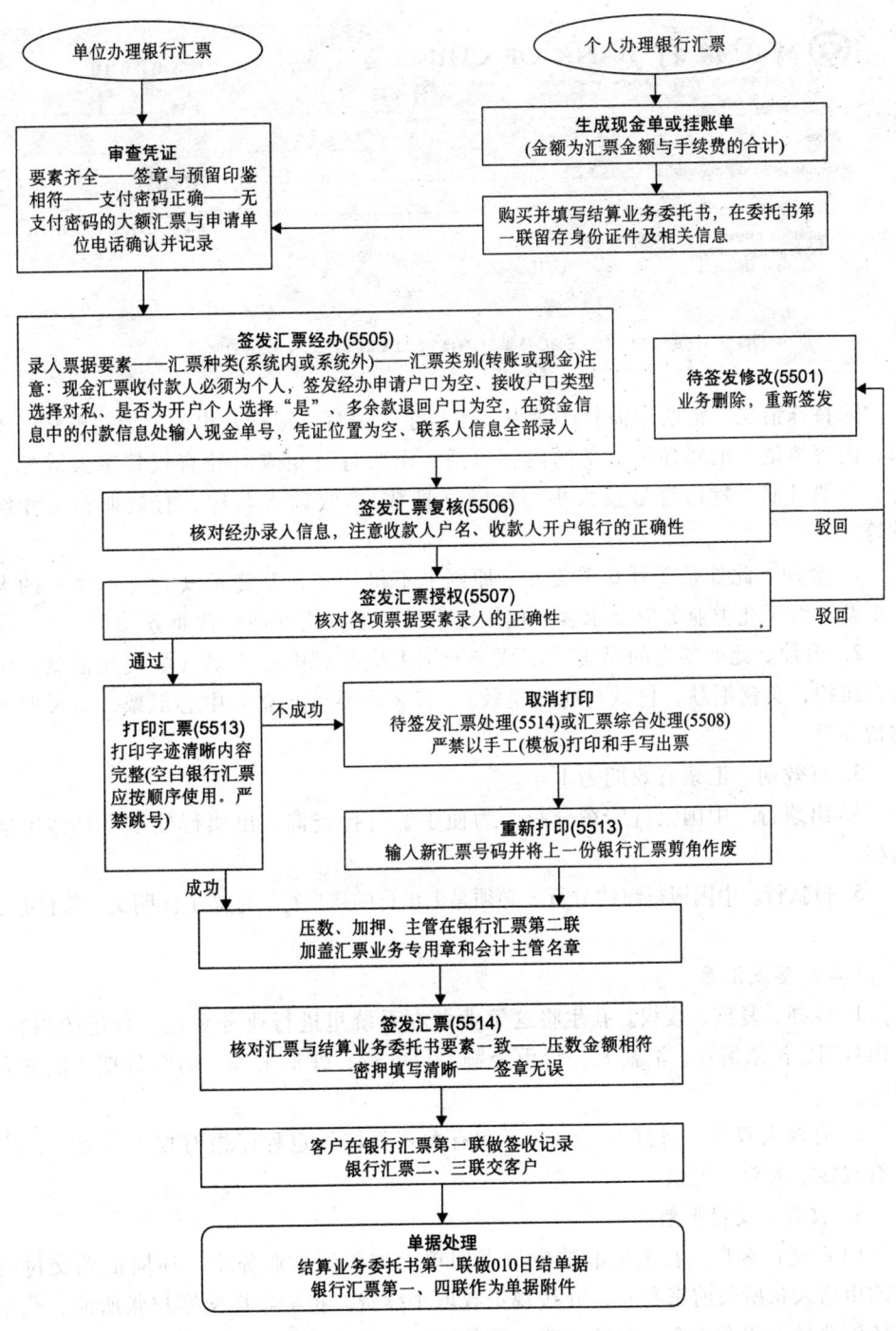

图1-19 签发银行汇票

(一) 填写汇票 (见表1-5)

表 1-5

```
中国银行 BANK OF CHINA                        NO. 00090    1-326/260
This draft is valid for one year from the date of issue
ISSUING OFFICE  BANK OF CHINA, GUANGDONG BRANCH      DATE  JUN-17-2013
PAY TO  收款人名称
THE SUM OF U.S. DOLLARS  U.S.DOLLAR TWENTY SIX THOUSAND ONLY    USD  **26,000.00***
TO: BANK OF CHINA, NEW YORK BRANCH                         for BANK OF CHINA
    410 MADISON AVENUE
    NEW YORK NY 10017
    U.S.A.                                                   签名权人签章
                                                              SIGNATURE
⑈00090270⑈ ⑉026003269⑊ 7001100004700⑈
```

　　除特殊情况，汇票均需打印签发，不得手工填写。银行开出的汇票要整洁，不能涂改，内容清楚。汇票必须具备的内容包括：出票行及相应对外有权签字人双签、付款行、出票日期、货币符号及大小写金额（押数）、收款人名称、有效期和头寸偿付条款等。

　　1. 金额。此处是 2 万 6 千美元。原则上不得开立 5 万美元以上（不含）的大额美元汇票。对于此类业务应要求客户使用电汇等其他方式办理汇款业务。

　　2. 币种。此处签发的是美元汇票。原则上应开具中心汇票（如美元汇款，付款行应在纽约；英镑汇款，付款行应在伦敦），若客户要求开立非中心汇票，应说明情况并酌情办理。

　　3. 有效期。汇票有效期为 1 年。

　　4. 出票行。中国银行广东分行。为便于解付行查询，出票行处填写具体出票机构名称。

　　5. 付款行。中国银行纽约分行。必须是汇出行的账户行。汇票上注明头寸偿付办法。

（二）签发汇票

　　1. 经办、复核、授权。孔生将这笔业务在系统里进行业务登记。登记的内容包括：汇出日期、汇票编号、汇款人、货币金额、付款行、外汇来源、销账日期、汇款人签收栏等。

　　2. 有权人双签。将打印好的汇票和有关资料按规定程序报有权人审批，由中行对外有权签字人双签汇票。

　　3. 收费、交付汇票。

（1）交付客户：在汇出汇款申请书回单上加盖汇款业务章，连同汇票交付或通知汇款申请人张所长前来签收，并按规定收取手续费。将汇票提交客户张所前，孔生认真审核汇票是否印章齐全、密押正确、压数清晰，避免签发有缺陷的银行汇票。张所长签收汇票。

（2）分行证实：汇票须单独以 SWIFT MT110 或加押电传向中国银行纽约分行证实，并按付款行要求加注附言。要注意检查确认 SWIFT 回执发送成功。票汇时不向付款行寄送票根。

之后，孔生还要进行相关单据处理、会计核算。因涉及对公外汇账户资金收付业务，还需严格执行外汇局有关外汇账户管理规定，及时通过外汇账户管理信息系统向外汇局报送外汇账户业务有关信息数据等。

（三）注意事项

1. 严禁预签空白汇票。
2. 严禁跳号签发汇票。此处是 NO.0090XXXX。空白银行汇票应按顺序使用。

 任务3的业务成果展示（如表1-6所示）

表1-6

任务 4
汇款人背书银行汇票

 业务场景

经过这一段时间的接触,孔生已对小叶形成了比较好的印象,所以在她下班前,还给她留了个问题:"客户拿到汇票后,怎么使用汇票呢?"小叶略感疑惑地问:"是不是还有背书的问题?还真有点记不清了呢。"孔生说:"对。我行开立的这张汇票,是以中行纽约分行为付款行,你想一想在收款人一栏,可以填写哪个当事人?鉴于张所长不一定熟悉咱们专业,所以应该提醒他在把这张汇票交给收款人之前,如何背书。"小叶频频点头,看来服务行业真是"事事皆非小事"啊。孔生叮嘱道:"晚上回去看看书,把这个问题想明白"。

 任务描述

汇票在流通转让过程中,一般要由转让人在汇票上背书后才交付给受让人。背书(Endorsement)是指收款人或持票人为转让票据权利,在汇票的背面签名和记载有关事项,并将其交付给受让人的行为。其中背书转让汇票的人称为背书人,受让人称为被背书人。

 **业务描述**

广州研究所的张所长在考察北美太阳能产品研发的过程中,顺访美国亚特兰大该咨询机构,代表研究所将中国银行根据该研究所的汇款申请书

签发的汇票交付给对方。背书行为的完成必须包括两个动作：一是在汇票背面或粘单上记载有关事项并签名，二是交付。

操作指导

一、汇票的签名背书

背书包括记名背书和无记名背书。记名背书，又称特别背书、正式背书、完全背书，是指背书事项中除背书人签名外，还记载有被背书人名称的背书；无记名背书，又称空白背书，是指背书事项中不记载被背书人的名称，仅有背书人签名的背书。此外，背书还有限制性背书、有条件背书、托收背书、部分背书等背书形式。限制性背书是指背书事项中带有限制流通的词语，如 only, not transferable 等，限制被背书人再将汇票流通转让，只能凭汇票取款；有条件背书是指背书事项中带有付款条件的背书，只有被背书人完成所述条件后才能得到付款人的付款；部分背书是指只转让部分汇票金额的背书。

例如，A Co. 将汇票转让给 B Bank 所作的各种背书，如表 1-7 所示。

表 1-7　　　　　　　　　　　背书示例

记名背书	空白背书	限制背书
Pay to the order of B Bank For A Co. (Signed)	For A Co. (Signed)	Pay to B Bank only/not transferable/ not negotiable For A Co. (Signed)
有条件背书	部分背书	
Pay to the order of B Bank On delivery of B/L No. 123 For A Co. (Signed)	Pay to the order of B Bank For amount of 50% For A Co. (Signed)	

二、被背书人

背书行为一旦完成，对背书人和被背书人会产生不同的影响。对背书人来说，背书行为生效后，一是表明背书人向后手担保前手签名的真实性和票据的有效性，即使前手的签字是无效的，也必须对票据债务负责；二是背书人向被背书人担保汇票被承兑或被付款，在持票人得不到承兑或付款时，背书人应向持票人清偿汇票金额和有关费用，背书人不仅要对其直接后手负责，也必须对其他后手承担责任。对被背书人来说，背书行为成立后，被背书人即成为持票人和汇票的债权人，享有付款请求权和追索权两项权利。

此处，汇票的出票人为中国银行广东分行（汇出行），付款人为中国银行纽约分行（解付行，中国银行的代理行或分行），而收款人可以有两种情况。收款人既可以是国内研究所——进口商，也可以是美国研究机构——出口商。根据收款人的不同，有以下两种背书操作方式：

1. 若汇票的收款人为进口商。在这个业务中汇票的收款人为进口商——广州研究所，是由张所长携带中国银行签发的汇票，在顺访美国亚特兰大该咨询机构时，代表研究所将汇票交付给对方的，背书操作如下：

（1）研究所张所长将汇票提交给美国研究机构负责人 David Woolf 先生时，进口商作为背书人，出口商作为被背书人，通过记名背书，先将汇票转让给美国亚特兰大该咨询机构。即：

Pay to the order of American Research Institute
For Guangzhou Research Institute, place
Signature   <i>Zhang fang</i>

（2）美国研究机构将汇票提示给纽约分行时，再加上空白背书，代理行核对背书齐全后，才能接受办理解付业务。即：

American Research Institute, place
Signature   <i>David Woolf</i>

2. 若汇票的收款人为出口方。美国研究机构，则由其直接在汇票背后（加盖公章并）签字，交付银行收款即可。中方则无须再在汇票上背书了。

三、背书是否合法

（一）判断是否符合银行规定

银行汇票可以背书转让，转让金额以实际结算金额为准。不得转让的情况有三种：

1. 出票人在汇票上记载"不得转让"字样，汇票不得转让。
2. 现金银行汇票不得背书转让。
3. 未填写实际结算金额或实际结算金额超出出票金额的银行汇票不得背书转让。

（二）判断汇票背书是否连续

票据权利的转移是否有效是以整个背书过程是否连续为依据的，持票人要成为合法的票据持有者，享有票据权利，持有的票据必须是背书连续的票据。所谓背书连续是指票据上记载的各次背书从第一次到最后一次在形式上都是连续而无间断的。前次背书的被背书人是后次背书的背书人，如表 1-8 所示。

1. 汇票背书应当连续。票据上记载的收款人和背书人的名称必须与有关背书签章的名称相符。第一背书人是票面上记载的收款人；前一次背书的被背人是后一次背书的背书人；最后的持票人是最后一次背书的被背书人。
2. 粘单骑缝章的要求。银行汇票凭证不能满足背书人记载事项的需要，可以加附

表1-8   背书的连续性

当事人 \ 背书顺序	第一次	第二次	第三次	第四次	…
背书人	A（payee）	B	C	D	…
被背书人	B	C	D	E	…

粘单，粘附于银行汇票凭证上。粘单处应盖有与粘单前一手被背书人，即粘单后的第一手背书人签章一致的骑缝章。

案例分析

一、汇款退汇等异常处理

退汇指汇款人或收款人某一方，在汇款解付前要求撤销该笔汇款。需要注意的是，这里的退汇是指解付以前的撤销。退汇主要分为两种情况：①收款人提出退汇。因收款人拒收要求办理退汇的，应由收款人说明原因，经银行查实同意，退还原汇出行，然后由汇出行通知汇款人前来办理退汇手续。②汇款人提出退汇。

当汇款人提出退汇时，其业务流程和银行手续如下：

1. 业务流程。电汇、信汇的退汇，由汇款人提交书面申请、汇款回单，汇出行应以最快的速度凭此向付款行告知要求退汇，待接到付款行同意退汇的答复并收妥汇款头寸后，方可办理退汇。如果汇入行已解付汇款，汇款人不得要求退汇，只能和收款人两者去交涉。

票汇的退汇，若在汇款人寄出汇票以前，汇款人应提交书面申请，并交回原汇票（应背书），经汇出行核对无误后，在汇票上加盖"注销"戳记，办理退汇手续。退交的汇票作为退汇传票附件，并通知汇入行注销寄回票据。若汇款人是在汇票寄出后要求退汇，汇出行为维护银行票据的信誉，一般不予接受。

2. 银行手续。不论是何种退汇，汇出行的手续是：①汇款人提出申请，详细说明退汇的缘由；②汇出行审查，汇出行在审查退汇申请时，若有必要，可以要求汇款人提供担保书，保证承担汇出行因退汇而可能受到的一切损失（在汇票遗失时，通常要这么做）；③向汇入行发退汇通知，要求退回头寸；④收到汇入行同意退汇的通知和头寸后，即注销。

汇入行的手续是：①核对退汇通知的印鉴，看汇款是否已付；②若已付，将收款人签署汇款收条寄去，表示汇款已解付；③若未付，则退回头寸，寄回汇款委托书或汇票。

【例1-1】防范票汇退汇

案情：1998年，我国某外贸公司与香港某商社首次达成一宗交易，规定以即期不可撤销信用证方式付款。成交后港商将货物转售给了加拿大一客商，故贸易合同规定由中方直接将货物装运至加拿大。但由于进口商借故拖延，经我方几番催促，最终于约定装运期前4天才收到港方开来的信用证，且信用证条款多处与合同不符。若不修改信用证，我方则不能安全收汇，但是由于去往加拿大收货地的航线每月只有一班船，若赶不上此次船期，出运货物的时间和收汇时间都将耽误。在中方坚持不修改信用证不能装船的情况下，港商提出使用电汇方式把货款汇过来。中方同意在收到对方汇款传真后再发货。

我方第二天就收到了对方发来的汇款凭证传真件，经银行审核签章无误。同时由于我方港口及运输部门多次催促装箱装船，外贸公司有关人员认为货款既已汇出，就不必等款到再发货了，于是及时发运了货物并向港商发了装船电文。发货后一个月仍未见款项汇到，经财务人员查询才知，港商只是在银行买了一张有银行签字的汇票传真给我方以作为汇款的凭证，但收到发货电文之后，便把本应寄给我外贸公司的汇票退回给了银行，撤销了这笔汇款。港商的欺诈行为致使我方损失惨重。此案对于我们有何启示？

【分析】

1. 最重要的风险控制措施是防患于未然，在交易前要做好对进口商的资信调查。本案中，既然对方是新客户，在谈判过程中，要注意提高警惕，不要过度授信；在履约过程中，更要注意观察，防止欺诈。

2. 本来预付货款是对出口商有利、进口商要承担很大风险的付款方式，但为什么该案例的出口商反倒钱货两空了呢？原因在于对方在改变原信用证方式付款方式时，先提"电汇"，实为"票汇"，但出口商也没有细究，对退汇的风险也不敏感。

3. 出口商大可不必因交货期临近而慌了手脚，实际上虽然在出运前4天才收到港方开来的信用证，当天审证后即使要求改为汇款方式支付，第二天汇款凭证传真件到达也还有3天时间，鉴于电汇业务两边银行均无"隔日货币"——汇出行1天内汇出、汇入行1天内汇入，两天之后即可收妥入账，不必匆匆忙忙地发货。

【启示】

首先，出口商应该提高风险防范意识，本案中进口商的行为存在欺诈意图，但出口商没能及时提高警惕。其次，在履约过程中，一定要明确采取何种汇款方式；当采用预付货款时，应注意汇款到达期限要与交货期限衔接。

二、汇款地址不详的处理方法

汇款人在办理汇款业务的注意事项，就是在填写汇款申请书时一定要确保客户账号与银行信息的准确、完整。否则，可能导致在时间上因不必要的查询而耽搁；在费用上增加额外的银行费用。

对于银行工作人员来说，应该认真审查汇款申请书，当发现汇款人填写不全时务必请其详细填写，以防汇错地址，导致收款人收不到款或被人误领。如果由于某些原因不能确切知道收款行或收款人的详细地址时，应向知情的当事人询问清楚，不能主观推测。这样有利于合理保护汇款人和收款人的权益。

【例 1-2】汇款申请书填写不准确

案情：2013 年 5 月 21 日，上海 A 银行某支行有一笔美元汇出汇款通过其分行汇款部办理汇款，分行经办人员在审查时发现汇款申请书中收款银行一栏只填写了"Hongkong and Shanghai Banking Corp. Ltd. （汇丰银行）"，而没有写明具体的城市和国家名称，由于汇丰在世界各地有众多的分支机构，汇出行的海外账户行收到这个汇款指令时肯定无法执行。为此，经办人员即以电话查询该支行的经办人员，后者答称当然是香港汇丰银行，城市名称应该是香港。本行经办人员即以汇丰银行香港分行作为收款人向海外账户行发出了付款指令。事隔多日，上海汇款人到支行查询称收款人告知迄今尚未收到该笔款项，请查阅于何日汇出。分行汇款部当即再一次电海外账户行告知收款人称尚未收到汇款，请复电告知划付日期。账户行回电称，该笔汇款已由收款银行退回，理由是无法解付。这时，汇出行再仔细查询了汇款申请书，看到收款人的地址是新加坡，那么收款银行理应是新加坡的汇丰银行而不是香港的汇丰银行，在征得汇款人的同意后，重新通知其海外账户行将该笔汇款的收款银行更改为"Hongkong and Shanghai Banking Corp. Ltd., Singapore"，才最终完成了这笔汇款业务。

【分析】

本案例中该笔汇出款项最初之所以没有顺利解付的原因就在于没有向汇入行提供准确的收款银行地址和名称。

【启示】

本案例提示我们汇款人正确填写汇款申请书的重要性。常见的问题包括：①收款人户名不完整；②收款银行名称、地址错误或不详细：包括城市名称和国家名称更是不能填错或漏填；③收款人账号不规范。

三、汇款业务的风险控制

在风险防范方面，进出口双方需要共同关注的是交易对方的信誉、交易货物的性质与市场情况。交易对方的信誉情况很大程度决定了对方可能遇到的风险大小，而交易货物的性质和市场情况是交易对方潜在的风险转化为实际风险的重要外部原因。同时，进出口方还应关注交易货物的保险保障情况，享有交易货物所有权的一方不能缺少保险的保障。

1. 进出口双方约定预付货款。在进出口双方约定的是预付货款时，进出口双方各自做好防范工作的内容包括：

(1) 对进口商而言，在预付货款前，应该多渠道、多方面了解出口商的资信情况，如通过有涉外业务的银行、外资银行、国外商会、同业公会、专业评信机制和老客户等；在多信息的情况下去伪存真、去粗取精，获得准确和真实的结论后，将货款汇到出口商处。

(2) 对出口商而言，在收到全部货款之前需要特别注意对所有权单证的控制和对仓库的监管。既不能轻易将所有权单证交给进口商，同时由于自己享有所有权的货物已经存放在进口商所在地的仓库，所以必须加强对仓库的监管，防止货物由于保管不善发生损失及可能发生的仓库擅自同意进口商提货的情况。

2. 进出口双方约定货到付款。在进出口双方约定的是货到付款时，风险都集中在出口商一方，出口商有可能在发货后收不到应得的货款。出口商为最大限度地降低上述风险，应做好以下的防范工作：

（1）要谨慎选择汇款行。为防止进口商与当地银行共谋风险，出口商应要求进口商选择其所在地信誉卓著的世界性大银行或与出口商的开户银行有良好合作关系的银行作为付款行，这样不仅可加快出口商收款的速度，而且一旦出现问题也便于查询及处置。

（2）必须收妥货款后放单或电放货物。在电汇结算方式下，见到银行开出的付款收据不等于收到了货款，出口商必须经出口地银行（收款行）确认收妥了该笔货款后才能放单或电放货物。

（3）不宜轻易接受货物收据替代提单。出口商不宜轻易接受进口商提出的用货物收据替代提单的要求，除非进口商同意在货物出运前先将货款汇入出口商指定的银行账户。

3. 在票汇方式下风险的防范：

（1）企业从事票据操作人员应切实掌握有关票据知识，应树立反欺诈的意识，随时研讨有关此方面的案例，积累防欺破诈的经验。

（2）企业在收到国外开来的汇票时，在未经银行证实前，不得交出货物或支付费用，只有在经银行鉴别真伪之后，才能采取相应的行动。

（3）企业应密切与银行的合作，虚心向银行有关汇票鉴别专家学习，严格把好本企业业务人员失误的关口，不留任何疑问，与银行一道做好防范工作。

【例1-3】防范票汇欺诈

案情：1998年，我国某出口商与香港某进口商签订了一笔为200万港币的出口合同，合同约定采用一手交银行汇票，一手交货的交易方式。不久，该进口商带来一张由中国香港南洋商业银行开出的即期汇票，金额为200万港币，前来该出口商处提取货物。该出口商热情地款待该进口商，另一方面立即差人前往付款行中国银行，要求银行核对汇票是否真实。合同规定，出口商收到汇票后立即交货。中国银行核对汇票"印鉴相符"，但发现压印的汇票金额有涂改痕迹，于是，一方面告诫公司"汇票可疑，暂勿出货"，另一方面，迅速向南洋商业银行查询。对方复电称：该行确实开出过此票，但金额仅为2 000港币，而非200万港币，并且该进口商没有在该行开户，属资力较小的"街边小贩"。经进一步查明，该汇票是进口商将银行汇票领出后，涂改金额，再交给国内公司，当做取货货款之用。

【分析】

为该进口商开立汇票的出票行确有其行，且是人们所共知的银行，原汇票是真实、合法的，但金额小于实际金额，汇票有涂改迹象。此种汇票出口商很难辨别真伪，只有从事票据业务的专业人士，才能辨别真伪。变更汇票内容的手段有时还利用汇票上的有权签字不符合出票行印鉴册中授权签字的有关规定的办法，达到支付货款，骗取货物的目的。如汇票出票人虽在出票行印鉴册上查有其名，但均为B类有权签字人员，而非规定的A类有权签字人员。

【启示】

票汇作为收款人凭汇出行开立的汇票到汇入行领取款项的一种汇款方式，往往会出现非故意的和故意的风险。票汇方式下故意的风险是指买卖双方一方当事人采取不正当的措施变更汇票的内容，或以伪造、假证实等手段，使付款人或收款人遭受经济损失欺诈行为的事件。变更汇票内容的手段是付款人利用从银行购买的小额汇票，直接涂改成大额汇票，或复印变动汇票内容，并采取"一手交票、一手交货"的交易方式，诱使出口商盲目发货，以骗取其出口货物、佣金或手续费。

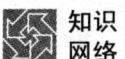

任务1的操作要点：在"汇款申请书"中，哪些项目由客户填写？哪些项目由银行填写？客户应该如何填写？以及要注意什么问题？

任务2的操作要点：在读懂了SWIFT MT103六个必备项目的含义后，掌握这些必备项目和其他项目应该如何填写？再逐项解读中国银行广州东山支行办理广州某研究所的票汇汇出业务的MT103报文。

任务3的操作要点：记牢银行汇票的七项必备项目，据此以及汇款申请书进行签发银行即期汇票的出票操作。

任务4的操作要点：汇票的背书，要点是要先搞懂汇票的收款人是谁？在本任务中，要求学生讨论票汇流程中的四个当事人，谁可能作为收款人？之后，再记住背书的种类就可以进行签发银行即期汇票的背书操作。

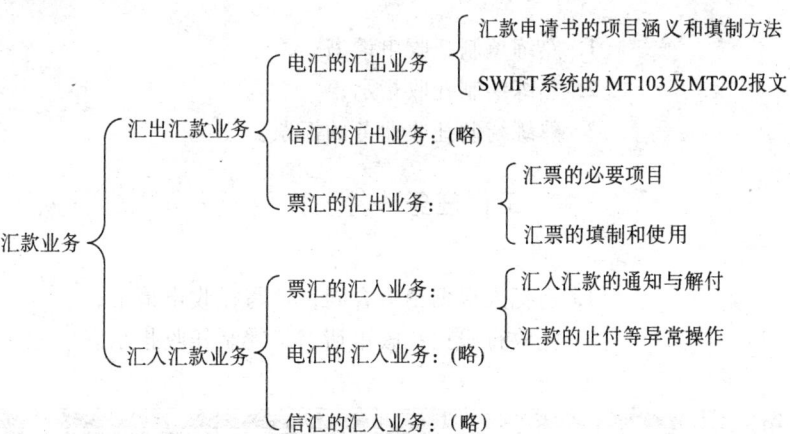

注：

为了保证汇款部分知识结构的完整性，虽然本教材中没有设计"汇入汇款业务"的项目，但是在知识网络图示中，我们仍旧保留该部分内容，若有需要深入了解的师生，可以浏览广州番禺职业技术学院精品资源共享课程网站上本课程的相关项目的内容。

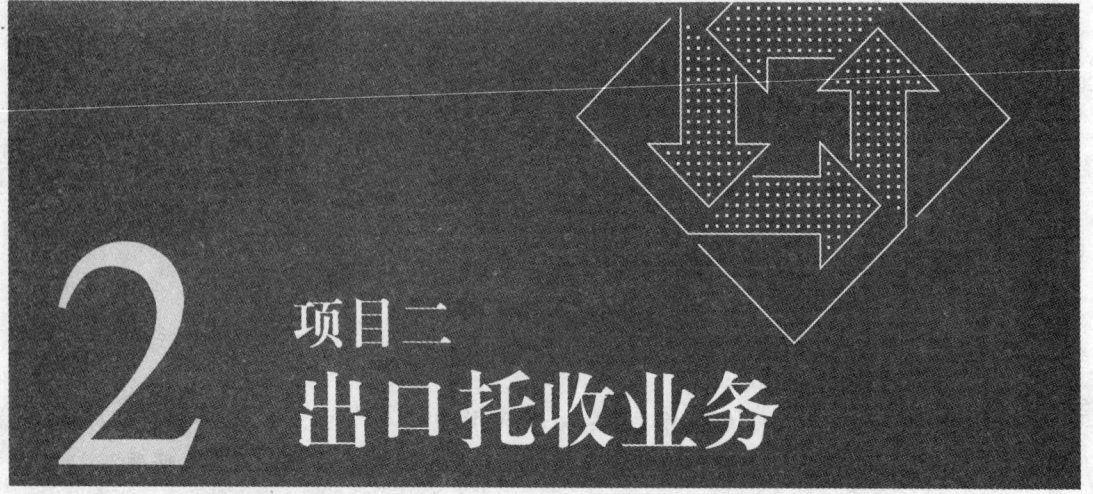

项目二 出口托收业务

 学习目标

知识学习目标：

1. 了解托收项下的出口押汇融资；
2. 理解托收概念、当事人及特点；
3. 掌握各种跟单托收的业务流程；
4. 运用国际商会《托收统一规则》（URC522）。

技能训练目标：

1. 熟练填制托收申请书；
2. 熟练缮制托收指示；
3. 熟练缮制托收业务的汇票。

 工作任务

1. 委托人根据销售合同，填写托收申请书；
2. 托收行根据托收申请书，缮制托收指示。

必备知识

一、托收的概念

托收（Collection）是出口方委托本地银行根据其要求通过进口地银行向进口方提示单据，收取货款的结算方式。

二、托收的种类

托收可分为光票托收和跟单托收两种方式。

（一）光票托收（Clean collection）

光票托收是指出口商仅开具汇票而不附商业单据（主要指货运单据）的托收，一般用于收取货款尾数、代垫费用、佣金、样品费或其他贸易从属费用、索赔以及非贸易的款项。金额相对于跟单托收的金额为小。光票托收并不一定不附带任何单据，有时也附有一些非货运单据，如发票、垫款清单等。光票托收的汇票，在期限上也应有即期和远期两种。但在实际业务中，由于一般金额都不太大，即期付款的汇票较多。

（二）跟单托收（Documentary Collection）

跟单托收是指附有商业单据的托收。卖方开具托收汇票，连同商业单据（主要指货运单据）一起委托给托收行。跟单托收也包括为避免印花税负担不使用汇票（以发票代替汇票）的情况。跟单托收可分为付款交单和承兑交单两种；按付款时间的不同，付款交单又有即期和远期之分（见图2-1、图2-2、图2-3）。

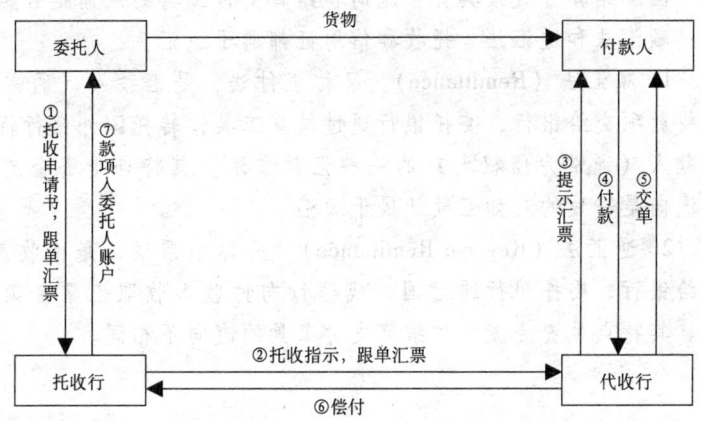

图 2-1　即期付款交单流程

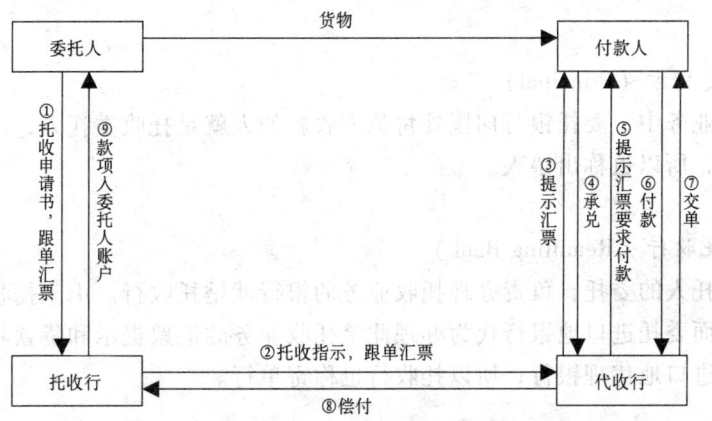

图 2-2　远期付款交单流程

图 2-3 承兑交单流程

托收是顺汇还是逆汇？

国际结算方式按其资金流向和结算支付工具的流向是否相同可以分为两类：顺汇法和逆汇法。托收和信用证都属于逆汇。

1. 顺汇法（Remittance）。又称汇付法，是汇款人（通常为债务人）主动将款项交给银行，委托银行通过结算工具，转托国外银行将汇款付给国外收款人（通常为债权人）的一种汇款方法。其特点是资金流向和结算工具的流向是一致的。如汇款就属于顺汇。

2. 逆汇法（Reverse Remittance）。又称出票法，是由收款人出具汇票，交给银行，委托银行通过国外代理行向付款人收取汇票金额的一种汇款方式。其特点是资金流向和结算支付工具的流向不相同。

三、托收的当事人

（一）委托方（Principal）

在托收业务中，委托银行向国外付款方收款的人就是托收委托人，因为是由其开具托收汇票的，所以也称出票人。

（二）托收行（Remitting Bank）

接受委托人的委托，负责办理托收业务的银行就是托收行。由于托收行地处出口地国家，将转而委托进口地银行代为办理此笔托收业务的汇票提示和货款收取事宜，必须将单据寄往进口地代理银行，所以托收行也称寄单行。

（三）代收行（Collecting Bank）

接受托收行的委托代为提示汇票、收取货款的银行就是代收行。

（四）付款人（Payer 或 Drawee）

代收行根据托收行的指示向其提示汇票、收取票款的一方就是付款人，也是汇票的受票人。

有时，代收行与付款人无往来账户关系，为了便利如期收款，代收行要委托另一家与付款人有业务往来关系的银行代收，这就增加了一个当事人提示行（Presenting Bank）。提示行是实际向付款人提示单据的银行。代收行如果与付款人有往来账户关系，也可以自己兼任提示行。

再者，如果发生拒付的情况，委托人就可能需要有一个代理人为其办理在货物运出目的港时所有有关货物存仓、保险、重新议价、转售或运回等事宜。这个代理人必须由委托人在委托书中写明，称作"需要时的代理"（a representative to act as case-of-need）。委托人应在托收申请书上写明此代理人的权限。

《托收统一规则概述》

国际商会为给办理托收业务的有关各方提供一套可遵循的共同规则，减少各有关当事人可能产生的矛盾和纠纷，曾于1958年草拟《商业单据托收统一规则》。国际商会建议各国银行采用，以期成为托收各方共同遵守的"惯例"。随后，国际商会于1967年修订并颁布了该规则（国际商会第254号出版物）。为适应国际贸易发展的需要，特别是考虑到实际业务中不仅有跟单托收（即附有商业单据的托收），也有光票托收（即仅有金融单据的托收），国际商会于1978年再次对上述规则进行了修订，并更名为《托收统一规则》（The Uniform Rules for Collection, ICC Publication No.322），该修订本自1979年1月1日起生效。1995年再次修订，称为国际商会第522号出版物《托收统一规则》（简称《URC522》），于1996年1月1日起正式实施。《托收统一规则》自公布实施以来，被各国银行所采用，已成为托收业务的国际惯例。

《URC522》共7部分，其内容包括：总则和定义，托收的形式和结构，提示的形式，义务和责任，付款，利息、手续费和费用以及其他条款等共26个条款。以下是该规则所涉及的部分内容：

1. 在托收业务中银行除了检查所收到的单据是否与委托书所列一致外，对单据并无审核的责任。但银行必须按照委托书的指示行事，如无法照办时，应立即通知发出委托书的一方。

2. 未经代收银行事先同意，货物不能直接发给代收银行。如未经同意就将货物发给银行或以银行为收货人，该行无义务提取货物，仍由发货人承担货物的风险和责任。

3. 远期付款交单下的委托书，必须指明单据是凭承兑还是凭付款交单。如未指明，银行只能凭付款后交单。

4. 银行对于任何由于传递中发生的遗失或差错概不负责。

5. 提示行对于任何签字的真实性或签字人的权限不负责任。

6. 托收费用应由付款人或由委托人负担。

7. 委托人应受国外法律和惯例规定的义务和责任所约束，并对银行承担该项义务和责任负赔偿职责。

8. 汇票如被拒付，托收行应在合理时间内做出进一步处理单据的指示。如提示行发出拒绝通知书后 60 天内未接到指示，可将单据退回托收行，而提示行不再承担进一步的责任了。

四、托收业务的特点

1. 对进口商的利弊分析。

有利的方面体现在：

（1）总的来讲托收是对出口方不利而对进口方有利的支付方式。

（2）托收较使用信用证方便，费用便宜，不必预付银行保证金。

（3）在货到单未到时，可凭担保提货，以销货款偿还票款，不积压资金；在资金紧张时，可凭信托收据提货。

不利方面体现在：

（1）进口商对远期承兑交单的托收已履行承兑手续后，就要负法律责任。

（2）付款交单的托收是在提示时付款，因而可能在货物到达前就付款，占压资金，也承担一定风险如到达的货物与订购的不一样。

2. 对出口商的利弊分析。

有利方面体现在：

（1）若在付款以后交付货权凭证，出口商的权益较光票托收或承兑交单有保障。

（2）托收结算方式的费用要较信用证少。

（3）声誉良好的代收行可能代出票人催收货款。

（4）出口商如果指定代收行作为收款代理人而掌握全套单据，或者在代收行同意时将货物发运给代收行的指定人，就可以对货物加以保护。

（5）出口商也可获得资金方面的融通。

不利方面体现在：

（1）出口商要等到托收行收到票款后，才能取得货款。

（2）货款的安全不如预收货款、跟单信用证等方式。

（3）若买方不赎单提货，出口商就要承担滞期费、仓储费，有时货物还要被迫运返出口地，增加了运费，还有可能增加保险费和代理费。

流程图解

一般贸易货款的托收都是跟单托收，跟单托收又可分为付款交单和承兑交单两种。光票托收是指出口商仅开具汇票而不附商业单据（主要指货运单据）的托收，一般用于收取货款尾数、代垫费用、佣金、样品费或其他贸易从属费用、索赔以及非贸易的款项，金额相对于跟单托收的金额要小。

一、业务流程

（一）跟单托收业务流程（见图2-4）

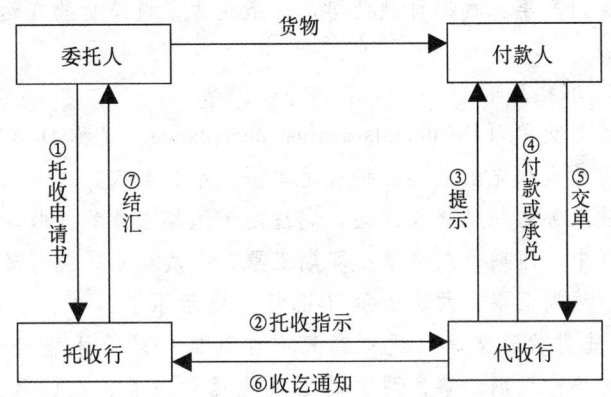

图2-4 跟单托收业务流程图

注：

①首先由委托人填写跟单托收申请书，向托收行申请跟单托收。出口商将托收申请书、所开具的以进口商为付款人的商业汇票，连同全套规定的装运单据一并交与托收行，委托银行收款。

②托收行对委托人提交的托收申请书进行审查，缮制托收指示，将托收指示及委托人交托的汇票、装运单据寄往国外代收行。

③代收行接受托收行的托收指示，对付款人进行提示。

④代收行向进口商提示汇票后，进口商先验看单据，然后或付款或承兑。

⑤代收行则按照托收指示书，或在付款后交单，或在承兑后交单。

⑥代收行及时向托收行发出付款通知或承兑通知书。如果进口商拒绝承兑或拒绝付款，代收行必须及时通知委托行，如果委托书对拒绝证书有要求，及时作成拒绝证书。

⑦托收行的贷记工作：托收行接到代收行的收讫通知后，贷记委托人账户。

《托收统一规则中的规定》

一、两种交单方式——付款交单与承兑交单

跟单托收中，银行代收货款时掌握有商业单据，银行在什么条件下向进口商交付单据，特别是代表物权凭证的运输单据，这关系到贸易双方权益的问题，所以交单条件是很重要的。根据银行交单条件的不同，跟单托收可分为付款交单和承兑交单两种。

1. 付款交单。

付款交单（Documents against payment，简称D/P）。付款交单的特点是先付款后交单，出口商的交单以进口商的付款为条件，直到付款人付款之前，代表货物所有权的货运单据始终掌握在银行手中，也就是说出口商仍然掌握着对货物的支配权，所以风险较小。按付款时间的不同，付款交单又有即期和远期之分。

（1）即期付款交单（D/P at sight）是指代收行凭进口商的即期付款而交单。

（2）远期付款交单（D/P at …days after sight）指代收行凭进口商的远期付款而交单。远期付款交单，一般是为了避免货物在运输途中买方的资金占压。

2. 承兑交单。

承兑交单（Documents against acceptance，简称D/A）指被委托的代收行在付款人承兑汇票后，将货运单据交给付款人，付款人在汇票到期时，履行付款义务的一种托收方式。它适用于远期汇票的托收。

其中，即期付款交单：即期汇票，一次提示，先付款后交单；远期付款交单：远期汇票，两次提示（银行先提示承兑，在汇票到期日，再提示付款），先付款后交单（进口商只有在到期付款后才能取得货运单据提货）。承兑交单：远期汇票，两次提示（先提示承兑，在汇票到期日，再提示付款），先交单后付款（进口商则可以在承兑汇票后便获得单据提货）。

二、即期付款交单、远期付款交单、承兑交单的风险比较

首先，从交单条件方面，在付款交单的形式下，货运单据的交出必须以付款为条件；而在承兑交单的形式下，进口商只要承兑了该汇票，代收行便交出单据给进口商据以提货。其次，从托收时间方面，即期付款交单条件下，出口商开具的是即期汇票；而远期付款交单和承兑交单条件下，出口商开具的是远期汇票，都属于远期托收，进口商见票时应先予以承兑，汇票到期时才予以付款，远期托收卖方承担的风险较大。

远期付款交单和即期付款交单，虽然交单条件是相同的，进口商只有在汇票到期并支付货款后才能得到单据，进口商不付款就不能取得代表货物所有权的单据。但是，远期付款交单，这种交单方式往往会引起许多问题，为此，URC522第7条规定："托收不应该含有远期付款汇票而同时又指示商业单据需在付款后交给付款人。"如果托收中含有远期汇票，而托收指示中又规定在付款后才交付单据，则单据将在付款后交给付款人，代收行对于因晚交单而引起的后果概不负责。因此，远期的期限一般以货物运输的在途时

间为宜。例如，从启运港到目的港货物运输的在途时间为一个半月，则托收期限以 45 天为宜。远期付款交单条件下，如果付款期限较长，在货物到达港口后，进口商可凭信托收据先借出单据去处理货物，待汇票到期时再付款。这被称为凭信托收据借单（Document against Trust Receipt）。

承兑交单（D/A）对进口商而言可从出口商获得资金的融通，因为进口商在承兑汇票后即可取得单据提取货物进行销售，而不必等到付款后才能取货物。对于出口商来说，虽然进口商承兑汇票以后成为票据债务人，必须对付款负责，但是单据一旦交给进口商，出口商与进口商作付款交换的货物就脱手，出口商能否收款就完全依赖进口商的商业信用。在进口商信用欠佳时，即使汇票已承兑，到期前出口商仍承担不能收款的风险。承兑交单中，进口商只要承兑后便可得到单据，这时汇票还未到期，进口商尚未付款。因此对于出口商来说，承兑交单（D/A）的风险大于付款交单（D/P）。因此对进口商的信用不十分了解时，不宜采用承兑交单。

（二）光票托收业务流程

光票托收的程序与跟单托收并没有太大的区别。可以办理光票托收的票据种类有汇票、本票、支票、旅行支票等。以汇票托收为例，其业务流程如图 2-5 所示。

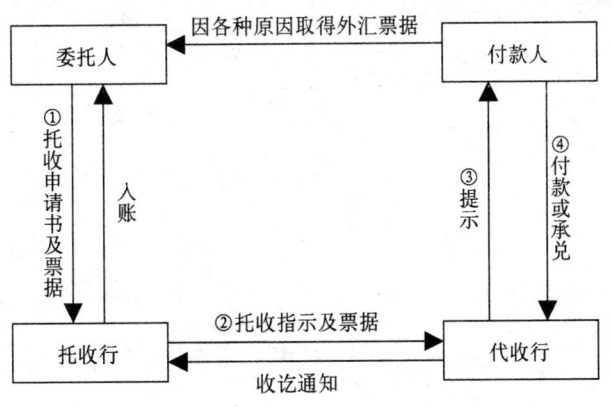

图 2-5　光票托收流程

注：

①首先由委托人填写光票托收申请书，开具托收汇票一并交与托收行，申请书的内容包括票据的类别、号码、金额、出票人、付款人、收款人等。

②托收行依据托收申请制作托收指示，一并航寄代收行。

③代收行向付款人提示。对即期汇票，代收行收到汇票后应立即向付款人提示付款；对于远期汇票，代收行接到汇票后，应立即向付款人提示承兑。

④付款人付款或承兑。对即期汇票，代收行提示付款后，付款人如无拒付理由，应立即付款，付款人付款后，代收行及时向托收行发出收讫通知书，将汇票交与付款人入账。对于远期汇票，代收行提示承兑后，付款人如无拒绝承兑的理由，应立即承兑。承兑后，代收行持有承兑汇票，到期再作付款提示，此时付款人应付款。

二、业务示范

在深圳智盛国际结算模拟系统上，模拟演示广州汽车工业集团（广州市政府国有资产授权经营的企业集团公司）向日本三菱化学集团（由三菱化学公司及其子公司组成）出口一批汽车配件，鉴于双方合作多次，都具有良好的信用和口碑，双方商定货款通过即期托收方式支付。托收行是 CHINA MERCHANTS BANK，代收行是 UFJ BANK LIMITED，在两大集团的配合下，中日两地银行成功完成了这笔 10 000 美元的托收登记和付款以及解付的业务操作的完整过程。

步骤1 出口托收登记（见图 2-6、图 2-7、图 2-8）。

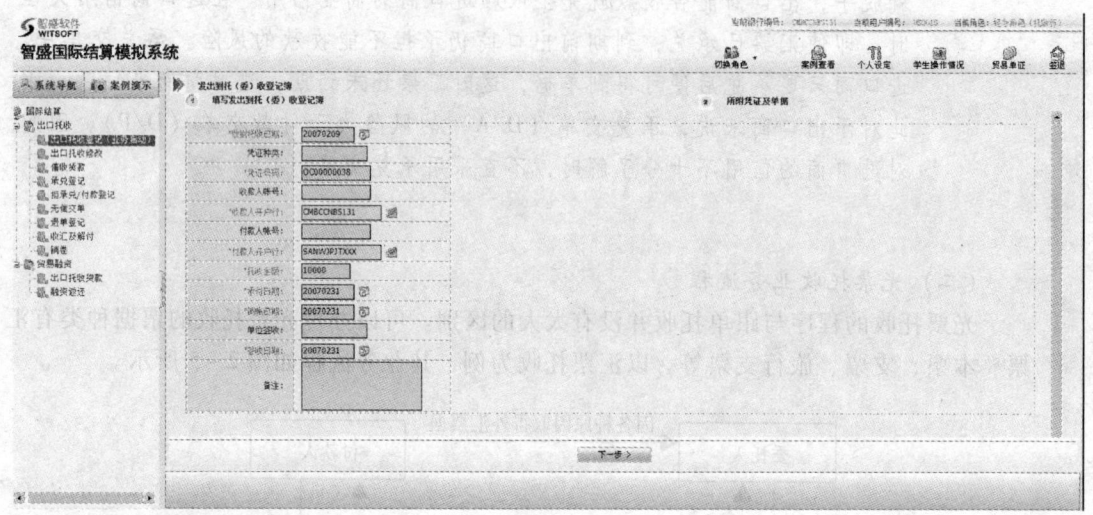

图 2-6

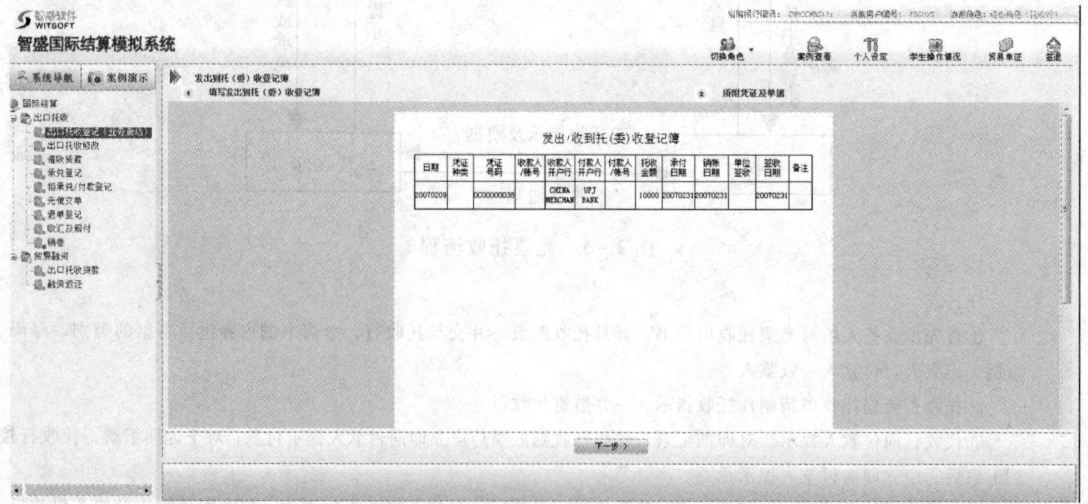

图 2-7

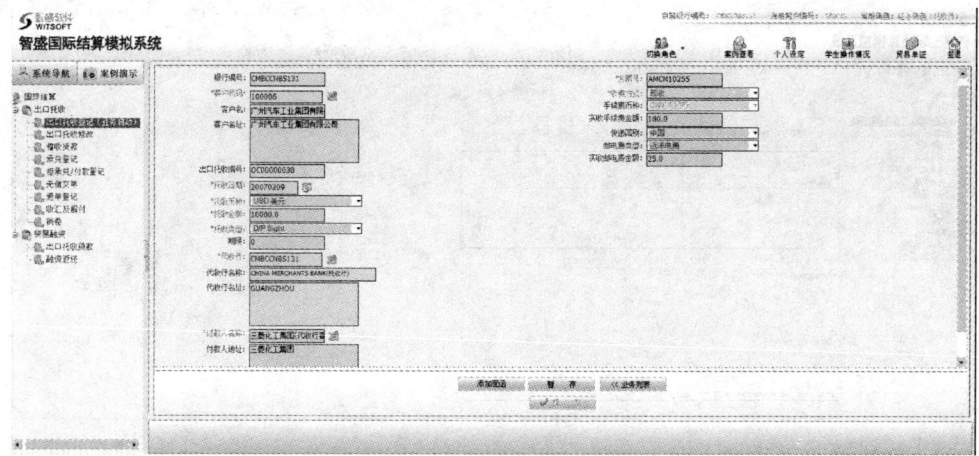

图 2-8

步骤 2 出口托收电文（见图 2-9、图 2-10、图 2-11）。

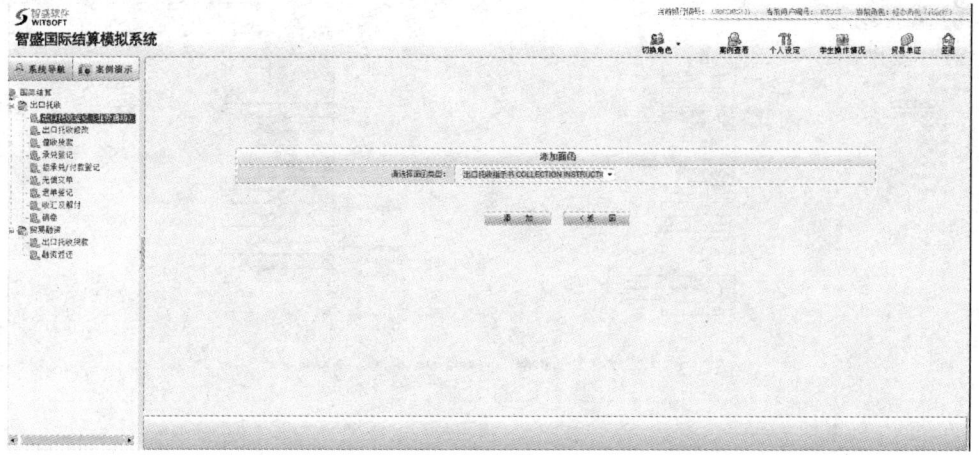

图 2-9

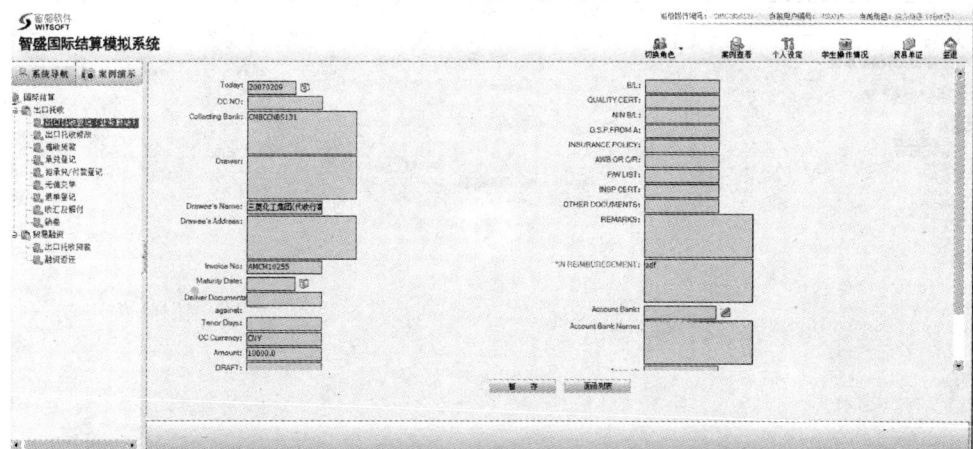

图 2-10

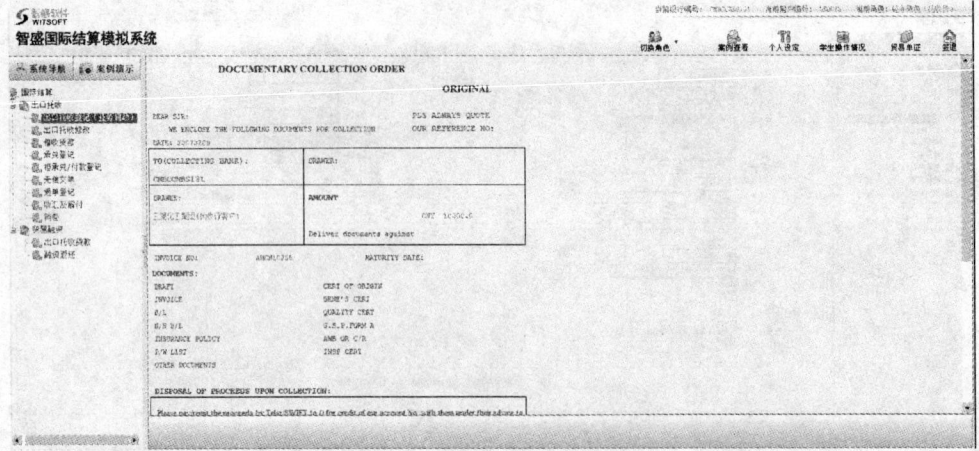

图 2 – 11

步骤 3 进口代收登记（见图 2 – 12）。

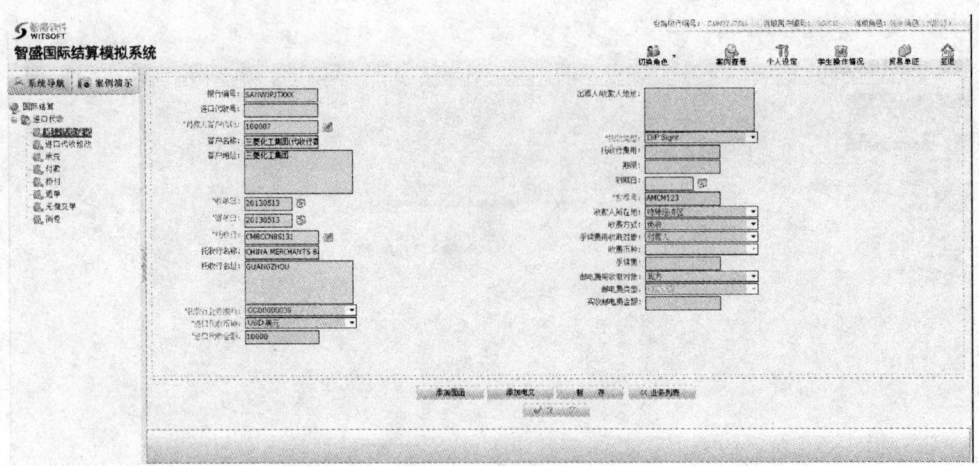

图 2 – 12

进口代收登记——添加电文（见图 2 – 13、图 2 – 14）。

图 2 – 13

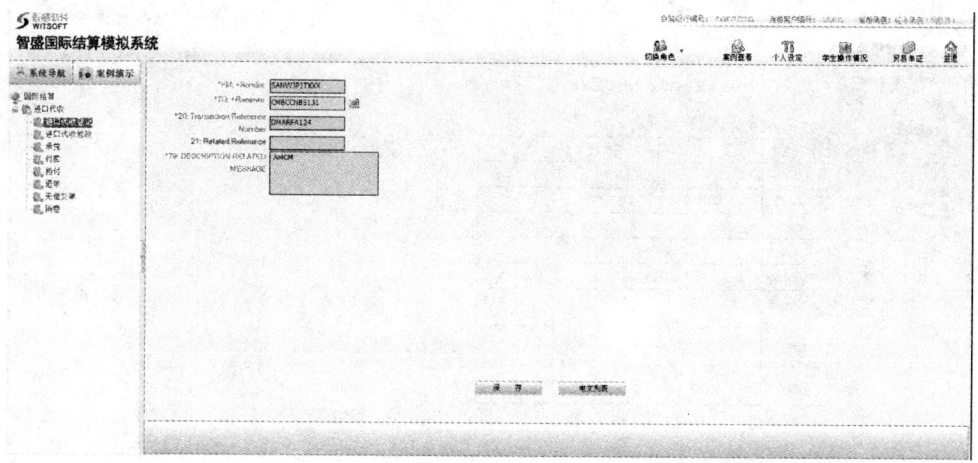

图 2-14

进口代收登记——添加面函（见图 2-15、图 2-16、图 2-17）。

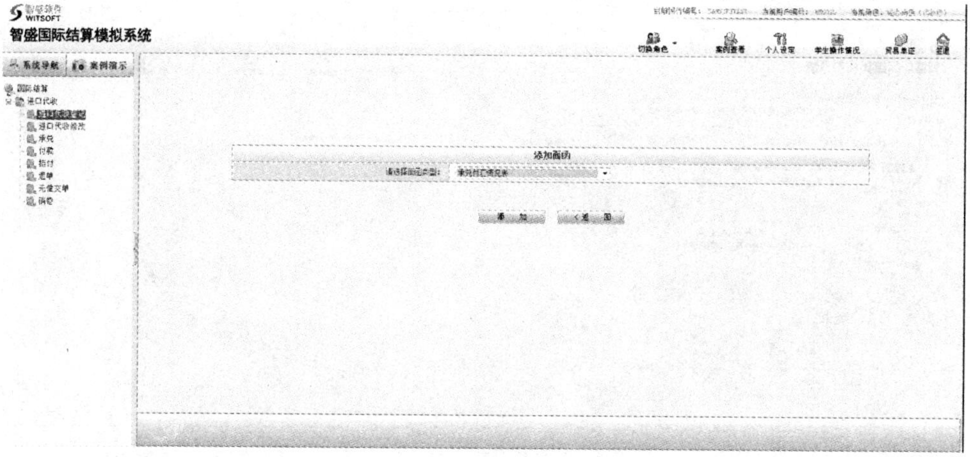

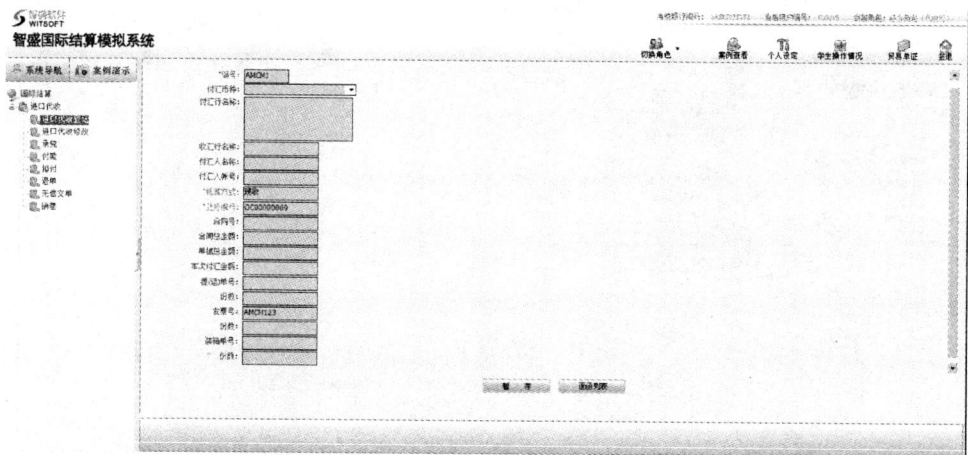

图 2-15

图 2-16

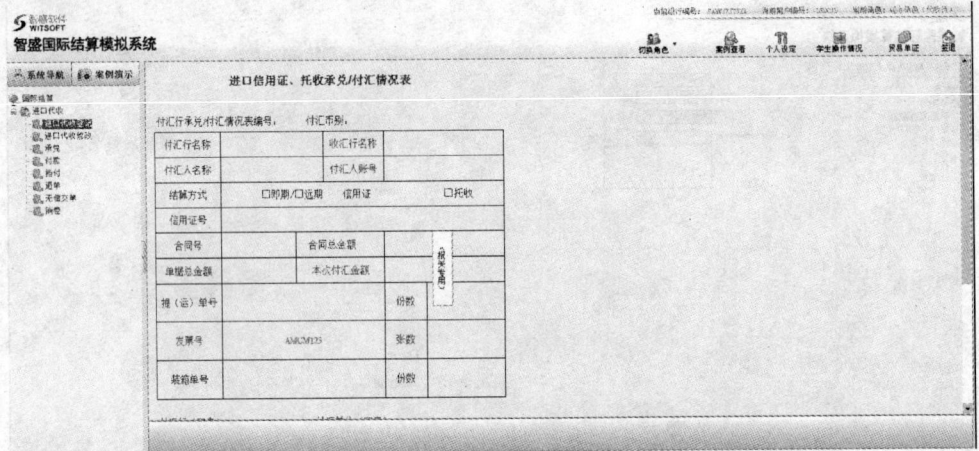

图 2-17

步骤4 出口托收催款（见图 2-18、图 2-19）。

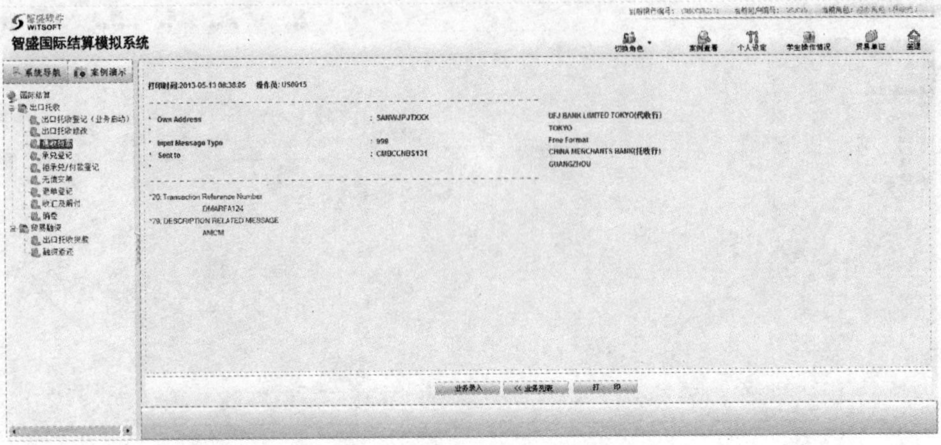

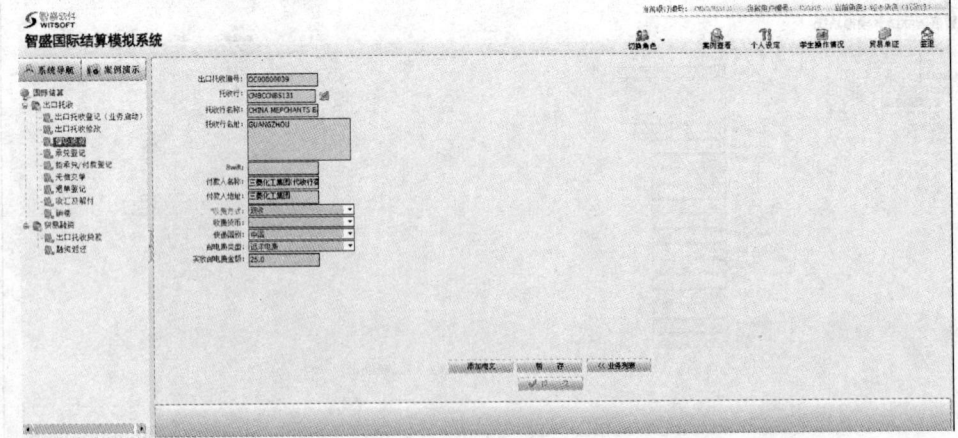

图 2-18

图 2-19

出口托收催款——添加电文（见图2-20、图2-21）。

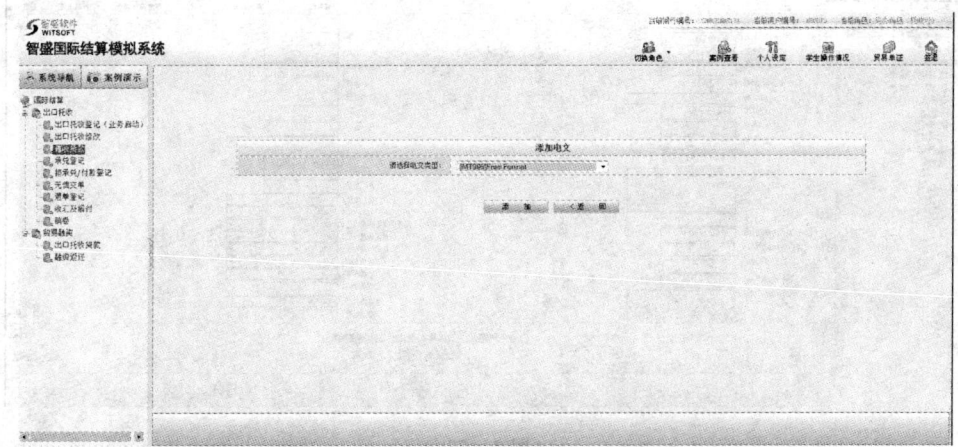

图2-20

图2-21

步骤5 进口代收付款（见图2-22、图2-23）。

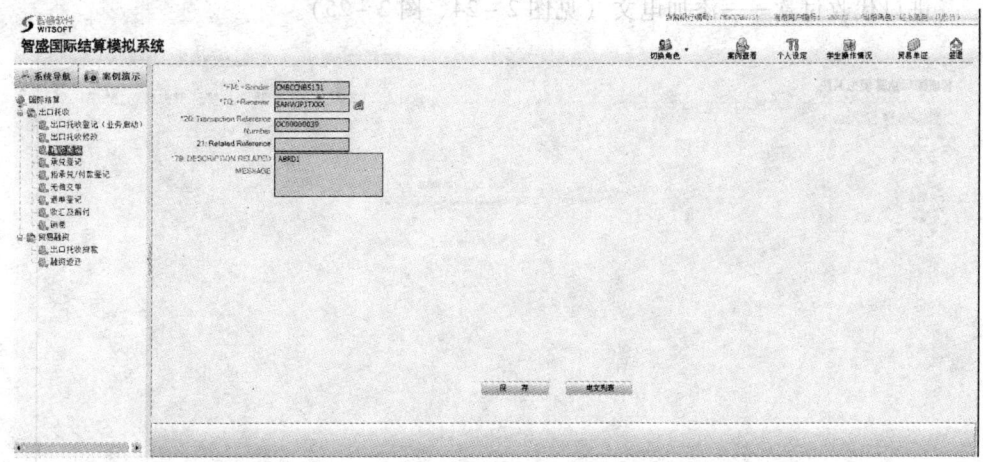

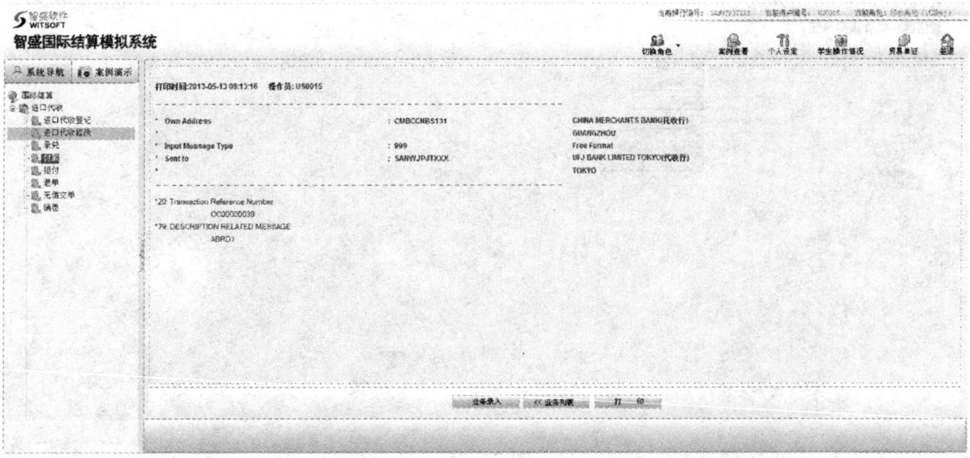

图2-22

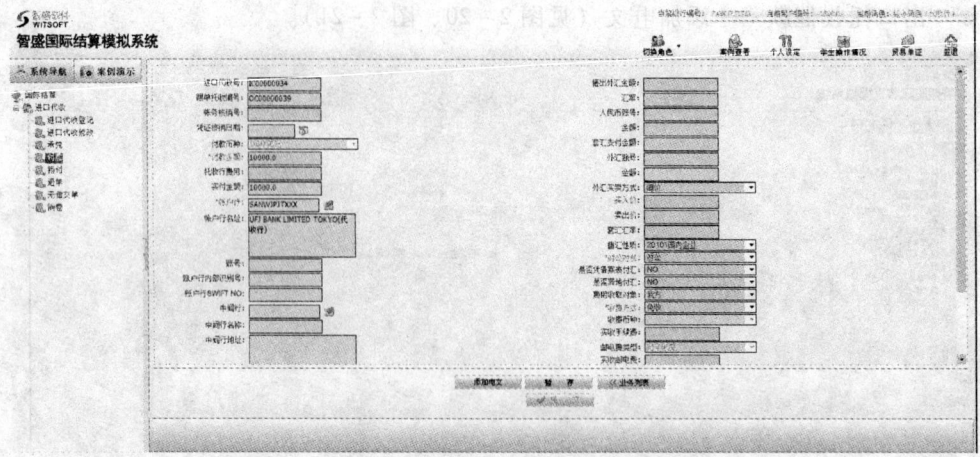

图 2 - 23

进口代收付款——添加电文（见图 2 - 24、图 2 - 25）。

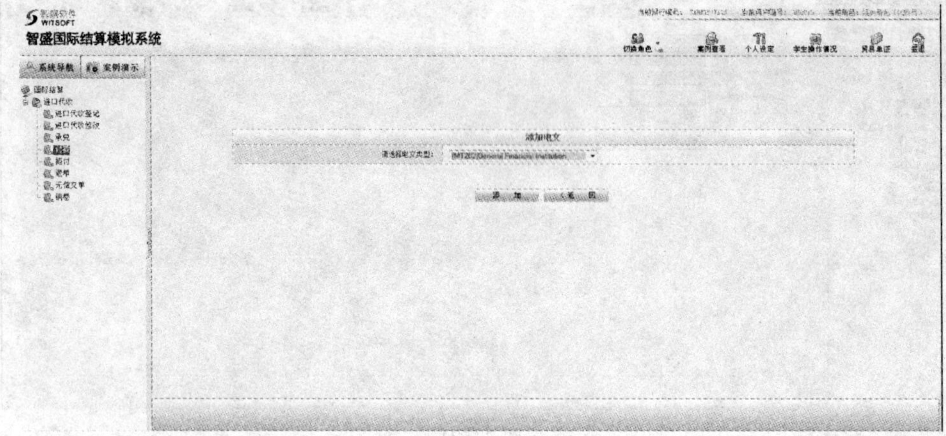

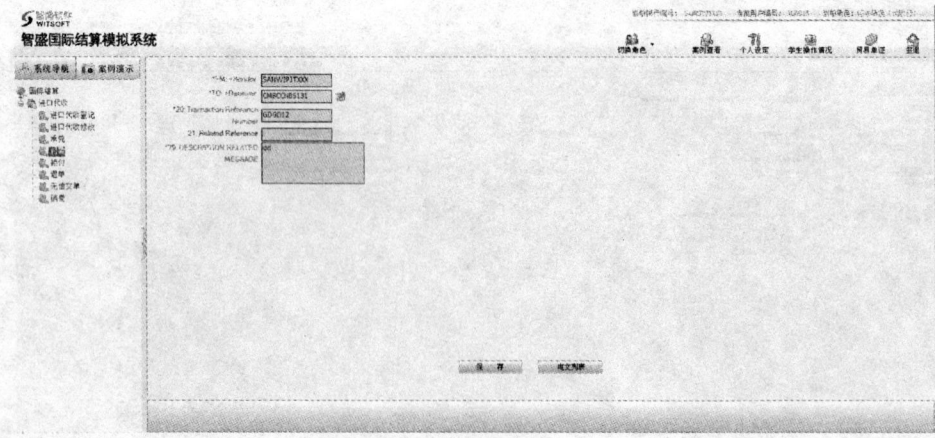

图 2 - 24

图 2 - 25

步骤6 出口托收——收汇与解付（图2-26、图2-27）。

图2-26

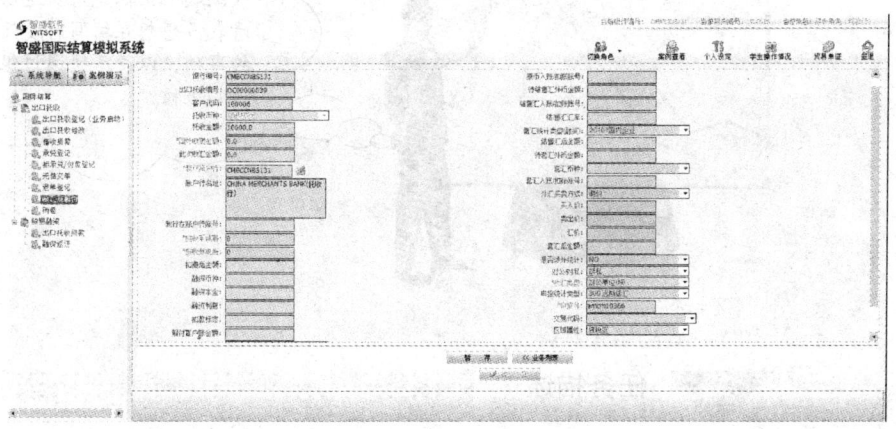

图2-27

任务1 委托人填制托收申请书

跟单托收是指委托人向银行提交出口单据，要求银行委托国外代收行以付款或承兑作为交单条件，向付款人办理交单和收款事宜的一种结算方式。在出口方所在地，出口商作为委托人，委托出口方的银行即托收行，银行办理出口托收的业务流程：接单→审核客户交单委托书→选择代收行和索汇路线→缮制托收委托书→寄单→对外交涉催收（如需）→收汇。

根据上述业务流程，项目二将重点训练在办理出口托收业务时，委托人和托收行需要完成的前两项工作任务。

 **业务场景**

　　2013年3月国际商务专业的毕业生王雯，入职 Guangdong Arts & Craft Imp. & Exp. Company，岗位是外贸跟单员。在公司里，她的师傅王江是一位资历颇深的老业务员。老王为了让小王尽快熟悉跟单托收业务，将自己前几年做的托收业务单据拿出来供她学习。其中，有一份在2003年5月18日他向中国银行广州分行提交的跟单托收委托书，他让小王通过换位思考——模拟托收行中的工作人员按表中所列的问题，逐项审核这份跟单托收委托书，进而学会独立、正确地填写托收申请书。

 任务描述

1. 客户填写"托收申请书"；
2. 银行审核"托收申请书"。

 **业务描述**

　　客户王江根据销售合同填写"托收申请书"；银行接单，受理"出口托收"业务。

操作指导

　　托收申请书是委托人与托收银行之间关于该笔托收业务的契约性文件，也是银行进行该笔托收业务的依据。委托人填写出口"托收申请书"时，有关内容全部用英文填写。
　　"托收申请书"（如表2-1所示）一式两联，第一联留托收行据以编制托收指示；第二联交委托人作回单。
　　托收申请书如表2-1所示。

表 2-1　　　　　　　　　《托收申请书》（正面）样本

致：中国银行广州分行 TO：BANK OF CHINA GUANGZHOU We hand the undermentioned item for disposal in accordance with the following instructions and subjeet to the terms and conditions set out overleaf for ☒COLLECTION　代收 □NEGOTIATION under Documentary Credit 议付信用证下单据	Original Collection Appication Date：18th, May, 2003 兹送上下列文件，请按照下述指示办理，本司并同意遵照背面之条款。 ☒Please advance against the bill/documents 请予垫款 □Please do not made any advance 无须垫款

Please mark 请填上下列文件的份数 Number of Documents Attached												我司账号 Our A/C No. 87364-752-9251
Draft 汇票	Bill of lading 提单	Airway bill 空运单	Cargo Receipt 货物收据	Invoice 发票		Memo. 中旅社承运收据	Cert. Of Qual/Quan. 品质/数量证明书	Cert. Of Origin 产地证明书/证书	Ins. Pol/Cert. 保险单/证书	Packing List 装箱单	Weight List 重量单	Bene. Cert. 受益人证明书	Cable Copy 电报副本
				Comm.	Cust.								
2/2	4/4		2/2				1/1	1/1		1/1			

Other Documents 其他文件
Drawee 付款人 Good Luck Company, Hongkong
Issuing Bank 开证银行　　　　　　　　　　　　　　　　Documentary Credit NO. 　　　　　　　　　　　　　　　　　　　　　　　　　　信用证编号
Tenor 期限 at Sight Draft NO./Date 票号/日期 18th, May　　DRAFT AMOUNT 金额 　　　　　　　　　　　　　　　　　　　　　　　　　　　　HK＄652,450.00
FOR "BILLS NOT UNDER L/C" Please Follow Instructions Marked "×" 如属非信用证下单据请按下列有×之条款办理
Deliver documents against PAYMENT　　　　　　　　　　　　　　　　　　　付款/承兑交单
□Acceptance/payment may be deferde pending arrival of carrying vessel　　货到后方承兑/交款
Collection charges outside Guangzhou for account of Drawee　　　　　外埠代收手续费付款人负担
Please collect interest at 5% p.a. from Drawee　　　　　　　　　　请向付款人按年息5%计收利息
☒Please waived interest/charges □Do not waive interest/charges　　如拒付利息/手续费可免收/不可免收
if refuse in the event of dishonour　　　　　　　　　　　　　　　　如付款人拒绝承兑或付款
Please warehouse and insure goods for our account　　　　请将各货物入仓投足保险，各项费用由我司负责
☒Please do not protest　□Protest　　　　　　　　　　　　请不须/请做拒绝承兑/付款证书
☒Advise dishonour by　□Airmail ☒Cable　　　　　　　　若未兑付请以航邮/电报通知
☒In case of need refer to A Trading Co., Hong Kong　　Who will assist you to abtain acceptance/payment but who has no authority to amend the terms of the bill 　　　　　　　　　　　　　　　　　　　　　　　　　该司会协助贵行取得承兑/付款但无权更改任何条款
☒Designated Collecting Bank（if any）：指定托收银行 Standard Chartered Bank Ltd., Hong Kong
Payment Instructions 请将款项收我司账号 ☒Please credit proceeds to our A/C No. 9005-2727985473 其他□Others
Other Instructions 其他指示 如有查询，请洽我司。 In case of any questions, please contact our Mr./Miss 王江 Tel No. 35678765
For：Guangdong Arts & Craft Imp. & Exp. Company 　　　　　　　　　　　　　　　　　　――――――――――――――――――― 　　　　　　　　　　　　　　　　　　Authorized Signature（s）负责人签字

一、读懂托收申请书的主要项目

1. 基本事项。如主要当事人,包括收款人、付款人的名称和地址以及委托日期等。
2. 汇票条款。如汇票的金额、号码、时间、期限。
3. 单据条款。如除了汇票外,提交发票、提单、保单等商业单据的种类及份数。
4. 托收条款。

(1) 交单条件。交单条件尤为关键。托收的远期汇票附有单据时,应明确交单的条件,是付款交单还是承兑交单。付款交单方式下是否准许付款人按比例分次付款、分次提货,以便利进口商的资金周转。

(2) 银行费用。一般情况下,是贸易双方各自负担本国银行的费用。但应明确如果付款人不支付代收行的费用,是否提示行就不得交单。

(3) 汇款方式。票款收妥后,代收行汇交托收款的方式:信汇(M/T)或电汇(T/T)。

(4) 拒绝证书。如果付款人拒绝付款或承兑,是否应在何种情况下做成拒绝证书,或者仅以航邮或电报通知托收行便可,或采取其他能代替拒绝证书的办法。

(5) 关于代理。一旦发生违约和延期付款时,需要该代理的全称和详细地址以及其确切的权限。

(6) 关于货物。代收行应采取何种措施来保护货物,特别是在发生拒付和拒绝承兑时,是否要求代收行把货物存仓、投保火险以及偷窃、雨淋损坏方面的险种。

(7) 附加规定。关于付款时间的附加规定包括:付款人延迟付款是否加收利息,提前付款是否给予贴息等。

二、掌握托收申请书的填制要点

出口托收申请书上的主要填写内容如下:

1. 代收行的选择。出口商在 COLLECTING BANK 栏内填写国外代收银行(一般为进口商的开户银行)的名称和地址,这样指定代收行有利于进口商的开户银行直接向付款方递交单据,有利于早收到钱。如果没有填写或不知道进口方的开户银行,则银行将为申请人选择进口商所在国家或地区的一家银行进行通知,这样出口商收到款项的时间可能会较长。

因此出口商最好知道进口商所在的国外开户银行。根据《托收统一规则》,代收行可以是寄单行以外的任何参与处理托收的银行。这样,托收行可使用委托人指定的代收行,否则它将使用自己选择的、付款或承兑地点的一家银行。

若委托人不指定，托收行如何选择代收行？

若委托人在客户交单委托书中指定了代收行，银行应按委托人指示办理。但若指定的代收行非代理行且资信不详，应向委托人提示风险，如委托人坚持不更改代收行，应得到其确认后方可出单；若指定的代收行的地址与该行的单证处理中心的地址不一致，应提醒委托人并应得到其风险确认函后方可将其指定的代收行的地址改为该行单证中心的地址。

（1）若委托人不指定代收行，应按现行的国际商会的《托收统一规则》及总行有关规定办理。付款人当地若有联行的则选择联行，若无联行的，应选择同托收行关系好、服务质量高、资信可靠的代理行。

（2）索汇指示应明确、具体，头寸清算应在托收行开有账户的海外联行、代理行，或在货币清算中心进行，避免迂回曲折。

2. 当事人的填写内容。

（1）委托人（APPLICANT）。委托人为出口商，应填写详细的名称、地址、电话、传真号码。

（2）付款人（DRAWEE）。付款人为进口商，应填写详细的名称、地址、电话、传真号码。

如果进口商的资料不详细的话，容易造成代收行工作的难度，使出口商收到款项的时间较长。

3. 勾选托收条款。托收条款（TERMS AND CONDITIONS OF COLLECTION）一般包括以下几项内容，如果需要就注明一个标记（×）。

（1）收到款项后办理结汇；

（2）收到款项后办理原币付款；

（3）要求代收方付款交单（D/P）；

（4）要求代收行承兑交单（D/A）；

（5）银行费用由付款人承担；

（6）银行费用由申请人承担；

（7）通知申请人承兑汇票的到期日；

（8）如果付款延期，延期付款利息；

（9）付款人拒绝付款或拒绝承兑，通知申请人并说明原因；

（10）付款人拒绝付款或拒绝承兑，代收行对货物采取仓储或加保，费用由申请人支付；

（11）其他。

4. 单据的种类与数量（Documents）。要写明提交给银行的正本和副本的单据名称和数量。

5. 汇票的时间和期限（Issue Date and Tenor of Draft）。申请书上汇票的有关内容要与汇票上的一致。

6. 合同号码（Contract Number）。申请书上的合同号码要与进出口双方签订的商务合同上的号码保持一致。

 **任务1的业务成果展示（如表2-2所示）**

表 2－2　　　　　　　　　　　业务成果展示

（1）委托人公司名称、账号	
（2）付款人公司名称	
（3）指定代收行	
（4）托收金额、付款期限	
（5）托收单据种类、份数	
（6）银行费用由哪方支付	
（7）交单条件	
（8）利息支付情况	
（9）拒付时是否需发出退票通知	
（10）拒付时是否需出具拒绝证书	
（11）需要时的代理人及作用	
（12）托收行邮寄单据遗失时，是否需承担责任	

说明：该业务成果可要求学生分组，通过阅读理解表2－1，各学习小组完成表2－2的填制；再通过课堂展示环节，进行小组互评，从而掌握托收申请书的填制要点。

项目二 出口托收业务 | 61

任务 2
托收行缮制托收指示

 **业务场景**

2013年5月,公司向巴基斯坦出口一批化工原料,合同中商定2.5万美元货款将采用托收方式支付。王江让王雯来负责该笔业务。

"小王,你负责跟巴基斯坦出口头巾的这个单,去中国银行办理一下出口托收的业务。另外,中国银行结算部的孔生和我比较熟,你要是有问题,可以向他请教。"

 **业务描述**

出口商填写"客户交单委托书"并审核跟单托收单据;托收行审查委托人提交的托收申请书,缮制托收指示给代收行并处理单据。

 **业务描述**

王雯根据公司与巴基斯坦客户签署的销售合同,填写"客户交单委托书",并附上出口商按照合同规定装运货物,取得货运单据等跟单托收的所有单据;中国银行东山支行受理了这笔出口托收业务。

操作指导

一、审核客户交单委托书（见表 2-3）

（一）当事人应填写的内容

委托人在《客户交单委托书》上应清楚填写付款人名称及详细地址、代收行的名称、地名、国名以及详细地址（如有）、交单方式、付款期限、发票编号、金额、所提交单据的种类及份数、委托人开户行、账号、公司联系人及电话等。

（二）商业单据

检查单据种类及份数与所提交的单据是否一致，不一致时应洽委托人澄清，分清责任。

（三）托收金额

托收金额应与汇票或发票金额一致（委托人另有特别要求者除外）。

（四）汇票的缮制

"客户交单委托书"中如有汇票，客户交单委托书上的交单方式和付款期限应与汇票所列一致；委托人名称和付款人应与汇票上出票人和付款人一致，与发票上卖方和买方一致。

（五）风险提示

"客户交单委托书"中如委托人采用附有汇票的远期付款交单（D/P 远期）方式，应提醒委托人有部分国家和银行会将 D/P 远期视作 D/A 远期处理；如代收行所在国为被总行定为高风险地区的，需按总行有关规定要求委托人提交风险确认函。

（六）拒绝证书等

"客户交单委托书"中需注明若付款人拒绝付款/承兑是否需作成拒绝证书，及费用负担方等。另外，还需标明"按照现行的国际商会《托收统一规则》办理"。

核验无误后，逐笔登记接单日期、委托人名称、发票号、发票金额等内容。

任务2的业务成果展示（1）

表 2-3

客户交单委托书

兹随附下列出口单据，信用证业务请按国际商会现行有效的《跟单信用证统一惯例》办理，跟单托收业务请按国际商会现行有效的《托收统一规则》办理。本公司同意在本公司独自承担风险的前提下，贵行按信用证的要求或本公司要求或贵行自行选择快递公司进行递送服务时，汇票及/或单据在递送过程中发生的任何延误、中途遗失或残缺，贵行应没有责任，对于递送过程中发生的任何延误、中途遗失或残缺，将由快递公司按其运输协议进行赔偿。

信用证	开证行：				信用证号：							
	通知编号：			提单日期：		效期：			交单期限		天	
跟单托收	付款人全名及详址： ...LTI LARSON SQUARE BUILDING KARACHI,PAKISTAN-74200											
	代收行外文名称及地址： HABIB METROPOLITAN BANK LTD. SYEDNA TAHIR SAIFUDDIN ROAD, KARACHI-PAKISTAN CITY COURT BRANCH											
	交单方式：(X) D/P ( ) D/A					付款期限：At 45 days from the B/L date						
	发票编号：IPK130503O(1)/IPK130503O(2) 在工厂内检验检疫					核销单编号：			金额：USD 25175.30			
单据	名称	汇票	发票	海关发票	装箱/重量单	产地证	GSP FORM A	数量/质量/重量证	检验/分析证	出口许可证	保险单	运输单据	电抄	受益人证明	船公司证明	MSDS	SHELF LIFE CERT
	份数		4		6		6		3			GOR/2CO				2	2

其他事项：（打"X"者）
( ) 上述单据请办理出口贸易融资，申请书随附。
(X) 上述款项收妥后请存入我公司账号：_____，开户银行：中国银行东山支行
( ) 单据中有下列不符点，( ) 我司已洽证人赎单，请径向开证行寄单。
( ) _____
( ) _____

公司联系人：	联系电话：	公司(委托人)授权印章：
银行单证中心审单纪录：		经办银行接单时间：
		经办银行联系人及电话： 索汇方式：
		核实客户资格及递交份数并盖章： 寄单方式：
		费用条款 1. 偿付费由( )申请人( )受益人承担。 2. 我行费用由( )申请人( )受益人承担。 3. 他行费用由( )申请人( )受益人承担。 4. 备注：
单证中心接单时间：		银行业务查询编号BP/OC：003353912
退单纪录：		单证中心审单日期及经办/复核：

第一联：中国银行单证中心留存

备注：

1. CO：Certificate of Origin，是一般原产地证书的缩写，可在贸促会或商检局申请办理。

2. MSDS：Material Safety Data Sheet，指化学品安全说明书，是化学品生产商和进口商用来阐明化学品的理化特性（如PH值、闪点、易燃度、反应活性等）以及对使用者的健康（如致癌、致畸等）可能产生的危害的一份文件；是关于

危险化学品的燃、爆性能，毒性和环境危害，以及安全使用、泄漏应急救护处置、主要理化参数、法律法规等方面信息的综合性文件；是传递化学品危害信息的重要文件（这个证明跟出口产品没有联系）。

3. SHELF LIFE CERT.：保质期证书。The shelf life of a product, is the length of time that it can be kept in a shop or at home before it becomes too old to sell or use.（这个证明也跟出口产品没有联系。）

二、审核跟单托收单据

一般正常的跟单托收，银行应于接单起 1 个工作日内完成审单，并对外寄单。

（一）出口商的单据审核

1. 汇票金额。审核汇票金额是否与发票金额保持一致。
2. 汇票行为。审核开立、签名、背书是否正确。
3. 运输单据。审核是否提供了全套提单；如果提单空白抬头，托运人（出口商）是否进行了空白背书。
4. 保险单据。保单金额要超过发票金额。如果发票上显示了价格条件，如 CIF 价格条件下，提单必须表明"运费已付"，同时还应提供保险单据。如果提供保险单据，应审核其有没有正确背书。
5. 单单一致。例如各种单据上的唛头是否保持一致。

（二）托收行的单据处理

1. 表面审核。依照客户的委托指示对托收单据进行简要的审核，保证汇票与托收面函的内容一致。
2. 汇票背书。如汇票收款人为银行，托收行应在汇票背面打上"PAY TO THE ORDER OF ×××BANK（代收行名称）"字句并加盖托收行印章并签字。

对需办理融资的汇票，应要求客户按总行规定将汇票制成"PAY TO THE ORDER OF OURSELVES"或"PAY TO OUR ORDER"，并由其做空白背书（此时托收行一般应作为持票人做空白背书）或背书成凭银行指示"PAY TO ORDER OF BANK OF CHINA LTD."。

3. 提单抬头。当委托人提交的运输单据收货人作成代收行或代收行的指定人时，托收行应善意提醒委托人，因代收行不肯提货可能造成的损失，或因交货发生的费用和损失、开支均由委托人承担，银行不承担任何费用和开支。
4. 出口商品如属于国家实行出口管制的商品，应要求委托人提交有关部门签发的出口许可证件并复印留存。
5. 如代收行所在国为被总行定为高风险地区的，需按总行有关规定要求委托人提交风险确认函。
6. 如有关单据的起运地为在境外港口（根据外汇局的规定，香港、澳门、台湾均视作境外港口），应洽受益人确认符合外汇局有关规定才能办理相关业务。
7. 若遇到单据存在问题或代收行及付款人资料不完整或有误等，应委托人澄清，并记录联系结果和联系人。

三、缮制托收指示

托收行严格按照客户交单委托书上的委托指示缮制银行托收委托书（或称托收指

示，见表2-4；业务成果见表2-5)，不能擅自改变委托人的托收要求。

表2-4　　　　　　　　　托收指示样本（中国工商银行）

The Industrial & Commercial Bank of China Collection Instruction								
To:								ORIGINAL
							Date:	
							Our Ref. No. :	
Dear Sirs, We send you here with the under-mentioned item (s) /documents for collection.								
Drawer:			Draft No. : Date:				Due Date/Tenor:	
Drawee (s):						Amount:		
Goods:			From:			To:		
By/Per				On				
Documents	Draft	Invoice	Comb B/L	Ins. Policy/Cert.	W/M	C/O	P/L	
1st									
2nd									
Please follow instructions marked "×": ☐ Deliver documents against payment/acceptance. ☐ Remit the proceeds by airmail/cable. ☐ Airmail/cable advice of payment/acceptance. ☐ Collect charge outside _____ from drawee, waive if refused by him. ☐ Collect interest for delay in payment _____ days after sight at __% per annum. ☐ Airmail/cable advice of non-payment/non-acceptance with reasons. ☐ Protest for non-payment/non-acceptance. ☐ Protest waived. ☐ When accepted, please advise us giving due date. ☐ When collected, please credit our account with _____ . ☐ Please collect and remit proceeds to _____ for credit of our account with them under their advice to us. ☐ Please collect proceeds and authorize us by airmail/cable to debit your account with us. Special Instructions　　　　　　　　　　　　For the Industrial & Commercial Bank of China This collection is subject to Uniform Rules for Collection　　　　　　　　　_____ (1995 Revision) ICC Publication No. 522X 　　　　　　　　　　　　　　　　Authorized Signature (s)　Authorized Signature (s)								

任务2的业务成果展示（2）

表 2-5

托 收 指 示
COLLECTION INSTRUCTION

2013-06-14
YEAR-MONTH-DAY

WHEN CORRESPONDING
PLEASE QUOTE OUR REF. NO **OC3353913**

MAIL TO: (COLLECTING BANK)
HABIB METROPOLITAN BANK LTD CITY COURT BR. SYEDNA TAHIR SAIFUDDIN RD.KARACHI PAKISTAN

Dear Sirs,
We enclose the following draft(s)/documents as specified hereunder which please collect in accordance with the instructions indicated herein.

DRAWER: GUANGZHOU ...CO LTD	PRESENTING BANK:

DELIVER DOCUMENTS AGAINST: PAYMENT (D/P) DUE DATE/TENOR: 45DAYS From B/L Date MATURITY DATE: 2013-07-14	DRAWEE: ...LTD LAKSON SQUARE BLDG KARACHI PAKISTAN	
DRAWER'S REF NO. IPK1305030(1)/(2)	COLL AMT:	USD 25,175.80
	OUR CHG:	0
	CLAIM AMT:	USD 25,175.80

DOCUMENTS:

DRAFT	COMM INV	PACK/WT LIST	INSP/ANALY	B/L	N-N B/L	OTHERS
2×2	2×3	2×3	3×1	2×3/3	2×1	

SPECIAL INSTRUCTIONS
Please acknowledge receipt of this Collection Order.
All your charges are to be borne by the drawees.
In case terms of delivery of documents is D/A, please advise us of acceptance giving maturity date.
In case of dishonour, please do not protest but advise us of non-payment/non-acceptance by cable giving reasons.

DISPOSAL OF PROCEEDS UPON COLLECTION:
PLEASE DELIVER DOCS TO DRAWEE AGAINST PAYMENT AT MATURITY AND PAY THE TOTAL AMOUNT TO BANK OF CHINA, NEW YORK FOR CREDIT OUR HEAD OFFICE ACCOUNT WITH THEM VIA CHIPS ABA326 ACCOUNT OURSELVES UID138679 UNDER ADVICE TO US QUOTING OUR REFERENCE NUMBER MENTIONED ABOVE.

REMARKS:
BL DATE: 2013-05-30
DOCS SENT IN ONE MAIL BY DHL
*S/L/C 2X1 MSDS 2X1

yours faithfully,
For BANK OF CHINA LIMITED

Unless otherwise specified the Collection is subject to Uniform Rules for Collections (ICC Publication No. 522)

Authorized signature(s)

OC3353913 页码:1/1

备注：

1. N/N B/L：NON-NEGOTIABLE BILL OF LADING，不可转让的海运提单；

2. 份数的表示：2×3，指两套发票中，每套一式三份（其中，至少一份正本），共6份；

3. 中国的银行，纽约分支（BKCHUS33）通过CHIPS（ABA326）对账户；UID（universal identification number）缩写，即收款行（收款人）的代号。

1. 托收指示的含义。托收指示是托收行根据托收申请书缮制的、授权代收行处理单据的完全和准确的条款。跟单托收的所有单据，必须随附托收指示寄给代收行，注明受"托收统一规则"的约束，即：This collection is subject to Uniform Rules for Collection (1995 Revision)/ICC Publication No. 522。

2. 托收指示的作用。托收指示的作用有三：①托收业务离不开托收指示，每笔业务必须有一个单独的托收指示；②代收行仅按托收指示办事，代收行将不理会除向其发出托收的一方或银行以外的任何一方或银行的任何指示；③委托人或托收行必须确保所有的、必要的资料和指示已经提供在托收书中，代收行没有义务审核单据以获得指示。

3. 缮制托收指示的步骤。

(1) 对托收申请书进行编号与审查。托收行经办人审查托收申请书与单据，登记编号，审查申请书所载条款是否明确、项目是否齐全、单单之间是否一致，必要时须由出口企业提示成交证件或商业合同。

(2) 根据托收申请书缮制托收指示。托收指示亦称"托收委托书"，其内容必须与托收申请书（客户交单委托书）的内容严格一致，根据客户的委托指示缮制银行托收委托书，不能擅自改变委托人的托收要求，并应包括以下各项适用的内容：①收到该项托收的银行详情，包括全称、邮政和 SWIFT 地址、电传、电话和传真号码和编号。②委托人的详情，包括全称、邮政地址或者办理提示的场所以及电话和传真号码。③付款人的详情，包括全称、邮政地址或者办理提示的场所以及电话和传真号码；托收指示应载明付款人或将要办理提示的场所之完整地址。如果地址不全或有错误，代收银行可尽力查明适当的地址，但其本身不承担任何义务和责任。对因所提供地址不全或有误所造成的任何延误，代收银行也不承担任何责任。

CHIPS 清算简介

一般来说，先由付款一方的 CHIPS 会员银行主动通过其 CHIPS 终端机发出付款指示，注明账户行 ABA 号码和收款行的 UID 号码；经 CHIPS 计算机中心传递给另一家 CHIPS 会员银行，收在其客户的账户上。但是，收款行不能通过其 CHIPS 终端机直接向付款行索款；当然，收款行可以通过拍发索款电报、电传，注明 ABA、UID 号码，最终受益人名称，要求付款行通过 CHIPS 付款。

说明：
任务 2 银行缮制的"托收指示"内容包括：
1. 交单方式和付款期限。
交单方式："Deliver documents against payment/acceptance (D/P)"
付款期限："at 45 DAYS from B/L date"
2. 日期、托收编号、代收行、委托人、委托人编号、付款人、单据种类和份数。
日期：2013 - 06 - 14
托收编号：OC3153913

代收行：HABIB METROPOLITAN BANK LTD

委托人：略

委托人编号：IPK1305030（1）/（2）

付款人：略

单据种类和份数：商业发票（2×3）、装箱单（2×3）、检验证书（3×1）、海运提单（3×3/3，其中2×1N/N）以及一套汇票。（MSDS以及S.L.C.即SHELT LIFE CERT的份数，在"Remarks"中注明。）

3. 托收金额。如果委托人要求托收的金额与发票金额不一致，应在托收委托书中提醒代收行付款人支付/承兑了托收金额即可放单。托收金额为："USD25175.80"。

4. 寄单次数及寄单方式（除非委托人另有要求，应以快邮方式一次寄单）；在"Remarks"中注明要求用"DHL"联邦快递寄单。

5. 确认收到单据的语句。

"We enclose the following draft（s）documents…"

6. 请确认/通知到期日的语句（如需）：

"due date/tenor 45days from B/L date"，鉴于在"Remarks"中注明了B/L date是"2013-05-30"，所以可以算出具体到期日是"2013-07-14"。

7. 代收行费用由付款人负担的语句和代收行费用不可放弃的语句（如委托人要求）：

"Collect charge/interest outside×××××from drawee, do not waive if refused by him."

8. 付款指示。凡通过CHIPS支付和收款的双方必须都是CHIPS会员银行，才能通过CHIPS直接清算。此处，通过CHIPS清算时，银行的两个号码：中国银行纽约分支（BKCHUS33）的ABA号码（ABA326）；中国银行东山支行，作为收款行UID号码（UID 138679）。

（1）ABA326：中国银行，纽约分支。参加CHIPS的银行必须向纽约清算所申请，经其批准后成为CHIPS会员银行，每个会员银行均有一个美国银行公会号码（American bankers association number），即ABA号码，作为参加CHIPS清算时的代号。

（2）UID 138679：中国银行，东山支行。每个CHIPS会员银行所属客户在该行开立账户，由清算所给通用认证号码（universal identification number），即UID号码，作为收款行（收款人）的代号。

9. 拒付及拒绝承兑时，需作成拒绝证书的语句（如委托人要求）：

"In case of dishonor, please do not Protest but advise us of non-payment/non-acceptance by cable giving reasons."（译文：拒付不必出具拒绝证书，但请电传通知我们拒绝付款或承兑的原因。）

10. 受现行的国际商会《托收统一规则》的约束的语句：

左下角处："The collection is subject to Uniform Rules for Collection ICC Publication No. 522."

11. 请保管远期承兑汇票的语句（远期承兑时）（此处无）：

托收指示：根据上述托收指示的几种情况，此处托收行与代收行之间的关系应属于托收行在代收行设有账户，所以是"Pay the total amount to Bank of China, New York for credit our hear office account"（贷记我行在中国银行，纽约分支的总行账户，我行的UID号码138679，并告知我行本托收指示上的业务参考号）。此处，要求注明的"Our

Reference Number"（业务参考号）是"OC3353913"，目的是以便代收行与托收行联系时，托收行能明确知道是对应哪笔业务。

案例分析

一、D/P 远期的国别政策

【例 2-1】

案情：2014 年 9 月 20 日，我国 A 公司同南美客商 B 公司签订合同，由 A 公司向 B 公司出口一批货物，双方商定采用跟单托收结算方式结算。我方的托收行是甲银行，南美代收行是乙银行，具体付款方式是 D/P 90 天。但是到了规定的付款日，对方没有付款，且全部单据已由 B 公司承兑汇票后，由当地代收行乙银行放单给 B 公司。于是 A 公司在甲银行的配合下，聘请了当地较有声望的律师对代收行乙银行，因其将 D/P 远期作为 D/A 方式承兑放单的责任，向法院提出起诉。当地法院以惯例为依据，主动请求我方撤诉，以调解方式解决。经过双方多次谈判，该案终以双方互相让步而得以妥善解决。

【分析】

托收方式是一种以商业信用为基础的结算方式，这种结算方式显然对一方有利，对另一方不利。鉴于当今世界是个买方市场这一情况，作为出口商的我方想通过支付方式给予对方优惠来开拓市场。增加出口，这一做法本无可厚非，问题是在采用此种结算方式时，我们除了要了解客户的资信以外，还应掌握当地的习惯做法。

在这一案例中托收统一规则《URC522》与南美国家的习惯做法是有抵触的。据《URC522》第 7 条 a 款 "托收不应含有凭付款交付商业单据指示的远期汇票"；b 款 "如果托收含有远期付款的汇票，托收指示书应注明商业单据是凭承兑交付款人（D/A）还是凭付款交付款人（D/P）如果无此项注明，商业单据仅能凭付款交单，代收行对因迟单据产生的任何后果不付责任"；c 款 "如果托收含有远期付款汇票，且托收指示书注明凭付款交付商业单据，则单据只能凭付款交付，代收行对于因任何迟交单据引起的后果不负任何责任"。

从中不难看出，国际商会托收统一规则，首先不主张使用 D/P 远期付款方式，但是没有把 D/P 远期从《URC522》中绝对排除。倘若使用该方式，根据《URC522》规则，乙银行必须在甲银行 90 天付款后，才能将全套单据交付给 B 公司。故乙银行在 B 公司承兑汇票后即行放单的做法是违背《URC522》规则的。

但从南美国家的习惯做法看，南美客商认为，托收方式既然是种对进口商有利的结算方式，就应体现其优越性。D/P 远期本意是出口商给进口商的资金融通，而现在的情况是货到南美后，若按 D/P 远期的做法，进口商既不能提货，又要承担因货压港而产生的滞迟费。若进口商想避免此种情况的发生，则必须提早付款从而提早提货，那么这 D/P 远期还有什么意义？故南美的做法是将所有的 D/P 远期均视作 D/A 对待。在此情况下，乙银行在 B 公司承兑后放单给 B 公司的做法也就顺理成章了。

【启示】

在处理跟单托收业务时,原则上我们应严格遵守《URC522》。托收行在其托收指示中应明确表明按《URC522》办理,这样若遇有当地习惯做法与《URC522》有抵触时,可按《URC522》办理。

当然我们在具体操作时,也应尊重当地的习惯做法。凡货运南美地区的托收业务,我们可采用 D/P 即期或 D/A 的付款方式,避免使用 D/P 远期,以免引起不必要的纠纷。倘若非用 D/P 远期不可,则远期的掌握应该从起运地到目的地运输所耗费的时间为准。

二、托收指示记载不详的处理

【例 2-2】

案情：A 公司出口一批大麻籽货物,其总价值共 98 万 5 千美元。合同规定付款条件为："The buyers shall duly accept the documentary draft drawn by the seller at 20 days sight upon fist presentation and make payment on its maturity. The shipping documents are to be delivered against acceptance."该公司依合同规定按时将货物装运完毕,有关人员将单据备齐,于 3 月 15 日向托收行办理 D/A 20 天到期的托收手续。4 月 25 日,买方来电称,至今未收到有关该货的托收单据。A 公司经调查得知,是因单据及托收指示书上的付款人地址不详。5 月 15 日接到代收行的拒付通知书。由于单据的延误致使进口商未能按时提取货物,货物因雨淋受潮,付款人故拒绝承兑付款。该农产品公司损失惨重。

【分析】

本案例中,该农产品进出口公司由于单据及托收指示书上的付款人地址不详导致损失惨重。托收业务中,委托人委托银行办理托收,须向托收行提交托收申请书;托收行委托代收行代收票款要签发托收指示书,代收行按照托收行在托收指示书中的指示行事。所以托收申请书和托收指示书的内容必须齐全、清楚。若因托收申请书指示有误或指示不完全、不明确等造成托收延误或损失将由委托人承担。若因托收指示书指示有误或指示不完全、不明确等造成托收延误或损失将由托收行承担。本案中因指示书提供的付款人地址不详,造成代收行无法向付款人承兑交单,使付款人不能及时提货造成的损失,代收行是不承担任何责任的。此外,本案例中委托人 3 月 15 日向托收行办理 D/A 20 天到期的托收手续,一直到 4 月 25 日买方来电称未收到有关托收单据才发现问题,很显然在出口业务和应收账款管理上存在严重的问题。

【启示】

1. 作为托收业务的委托人,出口商在制作单据和填写托收申请书时必须严格谨慎,保证内容完整、明确。这是顺利收取托收款项的基本前提。

2. 作为托收行,尽管按照托收申请书来缮制托收指示书本身不存在过错。但是,从专业银行的角度出发,在接受托收申请时,应该严格为客户把关,及时发现问题并向客户提出。只有通过提供更专业和周到的服务来避免客户不必要的损失,银行才能赢得客户的信任。

3. 作为出口商,必须建立严格的出口业务和应收账款管理制度。办理托收业务寄出单据后及时与进口商沟通,使对方了解托收进度,以便及时发现问题。此外,及时了解应收账款到期和回收情况，发现问题应及时和银行及进口商沟通。

三、托收的风险控制

从信用角度看，托收是出口商凭进口商的信用收款，属于商业信用。不同的托收种类其风险和损失的程度是不同的。

从跟单托收看，承兑交单风险最大，付款交单风险最小。承兑交单对于出口商来说在收到货款之前已经失去了对货物所有权的控制，是完全依靠进口商的信用来收取货款。承兑交单的风险损失有：货款的损失、出口商的卖方贷款利息（如果有）、运输费用、办理各种单证的费用、银行费用等。付款交单条件下，只要进口商未付款，物权凭证仍掌握在代收行手中，仍属于出口商所有。但是，这并不等于没有风险损失。如果货已发运，而进口商因市价低落或财务状况不佳等原因不来付款赎单，则出口商仍要负担以下诸多损失：出口商的卖方贷款利息（如果有）；双程运输费用（如果将货物运回本国处理）；在进口国港口存仓、保险、支付代理人的费用（如果货物寻求当地处理）以及货物临时处理而带来的价格损失、银行费用等。

假如托收委托书允许远期付款交单凭信托收据借单，则风险损失如同承兑交单。

光票托收的风险损失是托收款和银行费用。

四、进口商的风险及防范

跟单托收方式中，进口商面临的主要风险是付款或承兑之后，凭单提取的货物可能与合同不符；或者出口商交货较晚，货物已错过最佳销售时间。

进口商可采取的风险防范措施有：

1. 慎重选择贸易伙伴。调查出口商的资信情况，选择信誉好的出口商。
2. 最好选择承兑交单。
3. 尽可能采用远期付款交单，以便在付款前确定货物是否抵达进口国港。若是远期付款，可规定提单日后多长时间内付款，促使出口商提早交货。
4. 仔细审核单据。
5. 尽可能争取 FOB 成交价格。

五、出口商的风险及防范

托收对卖方来说，是一种促进销售的手段，但必须对其中存在的风险持慎重态度。出口商可能会遇到如下风险：

1. 进口商倒闭或无偿付能力。出口商发运货物后，进口商以所在地市场价格下跌或货物规格不符等为借口，要求降低价格或拒付货款。
2. 货物到达目的地时，进口商尚未领到进口许可证；或货物进口地为外汇管制严格的国家或地区，进口商尚未申请到外汇；或进口商以海关法规变化或出现没有预测的风险为借口，拒付货款。
3. 出口商忽视了有些国家或地区关于进口货物必须由进口地投保，依法在进口地办理保险业务的规定，导致不准进口的后果。
4. 进口商利用出口商不了解进口地的法令政策的特殊性或不熟悉当地的商业习惯，

进行蓄意欺诈导致的风险。

5. 在采用承兑交单或凭信托收据借单的方式时，进口商凭"承兑"或凭信托收据借单后，凭单提取货物，但不按时付款，使出口商处于"货款两空"的危难境地。

6. 国外代收行不严格按照托收委托行事，如 D/P 托收下，进口商未支付款项，就私自将商业单据放给进口商。

为减少上述风险，出口商可以采取以下对策：

1. 加强对进口商的调查，出口商应除了对进口商的信誉进行调查外，还应对其资金的实力是否能支付合同的款项、进口地市场的现状及合同货物的畅销或滞销等进行调查。在调查完毕后作出决策。

2. 掌握好授信额度。

3. 选择合理的交单条件。

4. 选择好价格条款，在采用托收支付方式时，出口商应尽量采用 CIF 条款签约。

5. 注意代收行的选择。

6. 了解进口国有关政策规定。这些政策与托收业务关系交密切的主要是进口国家的银行（代收行）是否做远期付款交单业务以及如何处理这类业务的；进口国海关方面在进口手续、港口管理等方面的有关规定；进口国外汇管制方面的有关规定。

7. 认真履行贸易合同。

8. 事先找好代理人。

9. 注意办理保险，比如投保卖方利益险（Contingency Insurance Clause for Seller's Insurance）。在以 FOB 和 CFR 术语签订合同且进口商所在国法令规定必须由买方办理投保时，投保卖方利益险是保障卖方利益的一种对策。当被保险货物发生保险单所列的保险责任范围内的损失，买方不予支付时，保险公司对受损货物负责赔偿。在此情况下，卖方应将其向买方追偿的权利和风险转移给保险公司，由保险公司负责向买方追偿。但这种转移风险的前提，必须是卖方未作转让的情况下才可实施，否则保险公司会免除全部责任。

【例 2-3】

案情：甲国的 A 公司出口机电设备给乙国的 B 公司。双方商定用 D/P 托收方式结算，价格条件是 FOB，买方负责船运和保险。B 公司安排的承运人与 A 公司以前没有业务关系。A 公司在装运货物后，把全套单据送银行托收，但货至乙国港口后，B 公司以货物包装不符合合同约定为由，表示不能接受货物，拒不付款。A 公司虽然控制货权，但因其与船公司没有熟悉的业务关系，在处理货物的过程中耗费了很多时间和精力，并因此负担了货物滞留港口、市场价格变化等经济损失。在托收结算中，FOB 价格条件合适出口商吗？在国际结算中，应该如何考虑价格条件和结算方式的配合？

【分析】

在国际贸易中，当事人应根据贸易条件的种类选择支付方式。不同的贸易条件，对支付方式的选择也是有影响的。在实际交货（Physical Delivery）条件下，如 EXW、DAF、DDP 等，是不宜采用托收方式的，因为在这类交易中，卖方向买方直接交货，若是做托收，卖方没有约束买方付款的货权，这样的托收实质是一笔货到付款的方式。而对于推定交货（Constructive Delivery）条件，如 CIF、CFR 由于卖方可通过单据控制货权，就可以采用托收方式支付。但在 FOB 条件下，虽然买方也是凭单付款，但由于买方安排运输，货物装在买方指定的船上，出口商处理货物的主动权会受到很大影响，也是不宜使用托收方式的。

【启示】

因为托收是一种商业信用的结算方式，出口商承担着进口商能否付款的信用风险，并没有银行付款的保证。所以在托收结算方式下，出口商应该尽量用 CIF 价格条件，争取自行安排运输，自办保险，掌握主动权。

项目小结

本项目涉及两个任务，任务 1 是外贸公司作为委托人，向银行申请办理托收业务，填写"托收申请书"。任务 2 是商业银行作为托收行，应如何缮制托收指示给代收行并处理相关单据。

任务 1 的操作要点：在"托收申请书"中，哪些项目是四个当事人，要特别强调其中代收行的选择。找出托收项下的商业单据、商业汇票的主要内容；特别注意在托收条款中的交单条件的填写及其与后续风险控制之间的关系。

任务 2 的操作要点：先掌握托收指示中的四个当事人、金融单据、商业单据以及交单条件应该如何填写，再逐项解读中国银行广州东山支行办理向巴基斯坦出口 2.5 万美元化工原料的托收业务的托收指示。

知识网络

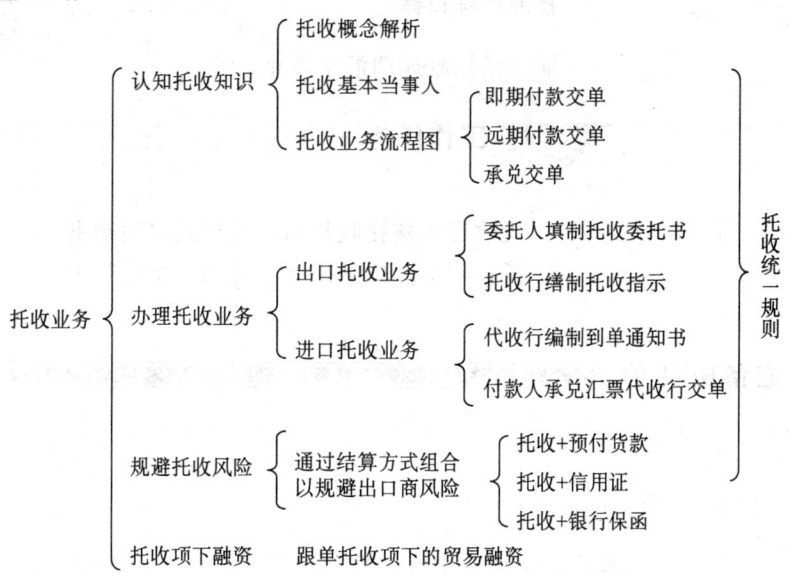

3 项目三 进口代收业务

 **学习目标**

知识学习目标：

1. 了解托收在外贸中的应用；
2. 了解托收与其他支付方式的组合应用；
3. 了解托收项下的出口押汇融资业务。

技能训练目标：

能够做托收远期汇票承兑。

 工作任务

1. 代收行审核托收指示，发出到单通知书。
2. 托收项下汇票的出票、背书、承兑行为。

■ 必备知识

一、托收的应用

（一）托收在补偿贸易中的使用

在补偿贸易中，往往是将付款交单和承兑交单两种方式配合使用。在对外加工装配和进料加工业务中，对进口来料、来件、设备采用承兑交单，装配成品出口采用即期付款交单方式。这样就是以出口成品收进的外汇偿还进口来料、来件的货款。

（二）托收在信用证项下的使用

信用证项下的托收有两种情形：

1. 凡银行经审单无误后不垫款买单，而是按来证规定向外寄单索汇的，待收妥后，再对出口商结汇。

2. 单据不符的情况下，单到开证行付款的，在寄单时指明不符点，并将议付费改为验单费；对规定向付款行或偿付行索汇的，可暂不向其索汇，而在向开证行寄单时指明不符点，请其在同意接受后复电确认，按来证规定办理索汇或按自己的索汇指示付款。

二、托收与其他结算方式的结合使用

（一）托收与汇款相结合（托收加预付押金）

采用托收业务进行结算，出口商的风险比较大。因此，为了减少风险，出口商可要求进口商预先支付部分货款做为押金，等货物装运后，出口商通过银行办理剩余货款的托收。比如，采取 T/T 的形式预付定金 30%，剩余的 70% 采用 D/P 即期付款的形式。由于进口方已支付 20%~30% 的订金，一般不会拒付托收项下的货款，否则，订金将无法收回，出口方的收汇风险也将大大降低。而且，即使买方拒付，出口商仍可以选择将货物返运回国，扣留的订金便可用于支付往返运费。

这种组合既可保证出口商能及时履行发货义务，减少其收汇风险，又能约束进口商的付款行为，并且对双方来说，都减少了结算成本。

（二）托收中的 D/P 与 D/A 相结合

在我国的"三来一补"业务中，对于来料加工、来样加工、来件装配等业务，一般由外商提供一定的原材料、半成品、零部件、元器材（必要时也提供技术设备），由我方加工企业根据外商的要求进行加工装配，收取加工费，然后产成品交外商销售。由于该类业务涉及原材料的进口和产成品的出口两方面，因此，可采取托收中 D/P 与 D/A 相结合的方式来进行结算。在进口原材料时采用承兑交单（D/A）方式，因为该进口行为是为了将来加工后再出口，因此进口商拒付货款的可能性很小，可采用 D/A 方式。而在产成品出口时使用即期付款交单方式（D/P 即期）结算。而在制成产成品后，原来原材料的进口商此时转变为出口商，为防止国外进口商到期不付款，则不宜再采用 D/A 方式，而是风险较小的 D/P 即期方式。

（三）托收与信用证相结合

这是指一笔交易的货款，部分用信用证方式支付，余额用托收方式结算。分配比例不固定，可根据具体情况来定是对半开、三七开还是四六开。这种结合形式的具体做法通常是：信用证规定受益人（出口商）开立两张汇票，属于信用证项下的部分货款凭光票支付，而其余额则将货运单据附在托收的汇票项下，按即期或远期付款交单方式托收。

这种做法，对出口商收汇较为安全，对进口商可减少垫金，易为双方接受。但信用证必须定明信用证的种类和支付金额以及托收方式的种类,也必须定明条款。

(四) 托收与保函(备用信用证)相结合

在使用托收时,为使出口商收取货款有保障,可要求进口商提供银行保函,一旦进口商未在收到单据后规定的时间付款,出口商可以向开立保函的银行索取出口货款。

托收方式因其相对信用证手续简便且费用低,因此在国际贸易中使用也比较广泛。但托收方式结算的基础是商业信用,且对于出口商来说,采取托收方式所承担的风险明显要大于进口商。因此,如果为了节省费用而采取托收方式,可以考虑将跟单托收与备用信用证相结合,以降低风险。如果托收项下的货款被拒付,可利用备用信用证的功能追回。

在操作时,备用信用证中须载明如下条款:凭即期付款交单与备用信用证相结合为付款方式,在备用信用证中应列明以卖方为受益人,其金额为_____并明确依_____号信用证项下跟单托收。若付款人于到期拒付时,受益人有权凭本信用证签发汇票和出具证明书,依_____号信用证项下收回货款。

Payment available by D/P at sight with a Stand-by L/C in favour of seller for the amount of _____ as undertaking. The stand-by L/C should bear the cause: In case the drawee of the documentary collection under credit No. _____ fails to honour the payment upon due date, the Beneficiary has the right to draw under this L/C by their draft with a statement stating the payment on credit No. _____ was not honoured.

当跟单托收方式下汇款被拒付时,出票人可凭备用信用证所列的条款,予以追偿。具体做法是:出口商在收到符合合同规定的备用信用证,就可凭光票与进口商拒付的声明书向银行收回货款。但应注意,在使用这种结算方式时,备用信用证的有效期必须晚于托收付款期限一段时间,以便在进口商拒付后出口商能有充裕的时间向银行办理追偿手续。

三、跟单托收项下的贸易融资

在托收业务中,银行可向进口商和出口商分别提供以下方式的资金融通。

(一) 对进口商的资金融通——信托收据

信托收据(Trust Receipt, T/R),是指托收业务中的进口商在付款前开立信托收据,交给代收行凭以借出货运单据提货,待售后于到期日付款给代收行,换回信托收据。

信托收据是对进口商提供的一种资金融通方式。它实施的前提有两个:一是在远期付款交单的情况下;二是通过信托收据提取的货物,产权仍归属银行。这一融资方式的给予者可以是代收行,也可以是出口商要求代收行提供此融资。然而,这种方式只有在出口商对进口商的资信、偿款能力等十分了解,并确信能如期收回款项时才能使用。因为如果进口商提取货物销售后,到期日不付货款,那么出口商就是"钱货两空"。因此,此融资方式的责任归属非常明确:如果是由出口商提出或同意可以凭信托收据借单提货，并在托收申请书上注明"付款交单，凭信托收据借单提货"（D/P，T/R）字样，代收行根据此指示办理托收业务而造成的损失由出口商自己承担。如果是代收行自行借单给进口商，而未经出口商同意，则造成损失由代收行承担。

在信托收据融资方式下，进口商称为被信托人，通过信托收据借出的货物要求必须单独存放，出售后所得货款与自有资金分开列账。由于货物产权仍属银行，因此不得将货物抵押他人。代收行称为信托人，它有权随时取消信托。如果商品已售，可随时向进口商要求付款。如果进口商破产，代收行对该项下货款或货物有优先债权。

（二）对出口商的资金融通——出口押汇

托收出口押汇（Collection Bill Purchased），是指出口商以跟单汇票为抵押向托收行申请贴现。出口押汇也称为议付（Negotiation）。出口商在委托银行办理托收时，向托收行提出叙作出口押汇。托收行如果同意办理，则买入跟单汇票，根据票面金额扣减贴现利息和银行费用，将净款付给出口商，托收行便成为此汇票的持票人。这相当于托收行预先垫款给出口商，等代收行从进口商处收到货款再交给托收行。

由于在此种融资方式下，本应由出口商承担的风险便转嫁给了托收行，因此托收行一般不愿意做出口押汇。除非出口商具有较好的信誉和资质，并且提供抵、质押担保，或由资信可靠的担保单位担保。或者代收行担保托收汇票的付款，从而使托收业务从商业信用转为银行信用。

在项目三的三个任务，则对应外贸公司的进口代收业务，均由中国银行广州东山支行国际结算部的孔生经办。

流程图解

进口代收业务流程：收单——审核来单委托面函——来单处理——提示、催付款/承兑——对外付款/承兑/无偿交单/退单——业务档案管理

作为以商业信用为基础的进口代收业务，进口商是付款人，进口方的银行即代收行不承担付款责任，赎单与否由进口商自行决定。银行应根据委托行的指示在进口单位未付款/承兑前保留全部单据。

进口代收业务是在进口方所在地，委托行寄来单据，委托代收行按照托收委托书内载明的交单条件（付款交单，Documents Against Payment，简称 D/P；或承兑交单 Documents Against Acceptance，简称 D/A）代向进口单位收取进口贸易项下款项和办理交付单据事宜的结算方式。

根据进口代收业务流程，项目三将重点训练在进口方所在地办理托收的付款承兑及交单业务时，代收行、付款人及其他当事人需依次完成以下两项工作任务。

任务 1
代收行编制到单通知书

▶ 业务场景

王雯顺利完成了公司向巴基斯坦出口一批化工原料的托收跟单业务，得到师傅的表扬。王雯询问师傅："从跟单的角度，是进口代收好做，还是出口托收好做？"作为一家以出口贸易为主的企业，本来进口业务不多。师傅建议：孔生经手的进口、出口单都很多，你下次去中国银行办事，可以再向他请教进口代收的业务。

某日，王雯在中国银行办完公司的事后，虚心地向孔生请教关于进口代收的业务。孔生想起：广东省医药进出口公司从美国进口的药品比较多，3月份曾从美国进口抗菌敷料"慷舒灵"系列产品，合同中商定3.6万美元的货款，采用即期付款交单的托收方式支付。

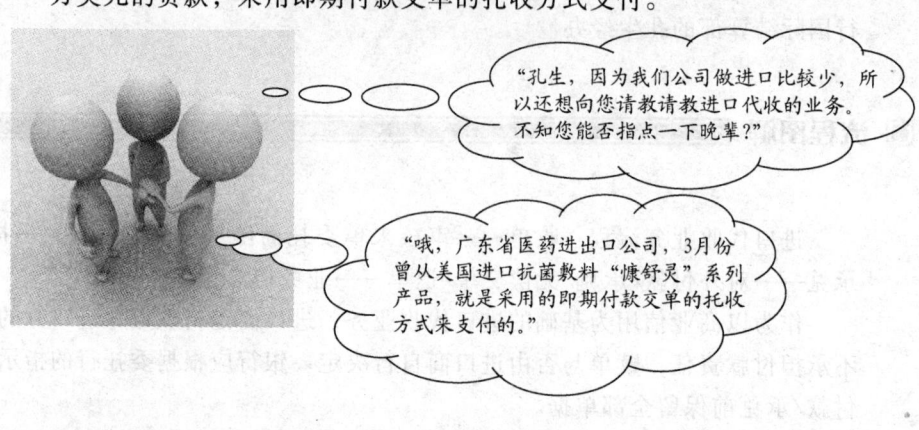

▶ 业务描述

1. 审查托收指示（面函）及代收单据。
2. 编制代收到单通知书。

▶ 业务描述

中国银行国际结算部的孔生，为广东省医药进出口公司办理一批药品的即期付款交单的代收业务。

操作指导

代收行根据交单条件，编制代收到单通知书，对付款人进行付款或承兑的提示。

以中国银行为例，规定对进口代收业务，一律由省行实行集中处理。因此，经办行的进口代收业务均需委托单证中心办理。操作程序如下：

一、客户应提交的资料

客户申请对进口代收项下单据办理付款/承兑时需提交的资料有：

1. 进口合同（如是代理进口，还需提交代理协议）。
2. 对外付款/承兑通知书。
3. 进口付汇备案表（如需）。
4. 购买外汇申请书（如需购汇支付）。
5. 银行支款凭证（另有约定除外）。
6. 进口代收赎单通知书（经付款人确认同意付汇并加盖预留印鉴）。
7. 其他合规性文件。

经办行应提醒付款人办理付汇时提交进口合同、对外付款/承兑通知书、进口批文（如需）、进口付汇备案表（如需）等外汇管理所需的有效单证；自 2008 年 10 月 1 日起，新签约的进口合同，如约定对外付汇日期晚于进口日期超过 90 天以上的，或自 2008 年 10 月 1 日起，新发生的货物进口，如报关单注明的海关签发日期后超过 90 天未对外付汇的，需提醒付款人在合同签约后 15 个工作日内或报关单的海关签发日期后 90 天起 15 个工作日内登陆外汇局贸易信贷登记管理系统办理延期付款合同登记或延期付款提款登记。银行在办理付款手续时须按外汇局货物贸易项下外债登记管理的有关规定办理核对、注销等手续。在落实付款担保的前提下，代收行可以为代收项下进口款项的支付出具担保或办理汇票保付。

二、来单处理

（一）收单

1. 经办行收到进口代收来单时，应区分是委托行寄交的还是出票人直接寄来的单据。一般只接受委托行（银行）寄交的托收单据，如收到出票人未经国外银行确认直接寄来的托收单据，应提醒客户可按汇出汇款业务掌握。
2. 如经办行直接收到进口代收项下单据，应在邮据上签注签收单据的准确日期（指银行从邮局或快邮公司签收单据的当天）并将邮据装订在来单委托书后面。
3. 如单证中心直接收到进口代收项下单据，应在邮据上签注签收单据的准确日期（指银行从邮局或快邮公司签收单据的当天）并将邮据装订在来单委托书后面，并在收单后 1 个工作日内将单据通过快捷方式转递至经办行，同时通知经办行收单情况。

（二）查验

1. 查询确认付款人在外汇局公布的"对外付汇进口单位名录"内，且不在"由外汇局审核真实性的进口单位"名单中，否则需提交外汇局签发的备案表。经查客户在"对外付汇进口单位名录"的，应在内审表中注明"已查公司在进口付汇名录"。

2. 查验付款人工商营业执照确定进口货物在付款人经营范围内且已经年审。

（三）登记

1. 经办行确认付款人资格后在电脑系统或登记簿上逐笔登记来单日期、代收编号、代收金额、付款方式等内容，并将收单日期、代收编号记录在来单委托书上，在1个工作日内填妥"进口代收来单委托表"将有关单据通过影像系统传送至单证中心。二级支行的来单业务经上级行及省行国际结算部批准的可直接通过影像系统报送单证中心。

2. 如经办行收到委托行提交的补充单据或替换单据，须在1个工作日内在影像系统缮制"交涉委托表"连同补充单据或替换单据提交单证中心审核。

3. 如寄单行将一套单据分两次寄送，经办行应在收到第一次来单的1个工作日内通过影像系统向单证中心办理来单委托，并在来单委托表及进口代收赎单通知书中注明"此套单据为该笔代收项下第一次来单"。经办行收到第二次来单时，应及时通过影像系统上传资料并通知单证中心。如此时客户尚未赎单，则将第一次来单与第二次来单合并保存，妥善保管；如客户已经办妥第一次来单的赎单手续，则将第二次来单直接转交客户，并做好相关签收工作。

（四）审核要点

单证中心收到影像系统传送的来单后，首先要在1个工作日内对托收指示进行审核，然后对托收指示进行编号。对托收指示主要审查的内容有：

1. 托收指示上所列项目是否齐全、清楚。对来单委托书中指示不明确或不完整或超出银行作为代收行责任范围或无法办理的，包括但不限于：未注明交单条件为付款交单或承兑交单等，银行应洽委托行予以确认，在收到委托行明确指示前，不得对单据作进一步处理。

2. 所附单据与托收指示中列明的单据在数量上、品种上是否相符。如发现随附单据份数、种类和相关项目等有误，应立即去电委托行澄清，并声明银行对此不承担任何责任。

3. 托收指示或汇票上付款人的信息与其他单据所列是否相符。汇票付款人应为该笔代收业务付款人。若D/A或D/P远期汇票的付款人为银行，应洽国外委托行修改。若D/A项下代收单据的提单/空运单收货人为银行，应洽国外委托行修改，或要求委托行授权银行代其背书提单/出具空运单提货委托书转让给客户。

4. 交单条件是否清楚明了。

此外，来单委托书上应注明"按照国际商会《托收统一规则》URC522办理"，若委托书上未作此注明，须在3个工作日内联系委托行澄清，并向其收取由此引起的银行相关费用。

（五）提示客户付款或承兑

单证中心按规定审核完毕后缮制进口代收赎单通知书。经办行及时在影像系统打印进口代收赎单通知书后即日内将赎单通知书连同发票、提单等单据复印件向付款人提示，以办理提示付款或承兑等工作。

1. 按照托收指示，向本地付款人作提示。如果是即期凭单付款，代收行须将汇票和代收通知书一并交进口商，提示其付款；如果托收属于远期承兑付款，则提示其承兑。但要注意的是，对于单据本身是否正确，银行没有审核的义务。

2. 保管单据。经办行收到单据后，应专人专柜妥善保管全套单据。

3. 处理单据。经办行要严格按来单委托书的指示处理单据，须避免将凭付款交单的单据作为凭承兑交单处理。对于跟单进口代收业务付款交单（含远期付款交单）条件下，在付款人按规定办妥付款手续前，不得将正本单据交付付款人。

对于付款人地址不全或有误的托收指示，经办行应立即委托单证中心联系委托行，请其提供详细正确的地址，同时尽力查找付款人。

（六）收取业务费用

1. 银行代收业务的费用，原则上向委托行收取，若委托行规定有关费用向付款人收取且未明确费用不得放弃，应在付款人付款时向其收取；付款人拒付有关费用，应从代收货款中扣收。若付款人拒付并退单，经办行应委托单证中心对外交涉向委托行收取我行费用。

2. 来单委托书明确规定委托行及/或银行费用由付款人支付且不得放弃时，如付款人拒付费用，经办行应立即委托单证中心联系委托行，在委托行同意放弃费用后，方可向付款人交单，否则不得交单。若委托行未明确费用不得放弃，如付款人拒付，代收行可不代收委托行的费用，并通知委托行。

3. 来单委托书未允许付款人部分或分期付款而付款人提出要求的，经办行应委托单证中心征得委托行同意后按委托行指示办理。

在接到代收行的通知后，付款人是否一定会付款或承兑呢？

不一定。进口商可能有三种选择：①同意付款；②同意承兑；③拒付退单。

1. 同意付款（付款交单方式）。

(1) 银行放单：前提有两个，一是公司盖章的书面确认书；二是全额资金落实到位。

(2) 对外偿付：向进口商放单；安排对外放款。

> 2. 同意承兑（承兑交单方式）。
> （1）承兑汇票、银行放单：前提是付款人在汇票上承兑（公司盖章的书面确认书）；银行向进口商放单。
> （2）通知付款、到期付款：银行通过SWIFT对外通知，确认付款到期日；在到期日前10天，通知付款人准备付款资金；付款人在付款到期日前3天，备妥资金；付款人在到期日付款。

三、付款交单

付款人严格按来单委托书指示付款，代收行交单。代收行向进口商提示汇票后，进口商先验看单据，然后或付款或承兑。代收行则按照托收指示书，或在付款后交单，或在承兑后交单。本案的交单条件是即期付款交单。

（一）签章确认

若付款人同意付款，应在赎单通知书上明确有关意见，并签章确认，经办行应将该签章与其预留的授权书印鉴核对，并在赎单通知书上确认相符。

（二）银行审核

经办行按照外汇管理的有关规定对付款人所提交的有效单证进行合规性和表面一致性审核，符合条件者方可委托单证中心根据委托行指示对外付款。审核要点如下：

1. 进口合同。认真审核正本合同，验核该合同已经买、卖双方签章，如具备买、卖双方签章，则视为一份表面有效的合同；将进口合同有关内容（如合同号、合同当事人、货物描述、溢短装、金额等）与单据进行核对，以确定该合同为本次代收付款的依据；原则上合同的买卖双方应为进口代收的付款人、收款人，如果收款人非合同卖方，则合同中应明确指定收款人，并列明收款人详细名称及地址；进口合同如与其他单据有矛盾，应及时联系客户澄清。

2. 进口代理协议：①属代理进口业务的，应审核付款人营业执照确定其具有代理进口经营权；②审核代理协议正本中代理双方签章，代理进口货物种类、数量等与进口合同相符。

3. 对外付款/承兑通知书。

4. 进口付汇备案表。

（三）背书放单

在付款人按规定办妥付款手续后，经办行方可向其交付正本单据。放单时经办行留存一份发票和运输单据副本，将其余单据交付款人并办妥签收手续。

如代收单据的提单为银行，按规定应进行提单背书，背书格式是"TO ORDER OF

×××（付款人）"，由银行有权签字人签字，复印留底（如果提单是两页以上，应加盖骑缝章），并向付款人收取背书费用。如提单指定抬头为省行而出现与提单背书行不一致的情况时，提单背书行应通过影像系统填制交涉委托表提交省行单证中心，取得省行同意后以省行名义进行提单背书。

四、银行间结算

（一）填妥报表

经办行在付款人办妥付款手续后，按规定填妥"进口代收付款委托表"，按规定程序送交本行有权人审批后，连同付款人加具意见的赎单通知书/付款通知书送达单证中心。

（二）发出电文

单证中心收到有关资料后按规定进行审核，并依据寄单行面函的付款指示缮制付款电文，经有权人审批后按规定程序发出。同时，将付款资金下划经办行（严禁经办行主动上划款项），由经办行与付款人清算。付款电报应根据委托行指示付款：①除非另有约定，不得将款项付给第三方，而只能付给委托行；②除非寄单行有明确的指示，银行不接受付款人单方面提出的分期付款要求；③付款报文应使用标准的 SWIFT 格式（MT400/MT202）（应注意检查确认 SWIFT 回执发送成功）。

（三）头寸划拨

单证中心办理付款时应按财务部门收付汇头寸预报有关规定确定起息日和预报付汇头寸。单证中心及经办行按规定进行对应科目的会计核算并收取手续费及电报费等费用。经办行按规定每月将单证中心分润部分上划单证中心。

（四）档案管理

单证中心及经办行分别在电脑系统或登记簿记录付款情况并留存相关资料。对外付款后，经办行将付款日期及金额在相关有效单证上作批注，并加盖业务章。

经办行按规定要求付款人填报对外付款/承兑通知书，并填妥相关内容。对外付款/承兑通知书和进口付汇备案表应按规定报送外汇局、退付款人及归档存查。经办行按规定办理国际收支申报手续。涉及对公外汇账户资金收付的业务，经办行还应严格执行外汇局有关外汇账户的管理规定，及时通过外汇账户管理信息系统向外汇局报送外汇账户业务有关信息。

任务1的业务成果展示（如表3-1、表3-2所示）

表3-1　　　　　　　　　　　　托 收 指 示

2013-3-15 11:30　　220289783

The Royal Bank of Scotland plc
Trade Finance Department-Singapore
401 Commonwealth Drive
Hex 05-02 Haw Par Technocentre
Lobby B
Singapore 149598

Direct Collection Letter
Attach this original copy to shipping documents
Date: 10/Mar/2013
Always Quote Our Reference: APSG1SG13D042406
Internal Reference: 1614154

To Collecting Bank/Presenting Bank:
BANK OF CHINA GUANGZHOU DONGSHAN
SUB-BRANCH ZHONGSHAN SEC. RD
510080
GUANGZHOU CHINA

Principal Amount: USD 36,320.00
Collection Type: Documents Against Payment
Tenor: Sight
Maturity Date:

We enclose for collection and remittance the item described herein. Please process this collection for the account of The Royal Bank of Scotland plc, Trade Services Department. Kindly acknowledge receipt and advise us promptly of acceptance, maturity or payment as instructed below:

Drawee:
GUANGDONG　　IMPORT AND EXPORT
CO LTD
510000
GUANGZHOU CHINA

Drawer:
.IMITED
Incorporated in the United States

Kingsport TN 37660-5280
Reference No: 61730520

Special Instruction:
1. DELIVER/RELEASE DOCUMENTS AGAINST: PAYMENT OF THE COLLECTION AMOUNT
2. DO NOT WAIVE DRAWEE'S CHARGES. DO NOT DELIVER THE DOCUMENTS IF REFUSED.
3. PLEASE SEND ADVICE OF PAYMENT/NON-PAYMENT VIA: SWIFT
4. DO NOT PROTEST
5. ADVISE NON-PAYMENT BY SWIFT GIVING REASON
OTHERS INSTRUCTION:
ALL CHARGES ARE FOR ACCOUNT OF THE DRAWEE

Documents Attached	Originals	Copies
Port-To-Port Bill of Lading	3	3
Consigned to BANK OF CHINA GUANGZHOU DONGSHAN SUB-BRANCH Document Reference HLCUSIN130302205 Document Date of Issue 10/Mar/2013		
Commercial Invoice	3	
Invoice Number 61730520 Invoice Date 10/Mar/2013		
CERTIFICATE OF ANALYSIS	2	
CERTIFICATE OF ORIGIN	2	
INSURANCE CERTIFICATE	1	1
PACKING LIST	3	

Page 1　　　　　　　　　　　　　　　　　　　　　　　　　　　12/Mar/2013

备注：

收款指示：此处托收行与代收行之间的关系属于托收行在代收行设有账户，所以收款指示是"please process the collection for the account of The Royal Bank of Scotland plc."

表 3-2

进口代收赎单通知书
INWARD COLLECTION ADVICE

TO: GUANGDONG   IMPORT AND EXPORT CO.,LTD   DATE:2013-03-15
致： 广东省 进出口有限公司GUANGDONG   IMPORT AND EXPORT CO.,LTD   日 期

Our REF No: IC3353913000001 我行编号	Draft Amount: USD 36,320.00 单据金额
Remitting BK No: APSG1SG13D042406 寄单行编号	Remitting Bk Chg: USD 0.00 寄单行费用
Contract No: 合同号	Maturity Date: 到期日
Comm Drawee: 付款人应付我行手续费 进口代收手续费：USD 36.32 电拨费：CNY 150.00	Pay Terms: D/P 0 Days At Sight 付款条件
Remitting Bk Chg 寄单行费用 放弃	Net Pay Amt: USD 36,320.00 实际付款金额
Principal: 委托人	LIMITED INCORPORATED IN THE UNITED STATES 200 SOUTH WILCOX DRIVE KINGSPORT TN 37660-5280
Remitting Bank: 寄单行	THE ROYAL BANK OF SCOTLAND PLC SINGAPORE (FORMERLY KNOWN AS RBS NV) SINGAPORE

兹附寄单/代收行寄来的下列进口代收单据清单。

Draft	INV.	B/L (AWB)	N/N B/L	P/L	INS./P	Insp.	C/Qut	C/Qul	Origin	CERT	Fax
√	√	√								√	

Draft	INV.	B/L (AWB)	N/N B/L	P/L	INS./P	Insp.	C/Qut	C/Qul	Origin	CERT	Fax
1+1C	3	3	3		1+1C				2		

Others	CERTIFICATE OF QUALITY AND QUANTITY:2 CERTIFICATE OF ANALYSIS:2 DECLAR.OF WOOD PACKAGING MATERIAL:2

我行现收到寄单/代收行提交的托收单据，请贵公司在收到通知书后，在付款人意见栏中填注意见，如果贵公司同意接受上述单据，请根据付款条件速来我行办理付款赎单/承兑赎单手续，并携带如下文件：正副本合同、对外(境内)付款/承兑通知书、《购汇申请书》（如用现汇支付,请提交《支取凭条》）等。
如拒绝接受，亦请注明原因，以便我行对外联络。
本代收遵循国际商会《托收统一规则》（1995修订版）第522号出版物。

付款文意见
上述进口代收赎单通知书业已收悉。
☑ 我公司同意付款/承兑，付款时请借记我公司在贵行的帐户。A/C No. 652257753838

IC3353913000001 页码:1/2

备注：
1. AWB：Air Waybill，航空运单；
2. P/L：PACKING LIST，装箱单；
3. N/N B/L：NON-NEGOTIABLE BILL OF LADING，不可转让的海运提单；
4. INS. POL./CERT.：保险单（大保单、小保单）。

此处客户同意付款，"借记中行东山支行的账户，A/C No. 652257753838"，所以代收行将缮制付款报文（MT400），通知托收行。代收行交单给进口方。在贷记报单后，在规定的营业日内（2天）办理资金解付。

任务 2
付款人承兑汇票后代收行交单

在即期付款交单时，汇票不是必要单据，可以用商业发票代替，但是在远期付款交单以及承兑交单项下，汇票则必不可少。本任务假设出口商在承兑交单项下缮制托收项下的汇票，然后连同商业单据（商业发票、运输单据等）以及托收申请书一同提交给托收行，委托其收取货款，业务流转中各当事人对托收汇票进行了出票、背书、承兑及付款等各种票据行为。

 业务场景

我国某工艺品进出口公司 China National Crafts Import & Export Corporation 同英国 ABC Company 做出口业务，付款方式采用承兑交单方式，商业发票号码为 INV.000011，使用汇票进行托收，汇付款期限为"At 30 Days After Sight"，托收行（Collecting Bank）为 Bank of China Limited Dongshan Branch，代收行（Remitting Bank）为 The Royal Bank of Scotland。

  业务描述

1. 委托人缮制跟单托收汇票——出票行为。
2. 托收行背书跟单托收汇票——背书行为。
3. 付款人承兑远期跟单汇票——承兑行为。

 业务描述

承兑交单中，各当事人的一系列票据行为——出票、背书、提示、承兑、付款等。

操作指导

承兑交单条件下，在付款人已按有关规定承兑远期汇票并提交代收行后，方可向其交付正本单据。代收行应通知委托行远期汇票的承兑日及到期日，并在付款到期日前向付款人提示付款。银行的操作步骤如下：

1. 承兑。若付款人同意承兑，应在赎单通知书上明确有关意见，并按照《票据法》规定在远期汇票正面注明"承兑"字样、到期日和承兑日，且不附带任何条件或限制，同时签章确认；经办行应将该签章与其预留的授权书印鉴核对，并在赎单通知书上确认相符。

2. 交单。在付款人已按票据法有关规定承兑了远期汇票后，经办行向其交付有关正本单据。放单时经办行留存一份发票和运输单据副本，将其余单据交付款人并办妥签收手续。

如代收单据的提单为代收行，在征得委托行的授权后按规定进行提单背书，背书格式是"TO ORDER OF ×××（付款人）"，由代收行有权签字人签字，复印留底（如果提单是两页以上，应加盖骑缝章），并向付款人收取背书费用。

如提单指定抬头为××省行而出现与提单背书行不一致的情况时，提单背书行应通过影像系统填制交涉委托表提交省行单证中心，取得省行同意后以省行名义进行提单背书。

3. 归档。承兑后的汇票应由经办行归档，作为重要凭证归入代收已承兑卷妥善保管。付款人承兑后，经办行应在当天填妥"进口代收承兑委托表"，连同付款人加具意见的赎单通知书送达单证中心。

承兑报文原则上应使用标准的 SWIFT 格式（MT412），报经有权审批人批准、相应对外有权签字人双签后按规定程序发出（应注意检查确认 SWIFT 回执发送成功）。承兑电报不得以银行名义承兑（已办理代收保付的除外）

单证中心及经办行进行对应科目的会计核算手续并按规定收取手续费及电报费等费用。经办行按规定每月将单证中心分润部分上划单证中心。单证中心及经办行将承兑日期、金额、到期日进行登记，并将相关凭证和资料归入进口代收承兑卷。

4. 提示。经办行在承兑到期日前向付款人提示付款。

5. 付款。承兑到期日，如付款人确认付款，参照即期付款交单的规定办理。若委托行已明确规定起算日的，按照该起算日计算到期日；否则，以付款人承兑汇票的日期作为起算日计算到期日。

一、汇票的出票（Issue）

跟单托收时，出口商须将缮制好的以进口商为付款人的商业汇票，连同全套规定的装运单据、托收申请书等一并交与托收行，委托银行收款。

（一）签发汇票的两个要求

在签发汇票时，一是必须符合出票地《票据法》对汇票必备项目的规定，做到项目齐全，形式可靠；二是必须符合特定结算方式下对汇票内容的特殊要求。

（二）缮制汇票的注意事项

1. 汇票金额大小写要一致。
2. 汇票出票人签字或盖章。
3. 汇票要背书。

4. 汇票的出票人和签发人要一致。
5. 汇票要与发票等单据保持一致。
6. 价格条款是 CIF，要有保险单，保险单的金额要超过发票金额。
7. 运输条款与价格条款保持一致。
8. 根据运输单据的要求，是否要求背书。
9. 各种单据中的货物描述，要保持一致。

另外，托收汇票上通常注明托收出票条款："Drawn against......。"

二、汇票的背书（Endorsement）

汇票在流通转让过程中，一般要由转让人在汇票上背书后才交付给受让人。例如，在托收业务中，如果托收汇票以出票人（委托人）作为抬头，委托人向托收行提交汇票时可做成空白背书或做成以托收行为被背书人的记名背书；托收行将汇票寄给代收行时，应以代收行作为被背书人，做成托收背书。如果托收汇票以托收行作为抬头，托收行将汇票寄给代收行时，应以代收行作为被背书人，做成托收记名背书。如果托收汇票以代收行作为抬头，则可以避免背书。

三、汇票的承兑（Acceptance）

为明确汇票付款人的付款意图，远期汇票在到期前，需要向付款人提示要求承兑。本业务情境中，汇票以进口商"ABC Company"为付款人，在汇票到期前，出票人（受益人）经托收行"Bank of China Dongshan Branch"将汇票寄给代收行要求代收货款。在付款交单的形式下，货运单据的交出必须以付款为条件；而在承兑交单的形式下，进口商只要承兑了该汇票，代收行便交出单据给进口商据以提货。

当代收行收到承兑交单的汇票时，对远期汇票做二次提示（先提示承兑，在汇票到期日，再提示付款），先交单后付款（进口商则可以在承兑汇票后便获得单据提货）。

汇票的承兑

承兑是指远期汇票的付款人在汇票正面上签名，同意按出票人的指示到期付款的行为。承兑行为的完成包括两项内容：一是在汇票上完成签名。承兑时，可以写上已承兑"Accepted"字样并签名，仅有签名也可，是否注明承兑日期视情况而定，见票后定期付款的汇票必须记载承兑日期，此外，承兑时还可加上担当付款人或付款处所的记载。二是完成交付，承兑的交付有两种：实际交付和推定交付。

承兑的有效完成对付款人、出票人和持票人带来的影响不同。对付款人来说，承兑后即成为承兑人，处于汇票主债务人的地位，要对票据的文义负责，承担到期付款的责任；对出票人来说，由承兑前的主债务人变为从债务人，如果汇票到期，承兑人拒付，持票人可以直接起诉承兑人；对持票人而言，汇票承兑后，其收款就有了保障，并且有利于汇票的转让，一般的受让人都不愿意接受未承兑的汇票。

承兑行为是针对远期汇票而言的,即期汇票、本票和支票都不可能发生承兑。但并不意味着远期汇票都必须承兑,必须提示承兑的远期汇票包括三种情况,一是见票后定期付款汇票,只有承兑提示后,才能确定见票日期,并以此为起点确定汇票到期日;二是与付款人不同地的第三人付款的汇票,办理承兑便于承兑人安排异地付款人做好到期付款准备;三是载明"必须提示承兑"的汇票,对于载明"不得提示承兑"字样的汇票,不必办理承兑。

承兑有普通承兑和保留承兑之分。普通承兑即一般承兑,是指付款人对出票人的指示不加保留地予以确认的承兑。保留承兑是指付款人对汇票的到期付款加上了某些保留条件或对票据文义加以修改了的承兑。常见的保留承兑有:有条件承兑、部分承兑、修改付款期限的承兑、限制地点的承兑。例如,对一张付款人为 A Co., London, 面额 USD1 000, 出票日后 5 个月付款的汇票所作的各种承兑如表 3-3 所示。

我国《票据法》规定,付款人承兑汇票不得附有条件,承兑有条件的,视为拒绝承兑。但是,国外一些票据法规定,对于保留性承兑,持票人可以接受,也有权拒绝接受,如果持票人接受,在付款人拒付时,持票人不得向出票人或前手背书人追索。

表 3-3　　　　　　　　　　　　承 兑 示 例

普通承兑	有条件承兑	部分承兑
ACCEPTED Payable at the B BankLondon For A Co., London (Signed)	ACCEPTED Payable on delivery of B/L For A Co., London (Signed)	ACCEPTED Payable for the amount of USD 500 only For A Co., London (Signed)
修改付款期限承兑	限制地点承兑	
ACCEPTED Payable at 6 months after date For A Co., London (Signed)	ACCEPTED Payable at the B Bank London and there only For A Co., London (Signed)	

想一想

进口商在代收行做第一次提示时,若承兑时间为"30 Mar., 2014",应该如何在汇票上承兑?

四、汇票的提示（Presentation）

汇票必须在规定的时间和地点向付款人提示，即期汇票只有一次提示，即向付款人提示付款，远期汇票存在两次提示，即提示承兑和提示付款。

本案例中的汇付款期限为"At 30 days after sight"，而上述承兑时承兑时间为"30 Mar., 2014"，即见票日，因此，根据《日内瓦统一票据法》规定：见票后定期付款汇票，自出票日后的1年内做提示承兑；远期汇票在到期日及以后两个营业日内做提示付款。代收行应在该汇票到期日"29 Apr, 2014"及以后两个营业日向进口商"The ABC Company"提示付款。

五、汇票的付款（Payment）

汇票是无条件的支付命令，意旨在签发汇票时，汇票上不应载有付款条件。托收项下汇票付款人付款要以委托人提交的全套单据符合交易合同内容为条件，这并不违背"无条件支付命令"这一要求。

承兑到期日，付款人确认付款。付款是指持票人向付款人提示即期票据或到期的远期票据时，付款人支付票款以消除票据关系的行为。付款是票据债权债务的最后清偿，是票据流通过程的终结。当然，必须是正当付款，才能免除付款人的付款责任，解除其债务。

六、汇票的拒付（Dishonor）

拒付是指持票人向受票人提示承兑或提示付款时，受票人拒绝承兑或拒绝付款的行为。

 任务2的业务成果展示

托收项下的汇票，出票人为出口商 China National Crafts Import & Export Corporation，付款人为进口商 ABC Company，而收款人可以有三种情况：它可以是出口商，可以是托收行（Collecting Bank）Bank of China Limited Dongshan Branch，也可以是代收行（Remitting Bank）The Royal Bank of Scotland。

根据收款人的不同，有以下三种操作方式：

1. 若汇票的收款人为出口商，应填写汇票及背书。如表 3-4 所示。

表 3-4

Exchange for GBP5 000.00	Shanghai, Jan 15, 2014
At sight pay this first Bill of Exchange (Second of same tenor and date unpaid) to the order of <u>ourselves</u> the sum of <u>Five Thousand Pounds Only.</u>	
Value received	
To: <u>ABC Company</u> <u>London</u>	For: <u>China National Crafts Import & Export Corporation, S. B.</u> (signature)

注：1. 委托人将汇票提交给托收行时，应作如下空白背书转让汇票给托收行。

China National Crafts Import & Export Corporation,
Signature

2. 托收行将汇票寄交代收行时，应做成托收记名背书转让汇票给代收行。

For Collection
Pay to the order of
Collecting Bank, place
For Remitting Bank, place
Signature

3. 进口商在代收行做第一次提示时，在汇票的正面作承兑，如下：

Accepted
30 Mar., 2014
Payable at The Royal Bank of Scotland, London
For The ABC Company
<u>John smith</u>

2. 若汇票的收款人为托收行，填写汇票及背书，如表 3-5 所示。

表 3-5

Exchange for <u>GBP5 000.00</u>　　　　　　　　　　　　　　　　　　Shanghai, <u>Jan 15, 2014</u>

D/P　<u>At sight</u> pay this first Bill of Exchange (Second of same tenor and date unpaid) to the order of <u>the Industrial and Commercial Bank of China</u> the sum of <u>Five Thousand Pounds Only.</u>

　　Value received

To：<u>ABC Company</u>　　　　　　　　　　　　　　For：<u>China National Crafts Import & Export</u>
　　<u>London</u>　　　　　　　　　　　　　　　　　　　　<u>Corporation, S. B.</u>
　　　　　　　　　　　　　　　　　　　　　　　　　　　(signature)

托收行将汇票寄交代收行时，应做成托收记名背书转让汇票给代收行。

For Collection
Pay to the order of
Collecting Bank, place
Forthe Industrial and Commercial Bank of China, place
(Signature)

3. 若汇票的收款人为代收行，汇票填写如表 3-6 所示，托收行不需要再背书转让。

表 3-6

Exchange for <u>GBP5 000.00</u>　　　　　　　　　　　　　　　　　　Shanghai, <u>Jan 15, 2000</u>

D/P　<u>At sight</u> pay this first Bill of Exchange (Second of same tenor and date unpaid) to the order of <u>Lloyds Bank PLC</u> the sum of <u>Five Thousand Pounds Only.</u>

　　Value received

To：<u>ABC Company</u>　　　　　　　　　　　　　　For：<u>China National Crafts Import & Export</u>
　　<u>London</u>　　　　　　　　　　　　　　　　　　　　<u>Corporation, S. B.</u>
　　　　　　　　　　　　　　　　　　　　　　　　　　　(signature)

当汇票收款人为代收行时,代收行应在汇票背面打上"PAY TO THE ORDER OF ×××银行(代收行名称)"字句然后加盖代收行印章并签字。对需办理融资的汇票,应要求客户按总行规定将汇票制成"Pay to The Order of Ourselves"或"Pay to Our Order",并由其做空白背书(此时代收行一般应作为持票人做空白背书)或背书成凭我行指示"Pay to Order of Bank of China Ltd."。

后两种情况下的承兑与第一种情况类似,收款人均应做普通承兑。我国《票据法》规定,付款人承兑汇票,不得附有条件;承兑附有条件的,视为拒绝承兑。限制性承兑也称保留承兑,汇票的持票人可以拒绝或接受限制性承兑。需要注意的是:限制地点承兑,仍然是一般性承兑,除非它表明仅在某地点付款而不在别处。表 3-3 的示例中,若无 Only,则是一般性承兑。

银行的入账与收汇

一、入账方式

1. 立即贷记。立即贷记是托收行与国外代收行签订协议,约定由代收行先行垫款,贷记托收行账,然后向付款人收取款项。一旦付款人拒付,代收行可对托收行行使追索权。托收行收到代收行的款项后,也立即贷记委托人的账户,同时也对委托人保留追索权。

比如,某银行受理客户一张光票,票面金额为 300 万港币,客户表示此款项有急用,希望银行收到托收款项后立即通知他。三日后银行接到账户行贷记通知,迅速将托收款项解付给客户,客户当天将托收款项划走。第二天银行又收到代收行退票通知,并将托收款项借记回去。

此方式的特点是收款快、费用低,但存在被追索的风险,较适用于要素齐全、付款人信誉优良的合格票据。

2. 收妥贷记。收妥贷记是国外代收行收到付款人付款后,方贷记托收行账,然后托收行据以贷记委托人的账户。此方式的特点是收款时间长、费用较高,但款项为最终收妥,不存在被追索的风险。

比如,国内某家银行受理本行一个客户 150 张支票托收业务,每张面额为 100 美元,受理后将支票寄到美元账户行办理托收,两个月后才收到托收款项。

二、收汇操作

1. 收款。出口收汇款须先进入出口收汇待核查账户,待按外汇管理局规定在出口收结汇联网核查系统中进行收汇核注后为企业办理结汇或划出手续。自 2008 年 12 月 1 日后出口延期收款需按外汇政策规定审核客户提交的出口报关单及办理延期收款债权登记注销手续。

2. 入账。收到账户行的贷记报单、收付清算/RTS 系统下划的头寸后,调出托收行原寄单留底卷，核对号码、货币及金额，确认无误后，进行相关会计核算（收款人应为发票的出具人，需转他行账的情况除外）。

如果做了出口押汇或福费廷等融资业务，收到的货款应先归还押汇行融资款项（如是福费廷的转卖业务，应首先向买入行偿付相关款项）后，余款才可进入待核查账户，按规定核注后向委托人办理结汇或入账。

办理结汇或入账的同时，应清收该笔业务项下的各项应收未收费用，并应登记贷记日、结汇日、销账日，将留底归档。对于国外银行多付款，必须先进行暂收处理，并电告国外银行，待收到其指示再做处理，不能擅自将多收的款项向委托人办理结汇或入账；发现短款，应洽受益人确认，如委托人要求追回少付的款项，应及时与国外银行交涉。

3. 申报。办理结汇或入账时，应按外汇局规定填写并录入"涉外收入统计表"，同时通知委托人办理国际收支申报手续。涉及对公外汇账户资金收付的业务，还应严格执行外汇局有关外汇账户的管理规定，并及时通过外汇账户管理信息系统向外汇局报送外汇账户业务有关信息数据。

4. 核销。严格按规定出具"出口收汇核销专用联"。

（1）对跟单托收项下的出口收汇，应凭委托人向我行提供的出口收汇核销单编号按外汇局有关规定向委托人出具出口收汇核销专用联，并由委托人逐笔签收，完善保管有关签收记录。

（2）出口收汇核销专用联必须包含的要素有：①经办银行的名称；②结汇或者收账日期；③收款单位名称、账号；④收汇金额及币种；⑤各类扣费明细及金额、币种；⑥净结汇或者入账金额及币种；⑦出口收汇核销单编号；⑧涉外收入申报单编号或核销收汇专用号码；⑨"出口收汇核销专用联"字样；⑩银行加盖出口收汇核销专用联章和业务员签章；⑪其他外汇局规定应当注明的。

（3）办理出口押汇结汇或者入账的同时不得出具出口收汇核销专用联，须待出口货款收回后，才能按有关规定向委托人出具出口收汇核销专用联。

（4）办理福费廷业务结汇或入账的同时，可向客户出具出口收汇核销专用联，但必须按外汇局的要求注明福费廷业务及编制出口核销专用号码。

5. 缴费。若国外行要求委托人承担有关费用并需汇出的，在办妥相关手续后用 SWIFT 格式 MT202 按要求汇款银行的付款指示汇出，汇款附言必须注明相关编号及款项名称。

案例分析

案情：甲国的 A 公司出口机电设备给乙国的 B 公司。由于货款金额大，B 公司在申请开证时，银行要求其支付较高的押金。B 公司的流动资金比较紧张，觉得支付该数量的押金比较困难。B公司转而与A公司商量采用托收的结算方法，但A公司基于收汇安全的考虑，认为全额托收不可接受。请分析在这种情况下，可以怎样结合不同的结算方式，既可以使B公司少付押金，又可以保证A公司的收汇安全？作为B公司的开证行，应该在信用证中如何注明？在出口合同中，又应如何反映？

【分析】

本案可以采用信用证与托收相结合的方式，即部分信用证，部分收托的结算方式。进口商可开立交易总额一定百分比的不可撤销信用证。余款可用付款交单方式由出口人另开立汇票，通过银行向进口商收取。通常的做法是：信用证规定受益人（出口商）开立两张汇票，属于信用证部分货款，凭光票付款，全套货运单据，则附在托收部分汇票项目下，按即期或远期付款托收。在实践中，为防止开证银行未收妥全部货款前，即将货运单据交给进口商，要求信用证必须注明在全部付清发票金额后方可交单的条款，如下：Payment by irrevocable letter of credit to reach the sellers ××days before the month of shipmen stipulating that the remaining ××% against ××% of the invoice value available against clean draft while the draft on D/P sight basis; The full set of shipping documents shall accompany the collection draft and, shall only be released after full payment of the invoice value. If the buyers fail to pay the full invoice value, the shipping documents shall be held by the issuing bank at the seller's disposal. 在出口合同中，也应规定相应的支付条款，以明确进口商的责任。

【启示】

这种做法，对进口商来说，可减少开证金额，少付开证押金，少垫资金；对出口商来说，因有部分信用证的保证，且信用证规定货运单据跟随托收汇票，开证银行须待全部货款付清后，才能向进口商交单，所以，收汇比较安全。

项目小结

任务1的操作要点：注意国外的托收行发来的托收指示的格式可能与我国商业银行的略有不同，例如本案中，没有汇票的信息。我国的代收行据此填制进口代收赎单通知书给客户。

任务2的操作要点：主要针对跟单托收项下，商业单据在业务流转过程中是如何传递给进口商的。

本项目延续了"项目一开票汇业务"中涉及的票据行为——除了前述出票、背书外，汇票的提示、承兑、付款等都是重要的票据行为。本项目重点训练学生如何承兑票据。

知识网络

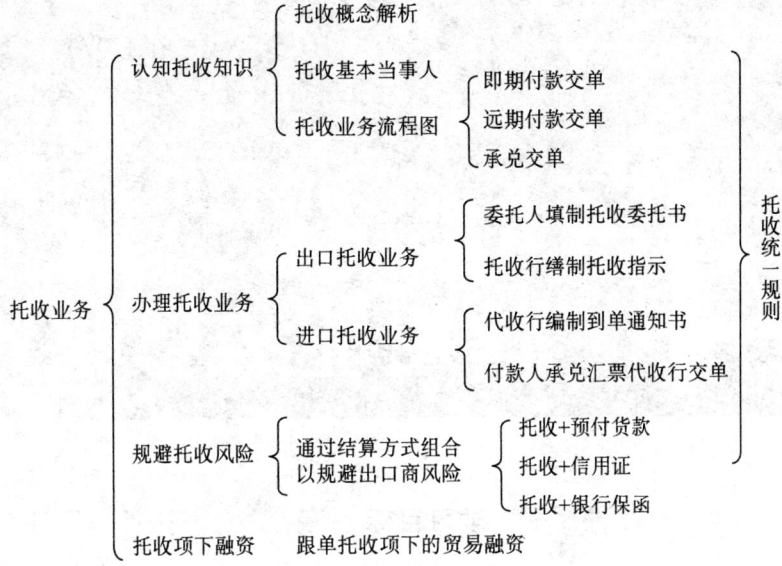

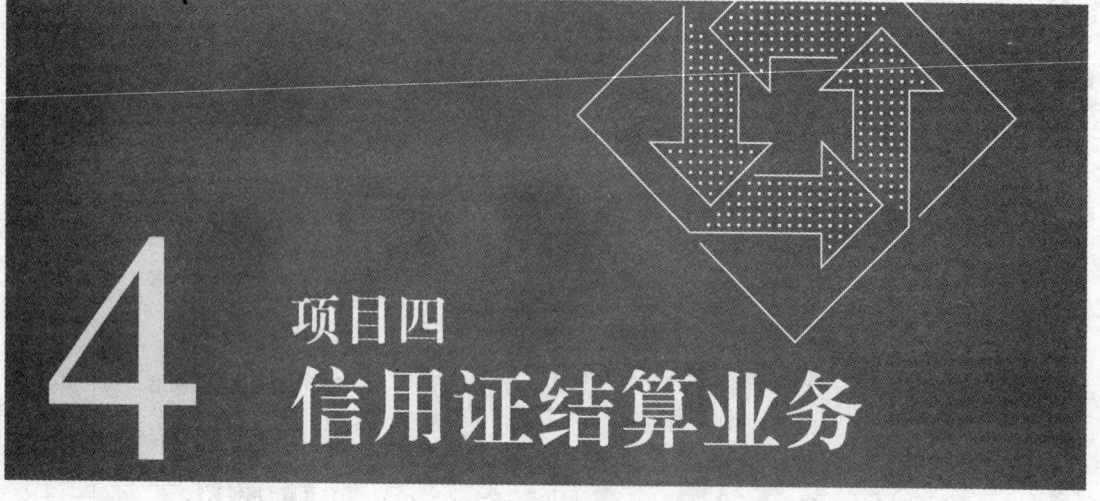

项目四 信用证结算业务

 学习目标

知识学习目标：

1. 理解跟单信用证的概念、种类及其利弊；
2. 掌握四种常见兑付方式信用证业务流程；
3. 掌握跟单信用证统一惯例（《UCP600》）；
4. 运用 UCP600 进行开证、审证和改证操作；
5. 运用 UCP600 进行制单、审单与结汇操作。

技能训练目标：

1. 能够根据开证申请书通过 SWIFT 开证（MT700）；
2. 熟练审核信用证及写信要求修改信用证（MT707）；
3. 熟练审核出口商提供的全套金融单据和商业单据；
4. 能够辨识信用证"软条款"以及规避信用证项下风险。

 **工作任务**

项目四的 7 个任务均以广州华威进出口有限公司与阿联酋 Vigor 公司的出口贸易为背景，既包括在阿联酋的进口方填写开证申请书、中国银行中东分行的 Peter 通过 SWIFT 开出跟单信用证以及修改信用证业务；也包括广州的华威公司审核信用证后向进口方提出改证要求、信用证没有问题后根据交单期及时制单结汇的相关业务。

1. 开证申请人填制申请书。
2. 开证行开出跟单信用证。

3. 通知行填制信用证通知书。
4. 受益人审核跟单信用证。
5. 开证行修改跟单信用证。
6. 受益人交单与结汇。
7. 开证行审单与付款。

必备知识

一、信用证的定义及其特点

随着国际贸易的发展，银行与金融机构逐渐参与国际贸易结算，信用证（Letter of Credit，L/C）支付方式应运而生。信用证支付方式将由进口方履行付款责任，转为由银行来付款，为出口方安全、迅速地收款提供了保证，同时买方也可以按时收到货运单据。信用证支付方式在一定程度上解决了进出口方之间互不信任的矛盾；同时也为进出口双方提供了资金融通的便利。如今，信用证付款已经成为国际贸易中被普遍采用的一种支付方式。

（一）信用证的定义

信用证（Letter of Credit，简称 L/C）是开证行根据申请人的要求，向受益人开立的一种有条件的书面付款保证。开证行保证在收到受益人交付全部符合信用证规定的单据的条件下，向受益人或其指定人履行付款的责任。简言之，信用证是一种银行开立的有条件的承诺付款的书面文件。

从信用证的定义中不难发现，在信用证支付方式下，开证行成为首先付款人，属于银行信用。

（二）信用证的特点

银行信用比商业信用更可靠，因此信用证支付方式与汇付方式、托收方式比较，具有不同的特点。

1. 信用证付款是一种银行信用。信用证是由开证行以自己的信用作出的付款保证。《跟单信用证统一惯例》规定，信用证是一项约定，按此约定，根据规定的单据在符合信用证规定条件的情况下，开证行向受益人或其指定人进行付款、承兑或议付。信用证是开证行的付款承诺。因此，开证行是第一付款人，对受益人独立承担责任。

2. 信用证是独立于合同之外的一种自足的文件。信用证根据买卖合同而开立，但一旦信用证开出，就不再受买卖合同的约束。按《跟单信用证统一惯例》规定，信用证与其可能依据的买卖合同或其他合同，是相互独立的交易。即使信用证中提及该合同，银行也与该合同无关，且不受其约束。所以，信用证是独立于有关合同之外的契约，相关银行只按信用证的规定行事。

3. 信用证业务是一种纯粹的单据业务。在信用证支付方式下，实行凭单付款原则。

《跟单信用证统一惯例》规定：在信用证业务中，各有关方面处理的是单据，而不是与单据有关的货物、服务及/或其他行业。银行虽然有义务"合理小心地审核一切单据"，但是这种审核只是用以确定单据表面上是否符合信用证条款的规定，开证行只对表面上符合信用证条款规定的单据付款。所以，银行对任何单据的形式、完整性、准确性以及伪造或法律效力，或单据上规定的或附加的一般和/或特殊条件概不负责。在信用证条件下，实行严格符合的原则，不仅要做到"单证一致"（即受益人提交的单据在表面上与信用证的条款一致），还要做到"单单一致"（即受益人提交的各种单据之间的表面上一致）。

二、信用证业务涉及的当事人

信用证业务主要涉及开证申请人、开证行和受益人，以及与信用证有关的通知行、议付行、付款行和保兑行、承兑行、偿付行。其中，开证申请人、开证行和受益人为信用证开立的三个基本当事人。

1. 开证申请人（Applicant）。向银行申请开立信用证的人，通常是进口方。

2. 开证行（Issuing Bank）。接受申请人委托开立信用证的银行，开证行承担第一付款责任，一般是进口方所在地的银行。

3. 受益人（Beneficiary）。信用证指定的有权使用该证的人，即出口方或实际供货方。

4. 通知行（Advising Bank）。通知行是指接受开证行的委托，将信用证转交出口方的银行。通知行只证明信用证的真实性，并不承担其他义务。通知行一般是出口方所在地的银行。

5. 议付行（Negotiating Bank）。议付行是指愿意买进受益人交来跟单汇票的银行。议付行可以是指定银行，也可以是非指定银行，这取决于信用证的议付条款。

6. 付款行（Paying Bank）。付款行即信用证上指定付款的银行，通常是汇票的受票人。开证行一般兼任付款行，但是付款行也可以是开证行指定的代为付款的另一家银行，这取决于信用证相关条款的规定。付款行的付款是终局性的，一经付款，对收款人无追索权。

7. 偿付行（Reimbursing Bank）。偿付行又称"清算行"（Clearing Bank），是指受开证行的指示或授权，对有关议付行的索偿予以照付的银行。它是开证行的偿付代理人，有开证行的存款账户。此偿付不视作开证行的终局性付款，偿付费用由开证行承担。

8. 保兑行（Confirming Bank）。保兑行是指应开证行请求在信用证上加具保兑的银行，它具有与开证行相同的责任和地位。保兑行对受益人独立负责，承担必须付款或议付的责任。在已经付款或议付后，无论开证行倒闭或无理拒付，都不能向受益人追索。保兑行通常由通知行兼任，也可以由其他银行加具保兑。

9. 承兑行（Paying Bank）。承兑行是指对受益人提交的汇票进行承兑的银行，亦称付款行。

三、信用证的种类

可以从信用证的性质、期限、流通方式等不同的角度，将信用证划分为不同的种类。

1. 跟单信用证和光票信用证。根据信用证项下的汇票是否随附货运单据划分，信用证可以分为跟单信用证和光票信用证。

（1）跟单信用证（Documentary L/C）。跟单信用证是指开证行凭跟单汇票或仅凭单据付款的信用证。国际贸易中使用的信用证绝大部分都是跟单信用证。

（2）光票信用证（Clean L/C）。光票信用证是开证行凭借不附单据的汇票付款的信用证，主要用于预付货款。

2. 不可撤销信用证和可撤销信用证。

（1）不可撤销信用证（Irrevocable L/C）。信用证一经开出，在有效期内，未经受益人及有关当事人的同意，开证行不得片面修改或撤销，只要受益人提交的单据符合信用证的规定，开证行必须履行付款义务。使用不可撤销信用证对受益人的权益较有保障。《UCP500》规定，如果信用证中未注明"不可撤销"或"可撤销"的字样，应视作不可撤销信用证。

（2）可撤销信用证（Revocable L/C）。开证行对所开立的信用证不必征得受益人或有关当事人的同意，有权随时撤销的信用证。如果使用这种信用证将会对出口人不利，因此出口人一般不愿接受可撤销信用证。按照《UCP500》的规定，只要受益人按信用证条款规定已经得到了议付、承兑或延期付款保证时，该信用证即不能被撤销或修改。

3. 保兑信用证和不保兑信用证。

（1）保兑信用证（Confirmed L/C）。保兑信用证是指银行开出的信用证，由另一银行保证对符合信用证条款规定的单据履行议付义务。值得注意的是，将信用证的"保兑"与"不可撤销"区分开来。信用证的不可撤销是指开证行对信用证的付款责任；而信用证的"保兑"则是指开证行以外的银行对信用证的付款责任。不可撤销的保兑信用证，则意味着对于该信用证不仅有开证行的不可撤销的付款保证，而且还有保兑行的兑付保证。保兑行和开证行一样承担第一付款责任。因此，不可撤销的保兑信用证为出口商提供了双重收款保证，对出口商最为有利。保兑行付款后对受益人或其他前手无追索权。

（2）不保兑信用证（Unconfirmed L/C）。不保兑信用证是指开证行开出的信用证没有经另一家银行保兑，当开证行的资信好或成交金额不大时，往往使用不保兑信用证。

4. 即期信用证和远期信用证。

（1）即期信用证（Sight L/C）。即期信用证是指开证行或付款行收到符合信用证条款的跟单汇票及装运单据后，立即履行付款义务的信用证。

（2）远期信用证（Usance L/C）。远期信用证是指开证行或付款行收到信用证要求的单据后，在规定期限内履行付款义务的信用证。远期信用证主要包括承兑信用证（Acceptance L/C）和延期付款信用证（Deferred Payment L/C）。

（3）假远期信用证（Usance L/C Payable at sight）。假远期信用证规定受益人开立远期汇票，由付款行负责贴现，并规定一定利息和费用由进口方负担。表面上看它是一种远期信用证，但是受益人却可以即期收到全部货款，所以对出口方而言，实际上是即期收款，但是对进口方来说，则可以等到远期汇票到期时再付款给付款行。所以，假远期信用证又被称作买方远期信用证。

5. 付款信用证、承兑信用证与议付信用证。

（1）付款信用证（Payment L/C）。付款信用证即指定某一银行付款的信用证，一般不要求受益人开立汇票，而仅凭受益人提交的单据付款。付款行一经付款，对受益人均无追索权。付款信用证有即期信用证和延期付款信用证两种。

①即期付款信用证在 L/C 中的表述为：AVAILABLE WITH... BY PAYMENT，如为 SWIFT 开立的信用证，则在第 41 场明确，指开证行或证下指定银行收到相符的单据后，于 7 个工作日内付款的信用证。AVAILABLE WITH ISSUING BANK BY PAYMENT 就是开证行付款信用证，AVAILABLE WITH ××× BANK（开证行自身以外的银行），就是被指定行付款的信用证。不管是开证行还是其他的被指定银行，其付款都是终局性的，没有追索权。这种信用证大多不要汇票，常被欧洲大陆国家使用。

②延期付款信用证在 L/C 中的表述为：AVAILABLE WITH... BY DEFERRED PAYMENT，也一样分为开证行或被指定银行延期付款两种情况，指其收到相符单据后，于将来的某个时间（到期日）付款。延期付款信用证源于欧洲大陆，证下不带汇票，是为了避免政府征收汇票印花税。延期期限可在见单后若干天，在这种情况下，虽然不带远期汇票，没有承兑这一环节，开证行/指定行仍须在收到相符的单据后 7 个工作日确认到期日（Confirm the Maturity Date）；而常见的则是直接标注日期的延期付款证，如提单日后若干天，这种情况下因到期日已既定，开证行/指定行只须在到期日履行付款责任即可，无须另行通知到期日。

（2）承兑信用证（Acceptance L/C）。承兑信用证是指定某一银行承兑的信用证，即当受益人向指定银行开具远期汇票并提示时，指定银行即行承兑，俟汇票到期日再付款。

在 L/C 的表述为：AVAILABLE WITH... BY ACCEPTANCE，也就是带有汇票的远期付款信用证，它和延期付款信用证一样，银行都是在将来的某个时间付款，但由于它带有远期汇票，根据各国票据法的规定，需有承兑的行为。承兑行可以是开证行，也可以是其他被指定银行。一旦银行承兑，就必须在到期日付款。

（3）议付信用证（Negotiation L/C）。议付信用证是指开证行允许受益人向某一指定银行或任何银行交单议付的信用证。议付是指由议付行对汇票和（或）单据付出对价，只审单而不付对价，不能构成议付。即开证行在信用证中，邀请其他银行买入汇票和（或）单据的信用证。

议付信用证又可以分为公开议付（自由议付）信用证（Open Negotiation L/C）和限制议付信用证（Restricted Negotiation L/C）。前者指受益人可以向任何银行办理议付，而后者是开证行指定某一银行或开证行自己进行议付的信用证。两种议付信用证的到期地点都在议付行所在地。信用证经议付后，如议付行不能向开证行索得票款，议付行有权对受益人行使追索权。

6. 可转让信用证和不可转让信用证。

（1）可转让信用证（Transferable L/C）。可转让信用证是指信用证的受益人（第一受益人）可以要求授权付款、承担延期付款责任、承兑或议付的银行（统称"转让银行"），或信用证是自由议付信用证时，可以要求信用证中特别授权的转让银行，将信用证全部或部分转让给一个或数个受益人（第二受益人）使用的信用证。可转让信用证中需明确标注"Transferable"字样。如果信用证上注有"可分割"、"可让度"、"可分开"、"可转移"等字样，银行可以不予理睬。

可转让信用证只能转让一次，即只能由第一受益人转让给第二受益人，第二受益人不能要求将信用证转让给其后的第三受益人。但是，第二受益人可以再转让给第一受益人。如果信用证不禁止分批装运，在总和不超过信用证金额的前提下，可分别按若干部分办理转让，该项转让的总和，将被认为只构成信用证的一次转让。信用证只能按原证规定条款转让，但是信用证金额、商品单价、到期日、交单日及最迟装期可以减少或提前，投保加成可增加，开证申请人可以变动。信用证在转让后，第一受益人有权以自身的发票和汇票替换第二受益人的发票和汇票，其余额不得超过信用证规定的原金额。如信用证规定了单价，应按原单价开立。在替换发票和汇票时，第一受益人可在信用证项下取得自身发票和第二受益人发票之间的差额。

要求开立可转让信用证的第一受益人往往是中间商。为了赚取差额利润，中间商可将信用证转让给实际供货人，由供货人办理出运手续。但是，信用证转让并不等于买卖合同转让，如果作为第二受益人的供货人不能按时交货或单据有问题，第一受益人仍要承担买卖合同上的卖方责任。

（2）不可转让信用证（Non-transferable L/C）。不可转让信用证是指受益人不能将信用证的权利转让给他人的信用证。凡是信用证中未注明"可转让"字样的就是不可转让信用证。

7. 循环信用证（Revolving L/C）。循环信用证是指在一定时间内信用证被全部或部分使用后，能够重新恢复信用证原金额并再度使用，周而复始，直至达到该证规定的次数或累计总金额用完为止。循环信用证适用于分批等装、分批支款的长期供货合同。其优点是，进口方不必多次开证，不仅节省了开证费用，同时也简化了出口方的审证、改证等手续，便于合同的履行。循环信用证又可以分为按时间循环信用证和按金额循环信用证。

8. 对开信用证（Reciprocal L/C）。对开信用证是易货贸易或进料加工和补偿贸易业务中使用的一种结算方式。因交易的双方都担心对方凭第一张信用证出口或进口后，另外一方不履行进口或出口的义务。于是，就采用这种相互联系、互为条件的开证办法，彼此约束。其特点是：第一张信用证的受益人和开证申请人是第二张回头信用证的开证申请人和受益人，第一张信用证的开证行和通知行分别是第二张信用证的通知行和开证行。两张信用证的金额可以相等，也可以不相等。两张信用证可以同时互开、同时生效，也可以先后开立、先后生效。

9. 对背信用证（Back to Back L/C）。对背信用证又称转开信用证，是指受益人要求原证的通知行或其他银行以原证为基础，另开立一张内容相似的新证。对外信用证的受益人可以是国外的，也可以是国内的，其主要用于：中间商转售他人货物，从中图利；两国之间不能办理进出口贸易而需要通过第三方沟通贸易；原证是不可转让的；原证受益人不能提供全部规定货物等。

对背信用证的内容除开证人、受益人、金额单价、转运期限、有效期等可有变动外，其他条款一般与原证相同。由于对背信用证的条款修改时，新证开证人需得到原证开证人的同意，所以修改比较困难，而且所需时间较长。应当注意的是对背信用证不同于可转让信用证，可转让信用证是一张信用证由一个开证行保证付款；对背信用证的原证和对背证是两张信用证，由两个银行分别保证付款。

10. 预支信用证（Anticipatory L/C）。预支信用证是指开证行授权代付行（通常是通知行）向受益人预付信用证的全部或一部分，由开证行保证偿付并负担利息的信用证。预支信用证与远期信用证相反，开证人付款在先，受益人交单在后。预支信用证可分为全部预支和部分预支。预支信用证凭出口方的光票或一份负责补交信用证规定单据的声明书付款。如果出口方以后不交单，开证行和代付行不承担责任。当交付货运单据后，代付行在付给剩余款时，将扣除预支货款的利息。这种预支货款的信用证，预支条款常用红字标明，所以习惯上称作"红条款信用证"（Red Clause L/C）。

■ 流程图解

一、业务流程

（一）进口信用证开立业务流程（见图4-1）

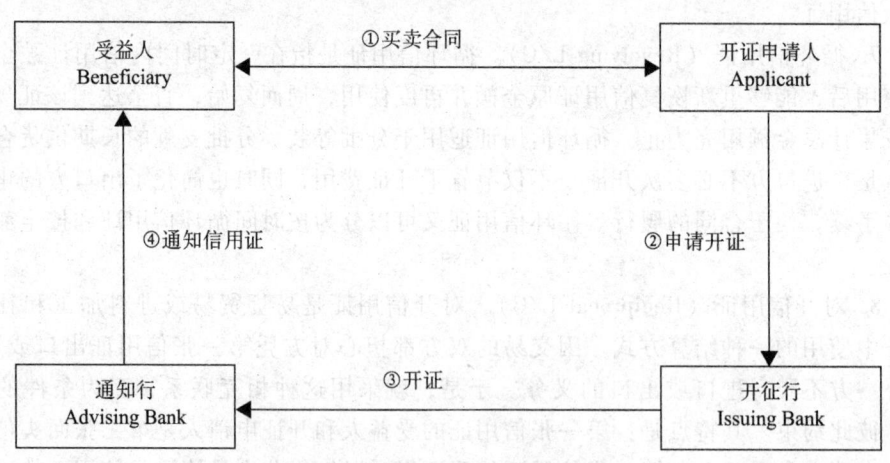

图4-1 进口信用证开立业务流程

注：
①开证申请人（进口商）与受益人（出口商）签订外贸买卖合同，确认信用证付款方式、信用证类型、信用证的交单期等。

②开证申请人确定开证行，并填写开证申请书，开户申请，并提交相关资料，缴纳开证押金和开证手续费。

③开证行审核开证申请书等资料，以保证款项的安全性，根据开证申请书开立信用证，并以加密押的电报、电传或SWIFT方式通知受益人所在地的银行。

④通知行审核信用证的真伪、索汇路径，制作信用证通知书，将信用证通知受益人。

（二）出口议付信用证业务流程（见图 4-2）

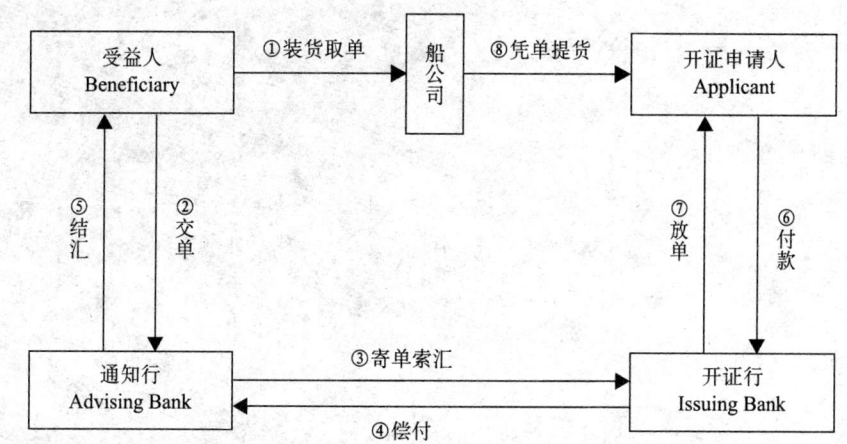

图 4-2　出口议付信用证开证流程

注：

①受益人认真核对信用证是否与合同相符，如果不符，可要求进口商通过开证行进行修改；待信用证无误后，出口商根据信用证备货、装运、开立汇票并缮制各类单据，船运公司将装船的提单交予出口商。

②受益人将单据和信用证在信用证有效期内交予通知行。

③通知行审查单据是否符合信用证条款后接受单据并付款，若单证不付，可以拒付；通知行将单据寄送开证行，向其索偿。

④开证行收到单据后，应核对单据是否符合信用证，如正确无误，即应偿付通知行代垫款项，同时通知开证申请人备款赎单。

⑤如果通知行也是指定议付银行，必须在收单后5个工作日完成审单。根据实际情况，在寄单前或寄单后向受益人做出议付。对于受益人而言，是否做议付其收款时间约有一至两周的差别，即若做议付可在出货后5天收到货款，不做则需10至20天才能收到货款。

⑥进口方付款赎单，如发现不符，可拒付款项并退单。进口人发现单证不符，也可拒绝赎单。

⑦开证行将单据交予进口商。

⑧进口商凭单据提货。

二、业务示范

在南京世格 SIMTRADE 外贸实习平台上，模拟演示出口商、进口商、进口地银行和出口地银行完成一笔议付信用证操作的全过程。

步骤1　进口商在签订合同后，在业务中心点击进口地银行，选择申领核销单，如图 4-3 所示。

图 4-3

步骤 2 成功申领核销单后,回到业务中心,点击出口商建筑物,选择查看单据列表,如图 4-4 所示。

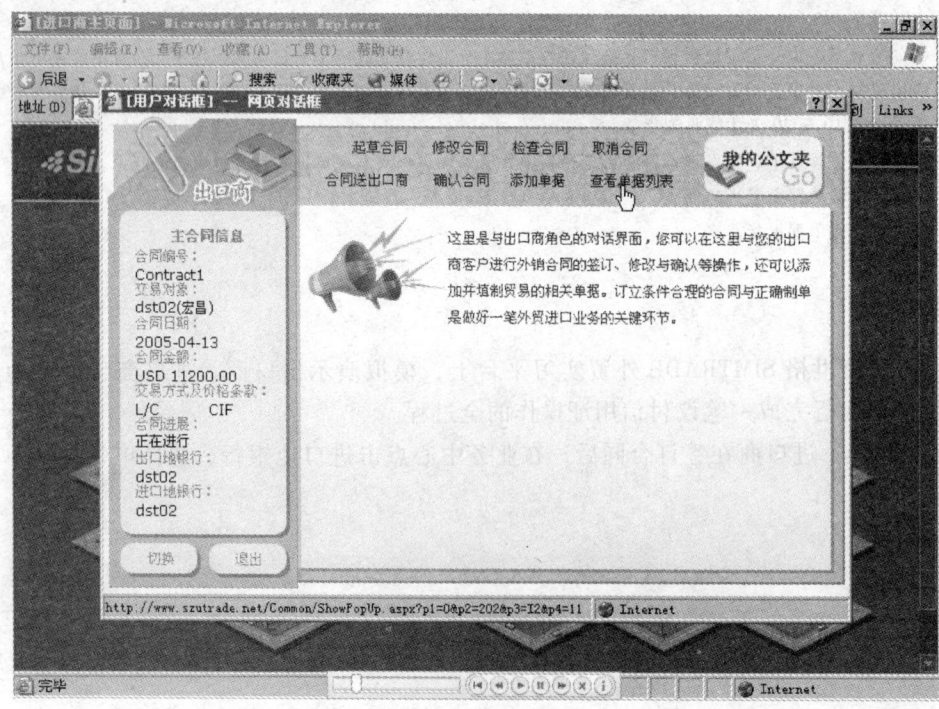

图 4-4

步骤 3 填制进口付汇核销如图 4-5 所示。

图 4-5

步骤 4 回到业务中心,点击进口地银行的建筑物,点画面下方的"开证申请"项,输入银行编号和合同号,如图 4-6 所示。

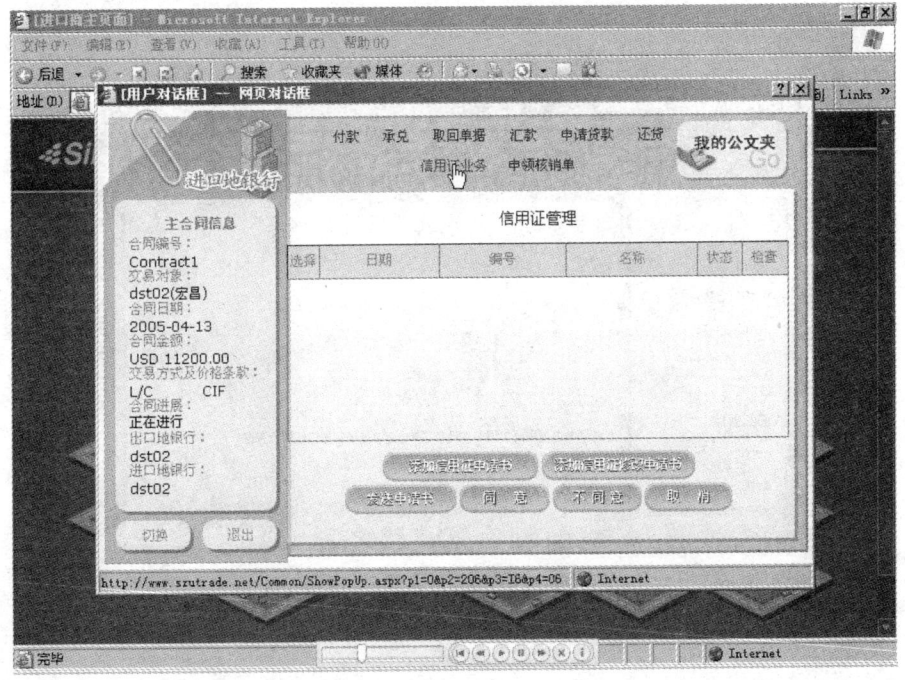

图 4-6

步骤5 点"填写申请单"按钮,填写申请资料后,点"保存单据"按钮,如图4-7所示。

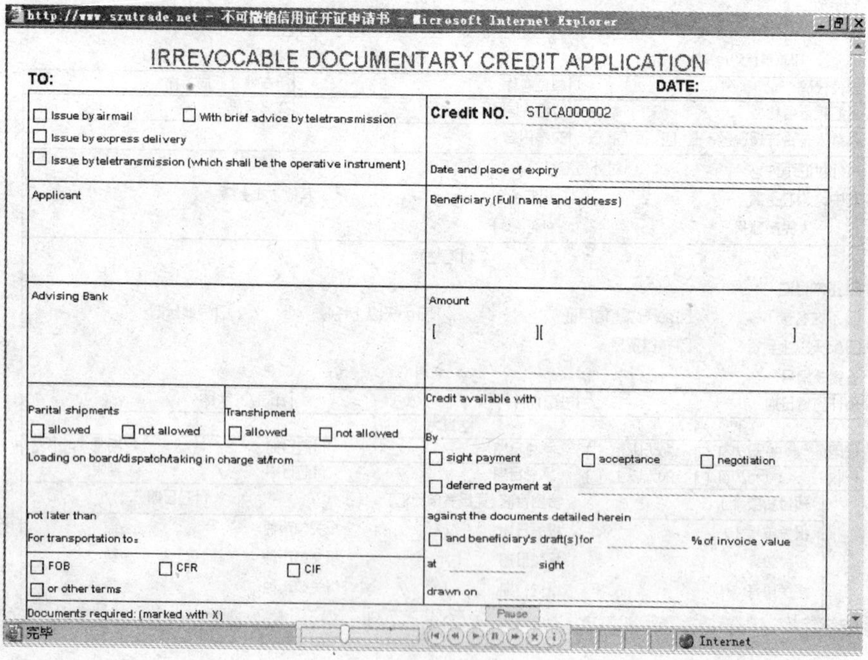

图4-7

步骤6 再回到业务中心,点进口地银行建筑物,点"发送申请单"按钮,将信用证申请发送到进口地银行,如图4-8所示。

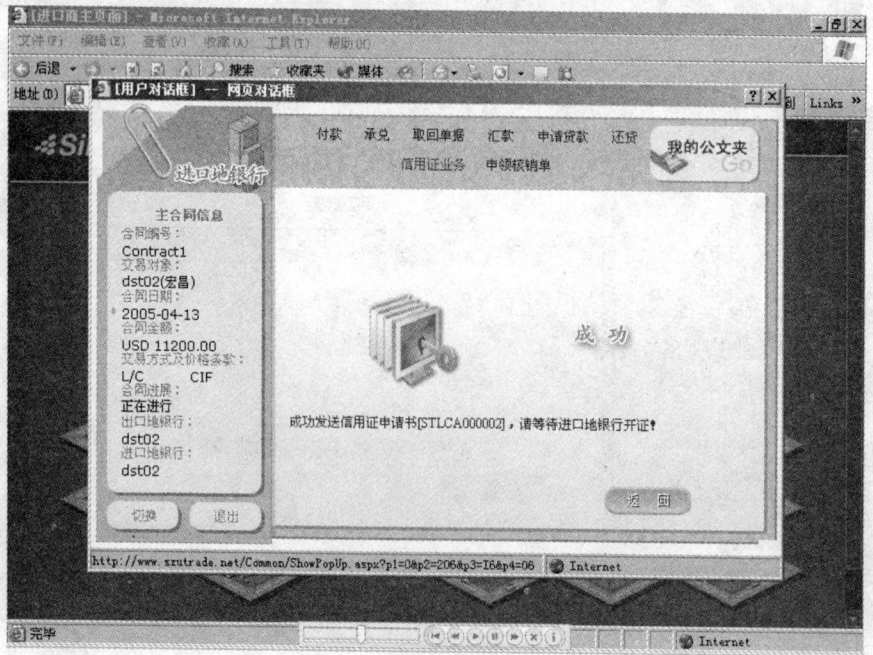

图4-8

步骤7 进口地银行接收进口商的开证申请,在"信用证"中,点画面右上方的"信用证申请列表",选择对应的信用证申请书,并查看申请书的内容,如图4-9所示。

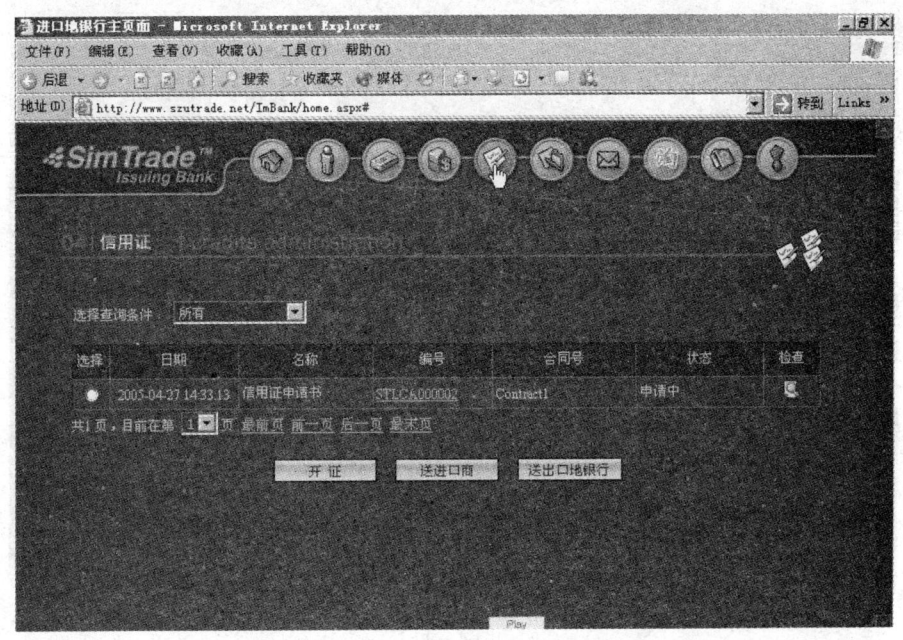

图4-9

步骤8 在"同意开证"项下,点"开证",填写信用证号后,点"保存单据"按钮。此时,开证状态为"已开证",如图4-10所示。

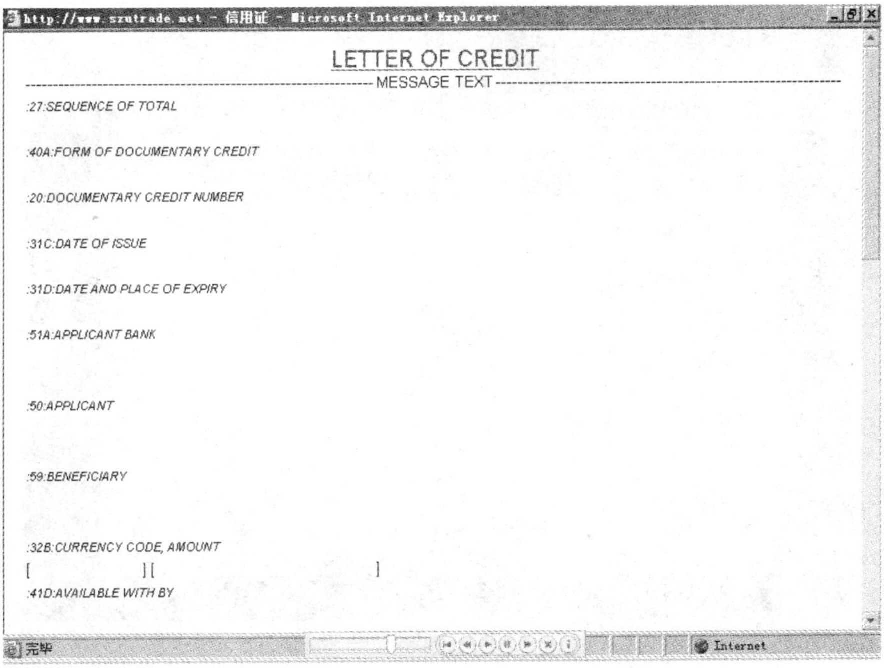

图4-10

步骤 9 填写完成，审核无误后，点击"送进口商确认"，如图 4-11 所示。

图 4-11

步骤 10 进口商在收到进口地银行要求确认信用证的信函后，在业务中心画面点击进口地银行，选择信用证业务，并对该信用证进行审核，审核无误后，确认该信用证，如图 4-12 所示。

图 4-12

步骤 11 进口地银行在收到进口商的确认邮件后，进入信用证业务画面，选择对应的信用证，将信用证发送出口地银行，如图 4-13 所示。

图 4-13

步骤 12 出口地银行接收进口地银行发来的通知消息后，在"信用证"中选择对应的信用证，如图 4-14 所示。

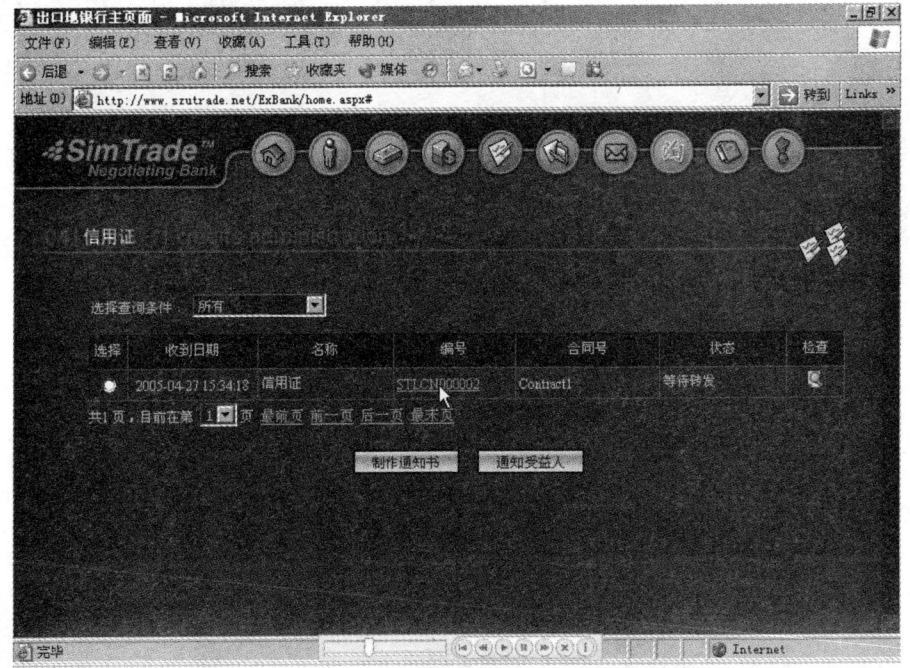

图 4-14

步骤 13 查看该信用证的内容,点击添加信用证通知书按钮,如图 4-15 所示。

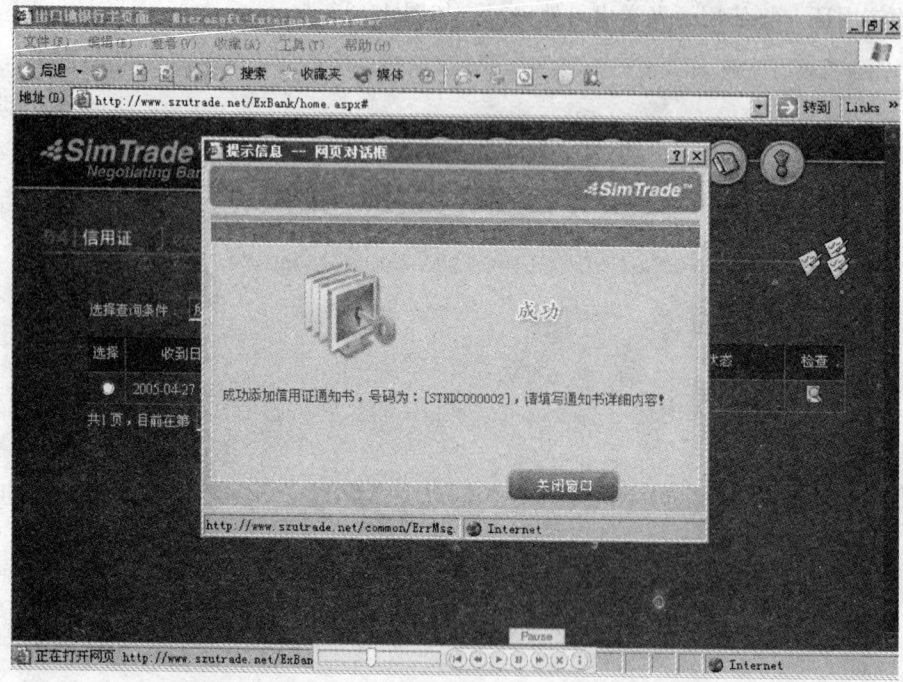

图 4-15

步骤 14 根据信用证的内容,填制信用证通知书,如图 4-16 所示。

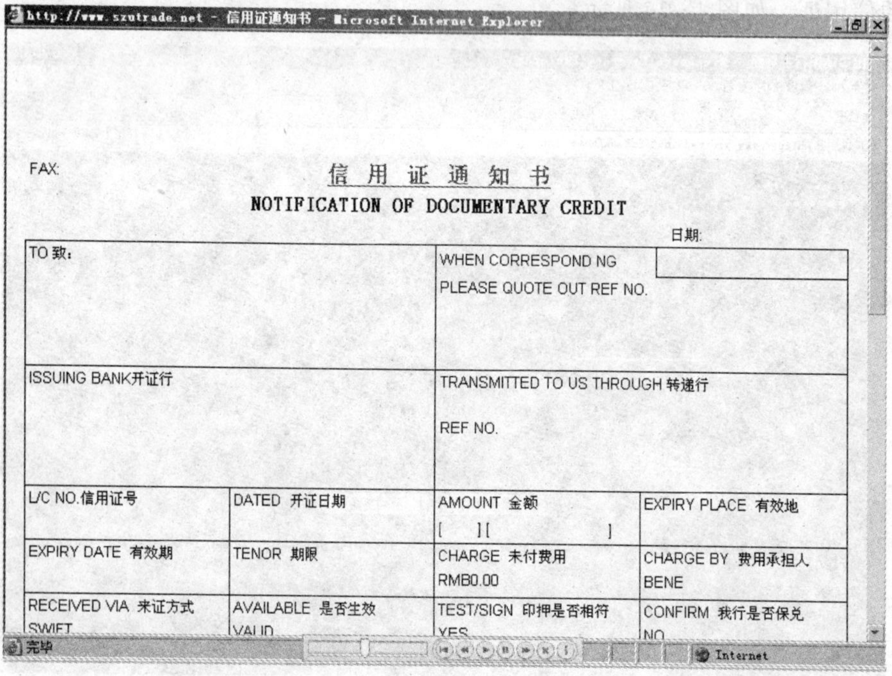

图 4-16

步骤 15 填写完成后,选中该信用证,点击"发送出口商",将信用证及信用证通知书发给出口商,如图 4-17 所示。

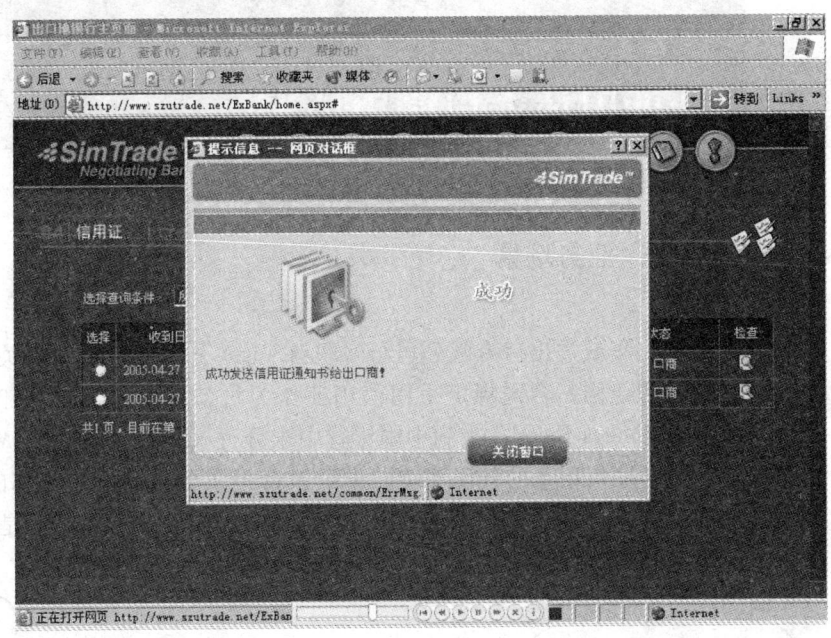

图 4-17

步骤 16 收到出口地银行发来的信用证通知的消息后,进入"单证中心",点信用证按钮,即可审核信用证内容,如图 4-18 所示。

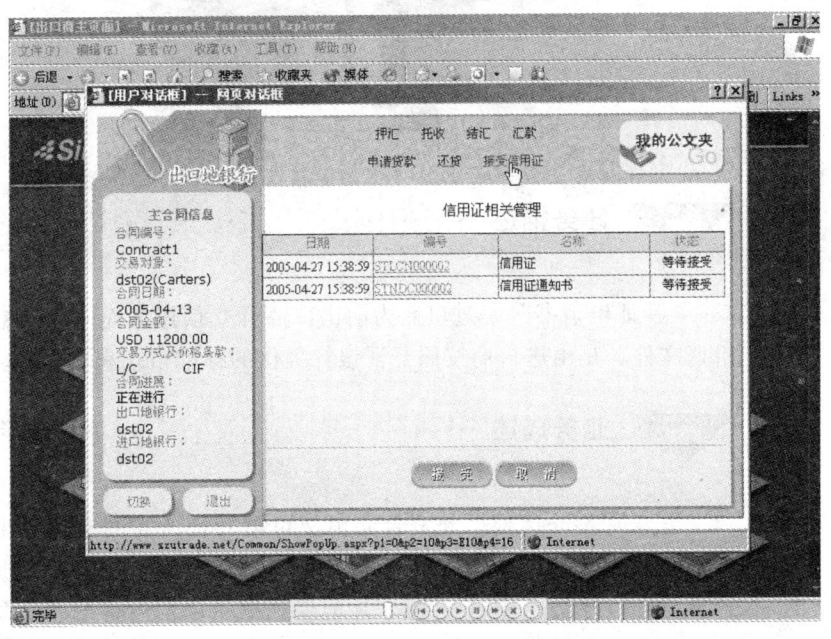

图 4-18

步骤 17 审核无误后,接受该信用证。

任务 1
开证申请人填制申请书

 **业务场景**

广州华威进出口有限公司与阿联酋 Vigor 公司签订了一份关于管夹的外贸销售合同，合同规定采用信用证作为付款方式。合同签订后，Vigor 公司的 Kinega Balud，来到中国银行中东分行（Band of China, Middle East Ltd.）办理信用证的开证手续。中国银行中东分行国际业务部的 Peter 热情接待了 Kinega，Peter 了解到 Kinega 对信用证业务不熟，于是耐心地向其讲解申请开证手续的流程、提交的文件以及相关的费用。

 任务描述

"开证申请书"是进口商为向出口商开立信用证而向开证银行提交的申请文件，是由进口商按照开证银行提供的标准格式来填写的。

 **业务描述**

进口商 Kinega 根据外贸合同提交申请开证所需的文件，并填写"开证申请书"。开证申请书的内容是开证行对外开立信用证的依据，因此内容要与进口合同"证同一致"，才能保证信用证的内容与进口合同的内容一致，真正达到保证进出口业务顺利进行的目的。本业务的外贸合同，如表 4-1 所示。

表 4-1　　　　　　　　　　　确认销售合同

SALES CONFIRMATION

卖方 Seller：	China Guangzhou Huawei Imp and Exp Corp. No. 269 Dongfeng Rd, Guangzhou, China Fax NO：0086-020-83810546	No. ：	CX07EZ100
		DATE：	Jun 18, 2013

买方 Buyer： Vigor Trading Llc
　　　　　P. O. Box 115130
　　　　　Dubai, Uae

经买卖双方同意成交下列商品，订立条款如下：
This contract is made by and agreed between the BUYER and SELLER, in accordance with the terms and conditions stipulated below.

唛头 Marks and Numbers	名称及规格 Description of goods	数量 Quantity	单价 Unit Price	金额 Amount
N/M	Assorted Pipe Clamp DCC10 DCC12 ZDD08	8 000 PCS 9 600 PCS 9 000 PCS	CIFDUBAI USD2.06 USD2.12 USD1.80	CIFDUBAI USD16480.00 USD20352.00 USD16200.00
总值 TOTAL：				USD53032.00

Insurance：
To be effected by seller for 110 percent of invoice value covering All Risks and War Risks as per and subject to Ocean Marine Cargo Clauses of PICC dated1/1/1981.

Payment：
By 100% irrevocable L/C available by 90 days sight draft, reaching the sellers 20 days before the month of shipment, remaining valid for negotiation in china for further 15 days after the prescribed time of shipment.

Shipment： Before Auguest 12, 2013
Port of loading： China
Destionation： Dubai, Uae
With transshipment allowed & partial shipments not allowed.

Force Majeure：
The sellers shall not hold any responsibility for partial or total non-performance of this contract due to Force Majeure. But the sellers should advise the buyers on time of such occurrence.

Disputes settlement：
All disputes in connection with this contract of the execution thereof shall be amicably settled through negotiation. In case no amicable settlement can be reached between the two parties, the case under dispute shall be submitted to arbitration, which shall be held in the country where the defendant resides, or in third country agreed by both parties. The decision of the arbitration shall be accepted as final and binding upon both parties. The Arbitration Fees shall be borne by the losing party.

Law application：
It will be governed by the law of the People's Republic of China under the circumstances that the contract is signed or the goods while the disputes arising are in the People's Republic of China or the defendant is Chinese legal person, otherwise it is governed by Untied Nations Convention on Contract for the International Sale of Goods.

　　　　　　　The Buyer　　　　　　　　　　　　　　The Seller
　　　　　　Kinega Balud　　　　　　　　　　　　　蔡仁科

操作指导

在任务1中，中国银行（中东）的Peter告知Vigor公司的Kinega进口开证的条件以及在申请开证时应提交哪些文件，并指导其如何正确填写"开证申请书"。

一、进口商申请开立信用证的程序

（一）递交合同副本及附件

进口商在向银行申请开证时，应向银行递交进口合同的副本以及所需附件，如进口许可证。例如，进口产品为汽车配件，则除提供"开证申请书"、"进出口合同"外，还需提供"进口付汇备案表"、"机电产品登记证明"等进行政策审查。

（二）填写开证申请书

开证申请书必须按合同条款的具体规定，写明对信用证的各项要求，内容要明确、完整，无词意不清的记载。

（三）缴付开证保证金

按照国际贸易的习惯做法，除非开证行对开证申请人有授信额度，否则进口商向银行申请开立信用证时，应向银行交付一定比例的保证金，其金额一般为信用证金额的百分之几到百分之几十，一般根据进口商的资信情况而定。

（四）支付开证手续费

进口商在申请开证时，必须按规定支付一定金额的开证手续费，一般为0.15%。

想一想

开证银行的收益

假如开立1万美元信用证，银行的收益有多少？
计算：1美元 = 6.1271人民币（2014年11月汇率）
(10 000×1.15) /1 000×6.1271+80=150.5（元）

二、开证行对申请开证客户的初审

对于首次来银行办理进口业务的客户，应递交的材料有：①工商营业执照副本；②批准其经营进出口业务的批文原件；③客户隶属关系批件（如有）；④法人代表授权书

（该授权书必须由法人代表亲笔签名并加盖公章）。

三、进口商填写开证行的开证申请书

进口商按照贸易合同规定向当地银行申请开立信用证，填写开证申请书（见表4-2）。这样，进口商即成为开证申请人，开证申请书是银行开具信用证的依据。开证行按照开证申请书开立信用证后，在法律上就与进口商构成了开立信用证的权利与义务的关系，两者之间的契约就是开证申请书。

进口商在开证申请书上应填写的项目如下：

（1）开证银行。该栏目一般情况下在银行的开证申请书上已经事先印就，本案为BANK OF CHINA（分行或支行的名称可以不填）。

（2）申请开证日期，3 July, 2013, 如实填写。

（3）开证方式，三种方式中进行选择。本案是 SWIFT 开证。

（4）通知银行，该栏目由银行填写。

（20）信用证号码，不需填写，该银行接受申请在开立信用证时将自动生成。

（31D）信用证到期时间地点，一般到期地点为卖方所在国。本案是"27 AUG, 2013, IN CHINA"。

（50）开证申请人的名称、地址及联系方式。即进口商的信息，可按照合同照抄过来。

（59）受益人的名称、地址及联系方式。即出口商的信息，可按照合同照抄过来。

（32B）信用证金额与币种，金额用大小写两种方式，本案是 "USD 53 032.00"；"SAY US DOLLARS FIFTY THREE THOUSAND AND THIRTY TWO ONLY"。

（39A）数量与金额的增减幅度，如有按合同约定，如无则空白。

（41A）信用证的议付行（自由议付、开证行议付、其他银行议付），信用证的支付方式（议付、承兑、即期付款、延期付款）。本案是自由议付，所以填 "Any Bank"。

（42C）汇票的付款期限与金额，根据合同的规定填写。本案是 "beneficiary's draft (s) for 100 % of invoice value"。

（42A）汇票的付款人，一般为开证银行，本案是 "BANK OF CHINA, MIDDLE EAST BRANCH"；不得为开证申请人。

（43P）是否允许分批，按照合同，本案是 "Not Allowed"。

（43T）是否允许转运，按照合同，本案是 "Allowed"。

（44A）装船地，本案是海运。

（44B）最终目的地，本案是海运。

（44E）装运港，本案是 "DUBAI"。

（44F）目的港，本案是 "CHINA"。

（44C）最迟装运日，本案是 "12 Aog, 2013"。

（45A）信用证的货物描述

（46A）提交议付单据，根据所采用的贸易术语、实际需要等因素，选择卖方需要向银行提交的单据，如果以 CIF 术语成交，通常有商业发票、装箱单、提单、保险单等。

在拟定单据条款时要学会"单据化处理"合同要求，即将合同规定的条款转化成有关单据，本案中有六个单据条款，意味着这些单据将是信用证中要求提供的单据。

表 4－2　　　　　　　　不可撤销跟单信用证申请书
IRREVOCABLE DOCUMENTARY CREDIT APPLICATIONZ

BANK OF CHINA BEIJING BRANCH	Date:
☐Issue by airmail　☐With brief advice by teletransmission ☐Issue by express delivery ☐Issue by teletransmission (which shall be the operative instrument)	Credit No. Date and place of expiry
Applicant	Beneficiary (Full name and address)
Advising Bank	Amount
Partial shipments　　　　　　　Transhipment ☐allowed ☐not allowed　　　☐allowed ☐not allowed	Credit available with By
Loading on board/dispatch/taking in charge at/from not later than For transportation to: ☐FOB　　☐CFR　　☐CIF ☐or other terms	☐sight payment ☐acceptance ☐negotiation ☐deferred payment at against the documents detailed herein ☐and beneficiary's draft (s) for ___ % of invoice value at _____ sight drawn on

Documents required: (marked with X)
1. ( ) Signed commercial invoice in ____ copies indicating L/C No. and Contract No.
2. ( ) Full set of clean on board Bills of Lading made out to order and blank endorsed, marked" freight [ ] to collect / [ ] prepaid [ ] showing freight amount" notifying.
　( ) Airway bills/cargo receipt/copy of railway bills issued by _____ showing" freight [ ] to collect/ [ ] prepaid [ ] indicating freight amount" and consigned to _____.
3. ( ) Insurance Policy/Certificate in ____ copies for ____ % of the invoice value showing claims payable in ____ in currency of the draft, blank endorsed, covering All Risks, War Risks and _____.
4. ( ) Packing List/Weight Memo in ____ copies indicating quantity, gross and weights of each package.
5. ( ) Certificate of Quantity/Weight in ____ copies issued by _____.
6. ( ) Certificate of Quality in ____ copies issued by [ ] manufacturer/ [ ] public recognized surveyor _____.
7. ( ) Certificate of Origin in ____ copies.
8. ( ) Beneficiary's certified copy of fax / telex dispatched to the applicant within ____ days after shipment advising L/C No., name of vessel, date of shipment, name, quantity, weight and value of goods.
Other documents, if any

Description of goods:

Additional instructions:
1. ( ) All banking charges outside the opening bank are for beneficiary's account.
2. ( ) Documents must be presented within ____ days after date of issuance of the transport documents but within the validity of this credit.
3. ( ) Third party as shipper is not acceptable, Short Form/Blank back B/L is not acceptable.
4. ( ) Both quantity and credit amount ____ % more or less are allowed.
5. ( ) All documents must be sent to issuing bank by courier/speed post in one lot.
　( ) Other terms, if any

开证申请人（公章或授权印签）：
法定代表人或被授权人
联系人：　　　　　　　　　　　　　电话：

（47A）附加条款：本案关于提单等有附加要求。

（71B）银行费用与利息的承担，通常规定买方所在地以外的银行费用由受益人承担，如果没有规定，表示除了议付费、转让费以外，其他各种费用由开出信用证的申请人（进口商）承担。

（48）信用证的交单期，表明开立运输单据后多少天内交单，通常规定装运日后15天，本案规定10天交单。如果没有规定，按UCP600的规定，理解为在装运日后21天之内。

最后，加盖开证申请人公章、法定代表人或被授权人的签名以及联系人与联系电话。

四、开证行开出全额保证金的信用证

（一）开证行选定指定银行

对于通知行、议付行、付款行、保兑行以及偿付行等，受益人一般希望选择与自己平时有业务往来的银行，以方便办理交单及可能的融资；开证行则需要与这些银行建有代理行关系，甚至有账户关系，他们常倾向于选择自己的分支行。

1. 选择合适的承兑方式。当希望被开证行指定的银行能够凭相符交单，先支付货款给受益人时，可以选择即期付款信用证；假如希望使用汇票，引入票据法的约束与保护，并增加票据融资的机会，可以选择远期承兑信用证；假如不希望使用汇票，以避免印花税的费用，可以选择延期付款信用证；假如希望开证行授权受益人所在地的银行对受益人议付——即由被指定银行在开证行付款前，向受益人承诺支付或实际支付货款，可以选择议付信用证。

2. 选择合适的付款期。

（1）即期信用证，贸易双方平等分配付款期，合同规定在出口商出运货物后，进口商见到提单即支付货款。

（2）远期信用证，即出口商愿意给进口商付款宽限期，合同规定进口商在收到货物后一段时间再支付货款。

（3）假远期信用证，即出口商希望出运货物后即支付货款，进口商希望在到货物后一段时间再支付货款。

3. 确定所需提交的单据。申请人必须时刻记住跟单信用证交易是一种单据交易，而不是货物交易。

（1）金融类单据：即期付款信用证、承兑信用证、议付信用证需要汇票（延期付款信用证：则无须汇票）。

（2）财务类单据：发票、装箱单、重量单等，以便于进口商核算货物金额、数量。

（3）运输类单据：海运提单（全套清洁已装船提单，收货人为凭托运人指定）及保险单（当选择的是CIF术语）。

（4）公证类单据：普惠制产地证、原产地证（若不是普惠制国家）及检验证书。

（5）其他单据。如若有其他相关单据，可一并提供。

（二）开证行拟定信用证

SWIFTMT700 报文。详见任务 2 的标志性成果。

（三）开证行收取相关费用

1. 开证手续费：开证金额 ×1.5‰。
2. 汇兑收益：80RMB/1 万 USD。

即期信用证与议付信用证的比较（见表 4–3）。

表 4–3　　　　　即期信用证 & 议付信用证的比较

	即期付款信用证	议付信用证
收回货款	受益人：立即（100% 货款）	受益人：立即（100% 货款 – 贴息）
能否追索	付款行：借记开证行账户，贷记受益人账户	议付行索偿
利弊分析	对卖方有利	对卖方有利

相同点：不论即期付款，或是议付信用证，汇票均为即期汇票。

不同点：议付行议付后有追索权；付款行无追索权。

议付信用证，在议付行议付后，若单据被开证行拒付，议付行有权向受益人追索议付的款项和利息。但承兑信用证或延期付款信用证中付款行的到期付款，都是终局性的。即使开证行以单据不符为由拒付，付款行作为开证行的代付行，也不得向受益人追索。

五、开证注意事项

（一）开证时间

如合同规定开证日期，就必须在规定期限内开立信用证。应以保证卖方收到信用证后能在合同规定的装运期内出运为原则。

（二）开证准备

申请开立信用证前，一定要落实进口批准手续及外汇来源。国外通知行由开证行指定。如果进出口商在订立合同时，坚持指定通知行，可供开证行在选择通知行时参考。

（三）"证同一致"

"证同一致"指申请对外开立的信用证必须以对外签订的正本合同为依据，即将合同规定的条款应转化在相应的信用证条件里或转化成有关单据，但不能用"参阅××

号合同"为依据,也不能将有关合同附件附在信用证后,因信用证是一个独立文件,不依附于任何贸易合同。

"单据化处理",指要将合同规定的条款转化成有关单据,这是因为信用证结算方式下,只要单据表面与信用证条款相符合,开证行就必须按规定付款。如信用证申请书中含有某些条件而未列明应提交与之相应的单据,否则银行会认为未列此条件,而不予理采。如合同规定为远期付款时,要明确汇票期限,价格条款必须与相应的单据要求、费用负担及表示方法相吻合。在信用证中规定是否允许分批装运、转运、不接受第三者装运单据等条款。

 **任务1的业务成果展示(如表4-4所示)**

表4-4 任务1的业务成果展示

IRREVOCABLE DOCUMENTARY CREDIT APPLICATION

TO: BANK OFCHINA, MIDDLE EAST BRANCH	Date: 3July, 2013
☐Issue by airmail ☐With brief advice by teletransmission ☐Issue by express delivery ☒Issue by teletransmission (which shall be the operative instrument)	Credit No. Date and place of expiry 27 Aug, 2013, IN CHINA
Applicant VIGOR TRADING LLC P OBOX 115130 DUBAI, UAE	Beneficiary (Full name and address) CHINA GUANGZHOU HUAWEI IMP AND EXP CORP. ADD: NO. 269 DONGFENG RD, 　　　GUANGZHOU, CHINA FAX NO: +86 020 83810546
Advising Bank	Amount USD 53 032. 00 SAY US DOLLARS FIFTY THREE THOUSAND AND THIRTY TWO ONLY
Partial shipments　　　　Transhipment ☐allowed　☒not allowed　☒allowed　☐not allowed	Credit available with ANY BANK By ☐sight payment　　　　　　　　☐acceptance ☒negotiation ☐deferred payment at against the documents detailed herein ☒and beneficiary's draft (s) for __100__ % of invoice value at __＊＊＊＊__ sight drawn on BANK OF CHINA, MIDDLE EAST BRANCH
Loading on board/dispatch/taking in charge at/from CHINA not later than　　　　　12 Aug, 2013 For transportation to: 　　DUBAI, U. A. E. ☐FOB　☐CFR　☒CIF ☐or other terms	

续表

Documents required: (marked with X)
1. (X) Signed commercial invoice in   3   copies indicating L/C No. and Contract No.
2. (X) Full set of clean on board Bills of Lading made out to order and blank endorsed, marked" freight [   ] to collect / [X] prepaid [   ] showing freight amount" notifying THE APPLICANT WITH FULL NAME AND ADDRESS.
   (   ) Airway bills/cargo receipt/copy of railway bills issued by _____ showing " freight [   ] to collect/ [   ] prepaid [   ] indicating freight amount" and consigned to _____ .
3. (X) Insurance Policy/Certificate in   1   original for   110 % of the invoice value showing claims payable in   DUBAI   in currency of the draft, blank endorsed, covering All Risks, War Risks and _____ .
4. (X) Packing List/Weight Memo in   3   copies indicating quantity, gross and weights of each package.
5. (   ) Certificate of Quantity/Weight in _____ copies issued by _____ .
6. (   ) Certificate of Quality in _____ copies issued by [   ] manufacturer/ [   ] public recognized surveyor _____ .
7. (X) Certificate of Origin in   2   copies.
8. (X) Beneficiary's certified copy of fax / telex dispatched to the applicant within   1   days after shipment advising L/C No., name of vessel, date of shipment, name, quantity, weight and value of goods.
Other documents, if any
   1. A COPY OF THE SHIPMENT ADVICE SENT BY FAX WITHIN 3 DAYS AFTER SHEPMENT IS EFFECTED.
   2. A CERTIFICATE FROM THE SHIPPING COMPANY OR THEIR AGENT.
Description of goods:
   Assorted Pipe Clamp
   PRICE TERM: CIF DUBAI, UNITED ARAB EMIRATES
Additional instructions:
1. (X) All banking charges outside the opening bank are for beneficiary's account.
2. (X) Documents must be presented within 10 days after date of issuance of the transport documents but within the validity of this credit.
3. (   ) Third party as shipper is not acceptable, Short Form/Blank back B/L is not acceptable.
4. (   ) Both quantity and credit amount _____% more or less are allowed.
5. (X) All documents must be sent to issuing bank by courier/speed post in one lot.
   (   ) Other terms, if any

信用证的开立形式

一、信开本（To Open by Airmail）

信开本是指开证行通过采用印就的信函格式的信用证，开证后以航空邮件寄送通知行。目前，通过这种形式开立的信用证已经很少。

二、电开本（To Open by Cable）

电开本是指开证行使用电报、电传、传真、SWIFT 等各种电讯方法将信用证条款传达给通知行。电开本包括简电本（Brief Cable）和全电本（Full Cable）。

1. 简电本信用证不具有法律效力，不足以作为交单议付的依据。值得注意的是，简电本有时注明"详情后告"（Full Details to Follow）等类似词语。

2. 全电本（Full Cable）。开证行以电讯方式开证，把信用证全部条款传达给通知行。全电本信用证是一个内容完整的信用证，可以作为交单议付的依据。

3. Swift信用证。采用SWIFT信用证后，信用证更加具有标准化、固定化和统一化的特性，并且传递速度快、成本也较低。目前，SWIFT信用证已经被许多国家和地区的银行广泛使用，我国银行的信用证业务中，SWIFT信用证已占有很大比重。

六、信用证的作用

1. 信用证对出口商的作用包括：①凭单取款；②外汇保证；③资金融通。
2. 信用证对进口商的作用包括：①保证取得代表货物的单据；②保证按时、按质、按量收到货物；③提供资金融通。
3. 开证行接受进口商的开证申请，即承担开立信用证和付款的责任，这是银行以自己的信用做出的保证。所以，进口商在申请开证时要向银行交付一定的押金或担保品，为银行利用资金提供便利。此外，在信用证业务中，银行每做一项服务均可取得各种收益，如开证费、通知费、议付费、保兑费、修改费等各种费用。因此，承办信用证业务是各银行的业务项目之一。

信用证的优点和弊端

1. 信用证的优点。

信用证最大的好处，是解决了买卖双方彼此不信任，纠缠于款、货交接上的难题。信用证是通过银行来保障买卖双方的正常交易，而且更多的是保护出口商的利益。

信用证的另一个好处是能够减轻外商的资金压力，从而使外商更愿意与接受信用证付款的我国出口商合作。其实，对于出口厂商，如果跟开户行的关系不错，也可以凭信用证抵押贷款（行规是最多贷到总金额的80%），一样可以预先拿到部分资金用于生产采购。此外，如果需要预付款的话，可以在信用证里规定，允许在出货前向外商的银行预支部分货款作为订金。所以信用证既能解决出口商稳妥收款的难题，也减轻了外商的资金压力，长期以来受到国际贸易行业的欢迎，即便是老客户，也常常使用。

2. 信用证的弊端。

首先，信用证操作完全依赖银行，银行可不是白打工，每个步骤都会收取手续费，且手续费比较高，各家银行的收费标准也略有不同。信用证的手续费一般由买卖双方协商分摊，出口商肯定要付大头儿。一份信用证做下来，出口商平均要花费一至两千人民币。如果是大额交易、且交易过程复杂，花费三五千人民币也不奇怪。

其次，在信用证下做买卖比较死板，一切都要按照信用证的规定来做。用信用证时，银行可不讲情面，错一点点银行都可以取消买卖不付款，除非重新修改信用证，或者外商自己去跟银行协商说不计较——即便这样，银行也会在付款时收取罚金。因此，信用证业务不但增加了成本，对外贸业务员的要求也高些，起码要能看懂全英文的文件，知道如何操作才行。

任务 2　开证行制作开证报文

 **业务场景**

中国银行中东分行的 Peter 认真审核 Kinega 提供的相关资料及开证申请书，立即着手信用证开立 MT 700 报文的制作。

 **任务描述**

1. 读懂开证申请书内容，遵循相关原则确定索汇线路。
2. 采用 SWIFT 系统，缮制报文 MT700 和/或 MT701。

 **业务描述**

中国银行中东分行根据 VIGOR TRADING LLC 的"信用证申请"进行开证报文的缮制，使用统一标准格式 MT700，经办人员 Peter 在国际业务系统（IBS 系统）录入后由该系统自动生成相关电文，发出信用证后应将电报底稿及信用证申请书正本、合同副本及其他开证文件副本建档。

操作指导

银行接到开证申请人完整的指示后,必须立即按该指示开立信用证,并严格按照申请人的指示行事。另外,银行也有权要求申请人交出一定数额的资金或以其财产的其他形式作为银行执行其指示的保证。

一、确定索汇线路

原则上开证行应选择银行海外机构或代理行作为通知行。若申请人指定的银行、非银行海外机构或代理行,应事先向申请人说明由于通知行资信及电讯联系通道难以保证可能产生风险,并建议申请人使用银行海外机构或代理行作为第一通知行中转;如申请人未指定国外通知行的,应按照总行规定对海外机构和代理行开证比例对外开证。对外开证业务,应在遵循总行有关规定的前提下,合理选择通知行,尽量拉直通知路线。

二、熟知 SWIFT 报文

(一)适用信用证的 SWIFT 报文

现在银行间传递的信用证,几乎都使用"环球同业银行金融电讯协会"(Society for Worldwide Interbank Financial Telecommunications,简称 SWIFT)的处理和信息传递系统。格式代号见表 4-5。其中,开立 SWIFT 信用证的格式代号为 MT 700 和 MT 701,修改信用证的格式代号为 MT 707。

表 4-5　　　　　　　　　　　　格式代号

Swift Codes	Message Types	
MT700	Issuance Details of a Documentary Credit	开立信用证时使用
MT705	Documentary Credit Pre-Advice	信用证预先通知用
MT707	Documentary Credit Amendment	信用证修改用
MT710	Third Bank's Documentary Credit Advice	通知由第三家银行开立跟单信用证用
MT720	Documentary Credit Transfer	转让跟单信用证用
MT730	Acknowledgement	确认收妥跟单信用证,并证实已通知受益人用
MT732	Advice of Discharge	发报行通知收报行有关单据已被开证申请人接受用
MT734	Advice of Refusal	发报行通知收报行单证不符的拒付通知用
MT740	Reimbursement Authorization	发报行授权收报行偿付信用证项下款项,即偿付授权用
MT742	Reimbursement Claim	发报行向收报行索偿用
MT750	Discrepancy Advice	发报行通知收报行有关单据不符点,即所谓"电提"用
MT752	Pay, Accept or Negotiate Authorization	发报行授权收报行在单据没有其他不符点的情况下,可以付/承兑/议付,该报文是对 MT750 的答复
MT754	Pay, Accept or Negotiate Advice	发报行通知收报行单证相符,已对有关单据进行付款/承兑/议付,并已按批示寄单,即所谓"通知电"

（二）MT 700 和 MT 701 的签发

SWIFT 报文（Text）由一些项目（Field）组成，每种报文格式（Message Type – MT）都由规定的项目组成，每个项目又由规定的字母、数字或字符组成。在一份 SWIFT 报文中，有些项目是必选项目（Mandatory Field）；有些项目则为可选项目（Option Field）。

1. SWIFT – MT700 格式的信用证。MT 700 跟单信用证的签发见表 4 – 6。

表 4 – 6　　　　　　　　　　MT 700 跟单信用证的签发

M/O ①	Tag 代号	Field Name 栏目名称	Content/Options 内　容
M	27	Sequence of Total 合计次序	1n/1n 1 个数字/1 个数字
M	40A	Form of Documentary Credit 跟单信用证类别	24x 24 个字
M	20	Documentary Credit Number 信用证号码	16x 16 个字
O	23	Reference to Pre – Advice 预告的编号	16x 16 个字
O	31C	Date of Issue 开证日期	6n 6 个数字
M	31D	Date and Place of Expiry 到期日及地点	6n29x 6 个数字/29 个字
O	51A	Applicant Bank 申请人银行	A or D A 或 D
M	50	Applicant 申请人	4×35x 4 行×35 个字
M	59	Beneficiary 受益人	4×35x 4 行×35 个字
M	32B	Currency Code, Amount 币别代号、金额	3a15n 3 个字母/15 个数字
O	39A	Percentage Credit Amount Tolerance 信用证金额加减百分率	2n/2n 2 个数字/2 个数字
O	39B	Maximum Credit Amount 最高信用证金额	13x 13 个字
O	39C	Additional Amounts Covered 可附加金额	4×35x 4 行×35 个字
M	41A	Available With...By... 向……银行押汇，押汇方式为……	A or D A 或 D
O	42C	Drafts at… 汇票期限	3×35x 3 行×35 个字

续表

M/O ①	Tag 代号	Field Name 栏目名称	Content/Options 内容
O	42A	Drawee 付款人	A or D A 或 D
O	42M	Mixed Payment Details 混合付款指示	4×35x 4 行×35 个字
O	42P	Deferred Payment Details 延迟付款指示	4×35x 4 行×35 个字
O	43P	Partial Shipments 分批装船	1×35x 1 行×35 个字
O	43T	Transshipment 转船	1×35x 1 行×35 个字
O	44A	Loading on Board/Dispatch/Taking in Charge at/from… 由……装船/发送/接管	1×65x 1 行×65 个字
O	44B	For Transportation to… 装运至……	1×65x 1 行×65 个字
O	44C	Latest Date of Shipment 最后装船日	6n 6 个数字
O	44D	Shipment Period 装运期间	6×65x 6 行×65 个字
O	45A	Description of Goods and/or Services 货物叙述和/或各种服务	50×65x 50 行×65 个字
O	46A	Documents Required 应提示单据	50×65x 50 行×65 个字
O	47A	Additional Conditions 附加条件	50×65x 50 行×65 个字
O	71B	Charges 费用	6×35x 6 行×35 个字
O	48	Period for Presentation 提示期间	4×35x 4 行×35 个字
M	49	Confirmation Instructions 保兑期间	7x 7 个字
O	53A	Reimbursement Band 偿付行	A or D A 或 D
O	78	Instructions to the Paying/Accepting/Negotiation Band 对付款/承兑/议付行之指示	12×65x 12 行×65 个字

续表

M/O ①	Tag 代号	Field Name 栏目名称	Content/Options 内容
O	57A	Advise Through Bank 通过……银行通知	A, B or D A, B 或 D
O	72	Sender to Receiver Information 银行间的备注	6×35x 6 行×35 个字

注：①M/O 为 Mandatory 与 Optional 的缩写，前者是指必要项目，后者为任意项目。

②合计次序是指本证的页次，共两个数字，前后各一，如"1/2"，其中"2"指本证共 2 页，"1"指本页为第 1 页。

2. SWIFT – MT 701 格式的信用证若信用证内容超出 MT 700 容量，可以使用 1~3 个 MT 701 报文，如表 4 – 7 所示。

表 4 – 7　　　　　　　　　　　MT 701 跟单信用证的签发

状态	标号	栏位名称	内容/选项	序号
M	27	Sequence of Total 总页数	1n/1n	1
M	20	Documentary Credit Number 跟单信用证号	16x	2
O	45B	Description of Goods and/or Services 货物或服务描述	100 * 65x	3
O	46B	Documents Required 所需单据	100 * 65x	4
O	47B	Additional Conditions 附加条件	100 * 65x	5

M = 必填　O = 可选

三、缮制开证报文

详见"任务 2 业务成果展示"，如表 4 – 8 所示。

四、审核开证报文

审核开证报文，审核内容包括 MT700 报文的必要项目是否都已填妥？开证申请书的内容有无漏填？信用证各项是否满足 SWIFT 格式要求等。审核无误，方可发出。

但是，在"任务 2 的业务成果展示"里面，显然有不少错漏之处甚至是不合理的要求，本案的情况倒未必是开证行配合申请人故意设置的"软条款"，但是有时候开证行的确可能从维护客户利益出发这样做。因此，受益人必须具备较高审证能力，防患于未然。

信用证的陷阱条款（软条款）

在国外来证中，多数列有某些特别条款（Special Instructions），是买方根据其单方面利益或为了达到其某些目的附加在信用证中，以便限制卖方的。搞外贸出口单证工作的人都称这些条款为"软条款"或"陷阱条款"。

 任务2的业务成果展示（如表4-8所示）

表4-8　　　　　　　　　　任务2的业务展示成果

```
CHINA GUANGZHOU HUAWEI IMP AND EXP CORP.
ADD：NO. 269 DONGFENG RD,
GUANGZHOU, CHINA
FAX NO：0086 020 83810546


US DOLLAR FIFTY THREE THOUSAND AND THIRTY TWO ONLY.

DEAR SIRS,

In accordance with the terms of article 7（A）of UCP 600 we advise having received the following teletransmission from bank of china middle east LTD. .
         （Swift Address：BBMEAEAD）
```

27	SEQ of Total：	1/1
40A	Form of DC：	IRREVOCABLE
20	DC NO.：	OPCDEI422652
31C	Date of issue：	05JUL13
31D	Excpiry Date and Place：	27AUG13 AT OUR COUNTER
50	Applicant：	VIGOR TRADING LLC
		P. O BOX 115130
		DUBAI, UAE
59	Beneficiary：	CHINA GUANGZHOU HUAWEI IMP AND EXP CORP.
		ADD：NO. 269 DONGFENG RD,
		GUANGZHOU, CHINA
		FAX NO：+86 - 20 - 83810546
32B	DC AMT：	USD 53032. 00
39B	MAX CR AMT：	NOT EXCEEDING
41D	Available with/by：	ANY BANK
		BY NEGOTIATION
42C	Drafts at：	090 DAYS FROM DATE OF NEGOTIATION
42D	Drawee：	ISSUING BANK
43P	Partial Shipments：	NOT ALLOWED
43T	Transhipment：	NOT ALLOWED
44A	Loading/Dispatch at/from：	CHINA
44B	For Transportation to：	DUBAI, UNITED ARAB EMIRATES
44C	Latest Date of Shipment：	12AUG13
45A	Goods：	ASSORTED PIPE CLAMP

续表

** TO BE CONTINUED IN NEXT PAGE **

CHINA GUANGZHOU HUAWEI IMP AND EXP CORP.　　　　　　　　　　　　　　05JUL2013

DOCUMENTARY CREDIT NO.：DPCDEI422651

All other details as per beneficiary S/C NO：CX07EZ100

Dated：18.06.2013

46A　Documents required：

1. Signed commercial invoices in 3 copies mentioning：

　a）Relevant harmonized system commoity code number (s) applicable to each item shipped under this credit.

　b）Name and address of the manufacturers/producers.

2. Full set 3/3 original clean on board ocean/marine bills of lading made out to the order of shipper enorsed in blank, marked freight prepaid and notify applicant and hsbc bank middle east, P.O BOX 66, DUBAI, uae quoting this dc number.

3. A certificate of origin stating that the goods are of china origin giving the full name and address of the manufacturer/producer and exporter signed by china council for the promotion of international trade. A certificate of origin incorporated in the invoice will not be acceptable.

4. Packing list in 3 copies.

5. A copy of the shipment advice sent by fax within 3 days after shipment is effected.

6. Insurance policy or certificate for full invoice value plus 110% covering all risks and war risks as per and subject to Ocean Marine Cargo Clauses OF P.I.C.C. DATED 1／1／1981.

7. A certificate from the shipping company or their agent stating

　—That the goods are shipped by regular or conferenceline vessels only.

　—That have a current ism code certificate, if the carrying vessel is subject to" solas".

　—Covered by the institutin classification clause.

　—That are allowed by the arab authorities to call at arabian

　ports and not scheduled to call at any israel port during its voyage to the U.A.E.

47A　additional conditions：

1. Bills of lading must evidence the following：

　a）The name, address and Telephone number of the carrying vessel's agent at the port of Destination.

　b）Goods are shipped in 2×20 containers.

2. All documents must be issued in english language.

3. Under no circumstances may a Bank listed in the arab ISRAELI BOYCOTT black list be permitted to negotiate documents under this documentary credit.

4. Should the negotiating bank for whatever reason, decide to negotiate any bill drawn under this credit under reserve or against an indemnity, all discrepancies must be advised by the telex to the opening bank for their acceptance.

5. A usd (or equicvalent) fee should be deducted from there imbursement claim for each presentation of discrepant documents under this documentary credit. Not with standing any instructions to the contrary, this charge shall be for the account of beneficiary.

6. Not with standing the provisions of UCP 600, if we give notice of refusal of documents presented under this credit we shall hoerver retain the tight to accept a waiver of discrepancies from the applicant and, subject to such waiver being acceptable to US, to release documents against that waiver without reference to the presenter provided that no written instructions to the contrary have been received by us from the presenter before the release of the documents. Any such release prior to receipt of contrary instructions shall not constitute a failure on our part to hold the documents at the presenter's risk and disposal and we will have no liability to presenter in respect of any such release.

71B　Details of charges：　　　　All Banking Charges For account of beneficiary

48　　Period of Presentation：　　Within 15 Days After the date of shipment But Within the validity of the credit.

49　　Confirmation Instruction：　Without

续表

```
53D  REIMB BK: HSBC BANK USA NA
     REIMBURSEMENT NEWARK
     500 STANTON CHRISTIANA ROAD 3 OPS1
     NEWARK DE 19713 – 2107 USA
78   Info to presenting BK:
1. Upon Maturiy, please claim reimbursement (less reimbursement charges) to the debit of HSBC BANK MIDDLE EAST, A/C
   NO. 000 045276, SWT: MRMDU533 with the nominated reimbursing bank under tested telex advice to US.
2. The amount of each negotiation must be endorsed on the reverse of this credit and the negotiating bank's covering schedule to
   certify the same.
57D  Advise through:      BANK OF CHINA
                          GUANGDONG BRANCH, BAIYUN SUB BRANCH
                          ADD: NO. 62 GUANGHUA FIVE ROAD, GUANGZHOU, CHINA
72   BK TO BK INFO:       Documents must be despatched by courier in one cover to HSBC BANK MIDDLE EAST LTD,
                          trade services dept, P. O. BOX 66, DUBAI, U. A. E. On the same day of negotiation.
This advise constitutes a documentary credit issued by the above bank and should be presented with the documents/drafts for nego-
tiation/payment/acceptance, as applicable.
                                                                                              361209 – auto – 000 – 01
* * * * * * * * * * * * END OF DC * * * * * * * * * * * * *
```

备注：

由于这是一份由中东地区开出的信用证，鉴于巴以等国之间长期的历史积怨，所以信用证里面有一些比较特殊的条款。例如：

1. 第1张单据是商业发票，其中一个要求是要根据海关的《协调制度编码》，注明商品的 HS 编码。

2. 第7张单据是要求出具"船公司证明"，用于证明这艘船是否符合国际船舶安全营运和防污染管理规定。出口商可以跟船公司要这个证明，一般船公司都会给你开的。

Regular liner vessel 或 conference liner vessel：指班轮公会的定期船或参加海运同盟各船公司所营运的定期船。

ISM Code，是 International Safety Management Code 的缩写，即国际海事组织制定的国际安全管理规则。

"SOLAS" 公约，是 International Convention for Safety of Life at Sea 的缩写，即"海上人命安全公约"。主要内容是规定船舶的安全和防污染。我国是" SOLAS" 公约的缔约国。

3. 歧视性条款：第7张单据中不允许停靠以色列的港口；附件条款中的第三条，不允许在以色列的银行议付等。

任务3
通知行制作信用证通知书

 **业务场景**

叶姝在中国银行实习半年之后，由于工作积极，业务技能提升很快，实习期满后被正式分到国际结算部。进入国际结算部后，叶姝参加新入职

员工的上岗培训，培训历时一个月，培训内容包括了国际结算基础知识、国际惯例、规章制度等业务知识的培训，还包括了服务营销技巧、国际业务发展史等综合素质的培训和介绍等。岗前培训之后，叶姝对工作岗位和工作职责有了进一步的了解，对于信用证、福费廷等方式的结算任务非常期待。

培训之后第一天上班，孔生告诉叶姝，阿联酋的 Vigor 公司通过中国银行（中东）开来了信用证，让叶姝将该信用证通知给受益人。

任务描述

出口信用证通知是指银行收到国外开来的信用证后，根据国际惯例履行通知行的职责，核实信用证真实性后通知相关受益人的行为。

业务描述

国际结算部的叶姝在收到 SWIFT 信用证电文后，认真查看信用证的内容，并打印该信用证，一式两份，并填制一式两联的信用证通知书，分别加盖业务公章和经办人名章。第一联为通知联，连同信用证正本或信用证修改书正本交受益人，第二联为通知存查联，连同信用证副本（或正本复印件）或信用证修改书副本（或正本复印件）留存，专夹保管。

操作指导

一、了解信用证通知书

对于国外银行开来的信用证，其受理与通知是办理出口信用证业务的第一步。

通知行受理国外来证后，应在 1~2 个工作日内将信用证审核完毕并通知出口商，以利于出口商提前备货，在信用证效期内完成规定工作。审核的要点如下：

（一）审核信用证的真实性

通知行收到开证行开来的出口信用证或修改后，应首先通过核对印鉴或密押等方式确认信用证的真实性，审查来证内容，并及时准确地通知到受益人。如果开证行与通知行是建立了分行或代理行关系，只要密押相符，就可以确定信用证的真实性。如果采用信开方式开出的信用证，通知行应先审核信用证上有权人的签字是否相符，只有签字相符才能确认信用证的真实性。如决定不予通知或不能确信其表面真实性以致无法及时准确地将来证通知到受益人，应立即告知开证行。

来证无印押或印押不符的，应立即查询开证行进行核实。对于大额信用证，应联系开证行以 SWIFT 方式证实，确保信用证的真实性。对于无法确认信用证真实性的，可以先行通知，但应告知受益人印押尚未核符。

通知行对照开证行之间规定的密押相符后，通知行才在信用证上加盖本行的业务专用章转交受益人使用。若出口企业收到的信用证上没有通知行盖的章，应立即退回银行，不可使用。若出口企业收到国外客户直接邮来或用电传发来的信用证，不可马上使用，应立即送至通知行审核，由银行证实其真实性并在证上加盖该银行的业务专用章后方可使用。否则，如使用了未经银行盖章认可的信用证是收不到货款的。

（二）审核开证行的资信

开证行的政治背景、资信能力、印鉴密押是否相符、索汇路线是否正确、是否符合支付协定，以及是否要加以保兑或由偿付银行确认偿付等内容。通知行审核后一般会加批注，受益人要重视这些批注，待问题解决后方可装货出运。

二、制作信用证通知书

1. 上方空白栏。信用证的通知行中英文名称，下面填英文地址与传真号。出口方一般选择自己的账户行为通知行，以便于业务联络及解决将来可能发生的贸易融资需求。

　　如：中国商业银行江苏省分行
　　　　COMMERCIAL BANK OF CHINA JIANGSU BRANCH
　　　　Add：No.1 Zhongshan North Road，Nanjing，P. R. China
　　　　FAX：+86-25-84217837

2. 日期。收到国外开来的信用证后，应仔细审核通知行的签章、业务编号及通知日期。

3. TO。受益人名称及地址。信用证上指定的有权使用信用证的人，一般为出口方。

4. WHEN CORRESPONDNG，PLEASE QUOTE OUT REF NO.。（若办理代付，请说明业务编号）开证行将信用证寄给出口方所在地的代理银行（通知行），出口商收到国外开来的信用证后，应仔细审核通知行的签章、业务编号及通知日期。

5. 开证行。受开证人之托开具信用证、保证付款的银行名称及地址，一般在进口方所在地银行。

6. 转递行。转递行负责将开证行开给出口方的信用证原件，递交给出口方。信开信用证，才有转递行；电开信用证，无转递行。

7. 信用证号。信用证的证号是开证行的银行编号，在与开证行的业务联系中必须引用该编号。信用证的证号必须清楚、没有错字等错误。

如果信用证的证号在信用证中多次出现，应注意前后是否一致，否则当电洽修改。

8. 开证日期。信用证上必须注明开证日期，如果没有，则视开证行的发电日期（电开信用证）或抬头日期（信开信用证）为开证日期。

由于有些日期需要根据开证日期来计算或判断，而且开证日期还表明进口方是否按照合同规定期限开出信用证，因此开证日期非常重要，应当清楚明了。

9. 信用证的币别和金额。信用证中规定的币别、金额应该与合同中签订的一致。币别应是国家间可自由兑换的币种，货币符号为国家间普遍使用的世界各国货币标准代码；金额采用国家间通用的写法，若有大小写两种金额，应注意大小写保持一致。

10. 信用证的有效地点。有效地点指受益人在效期以内向银行提交单据的地点。我国规定，一般国外来证的有效地点应在我国境内，但如果规定有效地点在国外，则应提前交单以便银行有合理时间将单据寄到有效地的银行，这一点应特别注意。

11. 信用证的有效期限。信用证的有效期限是受益人向银行提交单据的最后期限，受益人应在有效期限日期之前或当天将单据提交指定地点的指定银行。

一般情况下，开证行和开证申请人（进口方）规定装运期限后 10 天、15 天或 21 为交单的最后期限。如果信用证没有规定该期限，按照国际惯例，银行将拒绝受理于装运日期后 21 天提交的单据。

12. 信用证付款期限。根据付款期限不同，信用证可分为即期信用证和远期信用证。

13. 未付费用。受益人尚未支付给通知行的费用，如没有请填"RMB 0.00"。

14. 费用承担人。信用证中规定的各相关银行的银行费用等由谁来承担。

15. 来证方式。开立信用证可以采用信开和电开方式，通常为"SWIFT"。

信开信用证，由开证行加盖信用证专用章和经办人名章并加编密押，寄送通知行；电开信用证，由开证行加编密押，以电传方式发送通知行。

16. 信用证是否生效。有些信用证在一定条件下才正式生效，一般通知行在通知此类信用证时会在正本信用证上加注"暂不生效"字样。因此在此种情况下，受益人应在接到通知行的正式生效通知后再办理发货。

17. 印押是否相符。收到国外开来的信用证后，应仔细审核印押是否相符，请填"YES"或"NO"。

信开信用证要注意其签章，看有无印鉴核符签章；电开信用证应注意其密押，看有无密押核符签章（SWIFT L/C 因随机自动核押，无此章）。

在一般情况下，通知行在通知信用证前会预先审查一下，看其有无不利条款，并在信用证上注明，受益人若发现此类注明，应加强注意或及时洽开证人修改信用证。

18. 是否保兑行。根据信用证内容，请填"YES"或"NO"。保兑行是指接受开证行的委托要求，对开证行开出的信用证的付款责任以本银行的名义实行保付的银行。保兑行在信用证上加具保兑后,即对信用证独立负责,承担必须付款或议付的责任。汇票或单据一经保兑行付款或议付,即使开证行倒闭或无理拒付,保兑行也无权向出口商追索票款。

保兑行通常是通知行,也可是其他第三方银行。

19. 通知行签章。收到国外开具的信用证后,应仔细审核通知行的签章、业务编号及通知日期。

 **任务3的业务成果展示(如表4-9所示)**

表4-9　　　　　　　　　　　任务3的业务展示成果

NEW DC ADVICE	DATE 05JUL, 2013
CN GUANGZHOU HUAWEI IMP AND EXP CORP.	Please quote our ref No.
Add: No. 269 Dongfeng RD., GUANGZHOU, CHINA,	DPCDEI422652 - 00
Fax No: +86 - 020 - 83810546	

Dear sir,

Documentary credit No.	DPCDEI422652
Amount	USD 53032.00
Issuing Bank/Sender	Bank of China Middle East LID.
APPLICANT:	VIGOR TRADINEG LLC.

In accordance with the terms of article 7 (A) of UCP 600 we advise having received the captioned documentary credit in your favour. important notice to beneficiary:

Please check the terms and conditions of this credit immediately and note that we are unable to make any changes without the issuing bank's authority. Accordingly, should any of its terms and conditons be unacceptable, Please contact the applicant direct, requesting an amendment to be advised to us without delay.

Should this be a transferable credit and should we be authorised to effect such transfer, please note that we are under no obligation to do so.

Should this dc be available by deferred payment, this may impact on our ability to provide finance. If you are considereng applying for finance of documents presented in order, may we suggest that you seek an amendment to the dc to make it avaitlable by negotiation. Any such requests will receive our consideration at the time of presentation.

This notification must be presented with the original documentary credit together with any subsequent amendments and all documents required therein for negotation.

This documentary creditis subject to, and will be handled in accordance with, the edition of the icc uniform customs and practice for documentary credits currently in force, and the relevant version of the E - ucp, if applicable. Please find attached a copy of the documentary credit/brief calbe.

续表

We will be pleased to release the original instrument to you upon receipt of the following charges:

DC Advising CHGS: CNY   250.00
Postage/Courier: CNY   25.00

We would welcome the opportunity to negotiate clean documents under this credit. Please do not hesitate to call us if you need any assistance.

If you have any questions of this advising, plrase call our dc advising department at 020 - 8365 2688 ext 3305 or 3201.

If you wish to contact a nearby hsbc branch to discuss presentation of bills, please use the telephone number below:

Branch	General line	Trade Services Department
ShangHai	021 - 6841 1888	EXT 2321 OR 2353
BeiJing	010 - 6526 0668	EXT 3421
DaLian	0411 - 280 8196	EXT 224
Guangzhou	020 - 8365 2688	EXT 3305 OR 3201
QingDao	0532 - 578 2828	EXT 214 OR 111
ShenZhen	0755 - 8233 8016	EXT 222
TianJin	022 - 2420 7888	EXT 230 OR 219
WuHan	027 - 8572 0942	EXT 303
XiaMen	0592 - 239 7799	EXT 213

This is computer generated advice which does not repuire an authorised signature.

想一想

通知行拟写的这份信用证通知书主要目的有哪些？

信用证通知书的首要目的当然是要履行其义务，即在核对银行密押和信用证的真实性之后，制作这份信用证通知书，告知信用证的受益人已经收到开证行开出的信用证。但同时，这份文件也很好地体现出该银行职员的营销意识。

叶姝认为作为通知行，在督促受益人尽快审证，并提醒注意改证是否可转让之后，应提出议付的建议和办理议付时对信用证的要求，还应列明了受益人应缴交的费用。所以，她拟写这个文件另外的两个目的是：①拉生意：为银行争取后续的议付等中间业务的收益；②要收钱：通知费、邮寄费等一样不能少。

任务 4
受益人审核信用证

 **业务场景** ::

叶姝在完成信用证通知书后电话联系华威进出口贸易公司的蔡经理。蔡经理就让经理助理高莲跑一趟，把信用证通知书以及信用证的正本取回，并让高莲仔细看看这份信用证，先熟悉一下，尝试着把信用证中的疑点和不符点列出来。

 **任务描述** ::

受益人收到信用证后分析审核信用证，并将信用证的不符点列出，并致函开证申请人，要求其修改信用证。开证申请人按照信用证修改函的要求向开证行申请改证。

 **业务描述** ::

高莲领取信用证时，按银行的要求在"国内信用证通知登记簿"上签收，并支付通知手续费 50 元。她拿到信用证后有些紧张，虽然在学校

的时候学过信用证的相关知识，但在工作中还是第一次接触，生怕一个不小心影响收款。因此，高莲特别谨慎，将学校所学的所有关于信用证的知识重新温习一遍，读懂这份信用证，并按蔡经理的要求列出信用证中的疑点和不符点。

高莲将不符点列出交给蔡经理后，蔡经理耐心地指导高莲哪些不符点需要提出修改，哪些不符点需要向其他部门咨询后再决定是否需要修改，哪些不符点不需要修改。高莲按照蔡经理的指导，拟写一封信用证修改函发 E – mail 给 Vigor 公司的 Kinega。

■ 操作指导

一、读懂信用证

各国银行所使用的信用证并无统一的格式，其内容和格式则因信用证种类的不同而有所差别，但是信用证所包括的基本内容却主要是下列几方面：

1. 信用证本身的说明。如信用证的性质、种类、信用证号、开证行名、开证日期、有效期和到期地点等。
2. 信用证当事人。即开证行、受益人、申请人、通知行等，有的信用证还指定议付行、付款行、偿付行等。
3. 汇票条款。包括汇票的种类、出票人、受票人、付款期限、汇票金额等。
4. 装运条款。如装运港或发货地、卸货港或目的地、装运期限、可否分批和中途可否转运等。
5. 标的物条款。商品名称、品质、规格、数量、包装、价格、金额、唛头等。
6. 单据条款。①货物单据：商业发票、装箱单或重量单、商检证书、产地证；②运输单据：海运提单（B/L）、航空运单（AWB）、承运货物收据（Cargo Receipt）；③保险单据；④随附单据：受益人证明、邮政收据、装船通知副本等。
7. 附加条款。根据每一项具体交易的需要加列，如要求船龄在 15 年以内、要求通知行加具保兑等。
8. 开证行责任文句。开证行对受益人及汇票持有人保证付款的责任条款。
9. 开证行指示文句。对议付行的指示，要求议付行如何向开证行寄交单据、索偿货款等。
10. 适用《跟单信用证统一惯例》规定的声明等。用 SWIFT 传递信用证时，如未表明，则表示适用《UCP500》。信开本信用证必须由开证行两人手签或盖章，电开本信用证需加密押。

二、找出问题条款

通知银行和出口方都有审核信用证的任务，但两者所承担的信用证审核任务各有侧重：通知行重点审核开证行的政治背景、资信能力、付款责任和索汇路线等；而出口商是以货物买卖合同和国际管理为依据，将信用证条款与合同条款逐项逐句进行对照，审核信用证内容与买卖合同条款是否一致。

信用证是银行开立的、有条件的付款保证。信用证的条件必须与合同条件相吻合，否则，卖方将难以提交符合信用证要求的单据，失去银行所提供的信用保证。因此，卖方收到信用证后，应立即汇同通知行，对其内容进行审核。

（一）审证依据

1. 符合外贸合同。信用证是依据外贸合同开立的，所以其条款应与外贸合同的条款相符。卖方若不能履行信用证条款，就无法凭信用证进行承兑，更不能援用外贸合同的条款，将信用证条款予以补充或变更。因此，审查信用证条款是否与外贸合同的条款相符，是外贸单证员收到信用证后首先要做的工作。

2. 遵循《跟单信用证统一惯例（UCP600）》（以下简称 UCP600）。外贸单证员审核信用证时，应遵循 UCP600 的规定来确定是否可以接受信用证的某些条款。例如，关于信用证的转让，UCP600 第 38 条 b 款规定，可转让信用证系指特别注明"可转让（Transferable）"字样的信用证。若信用证没有注明"可转让（Transferable）"字样，则视为不可转让信用证。

3. 业务实际情况。对于外贸合同中未作规定或无法根据 UCP600 来做出判断的信用证条款，外贸单证员应根据业务实际情况来审核。这里的业务实际情况，是指信用证条款对安全收汇的影响程度、进口国的法令和法规以及开证申请人的商业习惯等。

（二）审核内容

1. 审核信用证的类型及性质。自信用证施用以来，基本未真正开出过可撤销信用证，所以 UCP600 已经取消可撤销信用证这一概念。另外，要审核信用证是否是可保兑的、可转让的、可分割的或可循环的。

2. 审开证申请人及受益人的名称地址是否正确。签订贸易合同时，买方全称及详细地址（包括电话、传真、电传及邮编）一般都必须列明。审证时应对照合同进行审核。

3. 审核信用证是限制议付（Restricted Negotiation）信用证，还是非限制议付（Non-restricted Negotiation）信用证。若属前者，则限定在某一家银行议付（Available with ×××Bank by Negotiation）；若属后者，则可以在任何一家银行议付（Available with Any Bank by Negotiation），后者对出口商有利。

4. 审核信用证是否已生效。凡是信用证内附有保留或限制性条款的，例如："待获得有关当局发给进口许可证后本证才生效"或"等收到货物的样品并以函/电确认后方能生效"等类似条款，都属尚未生效信用证，须待其生效通知来后，方可使用该证。

5. 审核信用证总金额及币种。信用证一般应列有商品名、数量、单价及作价方法，审证时应复核其总金额是否足够其规定数量的货物使用。对照合同金额，查明信用证总金额是否预先已扣去佣金。只有在信用证的总金额处及数量处都注明"允许增减 x%"时，才能多装或少装 x% 货物。若只有数量处有允许溢短装 x%，而总金额处没有允许增减 x% 的，不可多装 x% 货物出口，否则多装的那部分货物有可能收不到货款。

6. 审付款期限是否与合同规定一致。若合同规定以即期信用证付款，而信用证却是远期付款的，就存在利息和货币汇兑风险问题，应对其进行修改。

7. 审信用证的装船期、有效期、交单期及到期地点。出口商一旦接受信用证，一切业务工作就必须受其牵制，不得过期，否则收不到货款。

出口商收到信用证后，要看从收证之日起到证中规定的装船期止还余多少天时间，是否足够用来办理订舱、备货和把货物从某地调运到装远洋船的港口码头。若估计时间不够，或在审证时本月的班轮已无舱位须到下月才订得到舱位，那就必须电请客户展延装效期。

一般信用证按国际惯例其装船期距离有效期有15天，但有不少国外信用证期限仅有10天、7天，甚至装效期在同一天（叫做"双到期"）。装船期离有效期越短，对出口商就越不利。因为在货物装船后，出口商要制单、取得提单、取得商检证书、到保险公司办妥保险单回来配齐全套单据后，还要审单、交单、到银行结汇等一系列工作必须在信用证的效期及交单期内完成。若碰上"双到期"，会使出口商非常紧张被动，上述工作必须提前完成。

关于交单期，有的信用证列明，但有的不列。按UPC600规定，不列明的即按提单日期后第21天为交单最后期限，但交单也不得超过信用证的有效期。

至于信用证的到期地点，按惯例应在受益人所在国到期，否则出口方就会非常被动。若信用证到期地点定在国（境）外的开证行所在地，由于目前结汇单证必须通过航空邮寄传递，邮寄时间出口商无法控制，加上如果装效期相距太短，则出口商的单证尚未寄达开证行时信用证已经到期失效，这对出口商来说风险太大，不宜采用。

8. 审核信用证要求提交的单据。一般来说，符合国际贸易惯例的信用证要求受益人提交以下几种单据：①商业发票；②提单；③商检证书；④保险单；⑤汇票；⑥装船通知；⑦包装/重量单；⑧一般原产地证；⑨普惠制证书；⑩受益人声明；⑪船公司（船籍，船龄，航程）证明；⑫海关发票。如果信用证对以上单据有具体的要求，且要求过于苛刻或难以办到，要作修改，否则会增加出口商的费用和风险。

9. 审核商品的描述细目。信用证所列货名、规格、包装、唛头、合同号、价格术语、佣金等项内容应当与合同一致。审证时如发现有较大的出入，应让客户修改信用证后才装货出口。

10. 审核信用证的运输条款。

（1）起运港和目的港必须与合同一致。如信用证有不同规定，要作修改，避免增加出口商的费用和风险。

（2）如信用证指定运输方式、运输工具或运输路线，应及时与外运公司联系，看是否可以满足，是否会增加我方费用，若不合算应作修改。如信用证要求我船方出具船龄证明，须及早联系外运公司，如办不到应作修改。

（3）注意信用证的分批装运和转船条款。若信用证规定"IN SEVERAL SHIPMENTS"，原则上分三条船出运。若信用证规定"SHIPMENT IN TWO EQUAL LOTS"，则应将信用证规定数量分两等批装运，同装一条船或不同船都可以。若信用证规定在分两等批装下面还有"BY SEPARATE STEAMER"字句，就必须分装在不同的船上。若信用证规定每月（批）装运数量，如有1个月（批）未按期出运或部分出运，其未装余数和以后各期均告失效，不可再出运。若信用证允许分批装运，其分批出运的数量及金额应按比例分配。

若信用证不准转船，要向外运了解所去目的港有无直达船，如没有应先作修改。但如果能取得直达提单，可以不必改证。如信用证规定在某一个港口转船，联系外运公司核实能否按信用证办理，能办到则在订舱时把这一条款打在托运单上声明，如外运办不到须修改信用证。

11. 审核信用证的保险条款。按照国际贸易惯例，一般来说投保金额应按商业发票毛值（即未扣除佣金前的金额）加成10%作为投保金额。但有的信用证却要求20%或更高加成，若信用证要求投保的险别超出合同规定，比如要求保险责任范围扩展到内陆或加保各种附加险等，应先与保险公司联系是否接受，如接受，超保部分可以照投，但条件是信用证中须明文规定"额外保费均由开证申请人负担，并允许在本信用证项下支取"，而且经核算，本信用证总金额除了支付本批货款之外还有足够金额支付该笔超保费的，方可同意。

12. 审核商检出证条款。审信用证要求我方提供何种商检证书，是否与合同规定相符。例如，一般要求卖方提供品质、数（重）量检验证书。若信用证要求提供分析证书或化验证书之类，其实质内容与品质证书相同，可以接受。

审核出证机构。

我国商检局和动植物检疫所两个机构已合并为中国出入境检验检疫局（China Entry - Exit Inspection and Quarantine Bureau，CIQ），审证时要注意。

13. 审核信用证的特别条款。在国外信用证中，多数列有某些特别条款（Special Instructions），但这些条款在贸易合同中未规定有的，而是买方根据其单方面利益或为了达到其某些目的附加在信用证中，以便限制卖方的。这些特殊条款有的对卖方十分不利或须增加许多麻烦才能办得到的，只对买方有利的；有的是不合理，卖方无法接受的。因为这种条款把合同条款都软化了，所以从事外贸出口单证工作的人都称这些条款为"软条款"或"陷阱条款"。

14. 审核信用证中是否存在矛盾。例如，明明是空运，却要求提供海运提单；明明价格条款是FOB，保险应由买方办理，而信用证中却要求卖方提供保险单。

15. 审核有关信用证是否受UCP600的约束。明确信用证UCP600的约束可以使我们在具体处理信用证业务中，对于信用证的有关规定有一个公认的解释和理解，避免因对某一规定的不同理解产生的争议。

16. 对某一问题有疑问，可以向通知行或付款行寻求帮助。

常见的陷阱/软条款（The Soft Clause）

1. 开证申请人（买方）通知船公司、船名、装船日期、目的港、验货人等，受益人才能装船。此条款使卖方装船完全由买方控制。

2. 信用证开出后暂不生效，待进口许可证签发后通知生效，或待货样经申请人确认后生效。此类条款使出口货物能否装运，完全取决于进口商，出商则处于被动地位。出口商见信用证才能投产，生产难安排，装期紧，出运有困难。

  3. 将 1/3 提单原件直接寄给开证申请人即买方，那么，买方可能持此单先行提货。如果接受此条款，将随时面临货、款两空的危险。

  4. 记名提单，承运人可凭收货人合法身份证明交货，不必提交提单原件，那么就可使买方在付款前自行提货，造成卖方的巨大损失。

  5. 信用证到期地点在开证行所在国，使卖方延误寄单，单据寄到开证行时已过议付有效期。

  6. 信用证限制运输船只、船龄或航线等条款。

  7. 含空运提单的条款，提货人签字就可提货，不需交单，货权难以控制。有的信用证规定提单发货人为开证申请人或客户，可能被不法商人利用此特殊条款进行无单提货。

  8. 品质检验证书须由开证申请人或其授权者签发，由开证行核实，并与开证行印签相符。采用进口国商品检验标准，此条款可能导致出口方由于采用本国标准，而无法达到标准致使信用证失效。

  9. 收货收据须由开证申请人签发或核实。那么，一旦进口方拖延验货，就使信用证失效。

  10. 自相矛盾，既规定允许提交联运提单，又规定禁止转船。

  11. 规定受益人不易提交的单据。例如，要求使用 CMR 运输单据（我国没有参加《国际公路货物运输合同公约》，所以我国的承运人无法开出"CMR"运输单据）。

  12. 一票货物，信用证要求就每个包装单位分别缮制提单。

  13. 设置质量检验证书障碍，伪造质检证书。

  14. 信用证经当局（进口国当局）审批才生效，未生效前，不许装运。

  15. 易腐货物要求受益人先寄一份提单，持此单可先行提货。

  16. 货款须于货物运抵目的地经外汇管理局核准后付款。

  17. 卖方议付时需提交买方在目的港的收货证明。

  18. 产地证书签发日晚于提单日期，这会被怀疑未经检验，先装船，装船后再检验。

  19. 延期付款信用证下受益人交单在先，银行付款在后，风险大，应加具保兑。

  20. 不接受联合发票，进口国家拒绝接受联合单据。

  21. 信用证规定指定货代出具联运提单，当一程海运后，二程境外改空运，容易被收货人不凭正本联运提单提货。

  22. 信用证规定受益人在货物装运后如不及时寄 1/3 提单，开证申请人将不寄客检证，使受益人难以议付单据。

三、提出改证意见

（一）修改原则

外贸单证员应遵循"利己不损人"原则，凡属以下三种情况，应及时要求改证或延迟信用证：①不能接受；②不能执行；③不能按期执行。常见的改证处理原则如下：

1. 对我方有利，又不影响对方利益，一般不作修改。例如，"信用证中装运港为'CHINESE MAIN PORT'，与合同中的'SHANGHAI, CHINA'不一致。"信用证的装运港是中国主港，包括上海港，增加了受益人可选择的范围，对我方有利，又不影响对方的利益，可以不作修改。

2. 对我方有利，但严重影响对方利益，一定要改。例如，信用证中的总金额计算错误，误将总金额"USD54450.00"写成"USD 54000.00"。若不改，我方会增加450美元收入，造成对方损失450美元。作为一名合格的外贸单证员一定要有诚信，千万不要做贪小便宜吃大亏的事。

3. 对我方不利，但是在不增加或基本不增加成本的情况下可以完成，可以不作修改。

例如，"合同规定允许转运，而信用证规定只能在香港转运。"尽管我方在选择运输路线上缺少弹性，但不影响正常的托运操作，也会产生运费损失，则可以不作修改。

4. 对我方不利，且要在增加较大成本的情况下可以完成，若对方愿意承担成本，则不作修改；否则，要作修改。例如，信用证中汇票的付款期限"AT 60 DAYS AFTER SIGHT"错误，正确的是"AT 30 DAYS AFTER SIGHT"；再如，信用证保险单据条款中投保金额比例"150% INVOICE VALUE"错误，正确的是"110% INVOICE VALUE"。

5. 对我方不利，若不改会严重影响安全收汇，则坚决要改。例如，信用证规定交单地点在阿联酋，容易造成受益人延迟交单，对受益人不利；应该为"WITHIN 15 DAYS AFTER THE DATE OF SHIPMENT"；再如，信用证费用条款"ALL CHARGES AND COMMISSIONS ARE FOR ACCOUNT OF BENEFICIARY INCLUDING REIMBURSING FEE."不合理，因为开证行费用包括偿付费用，而偿付费用理应由开证申请人承担。

（二）注意事项

1. 凡是需要修改的内容，应做到一次性向客户提出，避免多次修改信用证的情况。
2. 对于不可撤销信用证中任何条款的修改，都必须取得当事人的同意后才能生效。
3. 收到已修改的信用证后，应及时检查修改内容是否符合要求，并根据具体情况表示接受或重新提出修改建议。
4. 对于信用证的修改内容要么全部接受，要么全部拒绝。部分接受修改内容是无效的。
5. 有关信用证修改必须通过原信用证通知行才真实有效。由客户直接寄送的修改申请书或修改书复印件是无效的。
6. 明确修改费用由谁承担。一般按照责任归属来确定修改费用由谁承担。

四、拟写改证函电

出口方在审核信用证后，发现有不符合合同或不利于出口方安全收汇的条款，应及时与进口商联系，要求对信用证进行修改。

出口方修改信用证的要求尽可能一次具体明确地提出，以避免或减少反复改证的费用。

（一）改证函格式

改证函一般采用三段式结构：

1. 感谢对方开来的信用证。在改证函中，首先感谢对方开来的信用证，但用意不仅在于感谢，主要在于条款的更改。在提出具体改证条款之前，先要指明针对的是哪份信用证，所以在这一段里，必需要写明开证行名称、信用证号码、开证日期以及合同号码等相关信息。

2. 列名不符点并说明如何修改。这一段是改证函的关键段落，我们要根据审证报告，逐一列出所有必需修改的内容，并说明如何修改。学会使用"should be, not"、"should be, instead of"、"amend"、"insert"、"delete"和"extend"等词句。不宜使用"mistake"这样的词汇。

3. 感谢对方的合作，并希望信用证修改书早日开到。

（二）改证函的常用句型

1. Thank you for your L/C No. SG04W34 issued by City Bank, Los Angeles Branch dated July 1st, 2013.

2. We are very pleased to receive your L/C No. SG04W34 established by City Bank, Los Angeles Branch dated July 1st, 2013 against S/C No. 04 DXB15.

3. However, we are sorry to find it contains the following discrepancies.

4. But the following points are in discrepancy with the stipulations of our S/C No. ERT12.

5. The address of the applicant should be in Rotterdam, not in Amsterdam.

6. The draft should be paid at sight instead of at 45 days after sight.

7. Please amend the amount in figure to USD78,450.00.

8. As to the description of the goods, please insert the word "red" before "sun".

9. Please extend the shipment date and the validity of the L/C to March 15, 2013 and March 30, 2013 respectively.

10. Thank you for your kind cooperation. Please see to it that the L/C amendment reach us within next week, otherwise we cannot effect punctual shipment.

 **任务4的业务成果展示（如表4-10、表4-11所示）**

表4-10　　　　　　　　　　　任务4的业务成果展示审证报告

审证结果	修改意见
1. 信用证到期地点在国外，易产生逾期	31D：AT OUR COUNTER 应该为 IN CHINA
2. 转运条款与合同不符	43T：NOT ALLOWED 应为 ALLOWED
3. 目的港有误	44B：DUBAL 应为 DUBAI

续表

审证结果	修改意见
4. 投保加成率过高	46A：PLUS 110% 应为 PLUS 10%
5. 银行费用的承担有失公平	71B：BANKING CHARGES OUTSIDE BANK OF ISSUE FOR ACCOUNT OF BENEFICIARY

备注：
　　根据审证报告，五个问题条款中，除了目的港有误属于拼写错误外，其他四项都属于"不能接受"、"不能执行"之列，所以必须按照改证处理原则一次性列出所有问题条款，要求开证申请人向开证行提出修改信用证。

表 4—11　　　　　　　　　　　　　改 证 函

广州华威进出口有限公司
CHINA GUANGZHOU HUAWEI IMP. AND EXP. CORP.
地址：广州东风路 269 号　　Add：No. 269 Dongfeng, Rd, Guangzhou
传真：0086 - 020 - 83810546　FAX NO：0086 - 020 - 83810546

Vigor Trading Llc
P. O. Box 115130
Dubai, Uae

Date：Jul 06, 2013

Dear sir,

Thank you for your L/C No. OPCDEI422652 issued by Bank of China, Middle East Ltd. On going through the L/C, however, we found the following discrepancies with our Sales Contract No. CX07EZ100：

1. The credit is to expire in China not AT OUR COUNTER.

2. Transshipment should be allowed not NOT ALLOWED.

3. The destination port is DUBAI not DUBAL.

4. Insurance is to be covered for full invoice value PLUS 10% not PLUS 110%.

5. The banking charges outside the country of issue should be for the account of beneficiary instead of all the banking charges.

Please ask your banker to amend the L/C accordingly, and please let us have your L/C Amendment soon so that we may effect shipment within the contracted delivery time.

Thank you for you cooperation.

Yours sincerely,

CHINA GUANGZHOU HUAWEI IMP AND EXP CORP.

MANAGER'S ASSISTANT

× × ×

已经申请改证后,原证还能用吗?

根据 UCP600,在受益人告知通知修改的银行其接受该修改之前,原信用证(或含有先前被接受的修改的信用证)的条款对受益人仍然有效。受益人应提供接受或拒绝修改的通知。如果受益人未能给予通知,当交单与信用证以及尚未表示接受的修改要求一致时,即视为受益人已作出接受修改的通知,并且从此时起,该信用证被修改。

亦即信用证的修改最终要得到受益人的同意才生效,但如果受益人没做任何表示的,则以受益人交单情况为准,即所提交单据如果与修改的内容相符,则视为接受修改,如所交单据与修改内容不符而与原证内容相符,则视为拒绝修改。受益人对于信用证修改未向通知行表态或表态前原证条款仍然有效。

由于修改信用证期限一般为半个月,且每一次修改都会被加收改证费和通知费。所以修改应尽量一次性提出,以节省时间和费用。

任务 5 开证行制作信用证修改书

 **业务场景** ::

广州华威进出口有限公司的高莲按照蔡经理的指导拟写改证函给阿联酋的 Vigor 公司,Kinega 收到改证函后认真阅读,同意改证要求,并向中国银行中东分行提出改证申请。中国银行中东分行的 Peter 认真询问开证申请人 Vigor 公司要求改证的原因,审核提交的相关资料,制作信用证修改书。

"您好,受益人广州华威进出口有限公司指出信用证中的几个问题,要求修改信用证。"

"好的,您先填一份信用证修改通知书。"

 **任务描述**

开证行制作信用证修改书。

申请人对已开立的信用证要求修改，须提交"信用证修改申请书"一式三联，第一联外汇营运中心留存；第二联客户留存；第三联信贷管理部门留存。受理开证申请人修改信用证的申请后，开证行应了解客户修改信用证的原因是否对本行有潜在风险，审核相关的资料以及信用证修改申请书中所列的内容，并制作信用证修改书。

 **业务描述**

Kinega 根据信用证修改函向开证行中国银行中东分行提出修改信用证，并填制信用证修改申请书。中国银行中东分行的 Peter 认真询问开证申请人 Vigor 公司要求改证的原因，审核提交的相关资料以及需要修改的内容，然后在 IBS 系统上录入修改信息，缮制修改电文制作信用证修改书，收取相关的手续费，并修改电文应与原信用证一并归档保管，将修改内容批注在原信用证上。

操作指导

一、改证的业务流程图（如图 4-19 所示）

1. 受益人给开证申请人发改证函，协商改证事宜。
2. 协商一致后，开证申请人填写改证申请书，向开证行提出改证申请。
3. 开证行同意后，向信用证的原通知行发信用证修改书，即 MT707。
4. 原通知行给受益人信用证修改通知书和信用证修改书，进行信用证修改通知。

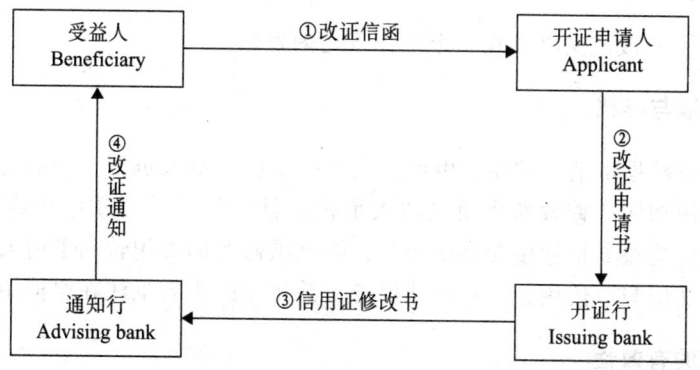

图 4-19

二、受理改证时需审核的材料

1. 信用证修改呈报表。
2. 信用证修改申请书。
3. 修改后的进口合同副本。
4. 有关保证金入账的证明。

三、办理改证时审核的内容

1. 修改申请书必须列明所修改的内容，原信用证号及金额，并与通知行留档相同，避免串证及有关内容的重复修改。
2. 增减信用证金额的修改。增加金额的须落实相应的付款保证（即开证保证金与授信额度），方法与开证时相同，若须在××银行购汇的，还须办理相应的购汇手续。减少信用证金额的修改，可退回相应的保证金。
3. 修改手续是否齐全，是否符合外汇政策要求。
4. 修改后条款与原条款有无冲突，若有任何冲突应提请客户同时修改受影响的条款。
5. 修改后条款是否完整、清楚，相互之间是否吻合、衔接，涂改处需经客户签章证实。
6. 确定以何种形式发出修改，信修改或电修改（分别对应信开证或电开证）。
7. 修改申请书要注明本次修改为第几次修改。
8. 修改申请书中应避免加注要求通知行于规定的时间内通知某行受益人是否接受修改的文句（若确实需要，应在开证时注明此条款）。如申请人有特殊指示的，应按其指示办理。

四、在 IBS 系统上录入修改信息，缮制修改电文

1. 电文格式应使用 SWIFT MT707 或 MT799 格式。
2. 收报行应为原通知行。
3. 修改电文要注明本次修改为第几次修改，并严格按信用证修改申请书的内容进行修改。
4. 制好的修改电文必须在 1 个工作日之内发出。

五、手续费的收取与存档

手续费可根据申请人的要求由申请人负担或由受益人负担，若由受益人负担，发出的修改书中应加注"修改费用由受益人承担，且将从应付货款中扣除"的字样并列明应扣金额。如受益人拒绝接受该项修改，则该项修改的费用转向申请人收取。

修改电文应与原信用证一并归档保管，并将修改内容批注在原信用证上。

六、信用证修改的有效性

根据 UCP600 的规定，未经信用证有关当事方的同意，不可撤销信用证既不能修

改，也不能撤销。受益人应提供接受或拒绝接受修改的通知。如果收到通知行发来的受益人拒绝接受修改的通知，应及时通知申请人。如受益人未提供上述通知，只有在受益人交单时方可知道其是否已接受了修改。

改证操作与 UCP600

1. 改证通知与 UCP600。

（1）UCP600 第 9 条 b 款规定，通知行通知信用证或其修改的行为表示其已确信信用证或修改的表面真实性，而且其通知准确地反映了其收到的信用证或修改的条款。

（2）UCP600 第 9 条 c 款规定，通知行可以通过另一银行（"第二通知行"）向受益人通知信用证及修改。第二通知行通知信用证或修改的行为表明其已确信收到的通知的表面真实性，并且其通知准确地反映了收到的信用证或修改的条款。

（3）UCP600 第 9 条 d 款规定，经由通知行或第二通知行通知信用证的银行必须经由同一银行通知其后的任何修改。

（4）UCP600 第 9 条 e 款规定，如一银行被要求通知信用证或修改但其决定不予修改，则应毫不延误地告知自其处收到信用证、修改或通知的银行。

（5）UCP600 第 9 条 f 款规定，如一银行被要求通知信用证或修改但其不能确信信用证、修改或通知的表面真实性，则应毫不延误地通知看似从其处收到指示的银行。如果通知行或第二通知行决定仍然通知信用证或修改，则应告知受益人或第二通知行其不能确信信用证、修改或通知的表面真实性。

（6）UCP600 第 10 条 d 款规定，通知修改的银行应将任何接受或拒绝的通知转告发出修改的银行。

2. 开证行、保兑行的改证责任与 UCP600。UCP600 第 10 条 b 款规定，开证行发出修改之时起，即不可撤销地受其约束。保兑行可将其保兑扩展至修改，并自通知该修改之时，即不可撤销地受其约束。但是，保兑行可以选择将修改通知受益人而不对其加具保兑。若非如此，其必须毫不延误地将此告知开证行，并在其给受益人的通知中告知受益人。

3. 改证生效与 UCP600。

（1）UCP600 第 10 条 a 款规定，除第 38 条另有规定者外，未经开证行、保兑行及受益人同意，信用证既不得修改，也不得撤销。

（2）UCP600 第 10 条 c 款规定，在受益人告知通知修改的银行其接受该修改之前，原信用证（或含有先前被接受的修改的信用证）的条款对受益人仍然有效。受益人应提供接受或拒绝修改的通知。如果受益人未能给予通知，当交单与信用证以及尚未表示接受的修改的要求一致时，即视为受益人已做出接受修改的通知，并且从此时起，该信用证被修改。

（3）UCP600 第 10 条 e 款规定，对同一修改的内容不允许部分接受，部分接受将被视为拒绝修改的通知。

（4）UCP600 第 10 条 f 款规定，修改中关于"除非受益人在某一时间内拒绝修改否则修改生效"的规定应被不予理会。

任务5的业务成果展示（如表4-12所示）

表 4-12　　　　　　　　　任务 5 的业务成果展示

NOTIFICATION OF AMENDMENT TO DOCUMENTARY CREDIT
DATE OF THE AMENDMENT：JUL-09-2013
BENEFICIARY：CHINA GUANGZHOU HUAWEI IMP AND EXP CORP.
　　　　　　　ADD：NO. 269 DONGFENG RD,
　　　　　　　　　　GUANGZHOU, CHINA
　　　　　　　FAX NO：+86-20-83810546

APPLICANT：VIGOR TRADING LLC
　　　　　　　P O BOX 115130
　　　　　　　DUBAI, UAE
DC NO：OPCDEI422652
DATE OF ISSUE：05JUL13
THIS AMENDMENT IS TO BE CONSIDERED AS PART OF THE ABOVE MENTIONED CREDIT AND MUST BE ATTACHED THERETO.

DEAR SIR,
WE HAVE PLEASURE IN ADVISING YOU THAT WE HAVE RECEIVED AN AMENDMENT TO DOCUMTNTARY CREDIT NO. MLC9067 CONTENTS OF WHICH ARE AS FOLLOWS：

EXPIRY DATE AND PLACE：　27AUG13 IN CHINA
TRANSSHPMENT：　ALLOWED
FOR TRANSPORTATION TO：　DUABI, UNITED ARAB EMIRATES
INSURANCE POLICY OR CERTIFICATE FOR 110 PERCENT OF INVOICE VALUE COVERING ALL RISKS AND WAR RISKS AS PER AND SUBJECT TO OCEAN MARINE CARGO CLAUSES OF P.I.C.C. DATED 1/1/1981.
ALL CHARGES OUTSIDE COUNTRY OF ISSUE FOR ACCOUNT OF BENEFICIARY/EXPORTER
OTHER TERMS AND CONDITIONS REMAIN UNCHANGED.

THE ABOVE MENTIONED DOCUMENTARY CREDIT IS SUBJECT TO THE UNIFORM CUSTOMS AND PRACTICE FOR DOCUMENTARY CREDITS (2007 REVISION) I.C.C. PUBLICATION NO. 600.

　　　　　　　PLEASE ADVISE THE BENEFICIARY IMMEDIATELY.

任务 6
受益人交单结汇

 **业务场景**

广州华威进出口公司的高莲制作相关的单据，并通过蔡经理的审核，认为各单据都"单证一致、单单一致"。然后就把准备好的结汇单据以及原信用证、信用证修改书的正本向中国银行广州分行的国际业务部进行交单。交单时，高莲需填写交单联系单。

两个星期后，广州华威进出口有限公司收到中国银行广州分行的结汇收账通知（银行水单），收汇之后，外贸跟单员尚需做好出口收汇核销、出口退税、业务善后工作。为了能够更快更顺利的办理出口收汇核销和退税手续，必须要注意催促货代公司尽快把相关报关单据退回和单据归档工作。

 **任务描述**

信用证交易，是纯粹的单据买卖，出口人想要及时、安全地收回货款，在按信用证要求发运完毕货物后，应随即缮制信用证规定的全套单据（主要包括发票、汇票、提单、保险单、装箱单、商品检验证书、产地证明书等），开立汇票与发票，连同信用证正本（如经修改的还需连同修改通知书）在信用证规定的交单期和信用证的有效期内，递交信用证限定的银行或通知行或自己有往来的其他银行请求议付，该过程被称之为交单。

开证行只有在审核单据与信用证规定相符时,才承担付款的责任,因此各种单据的缮制是否正确完备与安全迅速收汇有着十分重要的关系。

 **业务描述**

按照信用证的规定备齐单据后,外贸员高莲根据实际业务情况,填写交单联系单,如果单据有不符点遭开证行拒付,应积极采取措施处理拒付事件。

如果顺利收取货款,催促货代公司尽快退回出口货物报关单(收汇核销联)、出口货物报关单(出口退税专用联)、出口收汇核销单(正联和出口退税专用联)、场站收据等相关单据,复印副本存档后,把正本单据移交财务部门,办理出口收汇核销和退税手续,并按照发票号码的顺序进行单据归档工作。

操作指导

一、交单前填写交单联系单

根据实际业务情况,分别填写客户交单联系单(见表 4-13)各栏目内容,填写完毕后签字。

表 4-13　　　　　　　　　　　客户交单联系单

致:中国银行

兹随附下列出口单据一套,信用证业务请按国际商会现行《跟单信用证统一惯例》办理,跟单托收业务请按国际商会现行《托收统一规则》办理。

信用证	开证行:			信用证号			
	通知行号:	提单日期:		效期:		交单期限　　天	
无证托收	付款人全名及详址:						
	代收行外文名称及详址(供参考)						
	交单方式:(　)D/P　(　)D/A			付款期限:			
发票编号:		核销单编号:			金额:		

单据	名称	汇票	发票	海关发票	装箱/重量单	产地证	GSP FORM A	数量/质量/重量证	检验/分析证	出口许可证	保险单	运输单据	电抄	受益人证明	船公司证明

续表

委办事项：（打"×"者）			
（　）上述单据请按我公司与贵行签订之总质押书办理押汇。			
（　）上述单据系代理出口项下业务，收妥后请原币划			
开户行：　　　　　　账号：			
（　）若付款人拒绝付款/承兑，不必作成拒绝证书，但须以电传通知我公司。			
（　）附信用证及修改书共　　　纸			
（　）单据中有下列不符点：（　）证向开证行寄单，我公司承担一切责任。			
（　）请电询开证行同意后再寄（　）			
公司联系人：　　　　　　联系电话：　　　　　　公司公章：			
	银行接单日期：		
	索汇金额：		
	寄单日期：		
	银行费用	通知/保兑：	索汇方式：
		议/承/付：	
		邮费：	
		电传：	
		小计：	
	费用由　　　　　承担		
退单记录：	银行经办：		银行复核：

二、信用证结算方式下的交单收汇

（一）交单时间的限制

受益人制单后，应在规定的交单期内，向信用证中指定的银行交付全套单据。若信用证中没有规定交单期限，银行将不接受自装运日起 21 天内提交的单据，但在任何情况下，单据的提交不得迟于信用证的有效期。若信用证到期日或交单日的最后一天，适逢接受单据的银行终止营业日，则规定的到期日或交单期的最后一天将延至该银行开业的第一个营业日。但若该银行中断营业是因为天灾、暴动、骚乱、叛乱、战争、罢工、停工或银行本身无法控制的任何其他原因，则信用证规定的到期日或交单期的最后一天不能顺延。

对交单期产生影响的时间包括生产及包装所需的时间、内陆运输或集装箱运输所需的时间、进行必要的检验（如法定商检或客检）所需的时间、申领出口许可证、产地证所需的时间（如果需要）、报关查验所需的时间、船期安排时间、到商会和/或领事馆办理认证或出具有关证明所需的时间（如果需要）、制造、整理、审核信用证规定的文件所需的时间、单据提交银行所需的时间（包括单据提交银行后经审核发现有误退回更正的时间）等。

（二）交单地点的限制

所有信用证必须规定一个付款或承兑的交单地点，或在议付信用证的情况下须规定一个交单议付的地点，但自由议付信用证除外。

若开证行将信用证的到期地点定在其本国或其营业柜台，而不是受益人国家，这对受益人极为不利，因为受益人必须保证于信用证的有效期内在开证行营业柜台前提交单据。

（三）议付行对单据的处理

议付行审核单据，若"单证相符、单单一致"，就会办理议付（或押汇），并向开证行寄单请求付款。议付行对不符点单据主要采取以下处理办法：

1. 凭保函议付。如果单据有非实质性的不符点，且受益人信誉较好，银行可凭受益人出具的保函议付，并向开证行寄单索汇。在这种情况下，有的议付行会表提不符点（即在面函上注明单据的所有不符点），通知开证行此信用证凭受益人出具的担保议付，请求开证行接受不符点；我国大多数银行则是将受益人出具的保函存档，不表提、不符点，与处理相符单据一样，向开证行寄单索汇。

2. 电提不符点。如果单据金额较大，不符点较严重，为保证收汇安全，银行可以采取电报、电传、SWIFT等方式将不符点告知开证行，并要求其回电授权付款、承兑或议付不符点单据。在取得开证行同意并授权付款、承兑或议付时，议付行可按单据相符的方式，直接议付单据并照常索汇。采取电提不符点，可较快地明确开证人是否接受不符点，有利于受益人及时处理。受益人应配合议付行与开证行联系、加快沟通速度。不过，即使开证行授权议付，在偿付时，仍可能从偿付货款中扣除不符点费（Discrepancy Fee）和电报费（Cable Charges）。

3. 托收寄单或征求意见寄单。若单据中含有严重不符点，受益人征得进口商同意，且在进口商资信较好的情况下，寄单行可将单据寄给开证行作托收处理，并在寄单面函上列明不符点。这种托收寄单方式可减少业务手续和费用，但也使得受益人完全失去开证行的付款保证，单据是否被接受，取决于开证申请人的商业信用。

寄单行也可向开证行寄单，征求其意见，在远期交易的情形下，如开证行通知单据已被接受，应负有到期付款的责任。

4. 退单。若单据严重不符，受益人或受益人所在地银行不愿作托收处理，议付行可将单据退回。

信用证项下不符单据的处理与救济

一、审核开证行提出不符点的前提条件是否成立

开证行提出不符点的前提条件包括：①在合理的时间内提出不符点，即在开证行收到单据次日起算的5个工作日之内向单据的提示者提出不符点；②无延迟地依电讯方式将不符点通知提示者；③不符点必须一次性提出，即如第一次所提不符点不成立，即使单据还存在实质性不符点，开证行也无权再次提出；④通知不符点的同时，必须说明单据代为保管听候处理，或径退交单者。以上条件必须同时满足，否则开证行便无权声称单据有不符点而拒付。

二、审核开证行所提的不符点是否成立

外贸单证员应根据信用证条款、UCP600 和 ISBP 认真审核开证行所提的不符点，判断其是否成立。若不成立，应通过议付行与开证行据理力争，直至开证行付款。

三、若不符点成立，且条件允许，可补交相符单据

信用证项下不符单据的救济是指当单据由于不符而遭开证行拒付之后，受益人可在规定的时间内及时将替代或更正后的相符单据补交给银行。根据 UCP600 的规定，单据经审核存在不符点，且银行决定拒付时，则开证行所承担的信用证项下的付款责任得以免除；但当受益人在规定时间内补交了符合信用证规定的单据，开证行必须承担其付款责任。如果受益人在前期操作过程中浪费了大量时间，就会丧失补交单据时间。

四、若不符点成立，且无法补交相符单据，要积极与开证申请人洽谈

开证行拒付并不意味着开证申请人拒付，如果开证申请人最终放弃不符点，尽管开证行并不受开证申请人决定的约束，但一般会配合开证申请人付款。所以在开证行拒付后，如果不符点确实成立，且无法补交相符单据，应分析与开证申请人之间的关系以及此笔交易的实际情况，以决定怎样与其交涉，说服开证申请人接受不符点并付款。只要货物质量过关，商品市场价格较好，开证申请人一般不会以此为借口拒绝接受单据。另外，也可以采取降价的方式，使开证申请人能付款赎单。

五、若不符点成立，且开证申请人拒绝接受单据

在这种情况下，可在进口国另寻买主若开证申请人拒绝接受不符点单据，受益人可以设法在进口国另寻买主，毕竟受益人拥有对单据的处理权。但其前提是信用证要求递交全套正本提单，若 1/3 正本提单已寄给开证申请人，2/3 正本提单提交给银行，则可能会面临钱货两失的困境。

六、退单退货

如果受益人无法在进口国寻找到新买主的情况下，就只有退单退货了。不过在作出此决定之前，一定要仔细核算运回货物所需的费用和货值之间是否有利可图。有利益即迅速安排退运，因为时间拖得愈久，费用（港杂、仓储等）就越高；若运回货物得不偿失，还不如将货物放在目的港，由目的港海关处理。

制单的基本要求

制单要做到"三一致"、"四要求"。"三一致"是指单证一致、单单一致、单货一致;"四要求"是指正确、完整、及时、整洁。若以 CIF 术语报价,在全套信用证单据中,商业发票、海运提单和保单是三种核心单据。缮制这些单据要注意在时间上往往有一定的逻辑关系。例如,商业发票作为核心单据(其他单据都要与之相对照),要注意它是最早缮制的单据,还要注意发票与单据之间所有项目,或相关的项目是否一致,即保证"单单一致"。海运提单作为物权凭证具有三个作用:货物收据(Receipt for Goods)、承运方与托运方之间的运输契约的证明(Contract for Delivery)和物权凭证(Title Document)。海运提单是进口方最重视的单据,应是"已装船提单",即在单据表面须标明货物在最迟装运日之前"Shipped 或 on Board"。而保险单签发日期不得迟于运输单据的签发日期。此外,还要注意背书的问题,例如,提单遗漏背书容易导致拒付。保险单据一般应作成可转让的形式,以受益人为投保人,由投保人背书;在需要时经有权索偿人背书,如信用证要求空白背书则保险单据可开立成来人式,反之亦然。

1. 对所有单据的要求。
(1) 唛头、尺码、件数、货物描述,毛、净重等一致。
(2) 均已加注了要求的和必要的签署。
(3) 在信用证的有效期内,并且在每种单据截止交单日前交单。
2. 对发票单据的要求。
(1) 以申请人作为抬头人,除非信用证另有规定应注明交货条件。
(2) 货物描述与信用证严格一致。
(3) 信用证中指明的进口许可证号要准确无误地注在发票上。
(4) 金额符合信用证规定。
3. 对汇票单据的要求。
(1) 金额不能超出信用证金额。
(2) 付款人符合信用证规定。
(3) 在信用证规定的有效期内出票。
(4) 背书正确。

三、信用证结算方式下单证管理

外贸单证是外贸活动的重要资料,是商品流通的原始凭证。它反映了整个商品流转过程,是业务档案资料的主要组成部分,具有重要的分析参考价值。

(一)单证管理的意义

1. 为完成履约提供保证。在外贸活动中,通过对单证的缮制交付、登记整理、统计分析,可以使有关人员做到心中有数,可以顺利组织货源、衔接生产出运、保证安全及时收汇。单证管理对企业控制工作进程,完成贸易任务有着重要意义。

2. 为统计分析提供原始资料,提高外贸工作管理水平。检查分析外贸企业各项业务工作质量和效率,均可从单证资料中提取数据,如对合同履约率、客户付款天数、费用指标以及流通费用、资金周转率等各项指标的资料累积等。分析这些数据,从而促进外贸企业经营和管理的改善。

3. 为查询和处理业务差错事故提供资料。在外贸活动中,难免会出现一些由于操作不当而引发的工作失误。当有商品数量溢缺、品名规格(等级)不符,国别(地区)错运、多装、少装等差错事故发生时,必须查明原因,分清责任,吸取教训,加强教育,采取措施,防范今后,以达到安全优质,不断提高外贸工作质量。这些均需要外贸单证提供必要的资料。

(二)单证管理要求

1. 要建立完备的单证档案管理制度。每套单证都应有一套副本留存档卷备查。单证副本的归档方法可分为分散归档和集中归档两种。一般地说,业务量大、部门多、分工细的单位适合分散归档;业务量不大、工作线条比较简单的单位适合集中归档。单证档案保存期以2~3年较为合宜,因为与贸易有关的某些国际条约,诉讼时效有的自货到后起算两年有效,档案保管的时限应与之相适应。另外,除保留必要的书面资料以外,还要充分利用电脑存储电子单证信息,以加强单证工作的管理。

2. 要完善单证工作以提高工作效率。结合对外履约的情况、客户发展等情况,经常分析单证工作,比如可以从审核督促、人员分工、工作考核、流程重组等多方面加以改进,使单证工作趋于完善。

 **任务6的业务成果展示**(如表4-14、表4-15、表4-16、表4-17、表4-18、表4-19、表4-20、表4-21、表4-22所示)

表4-14 客户交单联系单

致:中国银行

兹随附下列出口单据一套,信用证业务请按国际商会现行《跟单信用证统一惯例》办理,跟单托收业务请按国际商会现行《托收统一规则》办理。			
信用证	开证行: Bank of China Middle East LTD.		信用证号: DPCDEI422652
	通知行号: BKCHDNBJ1720	提单日期: 2013-08-11	效期: 2013-08-27	交单期限 15 天
无证托收	付款人全名及详址:			
	代收行外文名称及详址(供参考):			
	交单方式:(√)D/P (√)D/A	付款期限:		
发票编号: ZYLC07EZ100	核销单编号: No. 07091088		金额: USD 53 032.00	

续表

单据	名称	汇票	发票	海关发票	装箱/重量单	产地证	GSP FORM A	数量/质量/重量证	检验/分析证	出口许可证	保险单	运输单据	电抄	受益人证明	船公司证明	装船通知
		2	3		3	1					1	3			1	1

委办事项：（打"×"者）
    （　）上述单据请按我公司与贵行签订之总质押书办理押汇。
    （　）上述单据系代理出口项下业务，收妥后请原币划
        开户行：　　　　　　　账号：
    （　）若付款人拒绝付款/承兑，不必作成拒绝证书，但须以电传通知我公司。
    （×）附信用证及修改书共　3　张纸
    （　）单据中有下列不符点：（　）请向开证行寄单，我公司承担一切责任。
                                     （　）请电询开证行同意后再寄

公司联系人：綦仁轩　　　　　联系电话：020-87893236

中国广州华威进出口有限公司
CHINA GUANGZHOU HUAWEI IMP AND EXP CORP.

银行审单记录：	银行接单日期：	
	索汇金额：	BP NO.
	寄单日期：	OC NO.
	银行费用 通知/保兑：	索汇方式：
	议/承/付：	
	邮费：	
	电传：	
	小计：	
	费用由　　　　　承担	
退单记录：	银行经办：	银行复核：

表 4-15　　　　　　　　BILL OF EXCHANGE

No. ZYLC07EZ100　　　　　　　　　　　　　　　　　　2013-AUG-20, GUANGZHOU
For USD 53 032.00　　　（amount in figure）
At　90 days from date of negotiation　sight of this FIRST bill of exchange（SECOND being unpaid）
Pay to　BANK OF CHINA, GUANGZHOU BRANCH　or order the sum of　US DOLLAR　FIFTY THREE THOUSAND AND THIRTY TWO ONLY　（amount in words）.
Value received for　　　　　（quantity）of　　　　　　　（name of commodity）
Drawn under　BANK OF CHINA MIDDLE EAST LTD
L/C No.　DPCDEI422652　Dated　05JUL2013
To　BANK OF CHINA MIDDLE EAST LTD

For and on behalf of

中国广州华威进出口有限公司
CHINA GUANGZHOU HUAWEI IMP AND EXP CORP.

（Signature）
綦仁轩

表 4 – 16   **COMMERCIAL INVOICE**

1) SELLER CHINA GUANGZHOU HUAWEI IMP AND EXP CORP. NO. 269 DONGFENG RD, GUANGZHOU, CHINA FAX NO. : 0086 – 020 – 83810546	3) INVOICE NO. ZYLC07EZ100	4) INVOICE DATE AUG – 08 – 2013
	5) L/C NO. DPCDE1422652	6) L/C DATE JUL – 05 – 2013
	7) L/C ISSUED BY BANK OF CHINA MIDDLE EAST LTD	
2) BUYER VIGOR TRADING LLC P. O. BOX 115130 DUBAI, UAE	8) CONTRACT NO. CX07EZ100	9) DATE JUN – 18 – 2013
	10) FROM GUANGZHOU, CHINA	11) TO DUBAI, UNITED ARAB EMIRATES
	12) SHIPPED BY YM STAR 04W	

13) MARKS	14) DESCRIPTION OF GOODS	15) QUANTITY	16) UNIT PRICE	17) AMOUNT
	Assorted Pipe Clamp		CIF DUBAI	CIF DUBAI USD16 480.00
N/M	DCC10	8 000 PCS	USD2.06	USD20 352.00
	DCC12	9 600 PCS	USD2.12	USD16 200.00
	ZDD08	9 000 PCS	USD1.80	
	TOTAL:	26 600PCS		USD 53 032.00

Total Packed in: 1 510 CTNS
GROSS WEIGHT: 32 160.00KGS

CIF DUBAI, UNITED ARAB EMIRATES
All other details as per Beneficiary P/I No. CX07EZ100 DATED JUN – 18 – 2013

18) A) Relevant HS Code Number applicable to each item shpped under this credit: 7318
    B) Name and address of the manufacturers/producers:
CHINA GUANGZHOU HUAWEI IMP AND EXP CORP.
NO. 269 DONGFENG RD, GUANGZHOU, CHINA

19) ISSUED BY

中国广州华威进出口有限公司
CHINA GUANGZHOU HUAWEI IMP AND EXP CORP.

20) SIGNATURE
蔡仁轩

表 4-17　　　　　　　　　　　　　　PACKING LIST SDFXD

1) SELLER CHINA GUANGZHOU HUAWEI IMP AND EXP CORP. NO. 269 DONGFENG RD, GUANGZHOU, CHINA FAX NO. : 0086-020-83810546		3) INVOICE NO. ZYLC07EZ100	4) INVOICE DATE AUG-08-2013
:::	:::	5) FROM GUANGZHOU, CHINA	6) TO DUBAI, UNITED ARAB EMIRATES
:::	:::	7) TOTAL PACKAGES (IN WORDS) ONE THOUSAND FIVE HUNDRED ANDTEN CTNX	
2) BUYER VIGOR TRADING LLC P. O. BOX 115130 DUBAI, UAE		8) MARKS N/M	
9) DESCRIPTION OF GOODS	10) NOS. OF PKGS	11) QTY	12) G. W. KGS	13) N. W. KGS	14) MEAS. M3
Assorted Pipe Clamp						
DCC10	430 CTNS	8 000 PCS	9 850.00	9 800.00	17.3332
DCC12	550 CTNS	9 600 PCS	12 060.00	11 200.00	21.6464
ZDD08	530 CTNS	9 000 PCS	10 250.00	9 650.00	19.7304
TOTAL:	1 510 CTNS	26 600 PCS	32 160.00	30 650.00	58.710

15) ISSUED BY

中国广州华威进出口有限公司
CHINA GUANGZHOU HUAWEI IMP AND EXP CORP.

16) SIGNATURE

蔡仁轩

表 4-18　　　　　　　　　　　　　　ORIGINAL SDFXD

1. Exporter (full name and address) CHINA GUANGZHOU HUAWEI IMP AND EXP CORP. NO. 269 DONGFENG RD, GUANGZHOU, CHINA FAX NO. : 0086-020-83810546	Certificate No. C074401800840865 Certificate of origin OF The peoples Republic of China
2. Consignee (full name, address, country) VIGOR TRADING LLC P. O. BOX 115130 DUBAI, UAE	

续表

3. Means of transport and route FROM GUANGZHOU CHINA TO DUBAI, UNITED ARAB EMIRATES		5. For certifying authority use only		
4. Destination port DUBAI				
6. Marks and Numbers of Packages	7. Description of Goods number and Kind of packages	8. H. S. Code	9. Quantity or weight	10. Number and date of invoices
N/M	Assorted Pipe Clamp ******************************	7 318.0000	26 600 PCS	ZYLC07EZ100 AUG – 08 – 2013
11. Declaration by the exporter The undersigned hereby declares that the above details and statements are correct that the goods were produced in China and that. They comply with the Rules of Origin of the People's Republic of China. 中国广州华威进出口有限公司 CHINA GUANGZHOU HUAWEI IMP AND EXP CORP. 蔡仁轩 Place and date signature and stamp of Certifying authority GUANGZHOU CHINA，AUG – 08 – 2013		12. Certification It is herby certified that the declaration by the Exporter is correct.  Place and date signature and stamp of Certifying authority GUANGZHOU CHINA，AUG – 08 – 2013 房悟德		

表 4 – 19   BILL OF LADING

1) SHIPPER CHINA GUANGZHOU HUAWEI IMP AND EXP CORP. NO. 269 DONGFENG RD, GUANGZHOU, CHINA FAX NO. : 0086 – 020 – 83810546		10) B/L NO. Z232169271 C O S C O 中国远洋运输（集团）总公司 CHINA OCEAN SHIPPING （GROUP） CO. ORIGINAL COMBINED TRANPORT BILL OF LADING
2) CONSIGNEE TO THE ORDER OF SHIPPER		
3) NOTIFY PARTY VIGOR TRADING LLC P. O. BOX 115 130 DUBAI, UAE	BANK OF CHINA MIDDLE EAST P. O. BOX 66, DUBAI, UAE	
4) PLACE OF RECEIPT GUANGZHOU, CHINA	5) OCEAN VESSEL YM STAR	
6) VOYAGE NO. 04W	7) PORT OF LOADING GUANGZHOU, CHINA	
8) PORT OF DISCHARGE DUBAI, UNITED ARAB EMIRATES	9) PLACE OF DELIVERY DUBAI, UNITED ARAB EMIRATES	

续表

11) MARKS	12) NOS. &KINDS OF PKGS	13) DESCRIPTION OF GOODS	14) G.W. (kg)	15) MEAS (m³)
N/M	1 510 CTNS	ASSORTED PIPE CLAMP 2 CTNRS SHIPPER'S LOAD AND COUNT	32 160.00	58.710

DC NUMBER: DPCDE1422652 THE NAME, ADDRESS AND TELEPHONE NUMBER OF THE CARRYING VESSEL'S AGENT AT THE PORT OF DESTINATION: Pioneer Shipping Agency L.L.C P.O. Box: 35736 Dubai, U.A.E. Sharaf Building, Near Pakistan Bur Dubai, United Arab Emirates Tel: (971-4) -3961616 Fax: (971-4) -3973472	ON BOARD COSU2836204 FCL/FCL20 FT 0811207 COSU2467220 FCL/FCL20 FT 0811206 FREIGHT PREPAID GOODS ARE SHIPPED IN 2×20 CONTAINERS GOODS ARE FOR RE-EXPORT

16) TOTAL NUMBER OF CONTAINERS OR PACKAGES (IN WORDS)
SAY ONE THOUSAND FIVE HUNDRED AND TEN CARTONS ONLY

FREIGHT & CHARGES AS ARRANGED	REVENUE TONS	RATE	PER	PREPAID PREPAID	COLLECT
PREPAID AT	PAYABLE AT	17) PLACE AND DATE OF ISSUE AUG-11-2013			
TOTAL PREPAID	18) NUMBER OF ORIGINAL B(S)L THREE	SEE ATTACHMENT			
LOADING ON BOARD THE VESSEL 19) DATE AUG-11-2013		20) BY 中国远洋运输（集团）总公司 CHINA OCEAN SHIPPING(GROUP)CO. 杨江标 AS MASTER			

ENDORSEMENT:
中国广州华威进出口有限公司
CHINAGUANGZHOUHUAWEIIMPANDEXPCORP
蔡仁轩

表4-20

PICC
中国人民保险公司
The People's Insurance Company of China

总公司设于北京　　一九四九年创立
Head Office Beijing　　Established in 1949

货物运输保险单
CARGO TRANSPORTATION INSURANCE POLICY

发票号（INVOICE NO.）　ZYLC07EZ100　　　　保单号次
合同号（CONTRACT NO.）CX07EZ100　　　　POLICY NO.　PICCGZ071356
信用证号（L/C NO.）　DPCDE1422652
被保险人：
INSURED: CHINA GUANGZHOU HUAWEI IMP AND EXP CORP.

中国人民保险公司（以下简称本公司）根据被保险人的要求，由被保险人向本公司缴付约定的保险费，按照本保险单承保险别和背面所载条款与下列特款承保下述货物运输保险，特立本保险单。

THIS POLICY OF INSURANCE WITNESSES THAT THE PEOPLE'S INSURANCE COMPANY OF CHINA (HEREINAFTER CALLED "THE COMPANY") AT THE REQUEST OF THE INSURED AND IN CONSIDERATION OF THE AGREED PREMIUMPAID TO THE COMPANY BY THE INSURED, UNDERTAKES TO INSURE THE UNDERMENTIONED GOODS IN TRANSPORTATION SUBJECT TO THE CONDITIONS OF THIS OF THIS POLICY AS PER THE CLAUSES PRINTED OVERLEAF AND OTHER SPECIAL CLAUSES ATTACHED HEREON.

标 记 MARKS&NOS	包装及数量 QUANTITY	保险货物项目 DESCRIPTION OF GOODS	保险金额 AMOUNT INSURED
N/M	1 510 CTNS	ASSORTED PIPE CLAMP	USD53 032.00

总保险金额
TOTAL AMOUNT INSURED: SAY US DOLLARFIFTY EIGHT THOUSAND THREE HUNDRED AND THIRTY FIVE ONLY

保费: 启运日期   装载运输工具:
PERMIUM: AS ARRANGED   DATE OF COMMENCEMENT: AS PER B/L   PER CONVEYANCE: YM STAR V.04W

自   经   至
FROM: GUANGZHOU, CHINA   VIA: TO: DUBAI, UAE

承保险别:
CONDITIONS:
FOR 110% OF INVOICE VALUE COVERING ALL RISKS AND WAR RISK AS PER OCEAN MARINE CARGO CLAUSES OF PICC DATED1/1/1981.

所保货物；如发生保险单项下可能引起索赔的损失或损坏，应立即通知本公司下述代理人查勘。如有索赔，应向本公司提交保单正本（本保险单共有 1 份正本）及有关文件，如一份正本已用于索赔，其余正本自动失效。
IN THE EVENT OF LOSS OR DAMAGE WITCH MAY RESULT IN A CLAIM UNDER THIS POLICY, IMMEDIATE NOTICE MUST BE GIVEN TO THE COMPANY'S AGENT AS MENTIONED HEREUNDER. CLAIMS, IF ANY, ONE OF THE ORIGINAL POLICY WHICH HAS BEEN ISSUED IN 1 ORIGINAL (S) TOGETHER WITH THE RELEVANT DOCUMENTS SHALL BE SURRENDERED TO THE COMPANY. IF ONE OF THE ORIGINAL POLICY HAS BEEN ACCOMPLISHED. THE OTHERS TO BE VOID.

THE UNITED INSURANCE CO.,   中国人民保险公司
P.O. BOX 1888, DUBAI (UAE)   The People's Insurance Company of China
FAX NO. 04-2271217

赔款偿付地点
CLAIM PAYABLEAT   DUBAI IN USD

出单日期   Authorized Signature
ISSUING DATE   2013.08.10

ENDORSEMENT:
中国广州华威进出口有限公司
CHINAGUANGZHOUHUAWEIIMIPANDEXPCORP
蔡仁轩

表 4-21

CERTIFICATE

TO WHOM IT MAY CONCERN:
COMMERCIAL INVOICE NO.: ZYLC07EZ100
B/L NO.: Z232169271
OCEAN VESSEL AND VOY. NO.: YM STAR 04W

We hereby certify that the goods are shipped by regular line vesels only.
That the carrying vessel is subject to "SOLAS" and have a current ISM CODE certificate.
Covered by the institution classification clause that are allowed by the ARAB authorities to call at Arabian ports and not scheduled to call at any israel port during its voyage to the U. A. E.

AUG-11-2013

中国远洋运输（集团）总公司
CHINA OCEAN SHIPPING(GROUP)CO.

表 4-22

中国华威进出口有限公司
CHINA GUANGZHOU HUAWEI IMP AND EXP CORP.
NO. 269 DONGFENG RD, GUANGZHOU, CHINA
FAX NO.: 0086-020-83810546
THE SHIPMENT ADVICE

INVOIE NO: ZYLC07EZ100
DATE: AUG-11-2013

TO: M/S. IRAN INSURANCE COMPANY,
P. O. OX 2004, DUBAI, UAE
FAX: 04-2217660/2217372

Dear Sirs,
We hereby certify that the following goods have been shipped and details are as follows:
Goods: Asorted pipe clamp and plastic products
The name of the carrying vessel: YM STAR 04W
Bill of loading NO.: Z232169271
Date of shipment: AUG-11-2013
Marks: N/M
Amount: USD 53 032.00
The number of this documentary credit: DPCDE1422652
Insurance policy NO.: OMP/0753/95

中国广州华威进出口有限公司
CHINA GUANGZHOU HUAWEI IMP AND EXP CORP.

蔡仁轩

项目四 信用证结算业务 | 163

任务 7
开证行审单付款

 **业务场景** ::

中国银行中东分行收到单据提示后，Peter 遵循审单原则对提示的全套单据进行审核，并将审单结果告知 Vigor 公司的 Kinega。

"已收到议付行的通知单，着手对单据进行审核，并将结果告知开证申请人。"

 **任务描述** ::

审核单据无误后在 IBS 系统上录入到单信息打印两联"进口信用证来单通知书"与一联"承兑/付款通知书"，注明审单结果，并以快捷方式送交开证申请人，要求申请人必须在银行规定的时限内核对单据。一联"进口信用证来单通知书"开证行留底，一联"进口信用证来单通知书"与"承兑/付款通知书"连同全套影印单据交申请人。开证申请人在审核完单据后，应在规定的时间内，在"进口信用证来单通知书"上明确表明其意见，并在签章后退银行办理付款/承兑或拒付手续。

 **业务描述** ::

鉴于审单是进口信用证业务重要的处理环节之一，是开证银行是否履行付款责任的主要依据，因此，中国银行中东分行收到单据提示后，Peter 应遵循审单原则对提示的全套单据进行审核，单据审核无误。Peter 将审单结果告知 Vigor 公司的 Kinega，并要求其在 2 个工作日内前来银行在"进口信用证来单通知书"上签署付款的意见，在 Kinega 履行相应的手续

后，Peter 为其办理付款手续。

操作指导

一、审核议付行通知单中的内容

1. 议付日期、交单日期与信用证要求是否相符。
2. 单据种类与份数与信用证要求是否相符。
3. 单据种类、名称是否与所附单据相符。
4. 议付行在 BP 面函上是否表提不符点及处理意见。
5. 寄单行的付款指示、索汇路线及索汇方式是否清楚的和能被理解。
6. 是否一次寄单。
7. 寄单行的特别指示。

二、审核信用证下的全套单据

按照信用证规定的条款审核单据。审单的标准应是按照"惯例所体现的国际标准银行实务"来"确定信用证所规定的单据表面与信用证条款相符。"具体应重点审核以下内容：

1. 是否"单证相符"。核对信用证所需单据：经办人员在收到单据时，应审查所提交单据名称、种类、份数是否与信用证要求相符。将单据的各项内容与信用证条款核对：一是审核明示条款内容，如分批装运、最迟装船期、有效期、到期日、交单期等；二是审核隐含条款内容，也即按国际惯例特别是信用证所列明的《跟单信用证统一惯例》以及贸易常识、开证行法律条文等所反映出的基本要求。

2. 是否"单单一致"。单据表面上不能相互抵触，若有相互抵触之处，则以单据表面不符合信用证条款论。

三、主要议付单据的审核要点

1. 汇票（Bill of Exchange）。
（1）应注明正确的信用证号码。
（2）确保汇票金额与信用证规定的金额相符，大小写一致。
（3）确保汇票期限与信用证规定相符。
（4）确保汇票的出票日期和地点正确。
（5）确保汇票是以开证行或保兑行为付款人。
（6）确保汇票的签字及/或出票人名称与受益人的名称一致。
（7）如需背书，确保汇票已正确背书。汇票的背书与汇票的抬头有密切的关系，如果汇票做成受益人的指定人为抬头，受益人必须背书；如果做成议付行抬头，则议付行必须背书，汇票如果由议付行经通知行提示，则还需经通知行背书，且背书必须连续。

（8）确保汇票上的利息条款符合信用证要求。

2. 商业发票（Commercial Invoice）。商业发票也是较重要的单据之一，它的审核要点如下：

（1）确保发票是由受益人出具。除非信用证可以转让或第三方单据可以接受外，发票表面上看必须是由受益人所开立。

（2）除非信用证另有规定，确保其以申请人为抬头。

（3）确保货物描述、单价、总价与信用证规定完全相符，金额计算正确。根据UCP600第18条第c款的规定，商业发票的货物描述必须符合信用证中的描述。

（4）确保发票上的贸易条款（Trade Terms）或称价格条件（Price Terms）与信用证相符。如果信用证规定价格条件，发票上必须全部引述。如信用证规定"FOB NEW YORK AS PER INCOTERMS 2000"。则必须全部出现在发票上。而不能只写"FOB NEW YORK"。

（5）确保发票按照信用证的要求签字。对于要求一式数份或一正几副的签字发票（Signed Invoice），经办人员可要求第一份发票签字，其他几份可为复印本，复写签字（Carbon Signed），除非信用证有特别规定，不必每份都是正本，根据UCP600第18条第a款规定，如果信用证没有规定，商业发票不必签字。

如果信用证规定发票须经公证人（Notary Public）或商会（Chamber of Commerce）签字、证实或由某一领事见证（Legalized by a Consulate），是否已照办，如果信用证要求领事发票，则应以官方形式签发经领事适当证实，船名、货物的唛头、件数、数量、重量、进口许可证号码等应与商业发票和运输单据保持一致。

（6）确保发票面值与信用证规定的面值一致。

3. 运输单据。

（1）提单（Bill of Lading）。应注意以下几项内容：①收货人（Consignee），即提单的抬头确保与信用证规定相符，如需背书，确保背书正确。②确保被通知人（Notify Party）的名称和地址严格符合信用证要求。③确保提单上标有已表明货物"已装船（Shipped on Board）或已装运于指定船只（Shipped on a Named Vessel）"的字样。④确保提单表明不是货装甲板（Loaded on Deck），如果是货装甲板，除非信用证有特别授权，该提单是不允许接受的。⑤确保装卸港（Port of Loading/Discharge）与信用证规定的相同。⑥确保提单上描述的货物名称、唛头、重量、包装及件数与其他单据相符。⑦确保提单上运输日期在信用证规定的装船期内。⑧确保全套正本单据都已正确签字。⑨确保提单上显示的运费支付情况与信用证规定的一致。

（2）不可转让的海运单（Non-Negotiable Sea Waybill）。如果信用证要求包括港到港运输的不可转让的运单，它顾名思义是一种类似提单但又不能流通转让的海运单据。除了其他方面，应特别注意确保该单据是由承运人、船长或它们的代理人签发。

（3）租船合约提单（Charter Party Bill of Lading）。如果信用证要求或允许租船合约提单，那么除非信用证另有规定，提供的单据表面看来应该系由船长或代表船长的具名代理人或船东或代表船东的具名代理人签署或证实。

船长或船东的任何签字或证实必须视情况证实其为船长或船东。代表船长或船东的代理人的签字，必须表明被代表的一方即船长或船东的名称和身份，无须载明承运人的名称（The Name of Carrier）。

（4）至少包括两种不同运输方式的运输单据（Transport Document Covering at Least Two Different Modes of Transport）。如果信用证要求至少包括两种不同运输方式的运输单据，确保是经承运人或其具名代理人或者船长或其具名代表人签署。对于至少包括两种不同运输方式的运输单据，即使信用证禁止转运，银行也将接受表明转运将会发生或可能会发生的运输单据，但以同一运输单据涵盖运输全程为条件。

（5）空运单据（Air Transport Document）。①确保是已提交发货人或托运人正本；②确保收货人的名称、地址和其他信息与信用证相符；③确保起飞机场与目的机场与信用证相符，确保起飞日期在装期内；④确保运单表明货物已被承运人接受。确保货物名称与其他单据无抵触；⑤确保运单上关于运费的支付说明与信用证规定相符；⑥确保运单上表明承运人的名字并由承运人或具名的代理人签署或者以其他方式证实；⑦表明单据出具日期。

（6）其他运输单据。主要是指公路、铁路和内陆水运单据（Road Rail or Inland Waterway Transport Documents）。常用的有运输行运输提单（Forwarder's Bill of Lading），运输行货收据（Forwarder's Cargo Receipt），卡车运单（Truck Way-Bill）和铁路托运单（Rail Consignment Note）及港澳使用的货物承运备忘录（Memorandum）等。此外还有快邮或邮包收据（Courier/post Receipt），这些单据不是物权凭证，而是卖方与承运人运输合同的一个证明，在审核上述运输单据时经办人员应把握的要点有：①确保经过盖章或签字，并注明发运日期；②确保单据中交付的货物或提供的劳务与其他单据相同，唛头、重量等与信用证一致；③确保收货人名称、地址和/或其他信息正确；④确保起运地和目的地与信用证相符；⑤确保运费支付办法与信用证相符；⑥确保单据包括信用证规定的所有信息。

4. 保险单据（Insurance Document）。

（1）确保保险单据是根据信用证要求交来的保险单（Insurance Policy）、保险声明书或声明书（Insurance Certificate or Declaration）。

（2）确保保险单据是由保险公司或承保人或其代理人开立及签署。

（3）确保保险单据的份数、保险金额及币种与信用证相符。

（4）除非信用证另有规定，不接受暂保单（Cover Notes）。

（5）确保如果需要背书，已经正确背书。

（6）确保货物描述、唛头、运输路线和船名与运输单据和发票上一致。

（7）确保保险单据的签发日期不迟于货物发运日期，除非保险单据表明保险责任不迟于发运日生效。

（8）确保保险的险别与信用证的规定相符。

（9）确保保险赔付地是否与信用证的规定相符。

5. 产地证（Certificate of Origin）。

（1）确保产地证由信用证规定的签发人签字。

（2）确保货物描述、数量、唛头与信用证规定和其他单据一致。

（3）确保产地证所述货物产地与信用证规定相符。

（4）确保产地证上的收货人与信用证的规定相符。

6. 装箱单（Packing List）、重量单（Weight List）或重量证（Weight Note/Memo）。确保所列内容与信用证规定和其他单据相符。

7. 检验证（Inspection Certificate）、品质证（Quality Certificate）和分析证（Analysis Certificate）。

（1）确保单据是由信用证所规定的机构签发。

（2）检验/分析日期或签发日期应不迟于运输单据上注明的装运日期，除非检验证明上清楚列明检验日期。

（3）确保货物描述与商业发票上相符。

（4）确保检验/分析结果的数据与信用证规定完全相符。

（5）确保语言描述应与信用证的规定相符。

四、其他审核要点

一是，如信用证规定限制指定银行议付/付款/承兑/延期付款，确保单据是由指定银行提交。

二是，如银行开证时已注明限制指定银行交单或议付，非指定银行交单议付者，应要求其通过指定银行确认，如非指定银行作为寄单行，且经办人员能确认该信用证不会被重复使用，在单证相符的情况下，某行应履行凭单付款责任。

三是，如提交的单据包括信用证未有规定者，经办人员不予审核。可视情况退还寄单银行，或照转予开证申请人，如提交的单据，没有体现某次修改的内容，应视同受益人未接受该次修改，不能认定单证不符。原规定该次修改费用由受益人承担者，应改向开证申请人收取。

五、通知行提示单据

审核单据无误后在 IBS 系统上录入到单信息打印两联"进口信用证来单通知书"与一联"承兑/付款通知书"，注明审单结果，并以快捷方式送交开证申请人，要求申请人必须在某行规定的时限内核对单据。一联"进口信用证来单通知书"开证行留底，一联"进口信用证到单通知书"与"承兑/付款通知书"连同全套影印单据交申请人。

如单据无不符点，则应通知申请人付款/承兑；如单据存在不符点，各一级支行外汇营运中心应在"进口信用证来单通知书"上列明不符点，要求开证申请人在"进口信用证来单通知书"上签收并在规定的时间内做出接受或不接受不符点的意见。

远期信用证承兑放单前需要求企业提交信托收据，并将其放在结算资料一并留存。

 **任务7的业务成果展示（如表4-23、表4-24所示）**

表 4-23　　　　　　　　　任务7的业务成果展示（1）

中国银行

信用证来单通知书　1　　　　　　编号：

通知日期：2013 年 8 月 25 日

<u>　VIGOR TRADING LLC　</u>（开证申请人）：

兹收到你单位在我行开立的第　<u>DPCDEI422652</u>　号信用证项下单据一套，单据金额　<u>USD 53 032.00</u>，经审核：

（　）单据相符，我行于　　年　月　日对外付款，并

（　）从你单位账户扣划全额货款及我行费用。

（　）你单位账户余额不足，请即补足。

（×）单证相符，我行于 2013 年 8 月 25 日发出到期付款确认书，并将于 2013 年 9 月 25 日对外付款。

（　）单据有不符点，我行已发出不符点通知书。单据留我行听候处理，请在三日内书面通知我行是否接受该不符点单据。单据不符点如下：

1.
2.
3.
4.
5.

你单位务必于三日内在本通知上签章连同处理意见退回我行。

开证行签章

开证申请人处理意见

（×）经审核单证相符。我公司将履行信用证项下付款责任，于付款日 3 个工作日前在我公司开立在你行的账户中备足款项。

（　）经审核单据有不符点。我公司同意接受该套不符点单据，将履行信用证项下付款责任，于付款日 3 个工作日前在我公司开立在你行的账户中备足款项。

（　）经审核单据有不符点。我公司不同意接受该套不符点单据，请拒付并退单。

开证申请人签章 VIGOR TRADING LLC

2013 年 8 月 25 日

银行对不符点单据的处理及拒付

不符点（Discrepancy）是指信用证项下受益人所提交的单据表面出现的一处或多处不符合信用证的条款或条件的错误。当单据出现不符点后，信用证的开证行就可以免除付款责任。

1. 处理程序。

（1）经办人员应将不符点的内容在到单通知书上列明，告知申请人，请申请人确认是否接受不符点。

（2）在上述工作完成后，应将不符点在收到信用证项下全套单据后次日的 5 个工作日内通知寄单行，即使寄单行已表提了不符点，某行也应通知寄单行。

（3）如申请人接受不符点，同意对外付款，经办人员应要求其在承兑付款通知书上签署同意付款意见，并盖章签字。

（4）如寄单行在电提不符点的同时，要求开证行对其授权：议付或付款或保留银行有追索权的付款。

在上述情况下经办人员应首先与申请人商议，征得申请人的书面授权后，在 3 个工作日内电告寄单行。

2. 拒付方法。对外拒付、拒绝承兑将不符点一次性全部提出，并加具以下文句"单据代为保管，听候处理意见，直到申请人接受单据为止。"具体可采取以下办法对外拒付：

（1）全部拒付。此种拒付须是单据有明显的不符点，如货物严重不足、品质规格不合要求、短缺重要单据、金额有误、货运单据不洁净等。在此种情况下，开证申请人应在某行列明的日期之前通知某行，经办人员应在自收到信用证项下全套单据后次日起的 5 个工作日内通知寄单行所有的不符点，并必须说明单据是否代为保管听候处理或退还寄单行。否则，某行便丧失了退单的权利。

（2）部分拒付、部分付款。单据与单据间虽有不符点，但又不宜全部拒付的话，可根据开证申请人的要求，采取部分拒付（即只拒付有问题部分的货款）部分付款的办法来处理，但必须先征得寄单行的同意和确认，方可放单。

（3）货到经检验合格后付款。由于出现不符点，进口方要求货到后根据检验结果付款。在这种情况下，经办人员须征得寄单行及出口方的同意请其授权放单验货；如寄单行及出口方同意，经办人员应设立专卷，并随时同进口方保持联系，了解到货情况；如根据到货情况，进口商有付款的要求，经办人员应再与寄单行联系，请其复电确认同意与否，再行付款。

无论以何种形式拒付，开证行都应在合理审单期内提出（收到信用证项下全套单据次日起的 5 个工作日），并将案卷妥善保管，等待寄单答复。交涉函电不能涉及货物及申请人。

3. 换单或撤单。收到国外来单后，出口方寄单行要求撤单或换单的，经办人员可按寄单行要求处理单据，但需通知开证申请人有关单据的处理。

六、开证申请人付款或承兑

开证申请人在审核完单据后，应在规定的时间内，在"进口信用证来单通知书"上明确表明其意见，并在签章后退银行办理付款/承兑或拒付手续。银行经办人员在到期日办理对外付款/承兑手续的程序如下：

表 4-24　　　　　　　　　　　　任务 7 的业务成果展示（2）

<table>
<tr><td colspan="4" align="center">中国银行
BANK OF CHINA
进口信用证付款/承兑通知书</td></tr>
<tr><td colspan="2">申请人：VIGOR TRADING LLC</td><td colspan="2">信用证号：OPCDEI422652</td></tr>
<tr><td colspan="2"></td><td colspan="2">汇票金额：USD 53 032.00</td></tr>
<tr><td colspan="2"></td><td colspan="2">汇票期限：AT 30 DAYS SIGHT</td></tr>
<tr><td colspan="2"></td><td colspan="2">汇票到期日：SEP. 25 2013</td></tr>
<tr><td colspan="4">寄单行：BANK OF CHIAN GUANGZHOU BRANCH</td></tr>
<tr><td colspan="4">受益人：CHINA GUANGZHOU HUAWEI IMP AND EXP CORP.</td></tr>
<tr><td rowspan="2">单据</td><td colspan="3">汇票　　发票　　海运提单　　空运提单　　货物收据　　保险单　　装箱单　　重量单　　产地证　　装船通知</td></tr>
<tr><td colspan="3">2　　　3　　　3　　　　　　　　　　　　　　2　　　　3　　　　　　　　1　　　　1</td></tr>
<tr><td colspan="4">货物：管夹（ASSORTED POPE CLAMP）</td></tr>
<tr><td colspan="4">不符点：无</td></tr>
<tr><td colspan="4">上述单据已到，现将影印单据提交贵公司：
　　请审核并备妥票款于 2013 年 9 月 25 日前来我行，如不在上述期限来我行承兑，即作为你公司同意授权我行在公司存款账户内支出票款对寄单行承兑。
　　对于上述不符点，你公司如不同意接受，请于 2013 年 9 月 25 日前书面通知我行，如不在上述期限来我行办理拒付，又不将单据退回我行，即作为你公司接受不符点并授权我行在你公司存款账户内支出票款对寄单行承兑。

2013 年 8 月 25 日
　　　　　　　　　　　　　　　　同意付款。</td></tr>
</table>

1. 即期信用证的付款处理。

（1）落实资金。如开证时已收取全额现汇保证金，应从保证金账户扣减后对外支付。如开证时已收取部分保证金的，应通知客户存足保证金，对外付汇后，经办人员恢复其相应的授信额度。如系其他方式，申请人必须在某行指定付汇日前将款项划拨某行。

（2）发出付款指示。根据 UCP600 规定，将款项以电汇方式拨付到议付行指定的银行。

2. 远期信用证承兑的处理。

（1）如申请人对票据无异议，在某行承兑前，申请人应将"承兑付款通知书"签回某行，经办人员在确定申请人已同意承兑后，才能对外承兑。

（2）经办人员根据寄单行的要求在 IBS 系统录入相关信息后由系统自动产生 SWIFT 承兑电文。

（3）远期信用证承兑到期日前对外付汇，付款程序与即期信用证相同。

案例分析

【例 4-1】

案情：2013年10月，乐清某生产企业A与土耳其某进口商B达成出口合同，货物为低压电器，总价值为5万美元，付款方式为即期不可撤销L/C。2013年12月开来L/C，要求装运期为不得晚于2014年1月31日。因为中国春节假期，我方提出修改L/C，要求延期到2月28日。客户以改证费用高为由拒绝修改，同时给我方发来一份传真，确认装船期延到2月28日。我方收到后客户确认后，便投入生产备货，于2014年2月28日前将货物如期装船。

【分析】

我方随即向我方议付行提交单据，被告知单据不符L/C，即提单日期超过L/C规定的装船期。我方出示了客户传真，银行认为无效，传真不会对L/C产生效力。我方无奈，只好保函出单。大约15日后，我方收到议付行转来的拒付通知书，大意是，单据存在不符点：提单日期超过L/C规定的装船期，开证行代为保管单据……。

此时我方联系客户，希望其能遵守传真所言，接受单据不符点，立即付款。但对方说什么也不同意。最后，我方只好降低价格15%，对方才勉强同意付款。

【例 4-2】

案情：某公司自德国进口马达一批，所开出的信用证中要求出口商开出商业发票、装箱单、运输提单、保险单等，并规定以青岛为目的港，但由开证行转来的单据中发现下列各点：①装箱单由包装公司签发的；②集装箱提单指示的目的港是大连港；③为了方便，将发票和装箱单制作在一起；④提交的商业发票名称为"INVOICE"；⑤商业发票上的商品名称依信用证的规定缮制为"MACHINERY AND MILLWORKS MOTORS"，而海运提单上仅填该商品的统称"MOTORS"；⑥发票的开证行名称拼写有误。

思考：开证行可以凭上述哪几点拒绝付款？

【分析】

开证行可凭①②③⑥点拒付，不可凭④⑤点拒付。

①信用证规定装箱单必须和商业发票内容一致，因此装箱单的签发人也必须是出口商。

③信用证中规定发票和装箱单应单独制作，而本例将二者合一，明显与信用证规定不符。

④由于商业发票也可简称发票，所以标明"INVOICE"是可以接受的，但最好标明"COMMERCIAL INVOICE"。

⑤商业发票中的货物描述，必须与信用证规定相符。其他一切单据则可使用货物的统称，但不得与信用证规定的货物描述有抵触。本例符合信用证规定，因此开证行不可凭此点拒付。

项目小结

项目四的 7 个任务均以广州华威进出口有限公司与阿联酋 Vigor 公司的出口贸易为背景,其中进口国的开证行是中国银行中东分行,出口国的通知行是中国银行广东分行。前四个任务都围绕"证"展开、后两个任务则围绕"单"展开。

任务 1 开证申请人填制申请书的操作要点:以中国银行(中东)的 Peter 指导 Vigor 公司的 Kinega 在申请开证时应提交哪些文件,以及如何正确填写《开证申请书》作为设置情境。

操作要点:关键要把握"证同一致"的精髓。首先把空白的开证申请书的内容与结构分为若干块:如包括四个当事人、信用证类型、单据条款、装运条款、商品条款以及其他条款等,重点读懂、理解其中的三个时间——最迟装运日、交单期、信用证有效期之间的逻辑关系。之后,再根据外贸销售合同,把其要求"单据化处理",成为单据条款——特别注意是对商业发票、海运提单和保险单三种主要单据的要求,逐项填写。

任务 2 开证行开出跟单信用证的操作要点:以中国银行中东分行经办人员 Peter 根据 V"开证申请书"在国际业务系统(IBS 系统)录入后由该系统自动生成相关 SWIFT 电文作为设置情境。

操作要点:开证操作是本项目的重点、难点。关键要相信"熟能生巧"的经验。首先,继续沿着划分开证申请书内容与结构的思路,把信用证也分成对应的几块,通过小组合作,尽快突破阅读全英文信用证的障碍。之后,通读三份不同类型的信用证,包括信开、电开、SWIFT 证和即期、议付、远期证等。

任务 3 通知行填制信用证通知书的操作要点:以中国银行孔生指导叶姝将阿联酋的 Vigor 公司通过中国银行(中东)开来的信用证通知给受益人作为设置情境。

操作要点:通知行关键要把握"真实性"的审证原则。

任务 4 受益人审核跟单信用证的操作要点:以国内公司的蔡经理带领实习生、经理助理高莲审核信用证,准确找出信用证中的疑点和不符点作为设置情境。

操作要点:这是本项目的难点,包括审证、写信两项操作。受益人关键还要运用"证同一致"审证原则。与任务 1 相互呼应:前面是进口商如何按照"证同一致"开证,此处是出口商如何按照"证同一致"审证。所以,还要先读透合同、信用证才可能审好证。其次,就是学会写改证信函。写信操作相对于审证操作要容易一些。

任务 5 开证行修改跟单信用证的操作要点:以中国银行中东分行经办人员 Peter 根据开证申请人 Vigor 公司要求,制作信用证修改书作为设置情境。

操作要点:根据改证信函,套用 SWIFT MT707 或 SWIFT MT799 格式,就可以制作信用证修改书。此外,还希望通过本任务的操作,让你进一步熟悉 UCP600。

任务 6 受益人交单与结汇的操作要点:以广州华威进出口公司的高莲在蔡经理的指导下,按照"单证一致、单单一致"制作相关的单据作为设置情境。

操作要点:制单操作是本项目的另一个重点、难点。还是要相信"熟能生巧"的经验。在全套信用证单据中,商业发票、海运提单和保单是三种核心单据。要注意这些单据在时间上的逻辑关系,例如,商业发票是最早缮制的单据,海运提单必须在最迟装运日之前"Shipped 或 On Board",而保险单签发日期不得迟于运输单据的签发日期。此外,还要注意背书等问题等。

任务 7 开证行审单与付款的操作要点:以中国银行中东分行 Peter、Vigor 公司的 Kinega 遵循审单原则对提示的全套单据进行审核作为设置情境。

操作要点:与任务 6 相互呼应:前面是出口商如何按照"单证一致、单单一致"制作相关的单据,此处是进口商、开证行如何按照"单证一致、单单一致"审核全套单据。角色、立场不同,但原则都是一样的。作为外贸跟单员先能够制好单,才可能审好单。

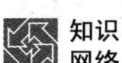
知识网络

信用证业务
├─ 信用证结算业务
│   ├─ 进口商申请开证业务——开证流程、开证申请书
│   ├─ 开证行开立信用证——MT700报文
│   ├─ 通知行制作通知书——信用证通知书
│   ├─ 出口商审核信用证——信用证条款、审核依据与内容、软条款
│   ├─ 开证行修改信用证——改证流程、MT707
│   ├─ 出口商交单与结汇——交单联系单、不符点处理
│   └─ 开证行审单与付款——单据审核要点、不符点处理
└─ 信用证融资业务
    ├─ 出口信用证打包贷款业务——打包贷款申请书
    ├─ 出口信用证押汇业务——出口信用证押汇申请书
    └─ 进口信用证押汇业务——进口信用证押汇申请书

项目五 信用证融资业务

 **学习目标**

知识学习目标：

1. 理解出口信用证项下的打包贷款与出口押汇融资方式。
2. 理解进口信用证项下的进口押汇的融资方式。

技能训练目标：

能够针对企业融资需求做进口及出口项下融资安排。

 **工作任务**

项目五的 3 个任务，包括 3 家不同的外贸公司在进出口贸易中，向中国银行、民生银行、光大银行等商业银行申办出口信用证融资业务：具体为出口信用证打包贷款的打包贷款、出口信用证押汇和进口信用证押汇的业务。

必备知识

一、打包贷款

打包贷款亦称信用证抵押贷款，是信用证项下出口方银行以出口商提供的进口商银行开来的信用证为抵押向出口商提供的一种装船前融资。打包贷款仅限于有关信用证下出口货物的备货备料、生产和出运，以满足出口商从接受国外订单到货物装运前这段时间的流动资金需要。

（一）业务特点

打包贷款是基于银行可接受的信用证发放的、用于信用证项下货物采购、生产、装运的专项贷款。作为一种短期融资业务，它具有周转快、使用效率高、申请手续简便等特点。

（二）办理条件

信用证的开证行信用等级必须符合银行规定。因为打包贷款的第一还款来源为出口商的出口应收款，而开证行在出口商发货并提交相符单据后，就承担了出口应收款第一性付款责任，所以开证行的信用状况、资金实力在很大程度上决定了出口应收款能否收回。其办理条件如下：

1. 对信用证的审核。包括信用证的印鉴或密押情况、开证行资信、受益人情况、是否带有软条款、索汇路线、物权凭证等。如信用证有下列情况之一，应拒绝接受申请：

（1）信用证印鉴或密押不符，或真实性无法核实；

（2）信用证不完整；

（3）借款申请人与信用证受益人非同一企业；

（4）开证行所在国家或地区政治、经济局势不稳、外汇紧缺或受国际经济制裁的；

（5）开证行经营作风恶劣，资信较差；

（6）可撤销信用证。

2. 对信用证条款的审核。如信用证条款中有下列情况者应从严掌握：

（1）信用证中有软条款；

（2）信用证的索汇路线不清或迂回曲折；

（3）信用证要求的单据无物权凭证；

（4）信用证是通过中间商开来的可转让信用证；

（5）信用证议付地点或到期日在国外；

（6）非本行通知并限制其他银行议付的信用证；

（7）价格条款为 FOB、CFR 的信用证。

（三）注意事项

融资银行要注意防控风险（参见项目 9 中的相关内容）。

二、出口押汇

出口押汇是应用最广泛的出口贸易融资方式。适用范围：①流动资金有限，依靠快速的资金周转开展业务；②发货后、收款前遇到临时资金周转困难；③发货后、收款前遇到新的投资机会，且预期收益率肯定高于押汇利率。

（一）业务特点

1. 加快资金周转。在进口商支付货款前，就可以提前得到偿付，加快资金周转速度。
2. 简化融资手续。融资手续相对于流动资金贷款简便易行。
3. 改善现金流量。可以增加当期的现金流入量，从而改善财务状况，提供融资能力。
4. 节约财务费用。在中国银行办理出口押汇，可以根据不同货币的利率水平选择融资币种，从而实现财务费用的最小化。

（二）办理条件

1. 所交单据与信用证要求相符。
2. 信用证项下单据收款有保障。
3. 已办妥相关手续。
4. 对有下列情况之一的，银行将拒绝接受押汇申请：
（1）来证限制其他银行议付；
（2）远期信用证超过180天；
（3）运输单据为非物权凭证；
（4）未能提交全套物权凭证；
（5）带有软条款的信用证；
（6）转让行不承担独立付款责任的转让信用证；
（7）单证或单据间有实质性不符点；
（8）索汇路线迂回曲折，影响安全及时收汇；
（9）开证行或付款行所在地是局势紧张动荡或发生战争的国家或地区；
（10）收汇地区外汇短缺，管制较严，或发生金融危机，收汇无把握的；
（11）其他银行认为不宜提供押汇的情况。

（三）注意事项

1. 需与银行签定正式的出口押汇总协议。
2. 向银行（通常为通知行或议付行）提出正式的出口押汇申请书。
3. 信用证项下的押汇申请人应为信用证的受益人。
4. 限制其他银行议付的信用证无法办理出口押汇。
5. 申请信用证下出口押汇，应尽量提交单证相符的出口单据。
6. 如果客户希望通过出口押汇进行融资，最好避免以下情况：
（1）运输单据为非物权单据；
（2）未能提交全套物权单据；
（3）转让信用证；
（4）带有软条款的信用证；
（5）提交存在实质不符点的单据。

三、进口押汇

进口押汇是指进口信用证或进口代收项下，银行应开证申请人或进口代收项下付款人的要求向其提供的短期资金融通，用以对外支付该单据项下款项。

进口商通过信用保证文件的开立，可以延长付款期限，不必在出口商发货之前支付货款，即使在出口商发货后，也要等到单据到达自己手中才履行付款义务。这样，进口商减少了资金占用的时间。同时，出口商愿意接受这种延长付款期限，是以开证行保证到期付款为条件的。因此，进口押汇是开证行向进口商提供的一种资金融通。进口押汇的种类包括：

1. 信用证单据的押汇。出口商根据信用证的要求，将信用证上面所列的各种单据和信用证交给银行进行短期借款，实际上就是用信用证的单据抵押给银行。

2. 远期信用证承兑的押汇。出口商的远期信用证业务，得到开证银行承兑通知，出口商利用远期信用证的承兑通知，向银行申请短期借款。

3. 远期银行承兑汇票的贴现。用远期银行承兑汇票作为抵押品的短期借款。出口商拿到了一张远期银行汇票，这张汇票已经被银行承兑了，但还没有到期，出口商可以拿着张汇票抵押给银行进行借款。

（一）业务特点

1. 减少资金占压。在办理进口开证、进口代收后继续叙做进口押汇，等于完全利用银行的信用和资金进行商品进口和国内销售，不占压任何资金即可完成贸易、赚取利润；

2. 把握市场先机。当无法立即付款赎单时，进口押汇可以使其在不支付货款的条件下取得物权单据、提货、转卖，从而抢占市场先机；

3. 优化资金管理。如在到期付款时遇到更好的投资机会，且该投资的预期收益率高于贸易融资的利息成本，使用进口押汇，既可保证商品的正常购买、转售，又可同时赚取投资收益，实现资金使用效率的最大化。

（二）办理条件

需提交以下资料，包括：进口押汇申请书/合同；全套进口单据；信托收据（如需）；进口商品的国内销售合同（如需）；申请人/担保人（如有）已年审的贷款卡资料。

（三）注意事项

1. 需向开证行或指定代收行提出书面的进口押汇申请。
2. 在押汇银行核定了授信额度或申请了单笔授信。
3. 与银行签订正式押汇协议，确定金额、期限、利率、还款日期等。
4. 随时关注人民币和付汇货币的市场利率，选择融资成本最低的押汇币种。
5. 进口押汇是一种专项融资，仅可用于履行特定贸易项下的对外付款责任。
6. 押汇期限一般与进口货物转卖的期限相匹配，并以销售回笼款项作为押汇的主要还款来源。

流程图解

一、业务流程图

(一) 出口信用证打包贷款业务流程(如图 5-1 所示)

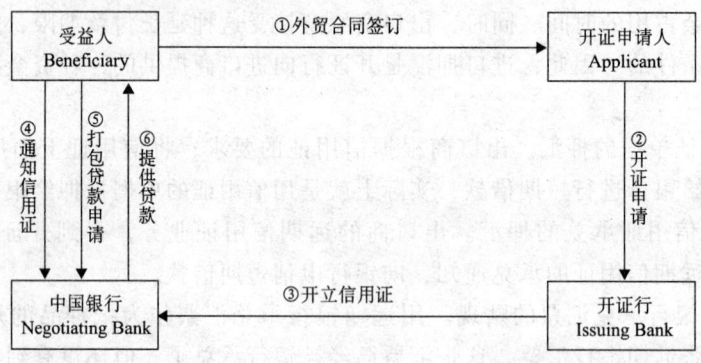

图 5-1

(二) 出口信用证押汇业务流程(如图 5-2 所示)

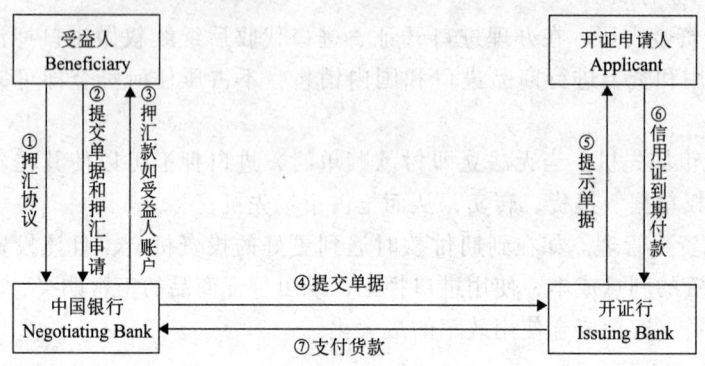

图 5-2

(三) 进口信用证押汇的业务流程(如图 5-3 所示)

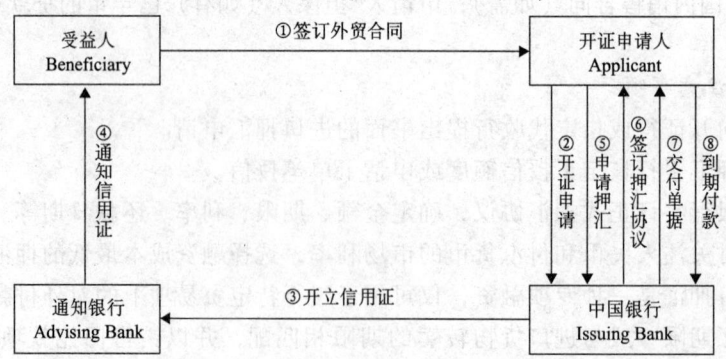

图 5-3

二、业务示范

在深圳智盛国际结算模拟系统上,模拟演示美国克莱斯勒公司向出口国的通知行或议付行申办 10 万美元的打包贷款或出口押汇的业务操作过程以及中国的海尔集团公司向进口国的开证行申办 10 万元人民币进口押汇业务操作过程。

(一)出口信用证打包放款

步骤 1 通知行经办中有出口信用证打包放款的相关数据,如图 5-4 所示。

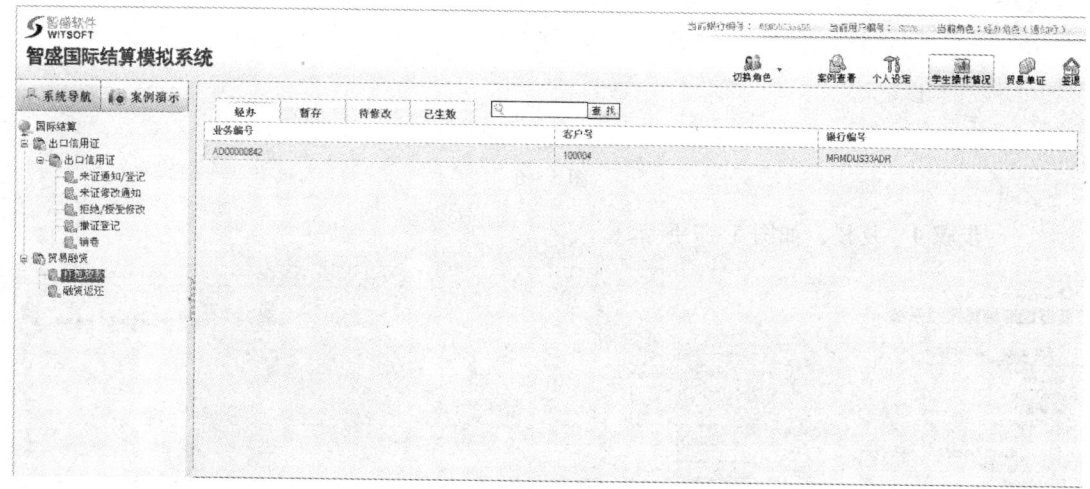

图 5-4

步骤 2 打开通知行经办的业务数据,如图 5-5 所示。

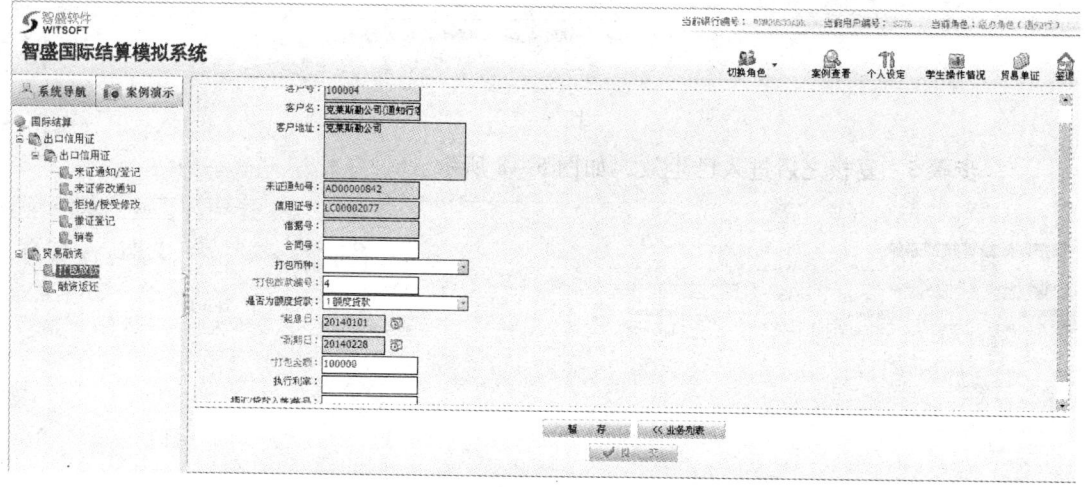

图 5-5

步骤3 待复核,如图5-6所示。

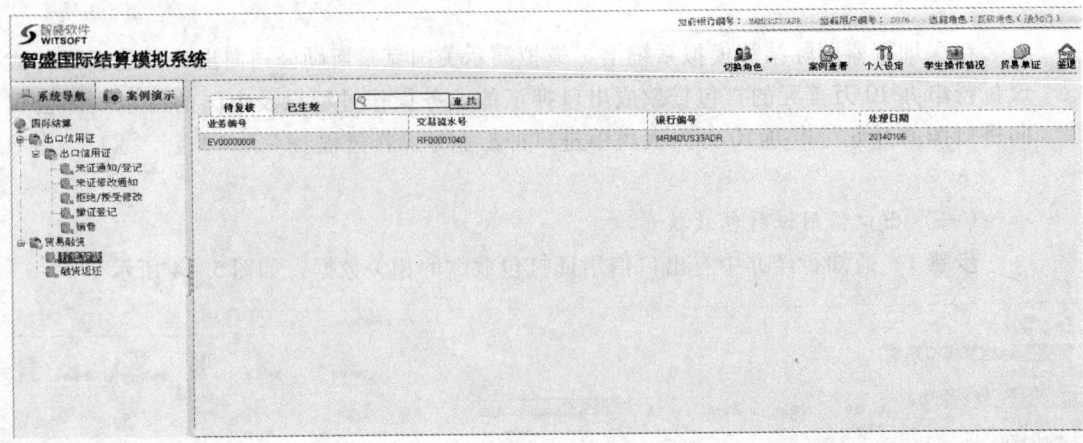

图5-6

步骤4 复核,如图5-7所示。

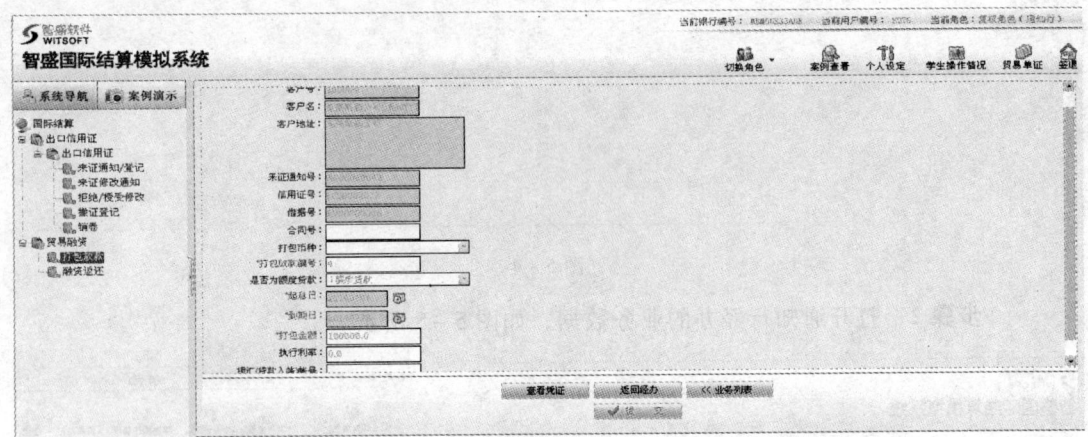

图5-7

步骤5 复核之后进入已生效,如图5-8所示。

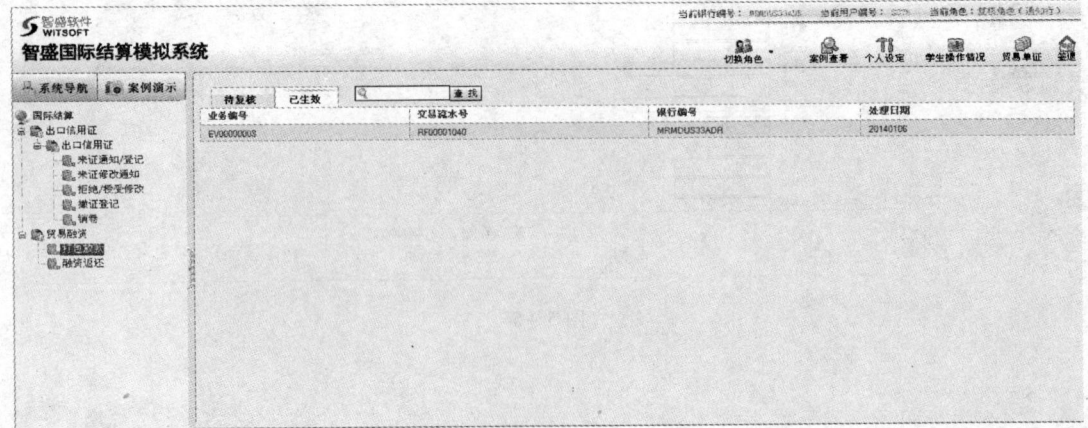

图5-8

（二）出口议付（押汇）

步骤 1 议付行经办中有出口议付（押汇）的相关数据，如图 5-9 所示。

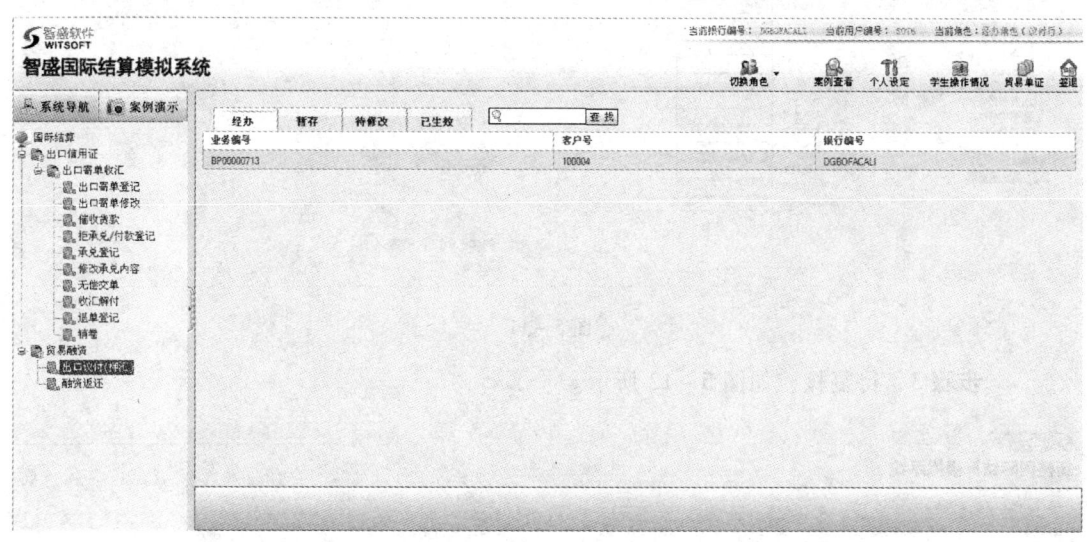

图 5-9

步骤 2 打开议付行经办的业务数据，如图 5-10、图 5-11 所示。

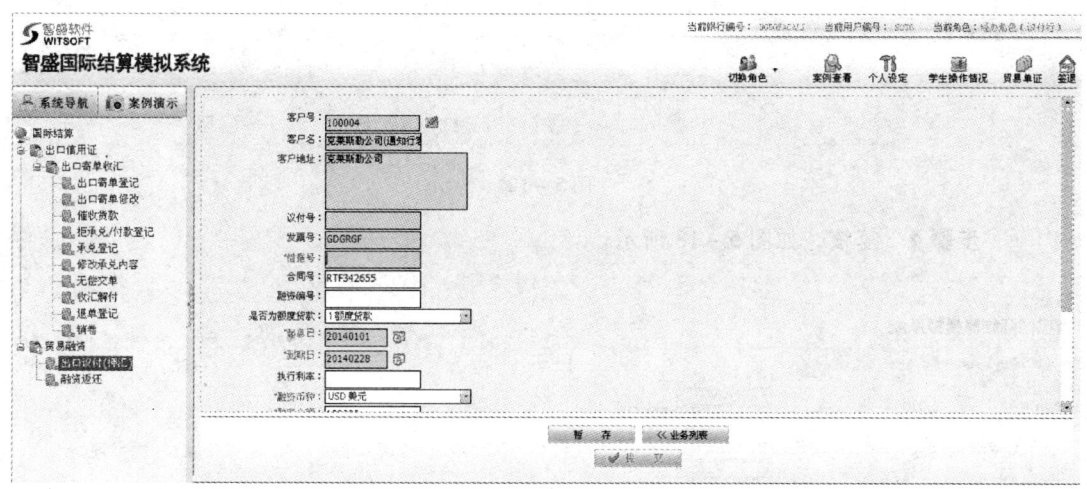

图 5-10

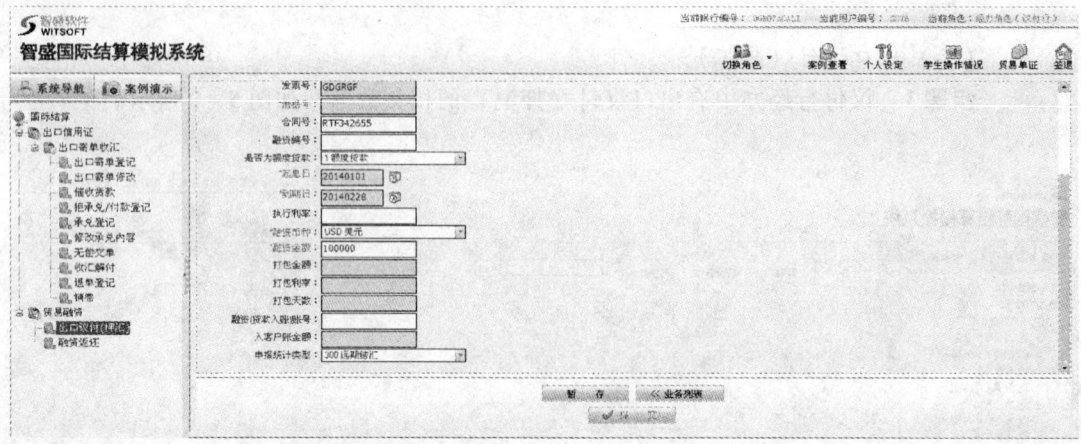

图 5-11

步骤3 待复核,如图 5-12 所示。

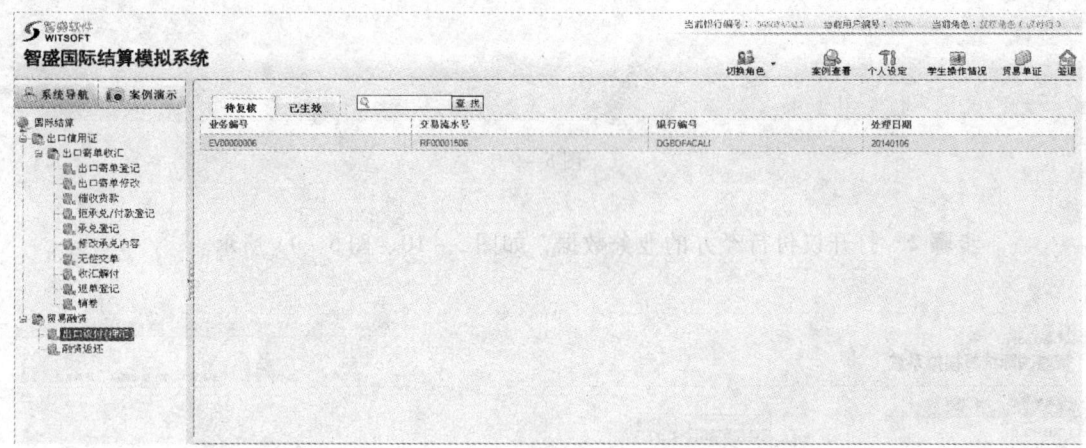

图 5-12

步骤4 复核,如图 5-13 所示。

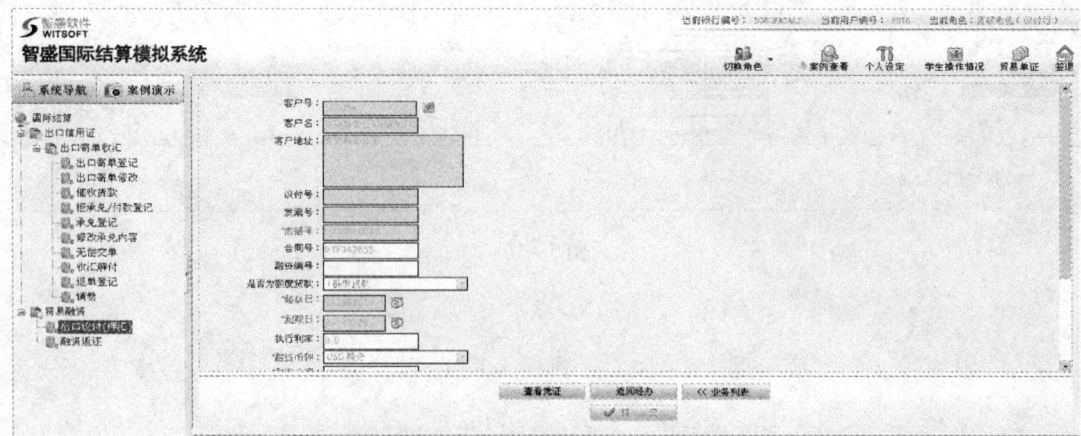

图 5-13

步骤5 复核之后进入已生效,如图 5-14 所示。

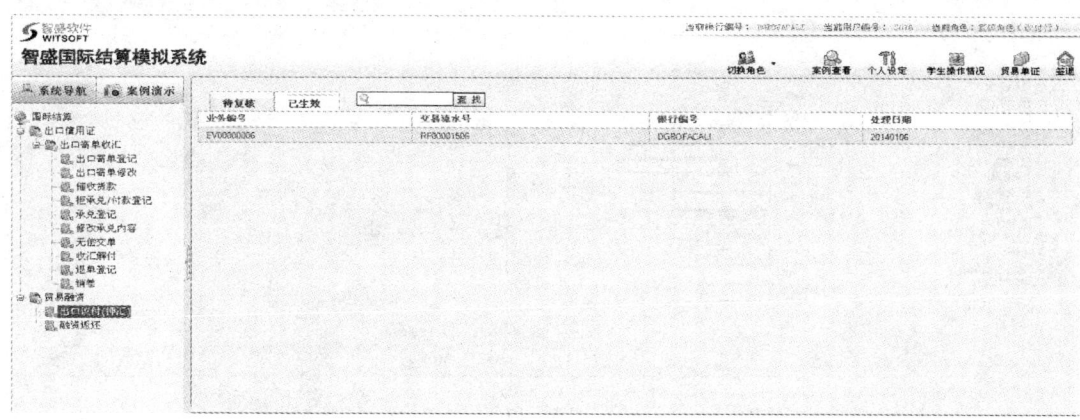

图 5-14

(三) 进口信用证押汇

步骤1 开证行经办中有进口信用证押汇的相关数据,如图 5-15 所示。

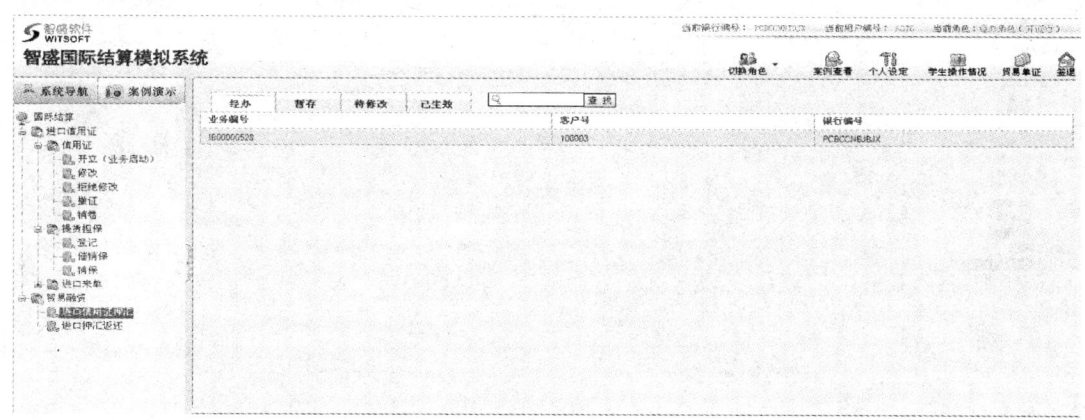

图 5-15

步骤2 打开开证行经办的业务数据,如图 5-16、图 5-17 所示。

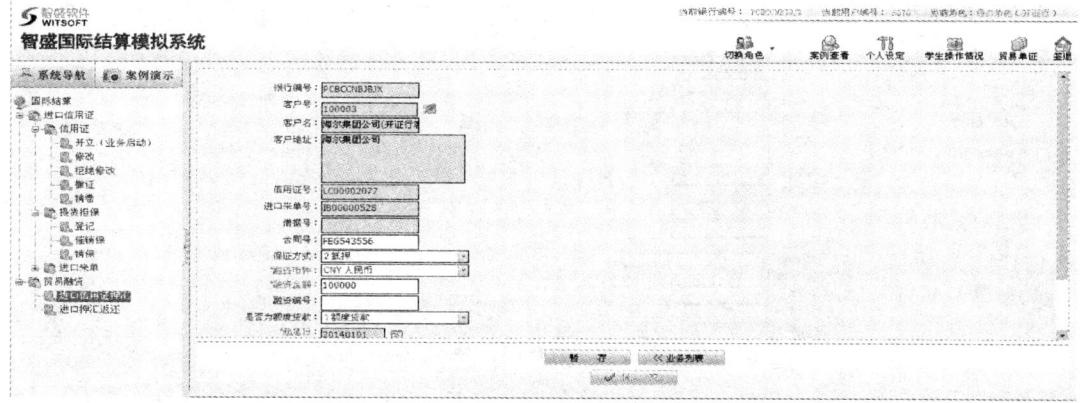

图 5-16

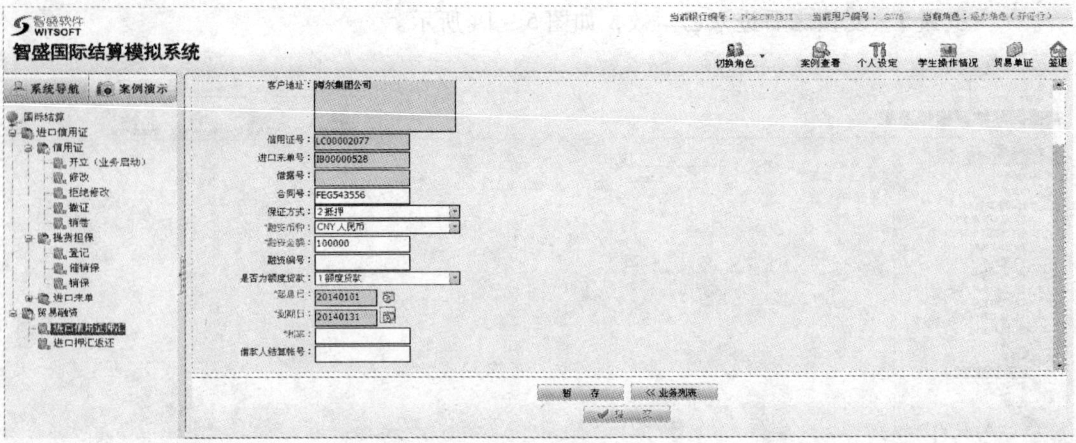

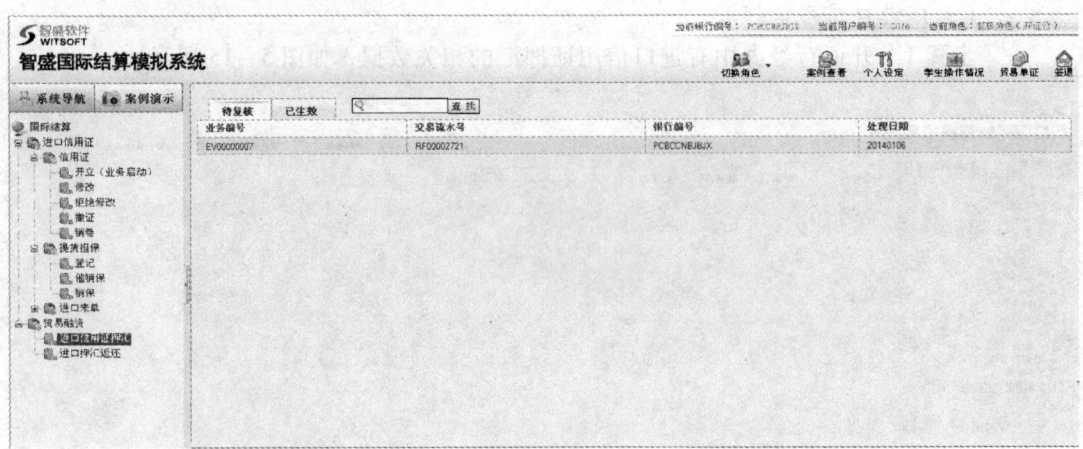

图 5-17

步骤 3 待复核，如图 5-18 所示。

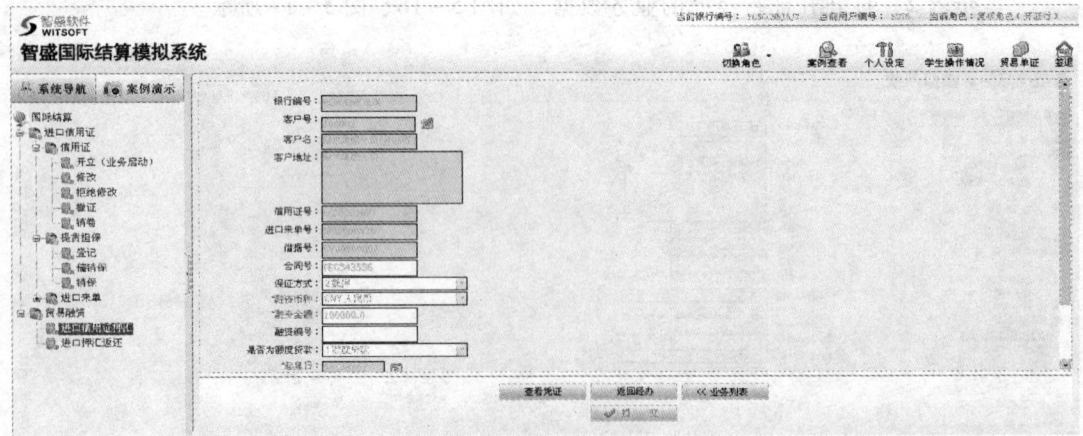

图 5-18

步骤 4 复核，如图 5-19 所示。

图 5-19

步骤5 复核之后进入待授权，如图5-20所示。

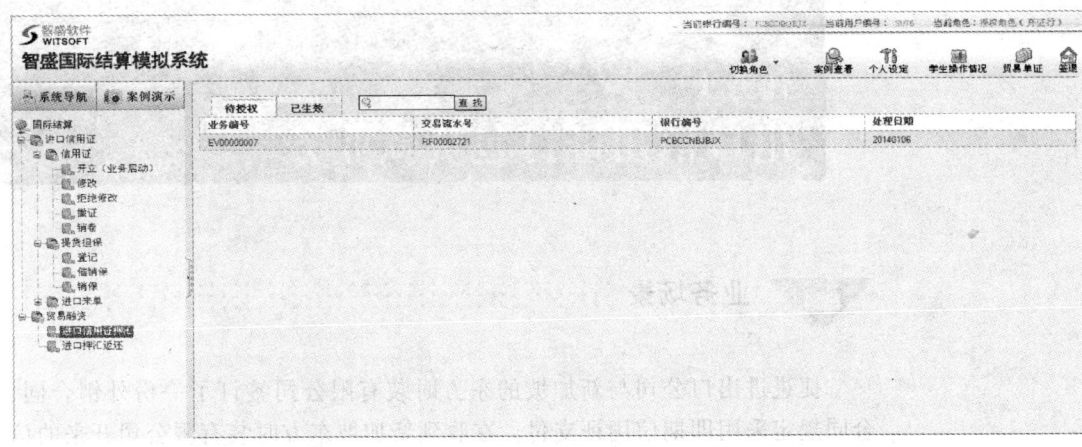

图5-20

步骤6 待授权，如图5-21所示。

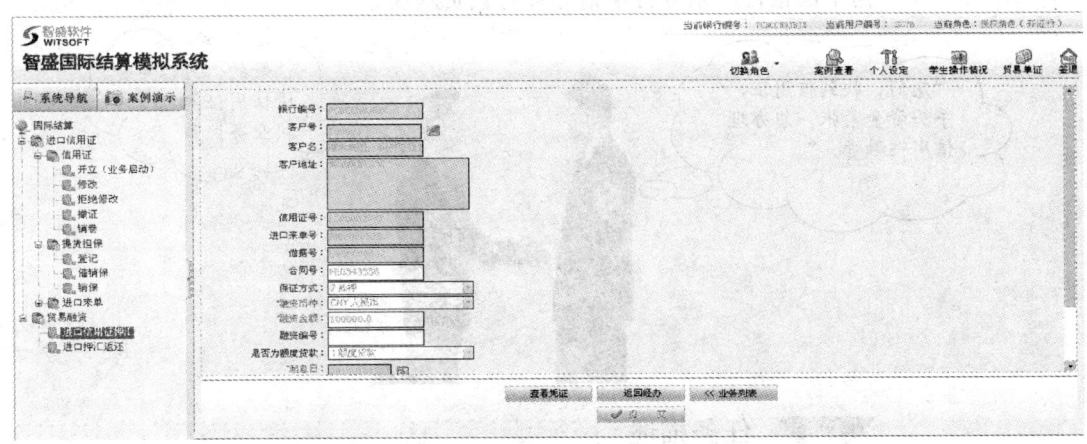

图5-21

步骤7 授权后进入已生效，如图5-22所示。

图5-22

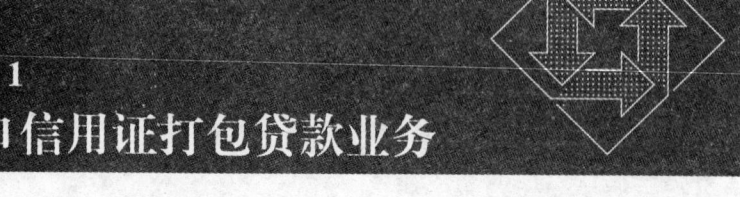

任务 1
出口信用证打包贷款业务

 **业务场景**

捷进进出口公司与新加坡的东方时装有限公司签订了一份外销合同，合同规定采用即期信用证支付。在收到新加坡东方时装有限公司开来的信用证后，捷进进出口公司准备与番禺添翼针织衫厂签订了一份采购合同，合同规定交货后 7 天内付款。捷进进出口公司流动资金紧张，姜大雁经理向中国银行广东分行申请办理打包贷款业务。

任务描述

捷进进出口公司经理姜大雁根据外销合同和信用证提交打包贷款申请书以及相关的资料向中国银行广东分行申请打包贷款，银行在进行资料审核后，与出口商捷进进出口公司签订"借款合同（打包贷款）"。捷进进出口公司在发货后及时提交相关单据向银行交单。

操作指导

出口信用证打包贷款是出口地银行对信用证受益人提供的一种短期融资，是基于银行可接受的信用证发放的，用于信用证项下货物采购、生产和装运的专项贷款。还款来源为信用证项下出口收汇。打包贷款是一种装船前短期融资，使出口商在自有资金不足的情况下仍然可以办理采购、备料、加工，顺利开展贸易。

一、办理打包贷款业务的要求

(一) 打包贷款的对象和条件

1. 打包贷款的对象。中国企业(出口商)如具备独立法人资格并具有进出口经营权,即可凭海外银行开来的以企业为受益人的有效信用证正本,向银行申请叙做出口信用证打包贷款。

2. 打包贷款的条件。企业如需办理打包贷款,必须满足以下条件:

(1) 企业应当是独立核算,自负盈亏,且经营作风良好,无违法、违规和违约等不良行为记录。

(2) 企业须有出口亏损弥补来源,有齐全的生产销售计划和健全的财务管理制度。

(3) 企业所持的有效信用证正本需由资信良好的海外银行开立,不可撤销,且信用证条款必须经放贷银行核准,抵押信用证项下的出口单据必须交银行进行议付。

(4) 企业应向银行提供有关外销合同,如属代理出口须提供代理协议,以便银行了解有关贸易背景。

(5) 企业应向放贷银行提供财务报表,以便银行了解企业的财务状况。

(二) 打包贷款的额度、利率和期限

1. 打包贷款的额度:最高为信用证金额的80%。
2. 打包贷款的币种:人民币和国际上主要可兑换货币。
3. 打包贷款的利率:按中国人民银行公布的同币种利率执行,计息采取利随本清方式。
4. 打包贷款的期限:自放款之日起至信用证有效期后一个月,原则上不超过半年。

(三) 办理打包贷款提交的申请资料

1. 打包贷款业务可向银行各分支行的国际结算部门或直接向总行国际业务部贸易科提出申请。

2. 企业应向银行提供信用证正本及出口合同,如属代理应提供有关代理协议。此外,企业还向银行提供以下材料:

(1) 经工商局年检的企业法人营业执照复印件;
(2) 公司章程复印件;
(3) 注册会计师出具的注册资本验资报告(三资企业或新增资企业);
(4) 连续2年的年度及近期财务报表(资产负债表、损益表);
(5) 注册会计师出具的对上述财务报表的审计报告(三资企业、上市公司);
(6) 就此项贷款获得董事会的批准文件(若章程有此规定);
(7) 有权签字人授权书及签字样本;
(8) 不可撤销信用证正本及外销合同、代理协议(如需要);
(9) 如有担保要求,须提供担保人的有关资料;
(10) 如有抵押要求,须提供物权抵押凭证及抵押公证文件;
(11) 其他银行需要的法律文件及资料。

二、打包贷款申请书的填制

企业须填写"打包贷款申请书",内容应包括借款用途、借款金额、借款期限及担保方式等,并加盖公章及有权人签字(见表5-1)。

表5-1

××银行打包贷款业务申请书

年　月　日

银行通知号		企业名称、地址		本笔贷款用途
		联系人及电话		
信用证编号				
信用证有效期				
信用证金额		信用证期限		
申请贷款金额		贷款期限		

我公司以上述信用证正本向你行上述金额、期限及用途的打包贷款,保证该信用证项下单据向你行议付。请予以审核、批准。

申请企业(企业法人代表或其授权人):

年　月　日

银行审批意见	公司业务部门意见	年　月　日
	国际业务部门意见	年　月　日
	信贷管理部门意见	年　月　日
	行长意见	年　月　日

1. 出口行名称。填写出口行中文名称。
2. 银行通知号。由银行系统自动生成,无需填写。
3. 日期。填写申请打包贷款业务的当前日期。
4. 企业名称、地址。填写申请打包贷款业务的企业的名称地址,即出口商的中文名称和地址。
5. 联系人及电话。填写申请打包贷款业务的企业的联系人及电话,可以填写出口商的企业法人和电话。
6. 信用证编号。根据信用证中的20:DOCUMENTARY CREDIT NUMBER栏位填写。
7. 信用证有效期。根据信用证中的31D:DATE AND PLACE OF EXPIRY栏位填写。
8. 信用证金额。根据信用证中的32B:CURRENCY CODE,AMOUNT栏位填写。

9. 信用证期限。根据信用证中的42C：DRAFTS AT栏位填写。

10. 申请贷款金额。打包贷款的最高额度为信用证金额的80%，所以本栏不能超过信用证金额的80%。

11. 贷款期限。打包贷款的贷款期限为办理打包日至信用证最迟装运日的天数加30天，例如信用证的受益人于2013年11月9日要求打包贷款，信用证的最迟装运日为12月31日，则打包的天数为11月10日~12月31日的天数即52天加30天，也就是82天。打包贷款的期限原则上不超过半年。

12. 本笔贷款用途。通常来说，打包贷款是用于出口信用证下的备料备货。对于有出口业务经营权的企业才可以办理打包贷款。在流动资金紧缺时，国外进口商虽然不接受预付货款的条件但同意开立信用证的情况下适宜选择打包贷款业务。

13. 申请企业签名。本栏填写申请业务的公司中文名称，即出口商公司中文名称。

14. 日期。填写申请贷款的当前日期。

新加坡东方时装有限公司与捷进出口的定单如表5-2所示，信用证如表5-3所示。

表 5-2　　　　　　　　　　　　　PURCHASE ORDER

PO NO： ORF13/723		ORDER DATE： 05/16/2013
Buger： Oriental Fashions Company LTD. 126 Sunflower Plaza Upper Serangoon Road Singapore Tel：65-67960234		Seller/Factory： JieJin I&E Company NO. 16 GaoXing Building LingZhong Avenue, Lianan Zone, Panyu, GuangZhou, China Tel：86-020-34735680
Items： Sweater	Ship Mode： By Sea	Delivery (Dateto Forwarder)： Before 08/15/2013
Payment Terms： SightL/C	Loading Port： GuangZhou	Cif Port： Singapore
Partid Shipment： Allowed	Transhipment： Not Allowed	Packing： 30 Pieces to a Carton
CIF Price (USD/PC)： USD 9.40	Total Order Quantity： 12,000 PCS	Total Amount (USD)： $112,800.00
Insurance： All Risks and War Risk	Style NO： 9244	Gauge： 60% Cotton 40% Acrylic 7 GG
** Order confirmation is subject to size set sample approval. ** Short shipment, overshipment, partial shipment, misassortment are not accepted unless with buyer's approval in advance. ** Maker/Seller is fully responsible for any looses or charged back from customer due to noncompliance of the quality and packing of goods after shipped.		

Commercial Invoice Description:						
Ladies' 70% Cotton 30% Acrylic Knitted Sweater.						
Color and Size Assortment						
Color Code	Color Name	SIZE			TOTAL QUANTITY	
		S	M	L		
		1	3	2		
ABD-1	Charcoal Gray	500	1 500	1 000	3 000	
ABD-2	Oyster White	500	1 500	1 000	3 000	
ABD-3	Winter Apple	500	1 500	1 000	3 000	
ABD-4	Baby Pink	200	600	400	1 200	
ABD-5	Cobalt Blue	300	900	600	1 800	
	TOTAL	2 000	6 000	4 000	12 000	

ORIENTAL FASHIONS COMPANY LTD　　　ACCEPTED & CONFIRMED BY SELLERS
　　　　　　　　　　　　　　　　　　JIEJIN I&E COMPANY

表 5-3　　　　　　　　　　　　　信用证

DC number	DC KTG151438
Your reference	
Advising Bank:	
Bank of China, GuangZhou Branch	
NO. 215, ZhongLing AVENUE,	
Zhongcun, GuangZhou, China	
Sequence of total:	1/1
Form of DC:	Irrevocable
DC No.:	DC KTG151438
Date of Issue:	20130610
Applicable Rules:	UCP Latest Version
Expiry Date And Place:	20130830 in China
Applicant:	Oriental Fashions Company Ltd.
	126 Sunflower Plaza
	Upper Serangoon Road
	Singapore
Beneficiary:	JieJin I&E Company
	No. 16 GaoXing Building
	LingZhong Avenue, Lianan Zone,
	Panyu, GuangZhou, China
DC Amount:	USD 112,800.00
Maximum CR AMT:	Not Exceeding
Available with/by:	Any Bank
	By Negotiation

续表

Draft at:	At Sight
Drawee:	DBS Bank
	6 Shenton Way,
	DBS Building Tower 2,
	Singapore
Partial Shipments:	Allowed
Transhipment:	Not Allowed
Loading Port/Depart Airport:	GuangZhou
Discharge Port/Dest Airport:	Singapore
Latest Date of Shipment:	20130815
Goods:	CIF Singapore

LADIES' 70% COTTON 30% ACRYLIC KNITTED SWEATER ART. NO. 9244

PO NO.　　STYLE NO.　　QUANTITY　　UNIT PRICE
....
ORF13/723　9244　　　12,000 PCS　USD4.40/PC

DOCUMENTS REQUIRED:

+ Signed commercial invoice in 1 original and 3 copies.
+ Packing list in 1 original and 3 copies.
+ Inspection certificate issued by jiejin I&E company in 1 original.
+ Insurance policy or certificate for 110 percent of invoice value covering all risks and war risks as per and subject to ocean marine cargo clauses of P. I. C. C. DATED 1/1/1981.
+ Original certificate of origin form plus one copy.
+ 3/3 Original clean on board ocean bills of lading which are in conformity with the terms and conditions as stipulated in this dc.
+ Photocopy of original clean on board ocean bill of lading consigned to orf., marked freight prepaid.
+ A copy of the shipment advice sent by fax within 3 days after shepment is effected.

Additional Conditions:

+ Documents to be presented and received by us within 5 days after the date of shipment as evidenced on the photocopy of original bills of lading but within the validity of the credit.
+ This credit is negotiable at sight and invoice to evidence the same.
+ Color breakdown based on PO must be indicated on the packing list.
+ Partial shipment allowed, providing PO No. to be shipped completely.
+ A USD 50.00 or equivalent charges plus all relative cable charges will be deducted from the reimbursement claim for each presentation of discrepant documents under this documentary credit. Notwithstanding any instructions to the contrary, thesecharges shall be for the account of the beneficiary.
+ All banking charges outside singapore are for the account of beneficiary.
+ All documents must be issued in original and made out in the language of the credit unless otherwise expressly stated.
+ An extra copy of invoice is required for issuing bank's file.
+ Presenting bank must certify on its covering schedule that the amount of each drawing has been endorsed on the original credit.
+ Documents must be despatched by courier services in one cover to DBS Bank, 6 Shenton Way, DBS Building Tower 2, Singapore. Expenses incurred are for A/C of beneficiary.

续表

+ Notwithstanding the provisions of UCP 600, if we give notice of refusal of documents presented under this credit we shall however retain the right to accept a waiver of discrepancies from the applicant and, subject to such waiver being acceptable to us, to release documents against that waiver without reference to the presenter provided that no written instructions to the contrary have been received by us from the presenter before the release of the documents. Any such release prior to receipt of contrary instructions shall not constitute a failure on our part to hold the documents at the presenter's risk and disposal, and we will have no liability to the presenter in respect of any such release.
+ Except so far as otherwise expressly stated, this documentary credit is subject to uniform customs and practice for documentary credits (2007 revision) International Chamber of Commerce Publication No. 600.

Confirmation Instructions: Without
BK to BK Info: "FDSESP"
Beneficiary's A/C NO. 404-219750-095

 **任务1的业务成果展示（如表5-4所示）**

表5-4   任务1的业务成果展示

××银行打包贷款业务申请书						
2013 年 6 月 15 日						
银行通知号		企业名称、地址		捷进进出口公司	本笔贷款用途	用于出口货物的生产
^		联系人及电话		020-84638888	^	^
信用证编号	DC KTG151438				^	^
信用证有效期	2013 年 8 月 30 日				^	^
信用证金额	USD112800.00	信用证期限		AT SIGHT	^	^
申请贷款金额	RMB550,000	贷款期限		90 天	^	^
我公司以上述信用证正本向你行上述金额、期限及用途的打包贷款，保证该信用证项下单据向你行议付。请予以审核、批准。						
申请企业（企业法人代表或其授权人）：姜大雁						
2013 年 6 月 15 日						
银行审批意见	公司业务部门意见					
^					年 月 日	
^	国际业务部门意见					
^					年 月 日	
^	信贷管理部门意见					
^					年 月 日	
^	行长意见					
^					年 月 日	

项目五 信用证融资业务 | 193

任务 2
出口信用证押汇业务

 业务场景 ::

福德进出口贸易公司与加拿大的 YIYANG Trading Corperation 签订了一份绿茶的外销合同,合同规定采用 90 天远期信用证支付。收到 YIYANG Trading Corperation 开来的信用证后,福德进出口贸易公司按照合同和信用证的规定备妥货物,并按期装运,为购进新一批的春茶,福德进出口贸易公司经理李子卫准备向中国民生银行广州分行申请出口信用证押汇业务,尽早获取货款。

"信用证货物已按期出运,手头资金紧张,想办理信用证押汇。"

"好的,要提交相关资料并填份申请表!"

 **任务描述** ::

出口押汇是指企业(信用证受益人)在向银行提交信用证项下单据议付时,银行(议付行)根据企业的申请,凭企业提交的全套单证相符的单据作为质押进行审核,审核无误后,参照票面金额将款项垫付给企业,然后向开证行寄单索汇,并向企业收取押汇利息和银行费用并保留追索权的一种短期出口融资业务。

 **业务描述** ::

福德进出口贸易公司根据合同规定将绿茶装运出口后,经理李子卫根据外销合同和信用证(如下)与中国民生银行广州分行签定正式的出口

押汇总协议，并提交整套单据向中国民生银行（通常为通知行或议付行）提出正式的出口押汇申请书；银行在进行资料审核后，凭卖方交来单据保留追索权地向福德进出口贸易公司提供的短期资金融通。

操作指导

一、出口押汇业务的要求

出口押汇在出口商发运货物后，银行凭出口商交来的出口单据保留追索权地向其提供短期资金融通。

（一）出口押汇的对象及条件

1. 出口押汇的对象。企业如具有进出口经营权并具备独立法人资格，且以信用证作为出口结算的方式，即可凭信用证项下的出口单据向银行申请叙做出口押汇。

2. 出口押汇的条件。企业如需向银行申请叙作出口押汇，必须满足以下条件：

（1）企业应在申请行开立人民币或外币往来账户，办理进出口结算业务，并在押汇融资业务项下核算一切收支。

（2）企业资信良好，履约能力强，收汇记录良好，具有一定的外贸经验。

（3）出口的商品应为企业主要出口创汇产品，适应市场需求，国内外进销网络健全畅通，并能取得必要的配额及批文。

（4）企业应具有健全的财务会计制度，能按时向银行报送财务报表，接受银行对您的企业生产经营及财务状况的实时审核。出口押汇款项应用于合理的资金周转需要。

（5）开证行及偿付行所在地政局及经济形势稳定，无外汇短缺，无特别严格外汇管制，无金融危机状况，且开证行自身资信可靠，经营作风稳健，没有故意挑剔单据不符点而无理拒付的不良记录。

（6）信用证条款清晰完整且符合国际惯例，经银行认可无潜在风险因素。转让信用证银行原则上不予办理出口押汇。

（7）叙做出口押汇的单据必须严格符合信用证条款，做到单单一致、单证一致。对远期信用证项下的出口押汇，须在收到开证行承兑后方可叙做。

（二）出口押汇的币种、利率和期限。

1. 出口押汇的币种为单据原币种，押汇利率按照国际金融市场的状况、申请行筹资成本、开证行资信风险等因素确定。

2. 押汇金额比例由银行根据实际情况核定，最高额为单据金额的100%，银行预扣银行费用、押汇利息后，将净额划入企业账户。如实际收汇日超出押汇的期限，银行将向企业补收押汇利息。

3. 即期出口押汇期限按照出口收汇的地区及路线来确定，远期信用证押汇期限为收到开证行承兑日起至付款到期日后的第三个工作日止。如超过押汇期限，经银行向开证行催收交涉后仍未收回议付款项，银行有权向企业行使追索权，追索押汇金额、利息及银行费用。

（三）出口押汇的申办资料

1. 企业如需向银行申请叙做出口押汇，须向银行各分支机构的国际结算部门或总行国际业务部贸易科提交以下资料，包括：

（1）经工商局年检的企业法人营业执照复印件；
（2）借款人有权签字人授权书及签字样本；
（3）公司近期财务报表；
（4）银行需要的其他文件资料。

2. 企业应填制"出口押汇申请书"及"出口押汇质押书"各一式二份，加具公司公章及有权签字人签字，连同出口单据和正本信用证一并交银行办理进行审核。

3. 银行在收到企业提交的"出口押汇申请书"和出口单据后，如符合条件，经审核无误后叙作出口押汇。

（四）出口押汇的办理要求

1. 出口押汇的申请人应为跟单信用证的受益人且资信良好，银行为客户提供出口押汇融资时，与客户签定出口押汇总押书，并要求客户逐笔提出申请，银行凭其提交的单证相符的单据办理出口押汇。出口押汇按规定利率计收外币利息。

2. 出口押汇是银行对出口商保留追索权的融资，但银行如作为保兑行、付款行或承兑行时不能行使追索权。

3. 银行只办理跟单信用证项下银行承兑票据的贴现，申请人办理贴现业务应向银行提交贴现申请书，并承认银行对贴现垫款保留追索权。

4. 贴现票据的期限不超过360天，贴现天数以银行贴现日起算至到期日的实际天数，贴现利率将按规定执行并计收外币贴现息，贴现息将从票款中扣除。

二、押汇申请书的填制

出口押汇申请书如表5-5所示。

1. 银行业务编号：由银行系统自动生成，无需填写。
2. 致：押汇银行名称，填写出口银行中文名称。
3. 押汇币种及金额：填写银行实际支付资金的币种和金额，一般不超过汇票和发票金额的80%。
4. 押汇期限：从押汇起息日至承兑付款日，押汇期限一般不超过180天。
5. 押汇利息：

即期信用证的押汇利息 =（押汇金额×押汇利率×押汇天数）÷360天

远期信用证押汇利息 =（押汇金额×押汇利率×押汇天数）×（承兑付款日－押汇起息日）÷360天

6. 结息方式：一般采用预扣利息方式，即押汇金额－押汇利息。
7. 信用证编号：信用证方式下，填写信用证编号；其他方式下可不填。

8. 业务编号。
9. 商业编号：填写商业发票编号。
10. 申请单位：填写出口公司中文名称。
11. 有权人签名：填写出口公司法人中文签名。
12. 联系人：填写申请押汇业务的联系人。
13. 联系电话：填写申请押汇业务联系人的联系方式。
14. 日期：填写申请押汇的日期。

表 5-5　　　　　　　　　　　出口押汇申请书

银行业务编号

致_____
本司已依法办妥一切必要的出口手续，兹向贵行按下条件申请叙做出口押汇业务（请在□划"√"）

押汇币种及金额	币种：	大写：	小写：
押汇期限			
押汇利息			
结息方式			
申请押汇品种	□信用证项下出口押汇	信用证号	
		业务编号	
		发票编号	
	□托收项下出口押汇	□承兑交单 D/A □付款交单 D/P	
		业务编号	
		发票编号	

　　本公司同意按照本申请书背面所列的条款和条件，将本申请书项下所有单据及其所代表的货物质押予贵行，作为贵行向本公司提供本申请书项下融资的担保。
　　□本项申请是根据本公司与贵行签订的编号为_____的《贸易融资主协议》而提出，本申请书项下的出口押汇业务在各方面均须遵守该主协议的条款和条件以及本申请书背面所列的条款和条件，并且：
　　　　□占用贵行授予本公司的贸易融资额度_____
　　　　□其他担保：_____
　　□本项申请为信用证项下正点单据出口押汇，不占用贵行授予本公司的授信额度。
　　本公司承诺按本申请书背面所列的条款和条件履行有关义务，如押汇期间届满时本申请项下的押汇本息及相关费用未获全额清偿，贵行有权按照在本申请书约定的押汇利率的基础上加收____%确定的逾期利率对逾期款项计收逾期利息和复利。
　　本公司确认已仔细阅读并完全理解和接受本申请书背面的各条款和条件。本公司申请叙做本申请书项下的出口押汇业务是自愿的，本公司在本申请书项下的全部意思表示真实。

（申请人公章）

有权人（签字或盖章）：

公司联系人：　　　　联系电话：　　　　　　　　　　　　　　　　_____年___月___日

以下由银行签章确认：我行同意按上述条件为贵司办理该笔押汇业务。　　　日期：

注：本申请书一式两联，一联银行留存，一联申请人留存。

续表

办理出口押汇的条款和条件（背面）

1. 本申请书所述出口押汇是指申请人作为出口商，按照相关出口信用证/跟单托收约定的条件发运货物后，将信用证或托收项下的全套单据（包括但不限于相关票据、装运或其他运输单据、提单、仓单、提货单及其他所有权文件或其他单据）提交本申请书正面载明的经办银行（以下简称"银行"）进行寄单索汇，并将该等单据项下的索汇权及单据所代表的货物质押予银行，作为银行向申请人提供本申请书项下融资的担保。

2. 为设立、完善和维持上述第1条所述质押之目的，申请人应当按照银行的要求对相关汇票进行背书，或完成法律、法规要求的相关手续。申请人在此确认，银行有权持有相关单据作为偿付本申请书项下押汇款项的持续性担保。并且，如本出口押汇项下的款项因任何原因在押汇期限届满之日未能全额收妥，银行有权在法律允许的范围内以其认为适当的方式对上述单据及其所代表的货物进行处置。对于单据项下的货物，申请人保证按照银行的要求和指示代为运输、存仓和投保。

3. 信用证/托收项下收回的款项，应首先用于清偿或提前清偿出口押汇项下的款项。

4. 如本出口押汇项下的款项因任何原因在押汇期限届满之日未能全额收妥，申请人应按本申请书中约定的还款日期和利率归还押汇本息，对于上述款项，银行有权直接自申请人在银行或中国民生银行股份有限公司任何分支机构处开立的账户中扣划。若该等款项的币种与押汇币种不同，按照扣款当日银行公布的汇率牌价进行折算。

5. 如押汇期限届满时本申请书项下的押汇款项未获全额清偿，银行有权按照前述《贸易融资主协议》或本申请书中的相关约定对逾期未还款项按逾期利率计收逾期利息和复利。

6. 如信用证/跟单托收项下的款项在本申请书约定的押汇期限届满之前遭拒付或者拒绝承兑，银行有权宣布本申请项下押汇立即到期，申请人应于银行对于该等事项的书面通知中规定的还款日当日或之前，全额偿还全部的押汇本金、利息及相关费用。

7. 在押汇款项清偿完毕之前，申请人不得将上述单据所代表的货物质押/抵押给任何其他人。

8. 若本申请书约定申请人提供保证金质押担保的，申请人未付清出口押汇项下的到期款项前该保证金不得动用。在上述到期款项到期时或者银行认为出现可能危及其债权安全的情况时，申请人授权银行从上述保证金账户中直接扣收相应的款项。

9. 本申请书所述出口押汇项下对相关单据的所有记载、背书等情况以及银行对单据的占有、控制等行为不得视为申请人所欠银行的债务得到了任何形式的减免、豁免、抵偿或者其他形式的减少。申请人保证不因前述原因向银行主张任何赔偿、追索或其他权利。

10. 因本申请书发生的或与本申请书有关的任何争议，应首先由双方协商解决。协商不成的，任何一方有权向银行住所地人民法院提起诉讼。

本条款和条件与正面申请书的内容构成申请人办理本申请书项下出口押汇业务的不可分割的组成部分。

福德进出口贸易公司的销售合同如表 5-6 所示，信用证如表 5-7 所示。

表 5-6

FUDE IMPORT & EXPORT TRADE CORPORATION

1321ZHONGSHAN ROAD, GUANGHZOU, CHINA

SALES CONTRACT

TEL: 020-65788877　　　　　　　　　　　　　　　　　　S/C NO: TXT264
FAX: 020-65788876　　　　　　　　　　　　　　　　　　DATE: May. 01, 2013
TO:
YIYANG TRADING CORPORATION
88 MARAHALL AVE
DONCASTER VIC 3108, CANADA

MARKS & NO	Descriptions of Goods	Quantity	U/ Price	Amount
YIYANG MONTREAL C/NO. 1-660	Chinese Green Tea ART NO. 555 ART NO. 666 ART NO. 777 Packed in 660 cartons	1 000 KGS 1 100 KGS 1 200 KGS	CIF MONTREAL USD 110.00 USD 100.00 USD 90.00	USD 110000.00 USD 110000.00 USD 108000.00

Packing: Packed in one cartons 5 kilograms each.
Loading port: GuangZhou, China.
Destination: Montreal, Canada.
Partial Shipment: Prohibited.
Transhipment: Prohibited.
Payment: L/C at 90 Days Sight.
Insurance: For 110 Percent of the invoice value covering all risks and war risk.
Time of Shipment: Latest date of shipment 050620.

The Buyes:　　　　　　　　　　　　　　　The Seller:
YIYANG TRADING CORPORATION　　　　SHANGHAI IMPORT & EXPORT TRADE CORPORATION
YIYANG　　　　　　　　　　　　　　　　　*TONGLI*

表 5-7　　　　　　　　　　　　　　　　信用证

Sequence of Total:	*27	: 1／1
Form of DOC, Credit:	*40 A	: Irrevocable
DOC. Credit Number:	*20	: DCXT13487573
Date of Issue:	31 C	: 20130510
Date and Place of Expiry:	*31 D	: DATE 20130630 PLACE CHINA
Applicant:	*50	: YIYANG TRADING CORPORATION 88 MARAHALL AVE DONCASTER VIC 3108, CANADA
Issuing Bank:	52A	: National Paris Bank 24 Marshall Vedoncaster Montreal, Canada
Beneficiary:	*59	: Fude Import & Export Trade Corporation 1321 ZhongShan Road GuangZhou, China
Amount:	*32 B	: CURRENCY USD 328 000
Available With／By:	*41 D	: Any Bank in China by Negotiation
Drafts at:	42 C	: 60 Days Sight
Drawee:	42 A	: National Paris Bank
Partial Shipments:	43 P	: Prohibited
Transshipment:	43 T	: Prohibited
Loading on Board:	44 A	: GuangZhou, China
For Transportation to:	44 B	: Montreal, Canada
Latest Date of Shipment:	44 C	: 20130620
Descript of goods:	45 A	: Chinese Green Tea as Per S／C NO. TXT264 CIF MONTREAL
Documents Required:	46 A	:

+ Signed commercial invoice, 2 original and 4 copies.
+ Packing list, 1 original and 4 copies.
+ Certificate of origin gsp china form a, issued by the chamber of commerce or other authority duly entitled for this purpose.
+ Full set of negotiable insurance policy or certificate blank endorsed for 110 percent of the invoice value covering all risks.
+ Full set of b／l, (3 original and 5 copies) clean on board, made out to order of shipper and blank endorsed and marked "Freight Prepaid" and notify applicant.

Charges:	71B	: ALL BANKING CHARGES OUTSIDE CANADA ARE FOR Account of Beneficiary.
Period for Presentation:	48	: Documents must be presented within 15 days after the date of shipment but within the validity of the credit.

 **任务2的业务成果展示（如表5-8所示）**

表5-8　　　　　　　　　　任务2的业务成果展示

出口押汇申请书

银行业务编号

致中国民生银行股份有限公司：___广州分行___

本公司已依法办妥一切必要的出口手续，兹向贵行按如下条件申请叙做出口押汇业务（请在□划"√"）

押汇币种及金额	币种：RMB　　大写：壹佰伍拾万圆整　　小写：1 500 000		
押汇期限	90天		
押汇利息	1 333.5		
结息方式	预扣利息方式		
申请押汇品种	☑信用证项下出口押汇	信用证号	DCXT13487573
		业务编号	
		发票编号	INC2013FD-YIF02
	□托收项下出口押汇	□承兑交单 D/A □付款交单 D/P	
		业务编号	
		发票编号	

　　本公司同意按照本申请书背面所列的条款和条件，将本申请书项下所有单据及其所代表的货物质押予贵行，作为贵行向本公司提供本申请书项下融资的担保。

　　□本项申请是根据本公司与贵行签订的编号为　　　　　　　　　的《贸易融资主协议》而提出，本申请书项下的出口押汇业务在各方面均须遵守该主协议的条款和条件以及本申请书背面所列的条款和条件，并且：

　　□占用贵行授予本公司的贸易融资额度_____

　　□其他担保：_____

　　□本项申请为信用证项下正点单据出口押汇，不占用贵行授予本公司的授信额度。

　　本公司承诺按本申请书背面所列的条款和条件履行有关义务，如押汇期间届满时本申请项下的押汇本息及相关费用未获全额清偿，贵行有权按照在本申请书约定的押汇利率的基础上加收　　％确定的逾期利率对逾期款项计收逾期利息和复利。

　　本公司确认已仔细阅读并完全理解和接受本申请书背面的各条款和条件。本公司申请叙做本申请书项下的出口押汇业务是自愿的，本公司在本申请书项下的全部意思表示真实。

　　　　　　　　　　　（申请人公章）　福德进出口贸易公司
　　　　　　　　　　　有权人（签字或盖章）：李子卫

公司联系人　　　　　联系电话：020-85536666　　　2013年6月15日

以下由银行签章确认：
我行同意按上述条件为贵公司办理该笔押汇业务。　　　　　　日期：

注：本申请书一式两联，一联银行留存，一联申请人留存。

任务 3 进口信用证押汇业务

  业务场景

广州万日乳业有限公司在与芬兰 VAN DRIE 公司签订一份乳清粉的外贸合同，合同规定采用即期信用证方式付款。双方均按照合同的规定履行，广州万日乳业有限公司完成开证事宜，在信用证有效期内，广州万日乳业有限公司收到芬兰 VAN DRIE 公司通过银行寄来的进口信用证来单通知书和套议付单据副本。为了减少对资金的占用，广州万日乳业有限公司拟向银行申请进口押汇业务。

 **任务描述**

进口押汇是开证行给予进口商（开证申请人）的一项短期融资便利，即企业（开证申请人）在银行给予减免保证金的情况下，委托银行开出信用证，在单证相符须对外承担付款责任时，由于企业临时资金短缺，无法向银行缴足全额付款资金，经向银行申请并获得批准后，由银行在对企业保留追索权和货权质押的前提下代为垫付款项给国外银行或出口商，并在规定期限内由企业偿还银行押汇贷款及利息的融资业务。

 **业务描述**

银行应进口商广州万日乳业有限公司的申请开立了金额为 160 307.51 美元的即期信用证。信用证项下单据到达后,广州万日乳业有限公司向银行提出进口押汇申请。经审查,所到单据为信用证项下全套物权单据,且完全符合信用证的要求。广州万日乳业有限公司系光大银行贸易融资重点客户,银行为其核有 500 万美元的进口押汇客户授信额度,按银行规定可直接办理此笔业务,无须进行信贷审查。在此情况下,广州万日乳业有限公司向银行出具了信托收据,并与银行签定了进口押汇协议。办妥上述手续后,银行放单给广州万日乳业有限公司,并先行对外付款。

操作指导

一、办理进口押汇的要求

进口押汇是指进口信用证或进口代收项下,银行应开证申请人货代收项下付款人的要求向其提供的短期资金融通,用以对外支付该单据项下款项。

(一)进口押汇对象及条件

1. 进口押汇的对象。企业(开证申请人)如使用银行授信额度开立信用证,由于单证相符必须承担对外付款责任时,因资金临时周转困难等原因,确实无法在规定付款日前筹措到付款资金的,可在收到银行到期付款通知书后向银行申请叙做进口押汇。

2. 进口押汇的条件。

(1)企业应当具备独立法人资格,且经营作风良好,无违规、违法和违约等不良记录。

(2)企业必须在银行开有外汇或人民币基本账户或往来账户,保持经常结算往来,信誉良好。

(3)企业应有齐全的财务管理制度和生产销售网络,进口商品有正常合理的销售渠道和可靠的资金回拢来源,能够按期偿还银行的垫款资金。

(4)企业财务状况良好,具备短期偿债能力,如需要,企业应向银行提供经认可的贷款担保或抵押。

(二)进口押汇的币种、利率和期限

进口押汇币种为付款币种,押汇利率参照银行同期流动资金贷款利率,采取利随本清的计息方式进口押汇的期限自每笔对外付款日起至押汇归还日止,原则上不超过 3 个月。

(三)进口押汇业务的要求

1. 出口单据到达后,开证申请人提出办理进口押汇的要求,并填写"进口押汇申请书"。
2. 开证申请人向银行提供近期财务报表、进口合同、开证申请书等材料。
3. 开证申请人向银行出具信托收据,并在必要时提供保证金等担保措施。
4. 上述手续办妥后,银行向开证申请人发放进口押汇款。

二、押汇申请书填制

进口押汇申请书(如表 5-9 所示)的填制方法如下:

1. 银行业务编号:由银行系统自动生成,无须填写。
2. 贸易融资协议编号:填写与银行签订的贸易融资协议编号。
3. 有关的业务内容:选择本次进口押汇申请对应的业务信息,本案例应选择"信用证"。

信用证号码:填写进行押汇的信用证编号;来单银行名称:国外寄单行的名称;来单编号:填写开证行的来单通知书编号;单据金额:填写对应信用证的汇票或发票金额;受益人:信用证中的受益人,一般为申请押汇的公司。

4. 押汇币种及金额:填写银行实际支付资金的币种和金额。
5. 押汇期限:从押汇起息日至承兑付款日,押汇期限一般不超过 180 天。
6. 押汇利率和利息:勾选与银行商定的利率和利息。
7. 费用:信用证方式下,填写信用证编号;其他方式下可不填。
8. 申请单位:填写出口公司中文名称。
9. 有权人签名:填写出口公司法人中文签名。
10. 日期:填写申请押汇的日期。

表 5-9

进口押汇申请书

编号:_____

现我公司因业务需要,依据我公司与贵行签署的_____号《贸易融资综合授信协议》及附件(2):用于进口押汇,向贵行申请叙做进口押汇。由于进口押汇而产生的权利义务,均按照前述协议、附件和本申请书的约定办理。

第一条 有关的业务内容

☑ 信用证
  信用证号码:_____ 来单银行名称:_____
  来单编号:_____   单据金额:_____
  受益人:_____

☐ 进口代收
  进口代收编号为_____   金额为_____
  收款人为_____

续表

□ 汇出汇款： 　　合同编号为 _____　金额为 _____ 　　收款人（出口商）为 _____ **第二条　押汇币种和金额** 　　押汇币种为：_____ 　　押汇金额为：（大写）_____（小写）_____ **第三条　押汇期限** 　　押汇期限为_____月/天，自贵行对外支付信用证/托收项下款项或向出口商及/或我公司指定收款人付款之日起连续计算。 　　押汇到期日为前述期限的截止日或贵行依据相关协议宣布的立即到期日。 　　进口项下货物出售款项在进口押汇到期日前全部收妥的，贵行有权以货款收妥之日作为押汇到期日。 　　押汇的最终期限以贵行的确认为准。 **第四条　押汇利率和付息** 　　1. 正常进口押汇的利率及付息 　　请按以下第_____种利率（均为年率）核算贵行为我公司办理进口押汇的利息： 　　（1）双方协商确定的利率_____%； 　　（2）押汇时贵行确定/公布的利率_____%； 　　（3）押汇时 LIBOR/HIBOR + _____基点。 　　计收利息的方式为第_____种： 　　（1）到期结息； 　　（2）按月结息； 　　（3）其他。 　　2. 逾期进口押汇的利率和付息 　　如我公司未能按照上述协议和相关附件的要求偿还贵行对我公司的押汇款项，则该笔押汇的本金、利息及相关费用构成我公司对贵行的逾期债务，贵行可按本条第1款确定的利率加_____%的水平计收复利及/或罚息： 　　对于我公司的逾期债务，贵行有权： 　　（1）根据本款第一项的利率按月结息；且_____。 　　（2）对于我公司应付未付的利息按照本款第一项的利率计收复利及/或罚息。 **第五条　费用** 　　我公司兹授权贵行直接从我公司在贵行开立的人民币/外币账户中直接扣收本笔业务项下费用（_____）（此条仅适用于同业代付项下手续费收取）。 　　　　　　　　　　　　　　　　　　　　　　　　申请人（签章）：_____ 　　　　　　　　　　　　　　　　　　　　　　　　法定代表人（或授权签字人）：_____ 　　　　　　　　　　　　　　　　　　　　　　　　____年____月____日 　　银行意见：_____ 　　中国光大银行____分行贸易金融部（公章或业务专用章） 　　授权签字人：_____ 　　____年____月____日 　　本申请书一式二份，双方各执一份，具有同等法律效力。

广州万日乳业有限公司与芬兰 Van Drie 公司签定的销售合同如表 5-10 所示。

表 5-10

SALES CONFIRMATION

卖方 The Dutch Van Drie Group
Seller: Postbus 159, Mijdrecht, Netherlands (Holland)
    Phone: 31297287872,
    Fax: 31297283848

NO.: VDR-WR106

DATE: JUN 21, 2013

买方 Guangzhou Wanri Dairy Co., Ltd.
Buyer: No. 165 Nanjing Road, Xicun District, Guangzhou, China
    Tel: 86-020-87659876
    Fax: 86-020-87659872

经买卖双方同意成交下列商品,订立条款如下:
This contract is made by and agreed between the BUYER and SELLER, in accordance with the terms and conditions stipulated below.

唛头 Marks and Numbers	名称及规格 Description of goods	数量 Quantity	单价 Unit Price	金额 Amount
				CIF GUANGHZHOU
WRDAIRY GUANGZHOU No. 1-682 17 050KGS	DEMINERALIZED WHEY POWDER	17 050KGS	USD9.402 2	USD160 307.51
	总值 TOTAL: 17 050KGS			USD160 307.51

Packing: 25kg To be packed in 4-ply paper sacks with inner polyethylene liner.
         Totally 682 bags, and big bags in one 20′containers
Insurance:
To be effected by seller for 110 percent of invoice value covering ocean marine transportation All risks, War risks.
Shipment: To be effect before 30 September, 2013
Port of loading: Rotterdam, Holland
Destination: Guangzhou, China
With partial shipment not allowed and transshipment allowed.
Payment:
By 100% irrevocable sight L/C, reaching the sellers 30 days before the month of shipment, remaining valid for further 15 days after the prescribed time of shipment.
Force Majeure:
The sellers shall not hold any responsibility for partial or total non-performance of this contract due to Force Majeure. But the sellersshould advise the buyers on time of such occurrence and submit the evidence of such accident within 14 days after occurrence.
Disputes settlement:
All disputes in connection with this contract of the execution thereof shall be amicably settled through negotiation. In case no amicable settlement can be reached between the two parties, the case under dispute shall be submitted to arbitration, which shall be held in the country where the defendant resides, or in third country agreed by both parties. The decision of the arbitration shall be accepted as final and binding upon both parties. The Arbitration Fees shall be borne by the losing party.

The Buyer
****

The Seller
Mikko Hirvonen

续表

Advising Bank:	Bank of Finland
	P. O. Box 160
	FI-00101 Helsinki
	Finland
Sequence of Total:	1/1
Form OF DC:	irrevocable
DC NO.:	LC07109950126
Date of Issue:	09 JUL 2013
Applicable Rules:	UCP Latest Version
Expiry Date And Place:	15 OCT 2013 in China
Applicant:	Guangzhou WANRI DAIRY CO., LTD
	NO. 165 Nanjing Road, Xicun Disctict,
	Guangzhou, China
	Tel: 86-020-87659876
	Fax: 86-020-87659872
Beneficiary:	The Dutch Van Drie Group
	Netherlands (Holland)
	Postbus 159, Mijdrecht,
	Fax: 31297283848
DC AMT:	USD160307.51
Maximum CR AMT:	Not Exceeding
Available With/by:	Any Bank by negotiation
Drafts at:	At Sight
Drawee:	China Everbright Bank,
	Guangzhou City Branch
	NO. 685 Guangda Building,
	Tianhe BeiRoad, Guangzhou, China
Partial shipments:	Not Allowed
Transhipment:	Allowed
Loading Port/Depart Airport:	Rotterdam, Holland
Discharge Port/Dest Airport:	Guangzhou, China
Latest Date of Shipment:	SEP 30, 2013
Goods:	CIF Guangzhou
	Demineralized whey Powder 乳清粉

Documents Required:

+ Your signed commercial invoice in 3 original/s and 3 copy/ies, indicating contract number, number of the L/C.

+ Packing list in 3 copy/ies, indicating contract number, shipping marks, total packages, gross and net weights of each package and package number for each specification or item.

+ Full set of clean on board bills of lading made out to the order of shipper, endorsed in blank marked "Freight Prepaid" and notify applicant and issuing bank.

+ Insurance policy/certificate in one original for 110 percent of the invoice value showing claims payable in China in currency of the draft, blank endorsed, covering ocean marine transportation all risks and war risk.

+ Certificate of quality in triplicate issued by public recognized surveyor.

+ Beneficiary's certified copy of fax dispatched to the applicant within 24 hours after shipment advising the name of commodity, quantity, invoice value, b/l No. and the date of b/l.

续表

Additional Conditions：
+ All bank charges outside China including reimbursement Commissions are for beneficiary's account.
+ USD 35. 00 will be charged for each set of discrepant documents presented. this discrepancy fee will always be for account of the beneficiary.
+ Insurance policy/certificate must indicate name, address and Tel No. of Claim Survey Agent in Guangzhou.
+ All documents must be issued in original and made out in the language of the credit unless otherwise expressly stated.

Details of Charges： All Charges Outside Country of Issue for Account of Beneficiary
Period of Presentation： Within 15 Days After the Date of Shipment but Within the Validity of the credit
Confirmation Instruction： Without

Info to Presenting BK：
+ Upon receipt of documents conforming to the terms of this credit, we will remit proceeds as per your instructions.
+ Documents must be despatched direct to us in two consecutive registered airmails.

Except so far as otherwise expressly stated, this documentary credit is subject to uniform customs and practice for documentary credits（2007 REVISION）International Chamber of Commerce Publication No. 600.

************ END OF DC ************

 **任务3的业务成果展示（如表5-11所示）**

表5-11

进口押汇申请书

编号：_____

现我公司因业务需要，依据我公司与贵行签署的_____号《贸易融资综合授信协议》及附件（2）：用于进口押汇，向贵行申请叙做进口押汇。由于进口押汇而产生的权利义务，均按照前述协议、附件和本申请书的约定办理。

第一条 有关的业务内容
☑ 信用证
信用证号码：__LC07109950126__ 来单银行名称：__芬兰银行__
来单编号：_____ 单据金额：__USD160 307. 51__
受益人：__广州万日乳业有限公司__
☐ 进口代收
进口代收编号为_____ 金额为_____
收款人为_____
☐ 汇出汇款：
合同编号为_____ 金额为_____
收款人（出口商）为_____

第二条 押汇币种和金额
押汇币种为：__美元__
押汇金额为：（大写）__壹拾陆万美元整__ （小写）__USD 160 000__

第三条 押汇期限
押汇期限为__60__月/天，自贵行对外支付信用证/托收项下款项或向出口商及/或我公司指定收款人付款之日起连续计算。

续表

押汇到期日为前述期限的截止日或贵行依据相关协议宣布的立即到期日。 进口项下货物出售款项在进口押汇到期日前全部收妥的，贵行有权以货款收妥之日作为押汇到期日。 押汇的最终期限以贵行的确认为准。 **第四条　押汇利率和付息** 　　1. 正常进口押汇的利率及付息 　　请按以下第＿3＿种利率（均为年率）核算贵行为我公司办理进口押汇的利息： 　　（1）双方协商确定的利率＿＿＿＿％； 　　（2）押汇时贵行确定/公布的利率＿＿＿＿％； 　　（3）押汇时 LIBOR/HIBOR ＋＿300＿基点。 　　计收利息的方式为第＿1＿种： 　　（1）到期结息； 　　（2）按月结息； 　　（3）其他＿＿。 　　2. 逾期进口押汇的利率和付息 　　如我公司未能按照上述协议和相关附件的要求偿还贵行对我公司的押汇款项，则该笔押汇的本金、利息及相关费用构成我公司对贵行的逾期债务，贵行可按本条第1款确定的利率加＿10＿％的水平计收复利及/或罚息： 　　对于我公司的逾期债务，贵行有权： 　　（1）根据本款第一项的利率按月结息；且＿＿＿＿＿＿＿＿＿＿＿＿＿＿＿＿＿＿＿＿＿＿＿＿。 　　（2）对于我公司应付未付的利息按照本款第一项的利率计收复利及/或罚息。 **第五条　费用** 　　我公司兹授权贵行直接从我公司在贵行开立的人民币/外币账户中直接扣收本笔业务项下费用（＿＿＿＿＿＿）（此条仅适用于同业代付项下手续费收取）。 　　　　　　　　　　　　　　　　　　　　　　申请人（签章）：＿广州万日乳业有限公司＿ 　　　　　　　　　　　　　　　　　　　　　　法定代表人（或授权签字人）：＿＿＿＿＿ 　　　　　　　　　　　　　　　　　　　　　　　　2013＿年＿9＿月＿10＿日 银行意见：＿＿＿＿＿＿＿＿ 中国光大银行＿＿＿分行贸易金融部（公章或业务专用章） 授权签字人：＿＿＿＿＿＿＿ ＿＿＿年＿＿＿月＿＿＿日 本申请书一式二份，双方各执一份，具有同等法律效力。

项目小结

　　项目五的3个任务，是3家外贸公司在各自进出口贸易中，分别向中行、民生、光大3家商业银行申办出口信用证融资业务：包括出口信用证打包贷款、出口信用证押汇和进口信用证押汇的业务时，如何正确填写"打包贷款申请书"、"出口押汇申请书"、"进口押汇申请书"。鉴于这三个填表的业务操作相对简单，故不再逐一说明"操作要点"。

　　这部分内容是项目九"国际结算与贸易融资"的基础，这里从外贸公司跟单员的角度出发，探讨如何向银行申办出口信用证融资和进口信用证融资。项目九则是从商业银行的角度出发，探讨如何为出口或进口企业设计贸易融资产品。

 知识网络

信用证业务
- 信用证结算业务
  - 进口商申请开证业务——开证流程、开证申请书
  - 开证行开立信用证——MT700报文
  - 通知行制作通知书——信用证通知书
  - 出口商审核信用证——信用证条款、审核依据与内容、软条款
  - 开证行修改信用证——改证流程、MT707
  - 出口商交单与结汇——交单联系单、不符点处理
  - 开证行审单与付款——单据审核要点、不符点处理
- 信用证融资业务
  - 出口信用证打包贷款业务——打包贷款申请书
  - 出口信用证押汇业务——出口信用证押汇申请书
  - 进口信用证押汇业务——进口信用证押汇申请书

项目六 支付方式的组合应用

 学习目标

知识学习目标：

1. 了解基本支付方式适用性和风险。
2. 了解各支付方式项下的贸易融资。
3. 理解三种支付方式的对比分析。
4. 理解与其他结算方式的组合及应用方式。
5. 掌握三种支付方式的选择使用。
6. 掌握三种支付方式的结合使用。
7. 运用对支付方式进行选择的原则，根据不同的业务，对这些支付方式进行组合和应用。

技能训练目标：

1. 外贸公司根据对支付方式选择使用的原则，在支付条款上选取一种基本支付方式。
2. 外贸公司根据对支付方式结合使用的原则，在支付条款上设计两两组合支付方式。
3. 外贸公司根据对支付方式结合使用的原则，在支付条款上设计三种以上组合方式。

站在进出口商的角度，在签约阶段，能够根据国际贸易合同中主要条款的选择原则，特别是其中支付条款的选择策略，进行销售合同支付条款谈判；在履约阶段，能够独立完成几种支付方式组合应用的操作。

 工作任务

1. 外贸公司在支付条款上，选取汇款、托收或信用证中的某一种基本支付方式。

2. 外贸公司设计完全基于商业信用的汇款＋托收或 D/P＋D/A 两两组合支付方式。

3. 外贸公司设计部分基于银行信用的汇款＋信用证或托收＋信用证两两组合方式。

必备知识

对于国际贸易的交易双方来说，汇款、托收、信用证三种基本结算方式在资金负担、风险与利益等方面不尽相同，各有利弊。如果将其中的两种分别组合，取长补短，可达到降低风险，节省费用的目的。

如何将基本结算方式相结合，进行灵活运用？又如何运用其他结算方式？在项目六里，我们分别在三个任务中针对这些问题进行逐一探讨。在知识准备的环节，大家要在分析三种基本结算方式的利弊基础上，从信用状况、销售情况、货运方式和使用术语四方面，了解选择支付方式的原则。

一、三种基本支付方式的对比分析

（一）汇款方式的使用

1. 汇款方式适用性。若买卖双方商业信誉良好，在彼此相互了解（包括对方国家的政治、法律、外汇管制等）、相互信任的情况下，或境内外母子公司之间，跨国公司的不同子公司之间的货款清算，汇款是最为理想的一种结算方式。

2. 汇款方式风险点。如果是预付货款，进口方可能因出口方违约而承担不能如期收货甚至收不到货的风险；如果是货到付款，出口方可能因进口方违约而承担不能如期收回货款或收不回货款的风险。

防范措施：选择信誉、服务良好的银行；选择快捷、正确的汇款路线；提供正确的收款人名称、账号、收款行的 Swift Code（如：工商银行厦门分行 ICBKCNBJSMM）；根据汇款用途，选择费用承担方式（BEN、OUR、SHARE）。

3. 汇款项下的贸易融资。

（1）进口 T/T 融资：融资期限最长可达 180 天，满足进口企业短期融资需求。

（2）出口发票融资：提前收回货款，规避汇率风险，从银行获得的融资款项可保留现汇，也可结汇入账，增强资金的流动性，提高经营效率。

4. 汇款在国际贸易中的应用。在国际贸易实务中，汇款方式分为"前 T/T"（Payment in Advance）和"后 T/T"（Cash on Delivery）两种。

"前 T/T"对于出口商有利，它可以降低货物出售的风险，而且根据预付金额的多

少，相应地减少或者解除了出口商的资金负担。而对于进口商来说，则有较大风险。因为货物还没有见到就付了款，等于向对方提供了无息贷款，不但占用了资金还造成了利息损失，此外还需承担货物的风险，即出口商可能在收到款后，不按时、按质、按量地发送货物，或者收到的是假货。

"后 T/T"则反过来对于进口商有利，因为进口商收到货物后再付款，降低了资金风险，相当于得到资金融通。而且，也避免了货物风险，因为见到货物后才付款。但对于出口商来说，则很不利。因为出口商往往是要等到进口商收到货物的一段时间之后才能将货款的收回，因此不但被占用了资金，而且还要承担进口商可能不付款的风险。

所以，用汇款方式进行结算，虽然其银行费用是三种基本支付方式中最低的，但资金负担和风险承担对进出口双方很不均衡。无论以上面何种方式，结算的风险和资金压力完全是一边倒，双方能否顺利结算依赖于双方的商业信用。

（二）托收方式的使用

1. 托收方式适用性。托收手续较汇款复杂，费用也较汇款高，资金负担和风险承担主要集中于出口商一方，是一种相对不利于出口商的结算方式。虽然这不是一种最理想的结算方式，但只要出口商对进口商的资信作风、商品行情、进口地商业习惯、海关、贸易和外汇管制等进行充分地调查和了解，注意把握收汇风险，采用托收结算方式也有利于扩大出口，提高出口商品的竞争能力。

2. 托收方式风险点。托收业务也是基于买卖双方的商业信用，银行只是居中代理各项委托事项。因此，对进口方来说，付款赎单提货后可能发生货物与合同不符；对出口方来说，虽然进口商提货是以付款或承兑为前提，一般不会有钱货两空的风险，但仍可能存在进口商拖延付款或无理拒付等不能及时收回货款的风险。

风险防范：了解《托收统一规则》（Uniform Rules for Collection，简称URC），国际商会第522号出版物；选择信誉好的代收行；选择有利的交单方式。

3. 托收项下的贸易融资业务。

进口代收项下押汇：银行为进口方提供的短期融资便利。

出口托收项下押汇：银行为出口方提供的短期融资便利，规避汇率风险。

国际保理：融资 + 应收/应付款管理 + 风险担保。

4. 托收在国际贸易中的应用。在托收方式下，货运单据代表着对货物的权利，出口商通过控制货运单据来控制货物，如果进口商不付款或不承兑就不交付单据让其提货。因此，一般来说出口商不会面临"钱货两空"的损失。这相较于汇款方式中的货到付款要安全。而对于进口商来说，只要付款或承兑就可以马上取得单据提货，比汇款方式中的预付货款风险要小。

但具体来看，托收中由于交单条件的不同，风险的承担和资金负担还是各有差别。在D/P方式下，代收行必须在进口方支付了货款以后才将有关单据交给其用以提货，这样出口方的货款得到了保障。而在即期和远期付款交单两种方式中，又以 D/P 即期对出口商的风险最小，因为 D/P 远期有被代收行改按 D/A 方式处理的可能性。而在D/A方式下，代收行在进口方承兑后就将单据交与他，这意味着出口方已经交出了货物的所有权，一旦进口方到期不付款，出口商仍将遭受"钱货两空"的损失。

总的来说，托收方式对于出口商的风险要大些，对于进口商的风险要小些。而且资金负担也不均衡，出口方在签订合同后，就开始垫付资金准备货物、安排运输。而进口方在付款交单方式下，只要付款便可取得货物，自身不需先垫款。如果是承兑交单方式，则更有利，完全可以先提货在当地销售，到期再付款。

虽然托收与汇款方式一样，都以商业信用为基础，但由于托收方式通过用单据控制了货物所有权，结算风险及资金负担相对汇款来说要平衡一些。此外，托收比信用证手续便捷、简单，费用虽高于汇款，但比信用证要低很多。

（三）信用证方式的使用

1. 信用证方式适用性。信用证业务是以银行信用代替商业信用，与托收和汇款结算方式相比，对进出口双方都更有保障，同时也为进出口双方进行贸易融资提供了条件和便利。信用证业务基于银行信用，因此开证行负第一性付款责任。对于出口商来说，只要提交了符合信用证要求的单据并履行了信用证上的各项规定，银行就必须付款，因此，出口商的收款就有一定保障。对进口商来说，可以通过要求出口商提供各种单据来确保货物的质量，并通过获取单据而取得物权，因此收货有一定保障。在资金方面，信用证项下对于进出口双方有各种资金融通的方式，一定程度上缓解了双方周转的困难，有利于国际贸易的发展。

但是，信用证结算也存在不足之处。首先，它的手续繁杂且费用较高。其次，整个业务是一种纯粹的"单据买卖"行为，只要"单证相符"，开证行就一定要付款，进口商也一定要"付款赎单"。但这并不能保证得到的货物完全与单据相符。最后，信用证业务中欺诈现象也很常见。如提供无货单据、假冒单据；开证行和进口商可能无理拒付或无力支付；开证行可能在信用证中列出一些"软条款"以达到不付款的目的。

虽然如此，但信用证结算毕竟因为有银行信用的参与，贸易双方风险较小，在风险承担上也较均衡。因此，该结算方式已经成为现代国际结算影响最大、应用最广的方式。

2. 信用证方式风险点。由于银行处理是以单据为准，因此，存在着出口商以假单据骗取货款或进口商以单据不符为由拖欠或拒付货款的风险。从银行提供融资的角度来说，存在着垫付货款或收不回押汇款的风险。

（1）以信用证为出口结算方式时：

①注意审核来证的各细节，对不能履行的条款、含有不利的软条款、来证中的错漏等及时要求进口方做相应修改。

②尽量不接受1/3提单直接寄交开证申请人的条款。

③提高制单质量，避免进口商拖延付款、避免开证行扣费。

（2）以信用证为进口结算方式时：

①所要求提交的单据及其份数、签发人明确。

②各条款清晰、不矛盾，避免将非单据条款列入信用证。

③必要时，技巧性地运用软条款。

3. 信用证项下的贸易融资。

授信开证：银行核给一定的授信额度，可周转使用。
进口押汇：银行提供给进口商的短期融资便利。
提货担保：货到单未到，凭银行保函先行提货。
打包放款：出货前的短期融资便利。
出口押汇：出货后的短期融资便利。
福费廷：无追索权的融资，不占用客户授信。

4. 信用证在国际贸易中的应用。在我国的国际贸易中，信用证是应用最为广泛的一种结算方式。信用证与汇款和托收方式最大的区别在于它以银行信用取代了商业信用。

（四）三种结算方式的对比分析（如表6-1所示）

表 6-1

结算方式		手续	银行收费	资金负担	买方风险	卖方风险	银行风险
汇款	预付货款	简便	低廉	不平衡	最大	最小	没有
	货到付款				最小	最大	没有
托收	付款交单	较繁琐	较高	不平衡	较小	较大	没有
	承兑交单				极小	极大	没有
跟单信用证		最繁琐	最高	较平衡	较大	较小	有风险

二、三种基本结算方式的选择原则

不同的支付方式，对买卖双方的保障性是不同的。任何一种支付方式对双方的保障总是相对的，对一方有利，对另一方就会有风险。而且国际贸易无法真正实现一手交钱，一手交货，即使货运单据代表货物所有权，但毕竟单据还不是货物，所以每一种付款方式都有风险。因此，交易安全的关键是交易对象的选择。若买卖双方相互信赖，买方有真正的需求，卖方也积极供货配合，那么任何一种付款方式都只是资金的转移方式。

进出口双方应根据对方的具体情况以及三种结算方式的优缺点，进行具体分析，选择一种适当的支付方式，从而提高贸易的安全性和减少贸易成本。在实务中，我们可以根据以下几个因素来选择支付方式：客户信用——关注您的交易对手；货物销路——关注市场行情；贸易术语——了解国际商会《国际贸易术语解释通则》（INCOTERMS 2000）；运输单据——掌握货物所有权凭证；承运人——实力、信誉、管理水平；货币因素——关注汇率走势。

（一）客户的信用状况

客户的信用状况往往是影响支付方选择的最重要因素。但由于在结算中，货币的流向和货物的流向是不一致的，因此，进出口双方总会存在授信问题。

对于首次交易的客户，要重视对客户资信的调查。如客户的企业性质，是贸易公司，还是零售商，或是生产厂家，该公司的规模、经营范围、往来银行名称及账号，与中国其他公司有无业务关系，公司有无网站。关于客户的资信调查，一方面请客户自我介绍，然后从侧面加以证实；另一方面，可通过银行、保险部门和驻外机构进行调查，也可委托中国银行对客户进行专门的资信调查。

买卖双方通过业务交往，对交易伙伴的资信状况、交易群体或有关市场行为有了更多的了解。刚刚建立起来的业务关系时，可以使用比较保守的付款方式，例如信用证付款方式。而随着双方有了相互熟悉，了解的更多时，可逐步采用更为宽松的支付方式，例如托收或者汇款。

总的来说，如果进出口双方是第一次交易，或者对方的信用等级一般，则应该选用L/C的付款方式；如果对方的信用等级较高，或者双方已建立起稳定的商务关系，可以选用托收方式，但为保出口商收款安全，最好选用D/P即期的交单条件。这样，费用大大低于信用证业务，手续也简便多了，并且也可以在一定程度上控制物权凭证。如果客户的信用很好，值得信赖，则可以选用托收方式下的D/A甚至是直接汇款的方式。

客户资信和地域特点

在实际的业务工作中，选择何种付款方式还取决于客户所处的地域。如与周边国家和地区的交易，由于船期短，可以在充分了解交易对方的情况下使用银行托收或T/T方式或其他更为简便的方式予以结算。

一般而言，欧美、日本、澳大利亚、新加坡等国家或地区的客户，资信比较好，国家金融运作体系正常，卖方可考虑D/P、D/A、后T/T等付款方式，或者在选择这些付款方式后，再进行国际保理；而南美、非洲等都是高风险国家，可以考虑选择D/P，投保出口信用证。

老客户资信并非一成不变

在对外贸易中，即使合作多年的老客户资信情况和经营状况也并非一成不变。卖方应根据客户资信变化，调整付款方式：

1. 若是信誉较好的老客户，且合同金额较小，卖方可以接受D/A或后T/T。

2. 若是新客户，或合同金额较大，卖方可考虑接受D/P、D/A、后T/T，但必须投保出口信用保险。

同时，卖方应对客户资信实行动态掌握，连续考察，结合竞争需要，调整信用额度及付款方式，以降低结算风险，保证安全收汇。

当然，客户所在的地区是选择付款方式的一个参考，并不是绝对的，这还要与客户本身的商业信誉相结合来考虑。

（二）货物的销售情况

众所周知，现在开辟商品销路非常困难，企业要花大气力把自己的商品投入市场。大多数出口企业困难的不是生产商品，而是销售商品、为商品寻找市场。由于全球贸易的竞争日益激烈，销售商往往必须寻找非价格化的竞争优势，接受对买方较为有利、方便及成本低廉的付款条件，诸如D/A或O/A等方式。

卖方在选择付款方式时，应根据产品的市场销路情况，灵活选用结算方式，如：出口的是畅销货或适销对路的货物，对方拒付、退货的风险较小，可选用 D/P、D/A 甚至后 T/T 等支付方式。如果买卖的是市场热销的商品，供不应求，处于卖方市场，则出口商的主动权比较大。这时，就可以选择对自身有利的支付方式，如要求用 L/C 进行结算，甚至要求买方预付货款。如果商品本身就是滞销产品，供过于求，处于买方市场，则进口商掌握主动权，则可以要求以 D/A、甚至以货到付款方式结算。

（三）货物的运输方式

货物的运输方式决定着使用的运输单据，而运输单据是否为物权凭证又在一定程度上决定着结算方式的选择。

由于海运提单是物权凭证，持有人可以通过提单的持有掌握货物的所有权，因此，如果货物经由海洋运输，卖方可以通过控制海运提单控制货物，海运提单成为约束卖方付款赎单的有效工具。假如货物是通过海洋运输，卖方发货后所取得的是不记名提单，而海运时间较长，可以选用结算程序较复杂、收汇时间较长的信用证和托收方式。

但如果货物经由航空、铁路或邮政运输，买方可以凭承运人到货通知等提货，卖方发货后取得的单据仅仅是承运人为方便其结汇而签发的凭证，并不代表单据项目下的货物，这些单据在货物运抵达目的地后，收货人凭有效证件便可提货，与收货人是否已付货款无关。因此，采用这些运输方式，一旦发货，出口商便失去了对货物的控制权，因此信用证和托收同样是没有实质意义的，最好采用预先支付形式，尤其是在空运情况下。

（四）使用的贸易术语

不同的贸易术语对于进出口双方的责任和各自承担的风险有不同的规定，也相应有不同的交货方式和运输方式，因此，这些性质决定了不同的贸易术语适应的货款收付方式也应有所差别。

一般来说，采用 CIF 和 CFR 等价格条件成交，适合选用跟单托收和 L/C 的方式；而对于 FXW 和实际交货的 D 组术语，一般就不会采取托收的形式进行结算；对于 FOB 和 FCA 等术语，由于是由买方安排运输，出口商便很难控制货物，所以在一般情况下也不会选择托收的方式。

卖方在采用货到付款或托收等商业信用的结算方式时，应尽量避免采用 FOB 或 CFR 术语。因为这两种术语下，按照合同的规定，卖方没有办理货运保险的义务，而由买方根据情况自行办理。如果履约时行情对买方不利，买方拒绝接收货物，这就有可能不办保险，这样一旦货物在途中出险就可能导致钱货两空。如不得已采用这两种术语成交，卖方应在当地投保卖方利益保险。

（五）贸易融资的便利

在国际贸易中，很多企业除力求在货款的收付方面获得较大的安全保障，尽量避免钱货两空的风险外，还想在资金周转方面得到融通。

从资金融通的便利性看，信用证对进口商提供开证授信度，进口押汇等融资服务，而对出口商提供打包放款、出口押汇等融资服务。这些服务手续简便，费率低。因此，信用证方式是一些需要解决资金问题的企业的较好选择。

（六）货物价值的大小

对于出口商来讲，交易金额的大小直接影响付款方式的选择。如果交易金额很小，可以采用汇付的方式，因为汇付手续比较简单、速度快、费用也比较低。在做大宗国际贸易时，则最好采用信用证得结算方式为妥。

另外，出口企业自身的规模和财务状况也会影响付款方式的选择。一般来说，规模较大、资金雄厚的企业，在付款方式的选择上具有更多的空间，能给予进口商的信用额度也较大。因此，规模较大、财务状况好的企业可以采用较宽松的付款方式。而规模较小的外贸企业，资金较少，如果货物运出后，货款没能及时收回，就会影响企业的资金周转。因此，规模较小的外贸企业较适合前 T/T 或 L/C 结算方式。

（七）汇率变动的风险

在我国，一方面，人民币尚未实现完全可自由兑换，汇率形成机制不健全，在政府有管制的浮动汇率机制下，国际结算所使用的货币兑换成本和风险较大；另一方面，外汇汇率的市场化机制在逐步完善之中，汇率的浮动幅度在逐步增大，伴随着货币增值或贬值的不确定性增强，同时不断蔓延的全球金融危机还在冲击各国的经济稳定和金融安全环境，国际结算货币的汇率风险必然随之增大。

在国际贸易中，各种结算方式对不同的当事人来说，有不同的利弊和优劣，国际贸易支付方式选择直接决定着出口商能否安全、快捷地收到货款。在具体运用时必须针对不同国家、客户对象和交易的实际情况，全面衡量，趋利避害。在既能达成交易，又能维护企业权益的前提下，力争择优弃劣，最终达到确保外汇资金安全、加速资金周转、扩大贸易往来的目的。因此，在选择时应该全面考虑各种因素，同时要兼顾双方的利益，才能达到双赢的目的。

■ 导入案例

案情：

A 公司是一家专营纺织品进出口业务的公司，2013 年与东欧的一个纺织品进口商 B 结识，双方意欲先从小额贸易开始，建立商务关系。但是在付款方式上，B 公司坚持在收到 A 公司正本提单的传真件后 3 天内，T/T 40% 的货款给 A 公司，其余 60% 的货款采用即期信用证的结算。A 公司觉得这样的结算方式有风险：如果 B 客户收到提单的传真件之后一直不付 40% 的货款给 A 公司，而信用证又到期，若 A 不去银行议付，则可能连 60% 的货款也拿不到；若 A 去银行议付，则可能只拿到 60% 的货款。因此，A 公司想让 B 公司在收到提单的传真件之后支付 100% 的货款，然后 A 公司再寄提单给他，但又担心万一 B 公司由于种种原因正好不要货，则 A 公司同样会损失。A 公司已经和该客户保持联系一年了，现在样品、价格客户都已确认，但交易却被结算方式卡住，而 B 公司又不肯改变，理由是他们与其他中国公司都是这样合作的。

【分析】

在国际贸易中，买方常常为了节省结算费用，而采取两种结算方式相结合的方式。部分信用证、部分电汇相结合便是其中之一。为了能够达成交易，出口商一般也会同意，但风险在于信用证以外的那部分货款能否收回。此案中，A公司能否接受B公司的要求，关键在于要明确对方这样做的动机。如果确实是为了节省费用、减少开证支出则可以接受。A公司可以要求B公司付款后把付款凭证、银行扣款证明等传真过来，确认客户已把40%的货款付了之后，再到银行交单议付。

在国际贸易中，进出口双方在支付方式的选择上，围绕着信用风险和资金负担两大问题，始终难以达到完全一致的意见。这说明单纯一种支付方式难以解决这一矛盾，双方有必要根据交易的实际情况，将两种甚至两种以上的基本支付方式相结合，以确保交易的顺利完成。国际结算方式的多元化选择或混合选择，指多种结算方式的相结合或综合运用。采用混合国际结算方式的优点在于使买卖双方分摊一些结算风险和成本，以有利于达成双方均可接受的结算方式合约。因此，混合国际结算方式日趋受到青睐。

根据各种国际结算方式的地位和功能的不同，国际结算可分为基本结算方式和其他结算方式。基本结算方式包括我们前面所述的汇款、托收和信用证方式，其他结算方式是指除基本结算方式以外的其他方式，如银行保函、国际保理和福费廷，其主要功能是在贸易融资、风险转移方面弥补基本结算方式的不足。

■ 流程图解

银行对出口贸易提供的产品服务如表6-2所示。

表6-2 银行对出口贸易提供的产品服务

	合同阶段			备货阶段				运输	交单阶段			收款阶段			
	资信调查	顾问服务	资信证明、投标保函	信用证转让、背对背信用证	出口托收、出口来证	信用证保兑	订单融资、打包贷款	代理运输保险	福费廷	出口贴现、出口押汇	出口保理、融信达	汇入汇款、即远期结汇	远期结汇交割	应收账款管理、国际C保理	质量保函
贸易结算					●						●	●			
融资需求		●		●			●		●	●	●				
信用增强		●	●												●
风险控制	●					●		●			●			●	
账款管理		●												●	

任务 1
外贸企业选择完全基于商业信用的支付方式组合

 业务场景

甲国的 A 公司出口机电设备给乙国的 B 公司。A 公司为了收汇安全，希望 B 公司预付货款，而 B 公司为了保证能收到货物，希望采用托收的结算方式。双方需要寻找一种较为平衡的结算方式。考虑到信用证结算费用较高，他们不打算使用信用证结算方式。请分析在这种情况下，应采取哪种结算方式？

对我们B公司来说，信用证太贵了。这回用托收怎么样？

就是，我们也想挑个简单的方式，信用证的银行审单很麻烦！但是，托收对于我们A公司而言，风险比较大！

 **任务描述**

随着买方市场的日益强大，进口方在合作关系中的议价能力日益增强，因此，在进口商提出采用更利于买方转移合作风险、减少流动资金占用的托收方式进行结算时，出口商既担心风险比较大，又不愿失去合作的机会。

 **业务描述**

"假如你是出口商，在当前的形势下，在与外商磋商国际贸易合同时，其中支付条款的选择策略是什么？"——"通过组合应用，满足双方需求。"

操作指导

跟单托收 + 汇款的结合，通常适用于跟单托收方式下，出口商为降低托收结算方式的风险，要求进口商先支付一定金额的预付款或押金，待货物装运后，出口商从货款中扣除已收妥的款项（预付款），其余部分通过银行托收。托收方式，是一种对进口商较为有利的结算方式，汇款（尤其是预付货款）方式，是一种对出口商较为有利的结算方式。两种方式的结合，往往使进出口商的利弊悬殊缩小或接近。本案可以采用托收与汇款相结合的结算方式。采用托收业务进行结算，出口商的风险比较大。因此，为了降低风险，出口商可要求进口商预先支付部分货款作为押金，等货物装运后，出口商通过银行办理剩余货款的托收。比如，采取 T/T 的形式预付定金 30%，剩余的 70% 采用 D/P 即期付款的形式。由于进口方已支付 20%～30% 的订金，一般不会拒付托收项下的货款，否则，预付款将无法收回。因此，出口方的收汇风险将大大降低。而且即使买方拒付，出口商仍可以选择将货物返运回国，扣留的订金便可用于支付往返运费。这种组合既可保证出口商能及时履行发货义务，降低其收汇风险，又能约束进口商的付款行为，并且对双方来说，都降低了结算成本。

但是，要注意，这种方式被较多地应用在与欧洲客户的交易当中，如用在海湾国家时要慎重。例如，根据对 2007 年参加广交会企业之一的江苏医保进出口（集团）公司的调查，发现该公司与墨西哥一家公司的进口业务就采取了 10% 预付订金，40% 发货后电汇付款，50% 即期付款交单托收等混合方式。如果进口国是巴基斯坦、叙利亚、约旦和孟加拉等国，情况就不一样了。这些国家的海关规定如货物返运回国，必须要向其提交进口商出具的书面退货声明并经进口国银行书面证实后，海关才能办理退关及退货手续，否则不予办理有关手续。有了上述这一规定，如果进口商在拒付后不愿出具书面退货声明，出口商将不能将货物返运回国。因此，在这种情况下进口商拒付的可能性大大提高，并在拒付之后往往提出降价等苛刻要求。因此，与上述国家的客商交易时，要慎重考虑。

本案中，A 公司为了收汇更有保障，及加速资金周转，可以在要求进口商在货物发运前，使用汇款方式，预付一定金额的定金（Down Payment）作为保证，或一定比例的货款，在货物发运后，当出口商委托银行办理跟单托收时，在托收全部货款中，将预付的款项扣除。

万一托收金额被拒付，出口商可将货物运回，以预收的定金或货款抵偿运费、利息等一切损失。关于定金或预付货款的金额，可视不同客户的资信和商品的具体情况确定。

托收中的 D/P 与 D/A 相结合

在我国的"三来一补"业务中，对于来料加工、来样加工、来件装配等业务，一般由外商提供一定的原材料、半成品、零部件、元器材（必要时也提供技术设备），由我方加工企业根据外商的要求进行加工装配，收取加工费，然后产成品交外商销售。由于该类业务涉及原材料的进口和产成品的出口两方面，因此，可采取托收中 D/P 与 D/A 相结合的方式来进行结算。在进口原材料时采用承兑交单（D/A）方式，因为该进口行为是为了将来加工后再出口，因此进口商拒付货款的可能性很小，可采用 D/A 方式。而在产成品出口时使用即期付款交单方式（D/P 即期）结算。而在制成产成品后，原来原材料的进口商此时转变为出口商，为防止国外进口商到期不付款，则不宜再采用 D/A 方式，而是采用风险较小的 D/P 即期方式。

任务 2
外贸企业选择部分基于银行信用的支付方式组合

国际贸易支付组合机制是以商业信用为主、银行信用为辅，体现自我约束和外部约束有机结合的支付组合机制。在支付方式的采用上，以汇付和托收为主，以信用证、备用信用证为辅。传统上，一笔交易通常选用一种结算方式，目前，若根据交易特点将不同的结算方式结合使用，可以起到取长补短、相辅相成的作用。

 业务场景

甲国的 A 公司出口农产品给乙国的 B 公司。双方商定以信用证方式结算。由于商品的数量不易控制，B 公司在申请开证时，难以确定金额。请分析在这种情况下，如何结合不同的结算方式，既可以保证收汇，又有数量和金额变化的灵活性？

▼ **任务描述**

信用证方式下,若商品的数量不易控制时,企业应如何通过不同结算方式的结合来满足结算中不同方面的需要。

▼ **业务描述**

对于粮食等初级产品的交易,当商品的数量不易控制时,设计采用信用证与汇款相结合的方式,既可兼顾收汇的安全性,又适用数量或金额变化的灵活性。

操作指导

本案例中,采用信用证与汇款相结合的方式,即主体货款用信用证方式,余款用汇款方式在货物发运后支付。

在货物发运前,先开立信用证,规定凭装运单据支付若干金额,以保证收汇的安全;待装运完毕核算装运数量,或货物到达目的地经检验后,按实际品质或重量计算出确切金额,用汇款方式支付余款。

一、汇款与信用证相结合

跟单信用证+汇款的结合,是指主要的货款采用信用证方式进行支付,其他余款以T/T的方式支付。或者交付订金以T/T方式,剩下货款以信用证的方式支付。

这种结算方式常用于允许其交货数量有一定机动幅度的某些初级产品的交易。例如,对于矿砂、煤炭、粮食等初级产品的交易,可规定大部分货款采取信用证方式支付,剩下的余款等货物到达目的地后,根据检验结果,按实际品质或重量计算出确切金额,用汇款方式支付。又如,对于畅销商品或紧俏商品,可要求对方以汇款方式缴纳部分定金。便于出口商备货,减少出口商部分资金负担。因此,订金部分的款项常以迅速、便捷的方式支付,如汇付,其余主要货款日后按照信用证结算。

使用这种结算方式,必须首先在合同里注明采用的是何种信用证和何种汇款方式,以及相应的金额比例。

(一)信用证与装船前汇付相结合

双方事先在合同中的支付方式条款中规定,×%货款(一般为70%~80%,下同)货款由信用证支付,剩余(一般为20%~30%,下同)货款应由进口商在不晚于货物装船前若干天通过汇付方式支付给出口商。

在实践中,进口商一般会先开来信用证,然后在货物装船前若干天办理汇付,出口商收到货款或汇出行出具的汇付收据后将货物按时装船,然后向银行递交全套单据办理议付。

这种方式对进口商来说有时较为有利,在国际市场价格变化对其不利时,进口商可能会提出先检验装船前样品,然后借故拒付汇付部分的货款,出口商将无法按时发货,导致信用证过期失效,已生产完毕的货物积压,从而使出口商遭受重大经济损失。

(二)信用证与装船后汇付相结合

进出口双方在合同中约定90%货款以信用证方式支付,其余10%在货物运抵目的港,经检验合格后,按实际到货数量确定余款,以汇款方式支付。

这里的"若干天"的期限视具体业务,由双方协商决定:出口商按合同规定与信用证要求将货物装船后,提交全套单据向银行议付。倘若进口商并未在规定的期限内办理剩余部分货款的汇付,那么将会给出口商带来很大的损失。

二、托收与信用证相结合

跟单信用证+托收的结合,是指交易货款部分用信用证方式支付,余款用托收方式结算。这样的组合对进口商来说,可以减少开证金额,少付开证押金,少垫资金;对出口商来说,托收部分虽然存在风险,但有部分货款由信用证结算,比较有保障。而且,可以在信用证中注明信用证的种类和支付金额、托收方式的种类,以及"在全部付清发票金额后方可交单"的条款。这样,收款还是有保证的。

此外,在这样的出口业务中,为防止信用证项下的部分货款支付后,国外进口商取得货运单据,从而拒付托收项下的货款,出口商可在合同中规定以下条款:"买方须在装运月份前××天开立不可撤销信用证并送达卖方,规定××%发票金额凭光票支付,其余××%金额用跟单托收(即期或远期)付款交单方式。全套货运单据附于托收项下,在买方付清发票的全部金额后交单。如果买方不能付清全部发票金额,则货运单据须由开证行掌握,凭卖方指示处理。"

汇款、托收、信用证的结合

在结算方式的组合应用时,有时也会将三种基本结算方式都组合在一起。即汇款、托收、信用证的结合使用。该方式常用于大型机械、成套设备和大型交通运输工具(飞机、船舶等)等货款的结算。由于这类产品交易金额大、生产周期长、检验手段复杂、交货条件严格以及产品质量保证期限长,因此,出口商往往要求进口商以汇款方式预付部分货款或定金,大部分货款以信用证方式结算,尾款部分以托收方式结算。尾款付款期限较长,一般在卖方完成全部交货责任或承担质量保证期满,经检验合格后再予付清。

任务 3
外贸企业选择基本支付方式与其他结算方式组合

不同结算方式的结合使用及不同结算方式与银行保函的结合使用,既不是固定的结合方式,也不是一成不变的。在一笔交易中应综合考虑各方面的因素以灵活运用和合理选择,既能节约成本、用活资金,又能有效防范和控制风险。

 **业务场景**

2007年6月,中国B公司通过投标,获得阿联酋A公司的贸易合同。该合同总价值约7.5亿元人民币,总期限3年;分15批出货,每年约5批,每三个月发货一次,均采用赊销方式结算。流程如下:

按订单约定的货物数量和型号,以自有资金购买原材料、组织生产,生产备货期一般4个月。当批货物经A公司验收合格后,通过海运发送到A公司指定的阿联酋当地仓库,验收、海运及入库一般需要2个月。订单采用T/T方式结算,赊销期为120天(自发货之日开始计算,含海运时间),货物发运后即可开发票。

在本笔业务中,B公司与A公司是首次合作,双方公司实力、履约能力等并不对称,A公司利用其相对议价优势设置了比较苛刻的合作条件:订单期限较长,汇率风险较大;订单采用赊销方式结算,缺乏预付款、信用证等增信措施;B公司还需要自行垫付生产、运输等资金。因此,B公司在本笔交易中处于劣势,需要设计一套方案,切实防范各种风险,特别需要银行提供配套融资,满足订单资金需要。

资料:原擒龙:《国际结算与贸易融资》,中国金融出版社2010年版。

 **任务描述**

当出口方不得不接受进口商提出的 O/A、D/A 等风险较大的支付方式成交时，如何通过国际保理、出口信用保险等其他结算方式，来降低甚至转移收汇风险。

 **业务描述**

针对赊销期 120 天的 O/A 业务特点，只有提供全程配套融资，通过开立保函、办理融资性买断出口双保理、远期结汇等，才可能满足整个业务各个环节的资金需求。

■ 操作指导

本案例中，针对这笔业务，国内的 A 银行为 B 公司设计了一套专门的融资方案，解决整个贸易链各个环节的资金与风险控制要求。具体如下：①预付款保函。在签订订单后，要求 A 公司向 B 公司支付当期批次货物价值 10%的预付款（或开立履约保函），同时由 A 银行为 B 公司向 A 公司开立预付款保函（或开立履约保函），以增强购销双方互信。②订单融资。在确定订单后，A 公司为 B 公司办理订单融资，用于购买原材料、组织生产等，额度不超过订单金额的 70%，期限不超过 6 个月。B 公司向 A 银行提供合法、有效的担保。③出口双保理。在货物发运并开具发票后，办理融资性买断出口双保理，进口保理商为 B 银行，保理期限不超过 4 个月，并优先用于归还订单融资本息。同时，办理远期结汇，提前锁定汇率风险。

最终，B 公司采纳了该方案，实际执行过程中运行平稳，未发生订单违约及融资欠息等情况。整套方案有效地分散和控制本笔业务风险；兼顾银行和企业的利益要求，达到互利共赢的良好结果。

一、汇款与保函或备用信用证相结合

由于汇款的费用低、速度快，所以在国际贸易中，前 T/T（预付货款）和后 T/T（货到付款）的方式被经常使用，但毕竟双方交易是基于商业信用，且不管是前 T/T 还是后 T/T，风险分担极不平衡。因此可以考虑将其灵活运用，即与银行保函相结合，以防止不交货或不付款的情况出现。如果是前 T/T，进口商预付了货款，就可要求出口商提供银行保函，保证按期交货，否则应退还预付款并支付利息或罚款，如果出口商拒绝，则由担保行付款；如果是后 T/T，出口商有权要求进口商提交银行保函，保证进口商取得货物后，在规定的时间内按合同付款，如果进口商拒付，担保行应承担付款责任。

或者，将汇款方式与备用信用证相结合。无论是前 T/T 还是后 T/T，交易中的另一

方均可要求对方出具备用信用证,以其作为补充手段,来规避交易风险。例如,我国出口产品多以纺织品、农产品及其他低附加值的初级原材料为主,此类商品在国际市场上已是买方市场,因此常常不得已而接受外国进口商要求的以汇款方式结算的要求,如条件允许,我国出口商应尽量争取要求进口商提供备用信用证,以保证进口商付款。如果进口商拒付,将由开证行付款。

二、托收与保函或备用信用证相结合

托收方式因其相对信用证手续简便且费用低,因此在国际贸易中使用也比较广泛。但托收方式结算的基础是商业信用,且对于出口商来说,采取托收方式所承担的风险明显要大于进口商。因此,如果为了节省费用而采取托收方式,可以考虑将跟单托收与备用信用证相结合,以降低风险。如果托收项下的货款被拒付,可利用备用信用证的功能追回。

在操作时,备用信用证中须载明如下条款:凭即期付款交单与备用信用证相结合为付款方式,在备用信用证中应列明以卖方为受益人,其金额为_____并明确依_____号信用证项下跟单托收。若付款人于到期拒付时,受益人有权凭本信用证签发汇票和出具证明书,依_____号信用证项下收回货款。

Payment available by D/P at sight with a Stand–by L/C in favour of seller for the amount of ____ as undertaking. The stand–by L/C should bear the cause: In case the drawee of the documentary collection under credit No. _____ fails to honour the payment upon due date, the Beneficiary has the right to draw under this L/C by their draft with a statement stating the payment on credit No. _____ was not honoured.

当跟单托收方式下汇款被拒付时,出票人可凭备用信用证所列的条款,予以追偿。具体做法是:出口商在收到符合合同规定的备用信用证,就可凭光票与进口商拒付的声明书向银行收回货款。但注意,在使用这种结算方式时,备用信用证的有效期必须晚于托收付款期限。

三、信用证与福费廷相结合

即使企业选择了基于银行信用的信用证支付方式,但出于融资需求、规避风险等考量,还是可以考虑将其与福费廷组合应用。一般是在远期信用证下,银行无追索权买入开证行或其指定银行已承兑/承付的未到期债权;或在即期议付信用证下,银行无追索权买入相符单据。例如,工商银行的福费廷业务就是指远期信用证项下开证行(保兑行)或承兑行已承兑前提下办理的福费廷业务。

适用于国外银行不符合银行要求,无法办理出口贴现业务的融资,可以选择办理福费廷业务。办理业务需提交的资料包括:①福费廷业务合同;②福费廷业务申请书;③福费廷业务确认书;④全套出口单据,出口信用证、相关修改书正本(如有)。

在客户方面,既可以解决融资需求,还可以规避汇率风险、银行风险、国家风险等风险;而银行方面,则可以增加国际结算量(即出口信用证结算量)、外汇中间业务收入、信用证业务收入(包括出口信用证通知费200元/笔、出口信用证审单费(按照单据金额的0.125%收取)及其他国际结算手续费收入(如中介型福费廷项下的银行加点收入));若客户将融资款项结汇使用还可以增加汇兑损益,以及银行自行买入项下的利息收入等。

汇款、托收与国际保理相结合

在托收业务中,双方是以商业信用为基础进行结算的,因此风险较大。而托收项下 D/P 和 D/A 两种交单条件,又以 D/A 方式对出口商风险最大。然而,在国际贸易中,由于出口商品或属买方市场或已是滞销货,因此往往不得不接受进口商提出的 D/A 方式成交。如果是这种情况,卖方可以通过办理国际保理与出口信用保险来降低收汇风险。出口企业如果办理了国际保理,则将风险转嫁给了保理商,由保理商买断出口商的票据,所有应收账款的催收和账务管理的责任由保理商承担。这样,在一定程度上起到了保障收汇安全、加强应收账款管理、加速资金周转的作用。

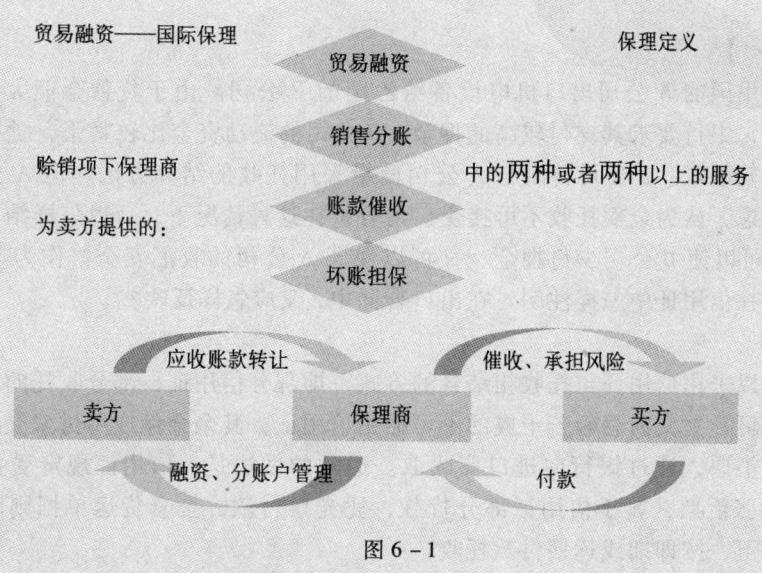

图 6-1

外贸业务中最合适的付款方式

国际贸易中,付款方式多种多样,但却有不少出口商认为,对出口方最有利的付款方式是预收货款,其次分别为信用证(L/C)、付款交单(D/P)、承兑交单(D/A)、电汇(T/T)、赊销等,而分期付款或寄售则是最差的出货条件。

但上述说法现已开始受到挑战。目前,在一些银行结算的出口货物总值中,电汇和银行托收占了约70%,只有约30%以信用证结算,并且非 L/C 结算所占的比例呈现出逐渐增大的趋势。国际保理(International Factoring)这种结算方式近年逐渐流行起来。据介绍，迄今世界上有 40 多个国家和地区开展了这项业务。在整个保理业务量中，美国占 21.1%，意大利占 17.2%，英国占 14.2%，法国占 10.5%。

因此，出口商在考虑如何保证收汇安全的问题上，已不仅仅是考虑选择哪一种付款方式，而是要针对不同的交易对象来确定适合自己的付款方式，综合考虑和评价与交易方的关系性质以及如何更合理地运用相应的交易条件，这是出口商需要重新检视的重要观念和业务行为。任何一种付款方式都并非"保险工具"，而只是在当时交易状况和利弊权衡的情形下的理性择。

资料来源：博文《外贸业务中最合适的付款方式》。

案例分析

【例 6-1】

案情：甲国的 A 公司出口机电设备给乙国的 B 公司。由于货款金额大，B 公司在申请开证时，银行要求其支付较高的押金。B 公司的流动资金比较紧张，觉得支付该数量的押金比较困难。B 公司转而与 A 公司商量采用托收的结算方法，但 A 公司基于收汇安全的考虑，认为全额托收不可接受。请分析在这种情况下，可以怎样结合不同的结算方式，既可以使 B 公司少付押金，又可以保证 A 公司的收汇安全？作为 B 公司的开证行，应该在信用证中怎样注明？在出口合同中，又应怎样反映？

【分析】

本案可以采用信用证与托收相结合的方式，即部分信用证、部分收托的一种结算方式。进口商可开立交易总额若干成的不可撤销信用证，其余金额或用付款交单方式由出口人另开立汇票，通过银行向进口商收取。通常的做法是：信用证规定受益人（出口商）开立两张汇票，属于信用证部分货款，凭光票付款，全套货运单据则附在托收部分汇票项目下，按即期或远期付款托收。

在实践中，为防止开证银行未收妥全部货款前，即将货运单据交给进口商，要求信用证必须注明"在全部付清发票金额后方可交单"的条款，如下：

Payment by irrevocable letter of credit to reach the sellers × × days before the month of shipmen stipulating that the remaining × × % against × × % of the invoice value available against clean draft while the draft on D/P sight basis; The full set of shipping documents shall accompany the collection draft and, shall only be released after full payment of the invoice value. If the buyers fail to pay the full invoice value, the shipping documents shall be held by the issuing bank at the seller's disposal.

在出口合同中，也应规定相应的支付条款，以明确进口商的责任。

【启示】

这种做法，对进口商来说，可减少开证金额，少付开证押金，少垫资金；对出口商来说，因有部分信用证的保证，且信用证规定货运单据跟随托收汇票，开证银行须待全部货款付清后，才能向进口商交单，所以，收汇比较安全。

【例 6 – 2】

案情：国内的某出口公司在一次出口交易会上，与一初次往来的国外进口商签订了一笔出口合同，并凭该进口商出具的以国外某银行为付款人的 5 万美元的支票在两天后将合同货物空运出口，随后，该出口公司将收到的支票交国内某银行办理支票托收时被告知该支票为空头支票，此时，货物已被对方提走，因此钱货两空。

【分析】

1. 忽视了对客户信用的调查了解。

2. 选用了不当的结算方式。

3. 操作不当。

如果出口商在收到支票后、出运货物前通过国内的银行向国外的付款行进行查询或在签定合同时坚持外商签发"保付支票"，或坚持在支票款项托收回来时再发货，就不至于造成钱货两空的损失。

【例 6 – 3】

案情：某石材进口公司与意大利一公司做了数笔的小额的石材进口交易，以信用证结算，业务交往顺利，对其贸易伙伴的资信觉得可以信赖，因此就签订了一笔数 10 万美元的石材进口合同。信用证开出后，进口的货物如期运抵国内，信用证项下的单据随后也寄抵开证行，经开证行审核，全套单据相符，进口公司付款赎单，提货后发现进口的石材存在严重的质量问题，因此要求开证行对外拒付。

【分析】

1. 相信老客户，未实时了解交易对手的资信及信誉变化状况。

2. 以信用证结算，各有关方所处理的是单据，而不是与单据有关的货物、服务或其他履约行为；只要单据完全相符，开证行就必须承担付款责任。

3. 本案的货物质量问题只能由进出口双方协商解决或以法律手段解决。

【例 6 – 4】

国内某出口公司与国外某进口公司订立了一笔 40 万美元出口合同，贸易术语为 FOB，以信用证结算。后因国内一时货源紧张，出口商便求进口商延迟派船，并要求修改信用证的装运期和有效期。进口商同意延迟派船，但不同意延长信用证的装效期，并要求付款方式按"随证托收"办理，出口公司对此未表示反对。信用证过期后，进口商船到，出口方备货物发运，将有关单据通过国内某银行办理"随证托收"。单到开证行后进口商拒不付款赎单，并声称货已失踪。后经查，进口商在无提单情况下已从船公司提走了货物，而该船却再也未到达中国港口，致使我出口方不能据以向法院申请扣船拍卖等补救措施，从而蒙受巨大损失。

【分析】

1. 对交易对手的信用、承运人等缺乏细致的了解。FOB 术语下由进口方办理租船订舱，出口方应要求在合同中订明，进口商在派船前应电告出口方所派船只的船名、船籍、所属船公司等详情，并以我方确认为准。

2. 不应按"随证托收"办理。

【例 6–5】

案情：某公司向意大利出口一批货物，以即期信用证方式结算。出口公司收到进口方的来证后如期安排货物出口，并向银行提交单据委托收汇，银行审核单据完全相符向开证行寄单索汇。收汇期限到了，寄单行既未收到款项也未收到任何拒付通知，便向开证行去电查询，但几次电报发出后都未收到开证行的答复，后经了解该批货物在运输过程中出险了，进口方没收到货，拒不付款。

寄单行以单据无不符点为由要求开证行履行付款责任，并通过其在境外的分行进行协商，最终开证行不得不按国际惯例履行付款责任，虽然开证行未支付我方索要的迟付利息，但我出口货款得以全额收回。

【分析】
1. 结算方式选择得当。
2. 依据国际惯例进行合理的索偿。
3. 有效地借助境外分行的优势。

【例 6–6】

案情：某年，国内 A 公司与国外 B 公司签署设备采购合同，采购金额总计为 3 亿美元，包括烧结机、制氧机、连铸机、炼钢转炉、轧机、球团机、发电厂、鼓风机、余热炉及原料厂等设备。设备款支付步骤为：20% 预付款 + 70% 信用证 + 10% 尾款。

按照约定，6 000 万美元预付款需要开立预付款保函，国内 C 银行为其开立，保函有效期为 12 个月，保证金比例为 20%，追加申请人法人代表无限连带责任担保，手续费为 0.15%，按季收取。

C 银行与 A 公司签订预付款监管协议，并开立专用资金监管账户，对预付款支付使用严格监管。对资金使用，A 公司须提交正式贸易合同等基础交易资料，且资金去向与合同严格一致。

C 银行业务运行效果：保证金存款约 7 000 万元人民币 + 预付款存款约 3.6 亿元人民币；衍生外汇结算 1.5 亿美元，约合 9 亿元人民币；保函手续费收入约 180 万元；结算手续费收入、汇兑收入约 300 万元人民币。

资料来源：陈岩、刘玲主编：《国际结算》，高等教育出版社，2012 年版。

项目小结

当前出口企业受到买方市场、汇率波动等因素影响，在结算方式上的现实选择是基于商业信用的单一的结算方式为主；出口企业在结算方式上的理性选择，应是"以商业信用为主，银行信用为辅"的多元化结算方式。目前广东省中小外贸企业的国际贸易的结算方式中，汇款方式中的赊销方式大概占 70%，信用证方式 15%，跟单托收方式大概为 7%，其他付款方式占 8%。可见目前广东省的中小外贸企业中使用最多的国际结算方式仍是汇款方式。

出口企业将两种或两种以上的结算方式结合使用，可在一定程度上化解当前在结算方式让步与贸易风险放大之间的矛盾。常见的多元化结算方式有：商业信用＋银行信用的组合，例如信用证与汇付、信用证与托收，以及汇款、托收与信用证三种方式结合、汇付与银行保函或信用证、托收与备用信用证或银行保函结合；此外，还有商业信用＋商业信用的组合，例如汇付与托收结合等。通过多种结算方式的结合就可以避免单个结算方式的劣势，从而使买卖双方的利益均衡，进行公平的外贸交易。

 知识网络

结算方式的组合应用
- 基本支付方式的选择与应用 —— 三种支付方式的选择原则
- 基本支付方式的组合与应用
  - 汇款与托收相结合
  - D/P与D/A相结合
  - 汇款与信用证相结合
  - 托收与信用证相结合
- 三种基本支付方式与其他结算方式的组合应用
  - 汇款与保函或备用证相结合
  - 托收与保函或备用证相结合
  - O/A或D/A与国际保理相结合
  - 信用证与福费廷相结合

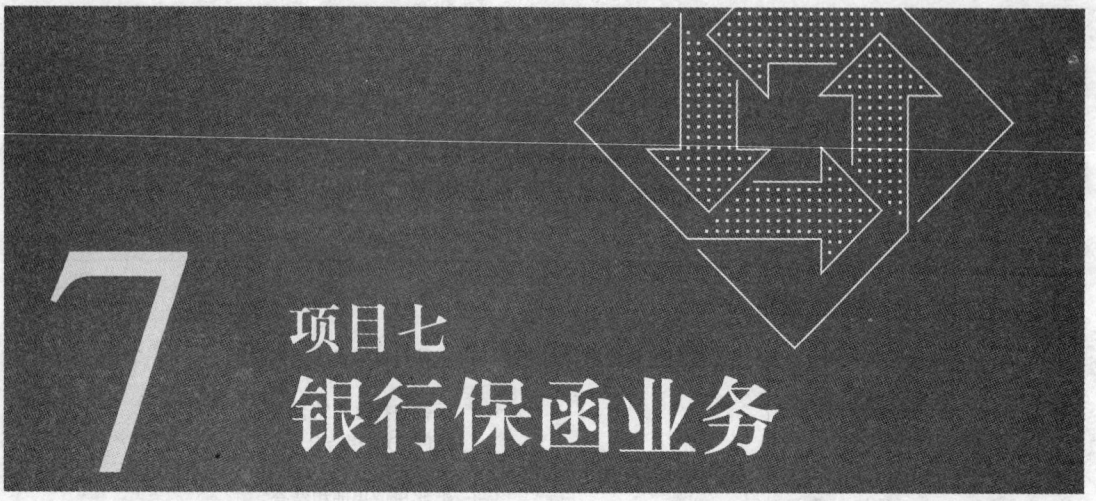

项目七
银行保函业务

 **学习目标** ::

知识学习目标:

1. 了解《见索即付保函统一规则》(URDG758)。
2. 理解银行保函的概念、分类以及当事人。
3. 掌握银行开立和通知银行保函业务流程。
4. 运用 O/A 或 D/A + 银行保函组合支付方式。

技能训练目标:

1. 能够完成开立独立保函业务的工作任务。
2. 能够完成通知独立保函业务的工作任务。
3. 能够设计 O/A、D/A 或 L/C 与银行保函的支付组合产品。

 工作任务 ::

1. 从担保行的角度,进行开出银行保函业务操作。
2. 从通知行的角度,进行通知银行保函的业务操作。
3. 从出口商的角度,将银行保函与 O/A 或 D/A 等基于商业信用的支付方式组合应用。

必备知识

一、银行保函的概念

银行保函（Letter of Guarantee，L/G）指国际间银行办理代客担保业务时，应申请人要求，向受益人开出的保证文件。当申请人未能履行其所承诺的义务时，银行负有向受益人赔偿经济损失的责任。

国际经济交往中，如果一方未能履约，就会使对方蒙受较大损失。为使双方能放心大胆地达成交易，常常需要由一个第三者作为担保人，向一方提供另一方一定履约的保证。保函作为第三者的信用凭证，其出具的目的是为了使受益者能够得到一种保证，以消除他对申请人是否具有履行合同义务的能力或决心的怀疑，从而促使交易顺利进行，保证货款和货物的正常交换，这是保函的基本功能之一。除此之外，保函还通常用来保证合约的正常履行、预付款项的归还、贷款及利息的偿还、合同标的物的质量完好、被扣财物的保释等。因此保函被广泛地应用于国际结算的众多领域中，诸如贸易支付、工程承包、租金支付、资金借贷等。

三个递进的保函概念

保函又称保证书，是指第三者即担保人应交易或合约关系中的一方即申请人（或称委托人）的要求，向另一方即受益人出具的书面保证文件。

银行保函（Bank Letter of Guarantee，L/G）又称银行保证书，是指银行应申请人的请求，向受益人开立的、以银行自身信用担保申请人履行某项合同义务、有条件承担经济赔偿责任的书面承诺文件。

从严格意义上讲，银行保函是国际结算中的一种担保形式，广泛应用于国际结算的诸多领域，如贸易货款支付、国际工程承包、租金支付、资金借贷等。

见索即付保函，不论其如何命名或描述，意指任何保证、担保或其他付款承诺，这些保证、担保或付款承诺是由银行、保险公司或其他组织或个人出具的，以书面形式表示在交来符合保函条款的索赔书或保函中规定的其他文件时，承担付款责任的承诺文件。

英国学者 Roy Goode 在《ICC 见索即付担保统一规则指南》中将独立担保定义为："一方对另一方负有的在其凭书面请求或规定的单据请求时，向其支付一定数额或不超过一定数额的款项的承诺"。

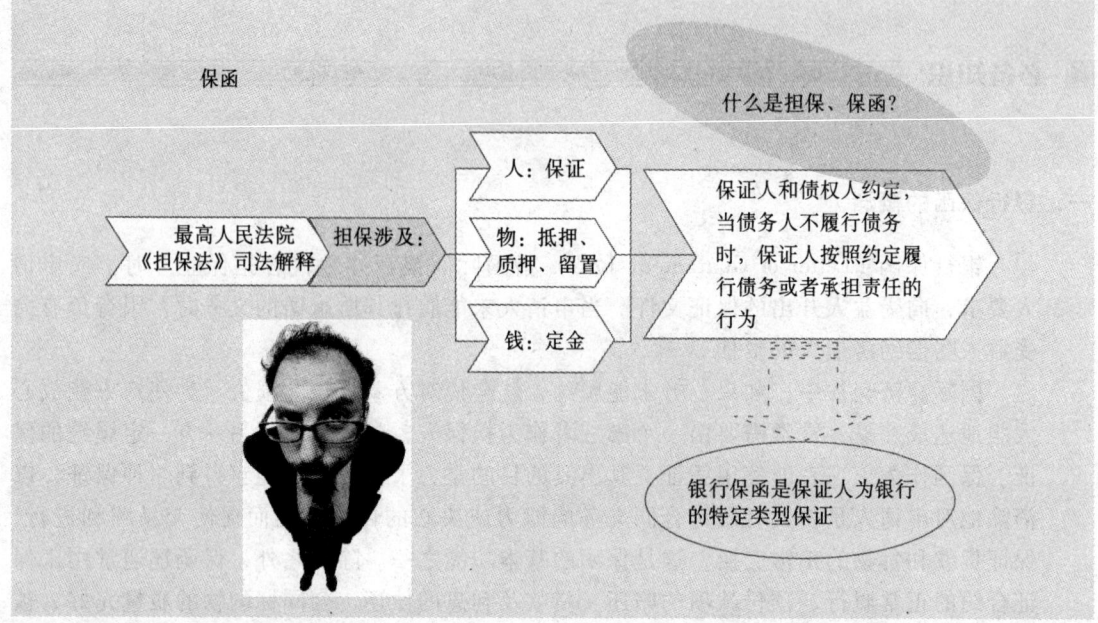

二、银行保函中的当事人

（一）申请人

申请人（Applicant）或称委托人（Principal），即向担保行申请开立保函的人。委托人的责任包括：（1）在担保行按照保函规定向受益人付款后，委托人须立即偿还担保行垫付的款；（2）负担保函项下一切费用及利息；（3）担保人如果认为需要时，应预支部分或全部押金。

（二）受益人

受益人（Beneficiary）即有权按保函规定出具索款通知或连同其他单据向担保行索取款项的人。

（三）担保行

担保行（Guarantor Bank），即开立保函的银行。担保行的权责包括：（1）接受委托人申请后，依委托人指示开立保函给受益人，开立保函时，有权决定是否要求申请人预缴押金；（2）保函一经开出就有责任按照保函承诺条件，合理审慎地审核提交的包括索赔书在内的所有单据，向受益人付款。（3）付款后，有权要求申请人偿还其垫款。若委托人不能偿还垫款，有权处置押金、担保品。如果处置后仍不足抵偿，则担保行有权向委托人追索不足部分。

（四）通知行

通知行（Advising Bank）或称转递行（Transmitting Bank），即受担保行的委托将保函交给受益人的银行。当担保行与受益人处于两地时，担保行可通过受益人所在地的银行将保函交给受益人，以确保银行保函的真实性。

（五）反担保行

反担保行（Counter-Guarantor）。担保行为了避免风险，可要求除申请人以外的第三者提供反担保。一旦受益人向担保行索赔，担保行付款后，可按反担保协议向提供反担保的当事人索赔。

（六）转开行（Reissuing Bank）

当受益人只接受本地银行为担保人时，原担保人要求受益人所在地的一家银行为转开行，转开保函给受益人。这样，原担保人变成了反担保人，而转开行则变成了担保人。

三、银行保函的种类

（一）根据保函与基础交易合同的关系，银行保函可分为从属性保函和独立保函

1. 从属性保函是指那些其效力依附于基础商务合同的保函。这种保函是其基础交易合同的附属性契约或附属性合同，担保行依据保函所承担的付款责任的成立与否，将只能以基础合约的条款及背景交易的实际执行情况来加以确定。所以，这类保函本身的法律效力是依附于基础合约关系的存在而存在的。合同与保函的关系是一种主从关系。传统的保函大都属于这一类型。

2. 独立保函是一种与基础交易的执行情况相脱离，虽然是根据基础交易的需要开立，但一旦开立后其本身的效力并不依附于基础交易合约，其付款责任仅以其自身的条款为准的担保。在这种保函项下，保函与基础合同之间不再具有类似从属性保函那样的主从关系，而是呈现出一种相互独立、各自独具法律效力的平行法律关系。目前，国际银行界的保函大多属于独立保函，而不是传统的从属性保函。原因主要在于：①从属性保函发生索赔时，担保银行须调查基础合同履行的真实情况，这是其人员和专业技术能力所不能及的，且会因此被卷入到合同纠纷甚至诉讼中。银行为自身利益考虑，绝不愿意卷入到复杂的合同纠纷中，使银行的利益和信誉受到损坏，而趋向于使用独立性保函。②独立性保函可使受益人的权益更有保障和更易于实现，可以避免保函申请人提出各种原因如不可抗力、合同履行不可能等来对抗其索赔的请求，避免对违约人起诉花费大量的金钱、精力及诉讼旷日持久等缺陷，可确保其权益不因合同纠纷而受到损害。

（二）根据保函索赔条件的不同，银行保函可分为有条件保函和无条件保函

1. 有条件保函是指担保人在保函的条文中对索赔的发生与受理设定了若干的限制条件，或规定了若干能客观反映某种事实发生、条件落实的单据提供；只有保函所规定的这些条件得到满足后，或所规定的能反映客观事实的单据提交给担保行后，担保行才会履行其支付义务。这种保函有利于保护申请人的利益，防止受益人的无理索赔和欺诈。但是，对受益人来说，往往是不愿接受的。

2. 无条件保函主要是指"见索即付"保函。在这类保函项下，担保行在受益人的简单书面索赔面前承担了无条件的支付义务，无论基础交易合同的执行情况如何，也无论受益人本身是否履行了合同中规定的义务，只要担保行在保函的有效期内收到了受益

人所提交的符合保函条款规定的书面索赔，就应该立即付款。在这种保函项下，申请人及担保行所承担的风险很大，有时可能会在受益人的无理索赔面前陷入极其被动的境地。不过，从目前国际银行保函业务来看，无条件保函占了较大的比例。

（三）根据担保行付款责任的不同，银行保函可分为第一性责任保函和第二性责任保函

1. 第一性责任保函是指已由担保人在保函中明白无误地作出了将其承担首先付款责任之承诺的，只要索赔本身能满足保函中规定的条件，则既无须受益人先行向申请人索要，也无须理会申请人是否愿意支付，担保行将在受益人首次索要后立即予以支付的保函。

2. 第二性责任保函是指在保函项下明文规定了担保行只有在受益人提出索赔而申请人拒绝支付时方予付款的保函。在这类保函项下，受益人应首先向申请人要求赔付或支付，只有在申请人未付或拒付时才能向担保行提出索赔。

（四）根据保函项下支付前提的不同，银行保函可分为付款类保函和信用类保函

1. 付款类保函是指银行为有关合同价款的既定的支付义务提供担保所出具的保函，或者说是为保证随着交易的发生而必然产生的债务支付所开立的保函。从理论上来讲，付款类保函项下支付行为的发生与否，是以受益人能否按照保函中所确定的要求去履行自己的职责和义务为前提条件的（由于保函源于合同而产生，故保函中所规定的这些职责和义务是与基础交易合同中所赋予受益人一方的职责合义务相吻合的），只要受益人履行了属于自己应尽的合约义务，从而获得了求索并享有合同价款的权利，他就可以在保函项下提出索赔并取得自己应得的合同款项。因此，付款类保函的支付前提是受益人是否履约。

2. 信用类保函是指银行对只有在合同的一方有违约行为而使其在合同项下承担了赔偿责任时，支付才可能发生的经济活动所开立的保函。在这种保函所涉及的经济活动中，只要不出现保函申请人作为合同一方的违约事件，这种或有的支付就不会发生。所以，信用类保函支付的前提是申请人的违约。

（五）根据保函的使用范围，银行保函可分为出口类保函、进口类保函和其他类保函

1. 出口类保函是银行应出口方的申请向进口方开出的保函，是为满足出口货物和出口劳务的需要而开立的保函。出口类保函适用于国际承包业务和商品出口业务，包括投标保函（Tender Guarantee）、履约保函（Performance Guarantee）、预付款保函（Advanced Payment Guarantee）、质量保函（Quality Guarantee）和维修保函（Maintenance Guarantee）等。

2. 进口类保函是银行应进口方的请求向出口方开立的保证文件，适用于货物进口、技术进口、补偿贸易及来料加工等业务，包括付款保函（Payment Guarantee）、延期付款保函（Deferred Payment Guarantee）、补偿贸易保函（Compensation Guarantee）、来料加工保函（Processing Guarantee）和来件装配保函（Assmbly Guarantee）、租赁保函（Lease Guarantee）等。

3. 其他类保函主要有借款保函和保释金保函，包括借款保函（Loan Guarantee）、关税保付保函（Customs Guarantee）、账户透支保函（Overdraft Guarantee）、保释金保函（Bail Bond）等。

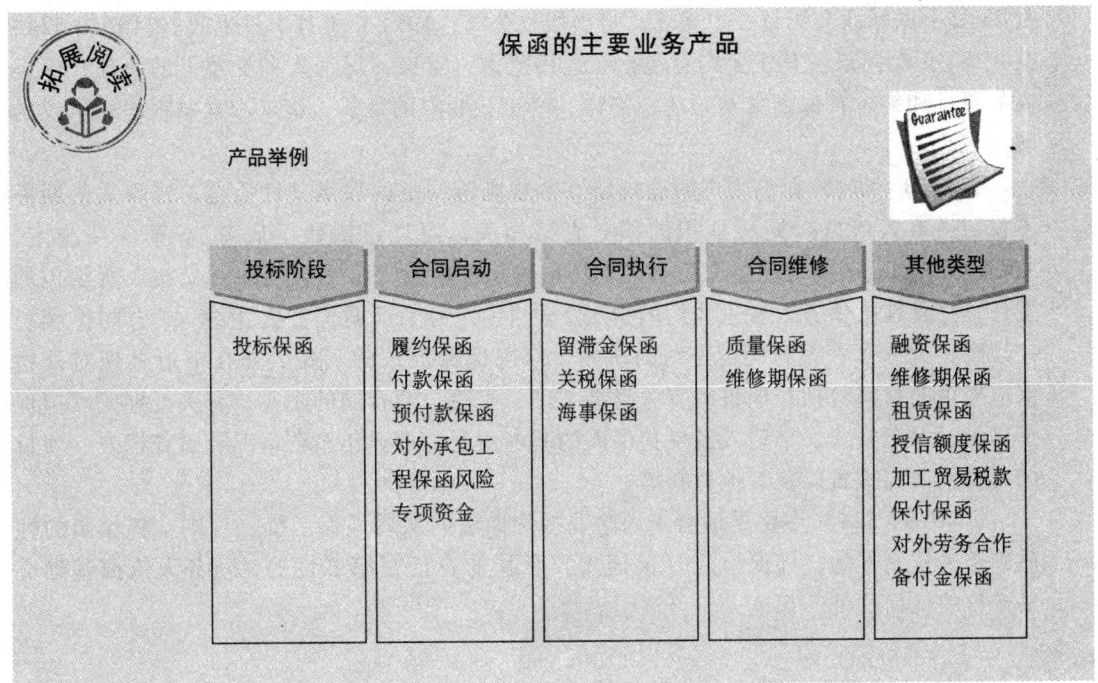

四、银行保函的国际惯例

(一) 见索即付保函统一规则

《见索即付保函统一规则》(The Uniform Rules for Demand Guarantees ICC Publication No. 458, 1992 Edition),国际商会第458号出版物,简称《URDG 458》,是国际商会制定的有关保函的国际惯例。随着银行保函在国际上使用的范围不断扩大,其内容也逐渐复杂化,为便于研究和使用,国际商会于1978年制定了《合同担保统一规则》(URCG 325),1982年又制定了《开立合约保证书模范格式》,供实际业务参考和使用。以后,随着国际经济贸易的发展和变化,1991年国际商会又对《合同担保统一规则》进行了修订,并于1992年4月出版发行《见索即付保函统一规则》(Uniform Rules for Demand Guarantees, URDG)第2条(a)项;《2010年见索即付保函统一规则》(URDG758)于2010年7月1日起生效。

《见索即付保函统一规则》(URDG 458)由导言与规则的适用范围、定义及总则、义务与责任、要求、效期的规定、适用法律及司法管辖权六个部分,共28条组成。

《见索即付保函统一规则》阐述了该规则的目的及适用范围,各当事人的合理愿望及国际商会对鼓励采用好的、有关各方均感公平的见索即付保函惯例所给予的关注。当出现违约时,在要求快速补偿的受益人和要求防范不适当要求的委托人之间保持一种公正的平衡。该规则为担保人与受益人之间、指示人与担保人之间,在某些方面还为委托人与担保人或指示人之间的交易提供了一个合同框架。

(二) 合同保函统一规则

《合同保函统一规则》(Uniform Rules for Contract Bonds, URCB 524)于1993年4

月 23 日由国际商会制订，以第 524 号出版物公布，1994 年 1 月 1 日生效。《URCB 524》共 8 条，3 个附录。其主要内容包括：适用范围；定义；保证人和受益人的责任；保证人的履行和终止；保函文本归还；修订、变更、期限的延长；请求和索赔程序；争议的解决。

《URCB 524》在总则中明确规定"本规则所调整的保函其性质是，当事人的债务不仅与当事人依据合同所承担的债务直接相关，而且还依赖于后者"。第 3 条规定，"保证人依据保函而对受益人所负的责任从属于主债务人根据合同而对受益人所承担的责任，并且在主债务人发生违约的情况下产生"，为了证明债务人违约，《合同保函统一规则》建立了一系列确定违约的机制，以确保保证人的利益。如在申请办理对外担保应提供的材料包括：项目的有关批准文件、有关企业合同的副本，有关抵押或反担保承诺函、保函格式、申请人及反担保人的基本情况、近 3 年经营情况及财务报表、项目的可行性研究报告以及其他材料等。

《URCB 524》主要是适合于保险业特殊做法的从属性保函统一规则，将保函的性质确定为从属性的，即保险人（保证人）承担的责任是第二性的，债务人依据基础交易产生的任何抗辩，保证人均可援引。

（三）联合国独立保函和备用信用证公约

《联合国独立保函和备用信用证公约》（United Nations Convention on Independent Guarantees and Stand-by Letters of Credit）（以下简称公约），于 1995 年 12 月 11 日联合国大会通过，于 2000 年 1 月 1 日起生效。公约旨在促进使用独立担保和备用信用证，尤其是在传统上只使用其中一种票证的情况下的使用。公约确认了独立担保和备用信用证的共同基本原则和共有特点。

《联合国独立保函和备用信用证公约》包含七章（适用范围，解释，保函之形式与内容，权利、义务及抗辩，临时性法院措施，冲突法，最后条款）共 29 条。公约规定，适用范围是独立保函或备用信用证。承保定义是"一项独立承诺，在国际惯例中称之为独立保函或备用信用证，此种承诺系由银行或其他机构或个人（担保人/开证人）作出，保证当提出见索即付要求时，或随同其他单据提出付款要求，表明或示意因发生了履行义务方面的违约事件、或因另一偶发事件、或索还借支或垫付款项、或由于委托人/申请人或另一人的欠款到期而应作出支付时，即根据承保条款和任何跟单条件向受益人支付一笔确定的或可确定数额的款项。"公约所涉的担保书具有独立性、单据性和不可撤销性，即该公约不适用于"附属的"或"有条件的"保函。公约对"保证"、"保证人"、"单据"等做了解释。对保证的开立、形式、变更、转让与让渡、保证效力的终止，保证的到期日，保证人和受益人的权利与义务，拒绝付款的例外，申请人的救济，适用法律等作出了规定。

公约只适用于营业地在缔约国的独立担保人的承保行为以及由冲突法规则导致适用的情况。该公约反映了国际贸易实践中独立保函和备用信用证运作的基本法律原则，是解释现在的国际担保和备用信用证的重要工具。尽管公约的法律效力要高于国际商会制定的有关规则，但由于公约的适用是任意性的，不具有强制性，因此当事人可以排除或改变公约规则的适用，而选用其他的惯例规则。

五、银行保函的开立

（一）申请人向银行申请开立保函

申请人根据业务需要请求银行为其出具保函时，应填写书面的保函申请书，并按银行的要求提交项目的有关批准文件、交易合同副本或招标书副本、反担保文件或财产抵押书、保函格式等文件。

申请人应填写书面的保函申请书，式样如表7-1所示。

表7-1　　　　　　　　　　　　　　开立保函申请书

保函银行编号：

致××银行：
1. 申请人名称（中文）：
　　　　　　（英文）：
　　法定地址：　　　　邮政编码：　　　联系人：　　　电话：　　　传真：
2. 项目名称（中文）：
　　　　　　（英文）：
　　项目金额：　　　　合同或协议/标书编号：　　　　资金来源：
3. 受益人名称（英文）：
　　地址（英文）：
4. 保函种类：
　　保函金额（小写）：
　　　　　　（大写）：
　　有效期限：
　　保函格式：□ 申请人提供，贵行确认　　　□ 贵行提供，申请人确认
5. 开出方式（1）：□ 电开　　□ 信开　（□由贵行邮寄给受益人 □由我公司送达受益人）
　　开出方式（2）：□ 直开　　□ 转开　　□ 转递
　　如为转开/转递，转开/转递行名称：
6. 反担保形式：

我公司兹申请贵行按上述内容及所附保函格式开立不可撤销保函。我公司在此不可撤销地声明并且承诺如下：

一、我公司同意在确认本申请符合有关法律及行政法规及贵行相关业务管理规定之前，贵行有权不签发本保函。

二、我公司无条件地同意贵行按国际惯例及有关法规和贵行内部有关规定办理本保函项下的一切事宜，我公司承担由此产生的一切责任。

三、如果我公司在贵行开立_____账户（账号_____）并发生下列情况时，无条件授权贵行可在发生当日自行等额借记我公司上述账户。

1. 在贵行由于履行保函项下的责任而支付任何款项时；
2. 在贵行要求补偿由于开立或履行保函而发生的各项费用时；
3. 在贵行要求我公司偿付本保函项下的任何欠款利息时。

在该账户不足以清偿上述款项时，我公司保证在收到贵行书面索偿通知后五日内以其他资金支付或偿还。我公司对贵行上述自行借记我公司账户的行为决不提起任何异议，并放弃一切抗辩和追索的权利。

四、无论贵行承担保函项下义务的时间在保函效期之内还是保函效期之后，我公司均同意无条件地赔偿贵行因履行本保函项下业务而支出之全部款项（包括但不限于赔付款项、国外银行费用、杂费、诉讼费），并且赔偿贵行因此发生的利息损失。

五、我公司保证贵行在办理本保函时，因邮政、通讯传递发生的遗失、延迟、错漏，不由贵行承担任何责任。

六、在保函有效期内，如果我公司名称、法人代表、组织机构等重大事项发生变更，我公司将在此变更发生后三日内书面通知贵行，本申请书对变更后的公司继续具有法律约束力。

七、我公司保证在此所做的一切陈述都是真实的意思表示，加盖我公司公章后即对我公司具有完全的法律约束力，未经贵行同意任何单位和个人不得擅自撤销本申请。

八、我公司将按照贵行的要求缴纳担保费并承担贵行为办理此项担保业务而发生的其他费用。

申请人（公章）：
法定代表人：
（或委托代理人）：
　年　　月　　日

银行保函申请书包含的内容：
（1）保函当事人（受益人、申请人、担保行、通知行或转开行）的完整名称和详细地址；
（2）保函的性质，即保函的种类；
（3）合同的主要内容；
（4）保函的编号和开立日期；
（5）保函金额；
（6）保函的有效期限和终止到期日；
（7）当事人的权利和义务；
（8）索偿条件；
（9）其他条款。

（二）担保行审查

银行出于保护自身利益的考虑，在开立保函之前，会对申请人的资信状况、申请人提交的开立保函的申请书、交易合同副本或招标书副本、反担保文件或财产抵押书、保函格式等逐一进行详尽的审查核实。

（三）担保行开立保函

银行对申请人提供的有关资料及申请人的资信审查认可后，便可正式对外开立保函，并按规定的收费标准向申请人收取担保费。在日常业务中，保函的开立方式分为电开和信开两种。

银行保函可以在有效期内进行修改。保函的修改必须经过当事人各方一致同意后方可进行，任何一方单独对保函条款进行修改都视做无效。当申请人与受益人就保函修改取得一致后，由申请人向担保行提出书面申请并加盖公章，注明原保函的编号、开立日期、金额等内容以及要求修改的详细条款和由此产生的责任条款，同时应出具受益人要求或同意修改的意思表示供担保行参考。担保行在审查申请并同意修改后以后，向受益人发出修改函电，由主管负责人签字后发出。

（四）保函的索赔

担保行在保函的有效期之内，若收到受益人提交的索赔单据及有关证明文件时，应以保函的索赔条款为依据对该项索赔是否成立进行严格审核，并在确认索赔单据及有关证明文件完全与保函索赔条款的规定相符合时，应及时对外付款，履行其在该项保函中所承担的责任。担保行对外付款后，可立即行使自己的权利，向保函的申请人或反担保人进行索赔，要求其偿还银行所支付的款项。

（五）保函的注销

保函在到期后或在担保行赔付保函项下全部款项后失效。担保行应立即办理保函的注销手续，并要求受益人按保函的有关规定将保函退回担保行。至此，保函业务的运作程序结束。

银行保函的开立方式

1. 直接开给受益人。

直接开给受益人,是指担保银行应申请人的要求直接将保函开给受益人,中间不经过其他当事人环节,这是保函开立方式中最简单、最直接的一种。其特点为:

(1) 涉及当事人少,关系简单。

(2) 受益人接到担保行开来的保函后,无法辨别保函真伪,因此无法保障自身的权利。

(3) 索偿不方便。即使申请人违约,受益人具备索偿条件,但是要求国外担保行进行赔偿有诸多不便。由于受益人的权利不能够得到有效的保证,不愿意接受这种保函,因此在实际业务中很少用开立方式。

2. 通过通知行通知。

其特点为:

(1) 真伪易辨。这种开立保函的方式较为普遍,因为受益人接到的保函是经过通知行或转递行验明真伪后的保函,不必担心保函是伪造的。

(2) 索赔不便。在该方式下,受益人索偿不方便的问题仍然存在。受益人只能通过通知行或转递行向担保行索赔。而通知行或转递行只有转达义务,他们本身不承担任何责任。因此,实际上还是受益人向国外担保行索赔。

3. 通过转开行转开。

其特点为:

(1) 转开行是受益人所在地银行,受益人比较了解和信任,解决了受益人对国外担保行不了解和不信任的问题。

(2) 真伪易辨。受益人接到的保函是经过转开行验明真伪后的保函。

(3) 索赔方便。受益人与转开行处同一国家或地区,不存在语言、风俗习惯、制度和法律方面的差异。以这种方式开立的保函,对受益人最为有利。

保函格式式样如表 7-2 所示。

表 7-2 **Payment Guarantee**

To: (1) China National Technical Import Corp., Beijing, China (2) Dortmund 29 Oct., 200X

Our Guarantee No. (3) 315/51040

As Advance Down Payment Guarantee

With reference to Contract (4) No. 5305489 (hereinafter referred to as the Contract) signed between your Corporation and (5) ABC Company Dortmund (hereinafter referred to as the Seller) dated 11 Oct., 200X amounting to (6) DEM2,400,000.00 (say (7) Deutsche Marks two million four hundred thousand only) in respect of the Seller's complete fulfillment of the obligations as specified in the Contract, we hereby undertake as follows:

Our liability under this Advance Down Payment Guarantee shall be limited to (8) 10% of the total contract amount, namely (9) DEM240,000.00 (say (10) Deutsche Marks two hundred and forty thousand only) within 7 (seven) days after receipt of your written notice demanding refund from the Seller for reasons that the Seller fails to deliver all the goods to your corporation according to the stipulations of the Contract, we shall unconditionally refund to you the amount which has already been paid by you to the Seller as advance down payment, namely (11) DEM240,000.00 and in addition to it together with the interest at the rate of 7% per annum from the date of your advance payment of the amount up to the actual date of refundment.

This Guarantee shall become effective from today and shall remain valid until the date of the Bill of Lading when the seller has delivered completely the goods.

This Guarantee is to be returned to us when our guarantee is no longer required or its validity has expired.

Guarantor: (12) Deutsche Bank AG. Dortmund
Signature

预付汇款的外汇政策

一、银行保函与跟单信用证的比较

1. 相同点:

(1) 银行保函和信用证都是银行应申请人的要求开出的,是以银行信用来代替商业信用,以解决合同双方互不信任的问题,并由银行承担付款责任的一种保证或承诺。

(2) 就独立性的保函而言,由于是不依附于合同的独立文件,所以和信用证是相似的。

(3) 无论是独立性的保函还是信用证,银行处理的都是单据,而对于基础合同、货物等概不负责,且遵循单据表面相符的原则。保函中的担保行和跟单信用证中的开证行对于单据真伪及其法律效力,单据寄递中遗失等不负责任。

2. 银行保函与跟单信用证的不同点。

(1) 保函的应用范围广于跟单信用证。跟单信用证通常只运用于国际贸易中;而保函既可用于国际贸易,也可用于国家间的其他交易,如劳务承包、租赁、借贷等。可以说,保函可以用于保证任何一种经济活动的任何一方履行其不同的责任与义务。所以,跟单信用证下的款项大多是货款,而保函下支付的不仅是货款,还可能是赔款或退款。

(2) 跟单信用证中的开证行承担第一性的付款责任;而保函项下的银行,其责任可能是第一性的,也可能是第二性的,视保函中的条款而定。另外,每笔信用证一经开出,开证行必须对合格的单据付款;而每笔保函一经开出,担保行并非每次必须付款,倘若申请人尽到责任没有违约,则受益人不需交单,担保行不需付款。

(3) 在信用证业务中,开证行可指定其他的银行作为信用证的议付行、付款行或承兑行接受受益人的单据并向受益人支付或垫付,并且信用证的到期地点通常在受益人所在地;而在保函业务中,担保行不能指定自身以外的其他银行作为付款行,也无议付之说,只能由自己承担责任,且保函的到期地点通常都在担保行所在地。

（4）银行付款需要提交的单据和途径不同。信用证项下所规定的单据通常为货运单据、发票、保险单等与货物买卖相关的其他单据，且多是交单给指定银行，再由它把单据转递给开证行。保函项下提出索赔时所需要的单据往往多种多样，但是以书面索赔、书面声明等由受益人自行出具的单据和文件为主，且直接交到担保行。

二、备用信用证与跟单信用证的比较

1. 二者的相同点：

（1）银行信用：都是银行应申请人的要求向受益人出具的有条件的付款承诺。开证行都承担第一性付款责任。

（2）自足性：均是独立于基础合同之外的自足文件。

（3）单据性：两者均是凭单付款。

（4）不可撤销性：相同。

2. 二者的不同点：

（1）遵循惯例不同：ISBP；UCP600。

（2）要求单据不同：书面声明；货运单据。

（3）使用范围不同：备用信用证的使用范围比跟单信用证广。

（4）开立目的不同：一个在于担保，另一个在于付款。

（5）使用情况不同：备用信用证具有备用性；跟单信用证开出一般都会用。

三、银行保函与备用信用证的比较

1. 二者的相同点：

（1）开立目的：都是为了防止违约，以银行信用弥补商业信用的不足；都是银行根据申请人的要求向受益人出具的书面保证文件。

（2）基本当事人：基本相同，包括申请人、受益人和担保人。

（3）交易基础：一般都是在申请人没有履约情况下对受益人赔付。银行处理的是单据，而不是货物。都是依据单据而非货物，除非银行事先发现受益人有明显的欺诈行为，否则银行在受益人提交了符合保函规定或备用信用证规定的索赔文件后就必须履行赔付义务。

（4）不可撤销：相同。

2. 二者的不同点：

（1）适用惯例：不同。

（2）主要类别：不同。保函有独立性保函和从属性保函之分，备用信用证无此区分。由此，银行付款责任不同，独立性保函是第一性付款责任，从属性保函是第二性付款责任；备用信用证是第一性付款责任。

（3）付款依据：不同。保函凭书面索偿证明，无须汇票；备用信用证除了要申请人未履约的书面声明，还要汇票。

（4）融资作用：不同。保函没有融资功能；备用信用证适用于各种用途的融资。

■ 导入案例

案情：某年，国内 A 公司与国外 B 公司签署设备采购合同，采购金额总计 3 亿美元，包括烧结机、制氧机、连铸机、炼钢转炉、轧机、球团机、发电厂、鼓风机、余热炉及原料厂等设备。设备款按照：先来支付 20% 预付款 + 70% 信用证 + 10% 尾款

按照约定，6 000 万美元预付款需要开立预付款保函，国内 C 银行为其开立，保函有效期为 12 个月，保证金比例为 20%，追加申请人法人代表无限连带责任担保，手续费为 0.15%，按季收取。

C 银行与 A 公司签订预付款监管协议，并开立专用资金监管账户，对预付款支付使用严格监管。对资金使用，A 公司须提交正式贸易合同等基础交易资料，且资金去向与合同严格一致。

C 银行业务运行效果：保证金存款约 7 000 万元人民币 + 预付款存款约 3.6 亿元人民币；衍生外汇结算 1.5 亿美元，约合 9 亿元人民币；保函手续费收入约 180 万元；结算手续费收入、汇兑收入约 300 万元人民币。

资料来源：陈岩、刘玲主编：《国际结算》，高等教育出版社 2012 年版。

■ 流程图解

保函业务流程如图 7-1 所示。

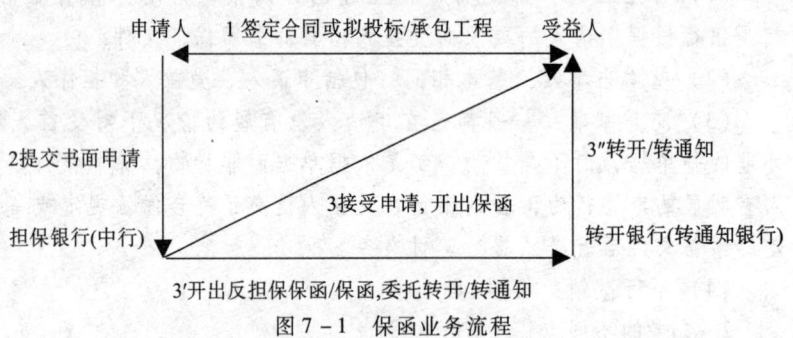

图 7-1 保函业务流程

说明：
1. 图中 3 指担保银行按客户指示将保函直接交受益人。
2. 图中 3′指若客户要求我行委托其他银行转开保函，我行将按照客户要求开出反担保给被委托银行，被委托银行凭我行反担保转开保函或我行开出保函交被委托银行。
3. 图中 3″指经过图中 3′后，由被委托银行将保函通知受益人。

任务1 外贸企业将信用证支付与银行保函组合应用

业务场景

2008年12月14日,广东广州出口商A与约旦B公司签订了一份出口燃气蒸汽炉联合机组设备的合同。12月19日中国银行根据A的申请,开立了以B为受益人的500万美元的预付款保函。保函开出后,B迟迟未按合同要求将500万美元预付款汇入指定账户,致使预付款保函无法生效。中国银行查询后得知,B通过其主办银行曾以103报文发出付款指令,随后又紧接着发出了撤销付款的报文。

中国银行立即将这一情况告知A公司,并向其提示B公司可能存在违约风险。后经A公司多次催收,1月6日B公司将500万美元预付款汇入中国银行,中国银行及时通知A入账并结汇。

几天后,A公司向中国银行咨询:B以找到了报价更便宜的交易对手为由,要求退回预付款,否则将向中国银行索偿,万一B真的索偿,中国银行能否拒绝偿付?

资料来源:原擒龙主编:《国际结算与贸易融资》,中国金融出版社2010年版。

任务描述

见索即付保函项下,担保行对赔付业务的审核与处理。

 **业务描述**

处理索赔业务时,一方面可以建议客户通过与受益人协商解决问题,尽可能保证合同正常履行;同时,担保行还可以积极协助申请人向法院咨询办理止付令的事宜,变被动为主动。

操作指导

G银行分析认为:B公司的目的可能有两个:一是受金融危机影响,资金缺乏,项目暂缓;二是以索偿保函、追偿预付款为由,逼A降价。同时,G告知A,根据保函适用的URDG458的规定,一旦B公司向G银行出具符合保函文本规定的相关索偿文件,不论A是否实际违约,作为担保行的G都必须向B公司付款,除非A在法院申请到欺诈止付令。之后,G积极协助A咨询办理止付令的有关事宜。

2009年1月22日,保函受益人B公司代表来到G银行提交索赔申请。G银行十分慎重,立即采取以下措施:

(1)通知A前来与B公司代表洽谈并了解对方真实意图。

(2)告知B公司代表,其身份和索偿函的真实性有待进一步确认。

(3)建议A公司与B公司通过协商解决问题,尽可能保证合同能正常履行。

后续发展:双方沟通后,A公司指出:已方发没有违约,且已先期投入远远超过500万美元的预付款,如果对方恶意索赔,将立即向法院申请欺诈止付令,并将发起诉讼要求赔偿其先期准备中的损失及对方的违约责任。B自知理亏,称放弃索偿事宜。

之后一个多月,A多次向G银行咨询,并做好两手准备:一方面做最坏的打算,联系当地法院做好申请欺诈止付令的前期准备工作;另一方面多次与B公司高层协商沟通,以求双方协商解决。

最后,A公司作出适当降价的让步后,B公司于2009年3月按照合同约定,开出700万美元的出口信用证,该笔合同得以顺利履行。

后来经查:B实际上还是中东地区信用良好的大企业,但还是出现上述情况,说明在金融危机下,市场风险、信用风险急剧上升,毁约、违约事件频发,银行必须强化风险防范意识。

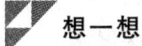 **想一想**

该案中的保函是直开的、还是转开的？
保函是如何帮企业化险为夷的？

应是直开保函。担保行见索即付的前提条件是受益人在有效期内提交保函规定的单据或书面文件，证明申请人违约，而申请人提不出相反的证据，则索赔有效；但是，若申请人能够通过申请法院欺诈止付令，那么担保行可以对受益人索赔免责，不必赔偿。

一、直开保函的概念

直开保函是指担保行根据申请人的申请直接向受益人开立保函，以承担担保责任的一种开立方式。直开保函又因其转递方式不同，分为直接转递和通过通知行转递两种。转开保函是申请人请求当地的银行以提供反担保的形式委托受益人所在地的银行代其开立保函，并代其承担赔付责任的保函开立方式。

二、直开保函的业务流程

（一）直接三方结构
1. 申请人申请、担保行审查及开具保函。
2. 保函申请人将保函正本直接寄交或带交受益人。
3. 收益人凭保函和符合保函规定的索赔文件提出索赔，并获得赔偿。
4. 担保行对申请人或反担保人追索获得补偿后将保函注销。

（二）间接三方结构
1. 申请人申请以及担保行（开证行）审查及开具保函。
2. 担保行将银行保函邮寄或电传给传递行（或通知行）。
3. 传递行（或通知行）将银行保函正本传递给受益人。
4. 收益人凭保函和规定的文件索赔并获得赔偿。
5. 担保行对申请人追索已赔偿款，然后注销保函。

（三）间接四方结构
1. 申请人到反担保行申请开立保函。
2. 反担保行将反担保银行保函邮寄或电传给受益人所在地的转开行，申请给受益人开立银行保函，从而确立了反担保行与转开行之间的一种担保合同关系。
3. 转开行（受益人所在地银行）根据反担保保函向受益人开出银行保函，以及反担保行的基本资料，确立转开行与受益人之间的担保合同关系。
4. 受益人凭保函和规定的文件向转开行索赔并获得赔偿。

5. 转开行对反担保行追索已赔偿款，然后注销保函。

6. 反担保行对申请人追索已赔偿款，然后注销反担保保函。

三种业务流程对于受益人的适用情况

1. 直接三方结构。

在实务中，由于受益人无法辨认保函的真伪，无法保障自身权利以及索赔不便等原因，很少使用直接转递方式开立保函。

2. 间接三方结构。

以这种方式开立的保函比前者更为普遍。受益人可通过本地银行验明保函的真伪，但索赔不便的问题仍然存在。

3. 间接四方保函结构。

转开保函使受益人的境外担保变为国内担保，一旦产生争议和纠纷，受益人可在国内要求索赔，不仅可以使索赔迅速实现，而且还可利用本国法律来进行仲裁，故受益人最愿接受此种保函。

三、操作要点

客户申请开立保函 → 业务受理及审核 → 对外开出保函 → 后期跟踪管理 → 保函 → 修改（如需）→ 付款、赔付（如需）→ 保函撤销

（一）审核要点

1. 申请人资格的审核。登录人民银行企业信用基础数据库进行查询，确认申请人是否存在贷款卡暂停、注销或不良信用记录等异常信息。如申请人不存在异常信息，须打印留存相关记录；如申请人贷款卡暂停、注销，应拒绝受理。

客户最近连续3个财务年度经会计师事务所审计的合并财务报表显示其为经营亏损企业，我行原则上不得为其办理对外担保业务。

对委托我行开立非进口付汇性质的其他对外担保保函，申请人应具有相应的对外资格，如出口经营权（含技术出口）、对外承包工程保函申请人应具有对外承包工程资格等；其中，凡申请使用对外承包工程保函风险专项资金的申请人，必须经商务部批准，具有对外经济合作经营资格，且资产总额在8 000万元人民币以上（含）、所有者权益在1 500万元人民币以上（含）、连续两年盈利，未发生拖欠或挪用各类国家专项基金、资金及其他违法违规经营记录（不在商务部颁布的违规经营、拖欠或挪用各类国家专项基金、资金的外经企业名单内），且为同一企业累计开立的专项保函余额原则上不得超过3 000万美元。

2. 保函申请书的审核。申请人应使用银行规定的申请书或合同格式，内容应真实无误、指示明晰。有关项目名称、保函币别金额、有效期、受益人名称及地址、项目名称、保函种类、相关背景资料号码的描述应与业务背景资料一致；保函开立方式应明确，对于转递或转开方式中的代理行名称、SWIFT代码或地址应明确；保函项下有关费

用的承担人及支付方式应明确。如开立保函申请书/合同中填写的有关内容发生变更，应要求申请人在变更部分加盖与预留印鉴一致的签章，或另函说明。

3. 基础交易的审核。对于申请人自己缮制的开立保函/备用信用证申请书/合同，其条款应与我行规定的内容一致，否则须征询法律部门的意见。

（1）基础交易资料应具有开立保函的相关指示和要求：如办理履约、预付款、质量、维修、即期付款、费用保付等保函业务，需有相关合同（投标项目项下的履约、预付款保函需有相应的中标通知书或形式发票）。

（2）凡参加境外工程投（议）标，且报价金额在500万美元（含）以上，申请人应提供中华人民共和国商务部签发的《对外承包工程项目投（议）标许可证》；

以下情形不得开立保函

1. 参与涉及股票、期货、外汇及房地产等领域的投机交易。
2. 纯粹以套取资金为目的、无正当业务背景。
3. 涉嫌"洗钱"或其他不法活动。
4. 为外商投资企业的外方投资部分（包括外方的注册资本、外方的投资贷款）提供担保。
5. 为外商投资企业中的外方投资部分的对外债务提供担保。
6. 未经外汇局批准同意，为外商独资企业的对外债务提供担保。

4. 外汇管理的审核。凡开立对外担保（即以境外机构或境内外资金融机构为受益人的担保）保函，均应符合外汇局、人民银行的有关规定，包括但不限于《境内机构对外担保管理办法》及其实施细则、结售汇管理办法等。

5. 保函条款的审核。

（1）对保函主要条款的审核。保函主要要素包括：申请人、受益人、担保人、币别和金额、效期、担保标的、付款/赔付条件等。

①申请人条款。除非另有约定，保函的申请人应为基础交易的当事人之一。在申请人与被担保人不一致的情况下，申请人应向银行书面承诺承担被担保人行为可能对保函产生的一切责任和损失。

②受益人条款。保函的受益人必须为基础交易的当事人之一。如出现一个以上的受益人，保函需有相关条款确保银行不会重复赔付；如受益人为境外机构或境内外资金融机构，应按外汇局的有关规定办理相关手续。

③币别和金额条款。保函的币别原则上应与基础交易业务一致，除下列情况外，原则上不得向境内受益人开立外汇保函（受益人为境内外资金融机构的除外）：一是国际招标项目项下保函业务。二是符合外汇局规定的。银行开出的保函原则上应限定最高赔偿限额，即担保金额固定。但可根据具体基础交易的规定，在落实反担保条件的前提下，适当加列承担合理的利息、费用等责任的条款。此外，保函金额占基础交易金额的比例应合理。必要时在保函中应加注减额条款。三是银行与国内外金融机构联合为某一项目提供保函时，应明确银行仅按照银行保函占总体担保的份额或比例、在不超过银行保函金额的范围内承担担保责任。

④效期条款。保函效期一般应包括对生效日和到期日的描述。保函的生效日一般应从开标日或投标截止日（投标保函项下）、收妥预付款日（预付款保函项下）或保函开立日为生效日，有特别约定的除外。保函生效日原则上不早于保函开立日，否则基础交易应对其有合理的解释和要求，银行应慎重处理；保函生效日原则上不应早于主合同生效日。保函应规定具体的失效日期，如无法规定具体的失效日期，应明确规定失效事件，且失效事件的发生应通过提交约定的单据来体现。

⑤付款/赔付条件条款。即担保人对承担付款责任所作的承诺及有关赔付条件的具体规定，索赔条件要明确、单据化。如申请人坚持在保函中加具无须银行或申请人加以证实的某一事实作为付款/赔付条件的含见索即付风险的索赔条款，银行应慎重处理，且须要求申请人书面确认承担由此产生的一切风险。

⑥担保人条款。担保人须为省行或省行已转授权可以自身名义开立保函的有关行。

⑦担保标的（经济关系文件）条款。保函中必须注明担保行为赖以存在的有关经济关系文件（基础交易资料），即有关担保标的应与基础交易资料的有关标的一致。

⑧可转让条款。银行开出的保函原则上不可转让，并应在保函格式中注明"本保函不可转让，并以贵单位为唯一受益人"或相同意思的条款。如申请人要求开立可转让保函时，银行应建议其采取保函项下款项让渡的方式，确保只有原保函受益人享有索赔权，代替保函的转让。如申请人坚持要求开立可转让保函，在转让背景清晰合理的前提下，银行原则上只接受一次性指名转让，且保函转让前必须事先征得银行同意。此外，银行应要求申请人书面确认承担由此产生的一切风险。

如属应事先获外汇局审批的对外担保，还应在转让前获得外汇局的核准。

⑨适用法律条款。银行开立的保函原则上不加列适用他国法律的条款。如申请人坚持加列适用他国法律及/或受他国法院管辖条款时，银行应向其说明存在的风险，并在获得其书面确认同意承担由此产生的一切风险的前提下考虑接受加列适用他国法律条款。

（2）对各类保函内容的审核要点：除按上述要求审核保函的主要条款外，还应根据保函的属性、品种进行分类审核。

①融资类保函的审核要点。由于融资类保函银行承担的风险较大，在办理此类保函业务时，银行应注意以下几方面：

一是，银行融资类保函的开出日期可早于相关的贷款合同/融资租赁合同/授信协议的生效日，但保函的生效日原则上不得早于相关的贷款合同/融资租赁合同/授信协议的生效日。

二是，如贷款合同/融资租赁合同规定了分期/分批还款或分期支付租金，保函应加列相应的担保金额递减条款；贷款合同/融资租赁合同规定的贷款本金/租金及贷款利率/租金迟付利率要准确地表述在保函文本内，以限定银行在保函项下的赔付责任范围。

三是，保函失效日期应与贷款合同/融资租赁合同的最终本息偿还日或授信协议到期日匹配。

四是，为维护银行作为担保人的合法权益，应确保银行具有合理的代位求偿权。

五是，延期付款保函中须规定具体的付款到期日或注明可依凭证来确定具体到期日的其他书面文件。

六是，融资类保函原则上应规定"保函失效地点在银行营业所在地"。

七是，如属对外担保，申请人应提交外汇局核发的外债登记证。

八是，不得为客户借新还旧的融资行为出具担保。

其中，对于延期付款保函，银行应申请人要求出具的为其延期或远期付款期限超一年（不含一年）支付的合同价款及由此产生的利息作出的付款保证承诺。如进口贸易项下的延期付款保函，开立时应按进口开证的有关规定办理；应申请人申请对以其为付款人的商业票据（如商业汇票等）结算支付票据加具银行保付责任的票据保付保函，开立前应对被担保的票据进行审核：票据要式齐全、具备表面真实性、未经转让、必须是记名票据、抬头人必须是保函受益人等。授信额度保函：银行应申请人要求，对其他金融机构（即受益人）向申请人提供一定金额的资金融通/透支便利所作出的偿还责任担保。

②非融资类保函的审核要点。

履约保函：银行应申请人要求，就申请人将按合同要求履行合约所作的除付款行为之外（如供货合同项下的按期供货行为、工程建造合同项下的按期施工行为等）的保证承诺。履约保函的金额占合同总价的比例应合理（如供货合同项下一般为10%左右）。

预付款保函：申请人通过银行开立的对预付款项的归还向预付款方作出的一种保证承诺，用于保证申请人未能履约、或未能全部履约时，将申请人事先从预付款方收到的预付款全部或部分款项退回预付款方。预付款保函的生效日，原则上应从申请人通过银行收到或申请人通知银行收到有关款项之日起生效。如申请人坚持要求保函从开立日起生效，银行应向其说明存在的风险，并要求申请人书面确认同意承担保函生效日与预付款到账日不一致而产生的一切风险，同时承诺收到预付款后会书面通知银行，对有效期"事实敞口"的保函，原则上应限定预付款的到账日期。预付款保函一般应加注减额条款，且减额条件应单据化。应将工程承包等项目项下的有关投标、履约、预付款保函作为一个项目整体考虑，在开立投标保函时应考虑申请人一旦中标，可能继续为其出具履约或预付款保函可能涉及的业务风险。

预留金保函：又称留滞金保函，它是对合同价款中尾欠部分款项的提前支取行为所作出的归还承诺担保。一般情况下预留金保函应从申请人通过银行收到或申请人通知银行收到预留金之日起生效。如申请人坚持要求保函从开立日起生效，银行应向其说明存在的风险，并要求申请人书面确认同意承担保函生效日与预留金到账日不一致而产生的一切风险，同时承诺收到预留金后会书面通知银行。

一般情况下，质量、维修及预留金保函的担保金额按合同总价的5%~10%计算。在出具工程承包或成套设备项下的质量、维修及预留金保函时，应避免与履约保函重叠，造成双重担保，导致风险加大。

即期付款保函：银行对申请人应即期支付合同价款的付款义务作出的担保。进口贸易项下的付款保函业务还应参照进口开证的有关规定办理。

6. 委托代理行/联行转开保函业务的审核。如申请人委托银行通过其他代理行/联行转开以当地企业为受益人的保函，银行可以通过向该代理行/联行提供反担保的形式委托其以自身名义向受益人开立保函。此类保函应明确委托代理行/联行转开保函的具体格式,并加列反担保条款。转开格式及反担保条款均应明确、合理。

(二) 落实反担保

反担保的形式包括:保证金、工商客户授信总量(含授信额度及单笔授信,下同)、其他反担保方式(指按规定可不占用工商客户授信的除保证金之外的其他反担保形式,如足额存单质押、对外承包工程风险专项资金额度(如有)等)。上述反担保形式可单独使用也可混合使用。

保证金。

保证金的来源必须正当、合法。如申请人缴纳的保证金币别与保函担保币别相同,收取等值于保函担保金额的保证金;但如涉及合理利息/费用的,应适当调高保证金比例,以涵盖利息/费用部分。如申请人缴纳的保证金币别与保函担保币别不同,保证金应直接从申请人的外币或人民币账户直接划入保证金账户,不得购汇存入。同时,为避免风险,应适当考虑上浮保证金的收取比率,并应要求申请人书面承诺承担保函项下汇率变动等相关风险,授权银行在必要时从其保证金及/或其他结算账户中扣划资金,以偿付索赔款、补足保证金。

如需以其他担保方式(包括但不限于工商客户授信额度、工商客户单笔授信、总行风险管理部规定可不占用工商客户授信额度的除保证金之外的其他付款担保形式等)置换保证金的,应按有关规定处理。

预付款保函项下不得在未落实授信或收取足额保证金的情况下,仅以预付款作为保证金开出保函。

涉及对公外汇账户资金收付的业务,还应严格执行外汇局有关外汇账户的管理规定,并及时通过外汇账户管理信息系统向外汇局报送外汇账户业务的有关信息数据。申请人使用银行授信总量和其他付款保证开立保函,应逐笔提交申请,按银行的有关规定处理。

保函或备用信用证担保金额的保证金不足的风险

河南某外贸公司与国外公司签订了一份进出口合同,根据合同要求,河南某外贸公司申请一份由农行河南分行开立的备用信用证,由于受到金融危机的影响,该外贸公司经营资不抵债而宣布破产,然而开证行开出备用信用证后必须按照备用信用证的条款进行付款,由于该企业开出备用信用证时在农行的抵押物小于备用信用证的金额,导致了农行受到了不小的损失。

(三) 开立保函

1. 未安装总行保函业务系统的行应设立"保函业务登记表",进行逐笔登记。

2. 有权人审批同意后,缮制好保函文本,按规定程序经由对外有权人双签后开立保函。如属信开保函,应使用银行统一的保函专用纸,根据需要加盖担保行行章或保函业务专用章。并按与申请人约定的方式将保函正本提交受益人。如属电开保函,只能通过SWIFT MT760/MT799开立保函,并按规定程序对外发送报文,同时注意检查回执显示该报文是否已发送成功。

3. 按规定及时将申请人及保函相关信息录入到相关系统。

4. 及时进行相关会计核算手续（会计入账时间应与业务发生时间保持一致），并按有关规定收取保函担保费、邮电费（如有）等。账务处理完毕后，将会计传票及附件按有关规定留存备案。

5. 保函受益人为境外机构或境内外资金融机构以及为我国境内机构在境外注册的全资附属企业和参股企业提供融资性对外担保的，在保函开立后，应按有关规定向外汇局办理对外担保登记及反馈手续。

6. 将业务资料档案按业务流水号妥善装订，存入未了业务档案。

7. 已安装保函业务系统的各行，还应按有关规定办理系统输机等手续。

8. 对外承包工程风险专项资金保函开立后还应按规定报送《对外承包工程风险专项资金使用情况报备表》及《对外承包工程风险专项资金使用情况月报表》。

（四）保函修改（略）

（五）保函项下付款/赔付的审核及要点

1. 操作程序。

（1）收到保函项下受益人/转开行发来的要求银行承担保函付款/赔付责任的文件后，应调出业务档案，未安装总行保函业务系统的行应将付款/赔付文件有关情况在保函业务登记表进行相应登记。

（2）对付款/赔付文件的表面真实性、索赔是否符合保函条款规定进行审核；对符合条件的索赔，将审核意见在"保函付款/赔付通知书"中注明，连受益人/转开行的索赔文件复印件一并交申请人签收；对不符合条件的索赔，银行应及时将拒付理由通知受益人/转开行（申请人愿意主动承担付款责任时除外）。

（3）如索赔符合保函条款规定，银行应及时履行付款/赔付责任：

①落实备付款项。

②如保函属对外担保，银行应按外汇局规定办理相关手续后对外履约，如需获得外汇局核准后才能对外付款/赔付的，须提交的资料包括申请报告、保函副本、索赔文件的副本、金融机构外汇登记表、申请人的财务报表和申请人出具的情况说明、主合同及外债登记证明（如需）等，并在获得外汇局出具的《国家外汇管理局资本项目外汇业务核准件》后，银行方可对外付款/赔付。

③付款/赔付。如申请人承担第一性付款/赔付责任，申请人应按有关规定委托银行办理付款手续。

④将保函付款/赔付相关信息录入到相关系统。

⑤对外担保还应按外汇局有关规定办理涉外收支申报。

⑥向申请人收取汇款手续费、邮电费等费用。

⑦如属对外担保，应按外汇局有关规定办理对外担保情况反馈。

⑧涉及对公外汇账户资金收付业务的，还应严格执行外汇局有关外汇账户的管理规定，并及时通过外汇账户管理信息系统向外汇局报送外汇账户业务有关信息数据。

⑨未安装总行保函业务系统的各行,应在保函业务登记表作相应记录。
⑩如已全额支付保函项下担保款项,应作保函撤销账务处理。
⑪已安装保函业务系统的各行,还应按有关规定办理系统输机等手续。

2. 审核要点。

(1) 受益人/转开行的付款/赔付文件原则上应由其开户银行转递,并对其真实性进行审核。

(2) 判断索赔条件成立包括:除可转让保函外,索赔方原则上应为保函受益人、索赔金额在担保限额内、索赔单据化并按保函要求出具、索赔书的到达日期在保函的有效期内、索赔资料齐全等。

(3) 如保函含见索即付条款,无论申请人是否同意付款,我行均应履行付款/赔付责任。

对已收取保证金开立的保函,保证金币别与付款/赔付币别相同的,直接从保证金账户中支取。保证金币别与付款/赔付币别不同的:如已收取外汇保证金,需付款/赔付另一币别外汇的,应根据总行全球金融市场部规定,通过国际市场实时汇率兑换后付汇;如已收取人民币保证金,需付款/赔付外汇的,申请人应按照外汇局有关规定申请购汇,我行按付汇当时的牌价办理售汇手续;如不符合购汇条件,申请人应另行以自有外汇付款/赔付。

对使用授信额度或核定单笔授信的保函,应通知本行授信发起部门联系申请人落实付款资金;对以采用国债、我行存单质押的低风险授信开立的保函,应联系申请人落实付款资金;对凭金融机构提供反担保开立的保函,应及时向担保行发出付款/赔付指示;对使用"对外承包工程保函风险专项资金"开立的保函,应及时上报总行国际结算部,由其审核后,从保函风险资金专门账户中划转。

(4) 属对外担保的,应在按外汇局规定办理相关手续后方可办理保函履约手续。

(5) 进口付款性质保函项下付款/赔付,应按进口开证的有关规定掌握。

(6) 对不符合条件的索赔,无论申请人是否接受,均应及时通知受益人/转开行。

(7) 保函撤销或保函垫款(略)。

成套设备贸易的结算方式

生产电信设备的甲国的A公司与乙国的电信运营商B公司签订了电信设备供货协定。根据该协定,A公司向B公司出口电信设备,B公司付给A公司电信设备的货款,其中:

1. 10%为预付定金,在发货前支付;
2. 75%为货款,凭发票支付;
3. 15%为尾款,在设备正常运营6个月后支付。

那么,这种情况下,可以怎样结合不同的结算方式,既保证A公司的收汇安全,也保证B公司在预付定金后,A公司能履约发货?

本案可以采用信用证与保函相结合的方式。在成套设备或工程承包交易中，除了支付货款外，还要有预付定金或保留金的收取。在这样的交易下，一般货款可用信用证方式支付，保留金的支付及出口商违约时的预付定金的归还可以使用保函解决，甚至可能提供贸易融资。

(1) 开证环节：以银行保函为抵押，申请开立信用证。
(2) 融资作用：进口信用证下的提货担保融资。

启示：

跟单信用证与银行保函在成套设备进出口或国际工程承包中的组合应用：

预付定金 ＋ 一般货款 ＋ 留置金
（保函） 　　（信用证） 　　（保函）

信用证用银行信用保证出口商收汇安全，而保函则保证了在合约未得到适当履行时受损一方可以得到赔偿。两种方式的结合，是成套设备或工程承包交易中常见的方式。

任务 2　外贸企业将汇款或托收与银行保函组合应用

我国出口产品多以纺织品、农产品及其他低附加值的初级原材料为主，此类商品在国际市场上已是买方市场，因此常常不得已而接受外国进口商要求的以汇款方式结算的要求。据统计，目前广东中小外贸企业的国际贸易的结算方式中，汇款方式中的赊销方式大概占70%，信用证方式15%，跟单托收方式大概为7%，其他付款方式占8%。可见目前广东省的中小外贸企业中使用最多的国际结算方式仍是汇款方式。如条件允许，出口商应尽量争取要求进口商提供银行保函或备用信用证，以保证进口商付款。如果万一进口商拒付，也可由开证行付款。

业务场景

甲国的 A 公司出口农产品给乙国的 B 公司。双方商定用30%预付款+70%货到付款方式结算。请分析在这种情况下，可以怎样结合不同的结算方式，既争取了客户，又保证了收汇？

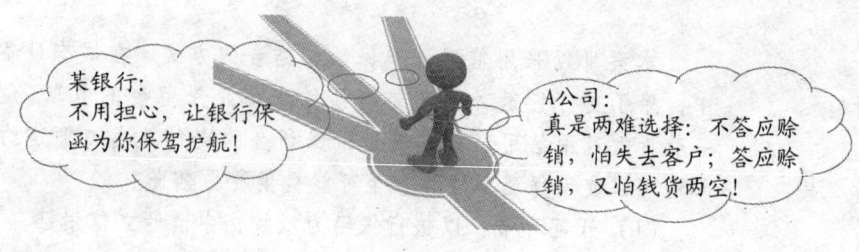

 **任务描述**

O/A 是一种简便支付安排，受到买方青睐，卖方可通过保函控制收汇风险的措施。

 **业务描述**

从出口商的角色，将银行保函与 O/A 或 D/A 等基于商业信用的支付方式组合应用。

操作指导

一、汇款与保函或备用信用证结合

由于汇款的费用低、速度快，所以在国际贸易中，前 TT（预付货款）和后 TT（货到付款）的方式被经常使用，但毕竟双方交易是基于商业信用，且不管是前 TT 还是后 TT，风险分担极不平衡。因此，可以考虑将其灵活运用，即与银行保函相结合，以防止不交货或不付款的情况出现。

二、托收与备用信用证相结合

托收方式因其相对信用证手续简便且费用低，因此在国际贸易中使用也比较广泛。但托收方式结算的基础是商业信用，且对于出口商来说，采取托收方式所承担的风险明显要大于进口商。因此，如果为了节省费用而采取托收方式，可以考虑将跟单托收与备用信用证相结合，以降低风险。如果托收项下的货款被拒付，可利用备用信用证的功能追回跟单托收方式下汇款被拒付时，出票人可凭备用信用证所列的条款，予以追偿。

具体做法是：出口商在收到符合合同规定的备用信用证，就可凭光票与进口商拒付的声明书向银行收回货款。但注意，在使用这种结算方式时，备用信用证的有效期必须晚于托收付款期限一段时间，以便在进口商拒付后出口商能有充裕的时间向银行办理追偿手续。

三、业务流程

核对印鉴或密押 → 审核保函 → 登记编号 → 缮制保函通知书 → 通知 → 归卷

四、操作要点

（一）印鉴和密押

1. 我行在收到国内外金融机构开立的保函时，首先要核对其印鉴或密押。对电报或电传开立的保函要核对密押；对总行以 SWIFT MT998 格式转发的保函，须核对有"TEST IS CORRECT"的押符标识。对 SWIFT MT760/MT700/MT799 格式开立的保函/备用信用证，须核对在报尾有随报接收的"MAC"或在报头有"AUTH OK KEY"的押符标识。对信开保函要核对其印鉴。对经核实印鉴/密押相符者，应在来函/电文上注明"印押相符"（SWIFT 报文除外）。

2. 对印鉴不符者，应当日向外查询核实；对密押不符者，凡总行转来的电传，若收到后三个工作日，没有收到总行核符电的，则必须在第四个工作日向总行查询；凡我行直接收到电传的，应当日向外查询核实。对印鉴或密押不符的保函，必须专人跟踪，直至查清为止。

上述情况，均应在保函加盖"印鉴或密押不符其真实性尚待证实仅供参考"印章，并视情况通知客户；印鉴、密押一经查实，应在一个工作日之内通知受益人。国外印鉴或密押相符确认电自身一定要加印押，且必须相符。

中行某分行曾收到一份由印度尼西亚雅加达亚欧美银行发出的要求纽约瑞士联合银行保兑的备用信用证，金额为 600 万美元，受益人为广东某外贸公司，出口货物是 200 万条干蛇皮。但是查银行年鉴，并没有开证行的资料，之后又收到了苏黎世瑞士银行的保兑函，但是其中两个签字中，仅有一个相似，另一个无法核对。此时，受益人货物已备妥，急于装运，以免误了装船日期。后经过中行竭力劝阻，才避免损失的发生。

（二）保函的审核

1. 审核保函是否表面完整。如发现保函内容不完整、缺页、严重变字等，应当及时对外发电查询，可视情况预先通知受益人，但需在保函上加批注并注明"供参考"。待收到表面完整一致保函后方可正式通知受益人。

2. 凡使用 SWIFT MT700 开立的保函，该保函受国际商会跟单信用证统一惯例约束。如保函使用 SWIFT MT760/MT799、电传或信开方式开立，保函需特别注明适用 UCP600（或 UCP500）、ISP98（国际备用信用证惯例）或 URDG458（见索即付保函统一规则）方适用上述国际惯例。

3. 注意审核保函受益人名称、地址。若受益人无法确定，或因名称残缺严重等其他情况影响通知，应在审核保函后及时向开立行查询。

4. 若保函不符合我国政策或带有歧视性条款，应由我行向外提出交涉并要求修改。

如出现以下情况，可以善意地告知受益人并酌情与担保行澄清或按受益人的指示作进一步处理：
1. 如审核认为担保行所在地存在政局动荡、经济情况恶化等因素；
2. 保函中带有保函附加生效条件、受益人无法控制或不易执行的软条款；
3. 保函条款不完整或相互间矛盾；
4. 保函中有含糊不清、内容自身相矛盾的条款；
5. 保函项下索赔/索汇路线迂回、环节多以及其他影响及时收汇的条款；
6. 规定费用由受益人承担；
7. 保函货币为不可兑换货币或金额大小写不一致；
8. 我行原则上不拒绝通知保函。
9. 保函如未明确费用收取方，应向担保行收取费用。

5. 对20万美元（含）以上的信开保函，应联系担保行加押证实；对有疑问的信开保函，亦应联系担保行加押证实。

（三）保函的登记，缮制"保函通知书"
1. 设立保函通知登记本，将通知号、保函受益人、费用承担方等内容进行逐笔登记。在正副本保函及保函通知书上加盖通知专用章。
2. "保函通知书"的内容包括：我行编号、通知日期、受益人名称、开立行/担保行、申请人名称、保函币别及金额、担保标的、我行对主要风险条款的审核情况（如需）、附件页数、费用负担方及扣收费用方式等。若保函印押未符，应特别注明"印押未符，此证仅供参考，我行已查询，待续告结果"。

（四）保函的通知
1. 将正本保函通知受益人（电开保函正本上应加盖"正本"章），我行留存保函副本。电传方式开立的保函应在涂抹密押后再行通知。
2. 我行应保证保函通知时效，原则上应在一个工作日内通知受益人。
3. 在通知保函时，我行应选择适当的方式根据保函的费用条款及我行收费规定收取有关费用。
4. 落实保函的签收制度，以邮寄形式通知的，应保留邮据备查。

（五）业务档案
通知保函后，我行留存保函副本，并按我行通知编号顺序归入保函通知业务档案。

案例分析

【例 7-1】 结构性贸易融资产品组合：保函+打包贷款+出口押汇+福费廷的组合

案情： 假设甲公司在东南亚某国拿到承建电站的 5 亿美元大单，但要真正完成项目却面临诸多困难：①电站业主资金紧张，且在当地融资成本很高，希望甲公司带资承建，同时业主准备采用 5 年期延期付款方式结算；②该国银行的信用评级不佳；③尽管甲公司在该国有十多年承建工程的历史，但涉足如此大规模的电站项目还是第一次，相关风险难以预知；④受自身资产规模限制，甲公司在国内无法取得承建工程所需的银行贷款。

【分析】

基于以上信息，银行为甲公司可以设计解决方案如下：

（1）以银行保函为甲公司争取部分预付款。

（2）争取延期收款在信用证项下实现，从而以银行信用替代商业信用，并且可以利用信用证取得多种贸易融资。

现将以上解决方案逐一加以细化落实：

第一步：以银行保函为甲公司争取部分预付款。

当地银行开立 5 年期延期付款信用证，某外资银行加具保兑；甲公司在该电站项下投保出口信用险、营运险、完工险等，分散转移风险；在甲公司银行授信额度不足的情况下，该行利用独家叙做的保函风险专项资金，出具预付款保函及履约保函，使甲公司即期收到部分工程款，能够迅速启动项目。

第二步：利用信用证取得多种贸易融资。

（1）收到信用证后，该行为甲公司叙做打包贷款；

（2）信用证下出单后，该行为甲公司办理出口押汇，用以归还打包贷款。

第三步：利用福费廷买断应收账款。

收到开证行/保兑行承兑后，该行为甲公司叙做福费廷，买断甲公司在该项目下的长期应收账款，用以归还押汇。

通过此种产品提供的解决方案，甲公司这笔 5 亿美元大单面临的问题迎刃而解：通过预付款保函获得了宝贵的项目启动资金；通过打包放款、出口押汇和福费廷等融资产品的转换运用，减少了对银行授信额度的占用，扩大了融资规模；利用不同融资产品适用利率不同的特点，有效降低了财务成本，提高了业务利润，通过灵活运用金融工具，最大限度地分散和控制风险。

【例 7-2】 担保行开立借款保函时的风险防范

案情： 甲银行于 2012 年 4 月为乙公司 2 000 万港币借款出具保函，受益人为丙银行，期限为 9 个月，利率 12%。由于乙公司投资房地产失误，导致公司负债累累，在还款期满后未能依约归还丙银行贷款。

2014 年 3 月丙银行向当地人民法院起诉乙公司和甲银行，要求归还贷款本金及利息。当地人民法院裁定如下：①乙公司在 2014 年 4 月 30 日之前将其债权 1 100 万港币收回用于偿还丙银行。余款在 2014 年 12 月底还清；②如乙公司不能履行，由甲银行承担代偿责任。

至 2014 年 5 月底，乙公司只归还了 600 万港币，仍欠本金 1 400 万港币及相应利息未归还。鉴于此，当地人民法院执行庭多次上门要求甲银行履行担保责任，否则将采取强制措施，查封甲银行资产。而该笔担保的反担保单位丁酒店，只剩下一个空壳公司存在，难以履行反担保责任。

为维护银行声誉，经上级行批准后甲银行垫付丙银行本金 1 400 万港币及相应利息。

【分析】

本案例中，担保行甲银行根据乙公司的申请向丙银行开立的是借款保函。所谓借款保函，是指由借款人委托银行向贷款人出具的用以担保借款人按月还本付息的一种保函，一旦出现借款人因某种原因无力偿还或不愿偿还债务等情况，则由银行按协议对贷款人承担还本付息的责任。甲银行在乙公司申请开立保函时，没有对申请人的资信及财务状况、反担保人的资信及财务状况和项目可行性及效益等进行详尽地审查，盲目地开出了银行保函。导致银行对外承担了担保责任后又不能从申请人处得到补偿，造成了比较大的损失。

【启示】

保函业务是银行重要的一项担保业务，但是银行在办理保函业务时必须注意风险的控制。保函开立之前，银行必须详尽地审查和了解申请人以及反担保人的信用；保函开立后，担保行应对申请人和反担保人进行及时的监控，一旦出现信用问题，应及时采取积极措施加以规避和减少损失。

【例 7-3】谨防伪造的银行保函

案情：2001 年年初，上海甲船运公司按照运输合同，为新加坡乙公司（租船人）从马来西亚装运一批货物到印度孟买港。收货人为印度丙公司，是新加坡乙公司的母公司。按照运输合同规定，租船人如要求船东在提单未到达印度卸货港前先放货给收货人，收货人应提供 200% 货价的银行担保。货到孟买港之前，收货人向上海船运公司出具了由收货人和印度丁银行共同签字盖章的相当于货价 200% 的银行保函，要求上海甲船运公司出具放货通知。上海甲船运公司据此向收货人签发了放货通知单。

两个月后，上海甲船运公司陆续收到多家货主的函件，称因收货人未在规定时间内赎单提货，提单被退回。他们要求上海船运公司归还约 14 700 吨货物或支付约 543 万美元货款。面对突如其来的情况，上海甲船运公司立即与租船人和收货人联系，要求他们为发生的事情做出解释并尽快将货款付给货主。收货人在答复上海甲船运公司时，肯定保函是银行出具的，不过银行没收取任何费用，其要求不要对银行采取法律行动。同时，收货人也承认已经凭放货单提取了货物，只是因为公司没有钱，所以只能答应每月支付 5 万美元货款。

与此同时，上海甲船运公司通过业务银行就银行保函问题向印度丁银行进行了核查，令人惊奇的是，该行答复没有出具过这份保函。

面对上述情况，上海甲船运公司决定先从弄清保函出处入手。上海甲船运公司根据保函上所规定的管辖权条款，向伦敦法院起诉丁银行。该印度丁银行仍称没有签发这份保函，后来伦敦法院根据有关专家鉴定，裁定这份保函上的银行签字及签章都是不真实的。因而，上海甲船运公司得到的所谓银行保函是无效保函，不但没有得到赔偿，而且还要承担法院高额的诉讼费及律师费。上海甲船运公司只好依法与货主们一一协商赔偿数额，履行赔偿责任。既然排除了印度丁银行出具保函的责任，那么，收货人就该承担伪造银行保函骗取上海甲船运公司放货单的责任。为此，上海甲船运公司对收货人提起了刑事诉讼。印度警方拘留了收货人公司的两名董事，扣留了他们的护照，印度银行冻结了收货人的存款以及收货人在美国拥有的旅馆等财产。

英国高等法院经过漫长复杂的诉讼程序，终于在2004年1月被告缺席的情况下做出裁决：收货人赔偿上海甲船运公司相应货款、银行利息和律师费。

上海甲船运公司胜诉后，代理上海甲船运公司在印度执行英国高等法院判决的印度律师对收货人情况进行了调查。调查结果发现该公司已陷入财务困难，大部分资产已经抵押给银行或其他担保债权人，净资产完全耗尽，正在申请重组或托管。同时，该收货人还面临着众多债权人的诉讼。因此，上海甲船运公司虽然胜诉，却因收货人公司的资不抵债尚未得到任何赔偿，给公司造成极大的损失。

【分析】

本案例涉及的是伪造保函问题。银行保函是银行根据申请人的请求向受益人开立的，担保在申请人未能按双方协议履行其责任或义务时，担保行代其履行一定金额、一定期限范围内的某种支付责任或经济赔偿责任。因此，对于受益人来说，担保行的资信极其重要，直接影响到受益人能否得到相应的保障。本案中，受益人上海甲船运公司从收货人处取得的是一份伪造保函，保函中列示的印度丁银行根本没有签发该份保函，自然不会承担担保责任。因此在收货人提取货物却又未能按约付款赎单的情况下，只能找收货人理论。尽管法院判决上海甲船运公司胜诉，但是执行判决时却发现收货人已陷入财务困难，大部分资产已经抵押给银行或其他担保债权人，净资产完全耗尽，正在申请重组或托管。同时，该收货人还面临着众多债权人的诉讼。也就是说，上海船运公司并未能得到相应的赔偿。

【启示】

1. 保函是保障受益人合法权益的工具，保函本身的真实性、有效性直接影响受益人的权益。因此受益人在接受保函时，务必对保函签章的真实性、担保期限、担保责任、索偿条件和办法进行仔细审核。

2. 保函的申请人是保函重要的当事人，受益人在接受保函时必须了解申请人的商业信誉和财务状况等。万一保函出现问题，受益人可以根据基础合同关系向申请人要求相应的权利。

【例7-4】

案情：2013年3月15日，A公司持中标通知书到B银行申请出具中标履约保函，受益人为W国C公司（招标方）。担保行在审核申请人提交的有关资料后发现如下问题：①原标书与合同均为西班牙文，而不是国际通用的英文，容易出现解释、理解方面的偏差；②原标书规定中标方需提供银行保函，并与招标方签订合同，招标方根据合同开立延期付款信用证，使中标方处于不利地位；③原标书规定保函金额为合同金额的20%，比例太高；④招标书强调只接受其当地银行的保函，故要求担保行委托当地银行转开保函，而风险却由保函申请人承担。

鉴此，担保行建议保函申请人与受益人联系作以下修改：①提供原标书与合同的英文版本；②先签约，且在收到国外开来的信用证后才开出保函；③将保函金额调低至合同金额的10%以下；④保函加列金额随装运情况按比例递减条款；⑤来证限制担保行通知和议付；⑥把延期付款信用证改为承兑付款信用证。

然而，买卖双方虽经多次磋商，仍未达到理想效果。稍后，招标方通过当地D银行开来两份信用证，来证规定：货物必须在3个月内按间隔相等的时间分三批运达港口，最迟装效期为2013年9月25日，在保函申请人的一再要求，且已落实反担保的情况下，我方担保行于2013年6月22日指示D银行转开金额为21万美元的中标履约保函："保证受益人在保函申请人未能按时交货或短装情况下凭书面索赔函得到偿付，保函效期至全部货物运抵目的港后60天内有效或至2013年11月30日，以早者为准"。同时还声明此保函系根据国际商会《保函统一规则》开立。11月10日，担保行获悉最后一批货已于9月25日到达目的港，便致电D银行，要求确认保函失效并解除担保行责任。但直到11月24日，对方才复电称：保函受益人未退正本保函，并提示保函效期至2013年12月30日。随后，担保行在12月14日接到D银行电告：保函受益人已于12月12日通过公证机构提交正式函件，声言保函申请人违约，要求担保行赔付全部保函金额，起息日为12月13日。经了解，保函申请人发送的第三批货晚到目的港，根据保函规定，保函受益人提出索赔的最迟期限为全部货到后60天，而W国法律另赋予15天宽限期，所以最迟索赔日应为12月10日，但对方称保函受益人已于12月8日向当地公证机构提交索赔函公证，而12月10日和11日两天是当地假日，故D银行在12月12日受理受益人索赔，并执行了保函。结果，担保行与保函申请人在多次努力未能劝阻对方撤回索赔的情况下，为维护信誉，不得不于12月31日对外赔付，并承担了有关费用和利息。2014年1月16日，此案以担保行收到对方撤函通知，但已作出赔偿的重大代价而告终。

【分析】

从本案例的情况来看，应该是诈骗分子举着国际招标的招牌到处招标，并向招标方发出中标通知书，且故设陷阱，诱使我国内企业向银行申请开立履约保函，企图骗取我方赔款。这种诈骗往往具有如下特点：诈骗分子以国际招标履约为借口，诱使中标方向银行申请出具履约保函；保函所依据的标书与合同之文字、内容及法律文件均偏护招标方，而不利于中标方；保函受制于招标方所开条件苛刻之信用证；保函金额相对合同金额比例过高，且需委托招标方当地银行转开，风险较大。

【启示】

对于国内企业来说，应该对国外的中标通知书保持高度的警惕，充分了解招标方的经营状况和资信情况，在此基础上考虑向银行申请开立履约保函。对于银行来说，应该严格为客户把关，仔细审核申请人提交的有关资料，发现有违国际惯例的做法及时提醒客户。

项目小结

一般而言，中小型出口企业外贸成交的三个要素：一是价格，二是交期，三是付款。随着人民币对美元的不断升值，出口商品在价格上的竞争力不断下降。当价格竞争难以为继的情况下，向进口方提供有利的结算方式就成为出口竞争的一个关键因素。

在广东省的中小外贸企业的国际贸易的结算方式中，基于商业信用的赊销方式大概占70%，即目前在结算方式上的现实选择是的单一的结算方式为主。出口企业可"以商业信用为主，银行信用为辅"，将两种或两种以上的结算方式结合使用，除了传统的信用证与汇付、信用证与托收等结合方式外，尤其是注重对于银行保函和备用信用证与商业信用的赊销、托收方式的组合应用，从而能在一定程度上化解当前在结算方式让步与贸易风险放大之间的矛盾。其中，银行保函因具有信用程度高，运用范围广泛，针对性强等特点，已逐步开始发挥保证作用；但从使用情况看，备用信用证的作用在国内还没有很好地被充分认识。

知识网络

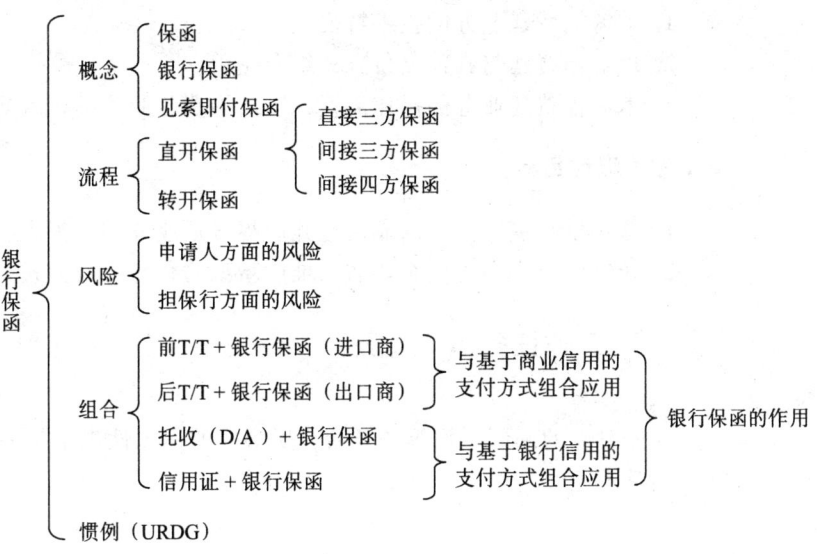

项目八 福费廷业务

 学习目标

知识学习目标：

1. 了解福费廷业务的技术特征。
2. 理解福费廷与其他支付方式组合应用。
3. 掌握福费廷业务的操作流程，以及福费廷业务的风险防范。

技能训练目标：

1. 能够撰写关于国内商业银行开展福费廷业务调查报告。
2. 能够针对小微外贸企业需求推广新型的贸易融资方式。

 **工作任务**

完成对应的调研工作等任务后，所形成的标志性成果是一篇调查报告或一篇学术论文。

必备知识

一、福费廷的概念

Forfaiting 源于法语"a forfeit"和德语"forfaiterung"，含"放弃某种权利"的意思。福费廷是对 Forfaiting 的中文音译，是一种无追索权形式为出口商贴现远期票据的金融服务。它是一种为出口商贴现已经承兑的、通常由进口商方面的银行担保的远期票据服务，属票据融资，这样出口商能够立即回笼资金，使出口商在获得出口融资的同时，消除了出口商因远期收汇风险及汇率和利率带来潜在风险。这种业务也称为包买票据业务，而融资商通常被称为包买商。

第二次世界大战以后，瑞士苏黎世银行协会首先开创了包买票据融资业务。20世纪50年代后期，随着各国经济实力的恢复与发展，资本性货物的贸易越来越多，出口竞争日益加剧，资本性货物的卖方市场逐步转变为买方市场。当时的银行无法提供出口商所希望得到的中长期融资服务，于是包买票据融资方式就活跃起来。20世纪80年代后，包买票据业务持续增长，逐渐由欧洲向亚洲及全世界发展，包买票据二级市场逐渐形成，该业务的交易方式日益灵活、交易金额日益增加，而且票据种类也不断扩大，形成了一个世界范围内的包买票据交易市场。

二、福费廷的当事人

福费廷交易的当事人主要有四个，分别是：出口商、包买商、进口商和担保人。

1. 出口商。出口商通常是福费廷汇票的卖主，为保护自己不受追索，将经进口商承兑的远期汇票或本票无追索权地售给包买商。

2. 包买商。包买商多为出口商所在国的银行或有中长期信贷能力的大型金融公司。

3. 进口商。进口商福费廷交易的债务人，其承担到期支付票据款项的主要责任。

4. 担保人。担保人不是包买票据业务的直接当事人，一般是进口商所在地的银行，为进口商的按期支付提供担保。若进口商不能按期付款，担保人有责任代其偿还。在履行付款责任后，担保人有权向进口商追索，但追索能否成功，将取决于进口商的资信状况，故担保人承担着追索不能成功的风险。

三、福费廷的特点

1. 福费廷业务是一种无追索权融资。在福费廷业务中，出口商必须放弃对所出售债权凭证的一切权益，将收取货款的权利、风险和责任转嫁给包买商，而包买商也必须放弃对出口商的追索权。出口商在背书转让债权凭证的票据时均加注"无追索权"字样（Without Recourse）。

2. 福费廷融资的期限跨度较大，但以中期融资为主。随着福费廷业务的发展，其融资期限扩充到1个月至10年不等，时间跨度很大。但多数福费廷业务融资期限在1~5年，属于中期融资。

3. 福费廷属批发性融资业务。福费廷融资金额由10万美元至2亿美元不等，一般在100万美元以上，数额较大，比较适合大中型出口贸易合同。近年来也发展了一些小额交易，但要收取较高的费用，其优越性不明显。

4. 福费廷属于固定利率融资。福费廷业务中的贴现率是包买商参照相应票据的市场利率、进口商和担保行的资信等级及进口国国家风险大小等事宜来确定的，通常以"LIBOR + 附加率"来计算，利率确定后不再变动。

5. 福费廷融资多采取分期还款的方式。福费廷融资下的贸易合同一般都规定进口商以分期付款方式偿还债款，通常是每半年还款一次。以此为基础，出票时应按融资期限分成金额相等的若干张票据，每半年有一张到期。

四、福费廷的利弊

（一）福费廷的好处

1. 福费廷对出口商的好处。

（1）终局性融资便利。福费廷是一种无追索权的贸易融资便利，出口商一旦取得融资款项，就不必再对债务人偿债与否负责，同时不占用银行授信额度。

（2）改善现金流量。福费廷将远期收款变为当期现金流入，有利于出口商改善财务状况和清偿能力，从而避免资金占压，进一步提高了企业的筹资能力。

（3）节约管理费用。出口商不再承担资产管理和应收账款回收的工作及费用，从而大大降低管理费用。

（4）提前办理退税。办理福费廷业务后客户可立即办理外汇核销及出口退税手续。

（5）规避各类风险。叙做福费廷业务后，出口商不再承担远期收款可能产生的利率、汇率、信用以及国家等方面的风险。

（6）增加贸易机会。出口商能以延期付款的条件促成与进口商的交易，避免了因进口商资金紧缺无法开展贸易的局面。

（7）实现价格转移。可以提前了解包买商的报价并将相应的成本转移到价格中去，从而规避融资成本。

2. 福费廷对进口商的好处。

（1）获得贸易项下延期付款的便利。

（2）不占用进口商的融资额度。

（3）所需文件及担保简便易行。

3. 福费廷对贴现银行的好处。

（1）扩大了服务项目，加强了与国际金融界的交往，有利于培养金融专业人才。

（2）利用外资为出口商广开了融资渠道，促进了贸易出口，带动了业务发展。

（3）融资效率高，不占用银行信贷规模却扩大了融资金额和范围。

（4）可随时在二级市场上出售所贴现的票据，能转移风险。

（二）福费廷的弊端

（1）福费廷对出口商的弊端。福费廷业务对出口商的不利之处在于该业务的费用相对于信用证业务要高一些。

（2）福费廷对进口商的弊端。福费廷业务的利息与所有费用负担均包括在了货价之内，对进口商来说一般货价较高。

（3）福费廷对贴现银行的弊端。对贴现银行即包买商而言，不利之处是包买商在融资中承担了所有的相关风险，但没有追索权。

（4）福费廷对担保行的弊端。对担保行而言，不利之处是承担了一定的风险，一旦进口商破产或无力支付，其对外的付款可能无法收回。

五、福费廷的适用对象

(一) 资本性货物交易

普通商品交易的融资期限较短,而资本性货物交易的融资期限却呈现越来越长的趋势。由于福费廷业务主要提供的是中期贸易融资,所以从期限上来讲,资本性交易更适合做包买票据业务。同时,由于技术的改进、市场的发展和竞争的加剧,包买商们有能力、也乐意对任何类型的,融资期限从几个月至几年的商品交易提供福费廷融资服务。

(二) 交易规模较大

福费廷业务中,无论金额大小,包买商在资信调查、单据审核和资产管理方面所做的工作大致相同,费用开支也相差不多,但将费用分摊到融资成本中时,大额交易的单位成本就会明显低于小额交易的单位成本。所以包买商对小额交易的报价要用高于大额交易,即小额交易的贴现率高于大额交易的贴现率。如果交易金额过小,不仅会增加客户的融资成本,而且会抵消包买业务的长处。因此,福费廷业务最适合于100万美元以上的大中型贸易融资,大型银行通常只愿意做500万美元以上的交易,但当金额超过5 000万美元时,大都要由包买辛迪加来联合融资。

(三) 流通性强的货币

在国际结算中,美元、欧元和瑞士法郎由于币值相对稳定,长期以来被广泛使用,进行福费廷融资的出口交易大多采用这三种货币作为计价货币。这样选择货币主要是包买商出于匹配资金、消除利率和汇率风险的考虑。应该说,凡是以货币市场上可自由兑换货币计价的商品交易,原则上均可进行福费廷融资。但如果某种货币在金融市场上的交易量很小,就会增加包买商匹配资金的困难,所以包买商对以该种货币计价的交易往往只能提供期限在两年以下的融资。

■ 导入案例

我国机械设备制造企业A公司拟向中东某国B公司出口机械设备。该种设备的市场为买方市场,市场竞争激烈,A公司面临以下情况:

(1) B公司资金紧张,但在其国内融资成本很高,希望A公司给予远期付款便利,期限1年。A公司正处于业务快速发展期,对资金需求较大,在各银行的授信额度已基本用满。

(2) B公司规模不大,信用状况一般。虽然B公司同意采用信用证方式结算,但开证银行C银行规模较小,A公司对该银行了解甚少。

(3) A公司预计人民币在一年内升值,如等一年后再收回货款,有可能面临较大的汇率风险。

A公司与中国银行联系,希望提供解决方案。

为满足A公司融资、规避风险、减少应收账款等多方面需求,中国银行设计了福费廷融资方案，A 公司最终采用了该方案，并在商业谈判中成功将融资成本计入商品价格。

通过福费廷业务，A 公司不但用远期付款的条件赢得了客户，而且在无需占用其授信额度的情况下，获得无追索权融资，解决了资金紧张的难题，有效规避了买方的信用风险、国家风险、汇率风险等各项远期收汇项下风险，同时获得提前退税，成功将应收账款转化为现金，优化了公司财务报表。

资料来源：中国银行全球门户网站。

流程图解

福费廷业务流程图如图 8-1 所示。

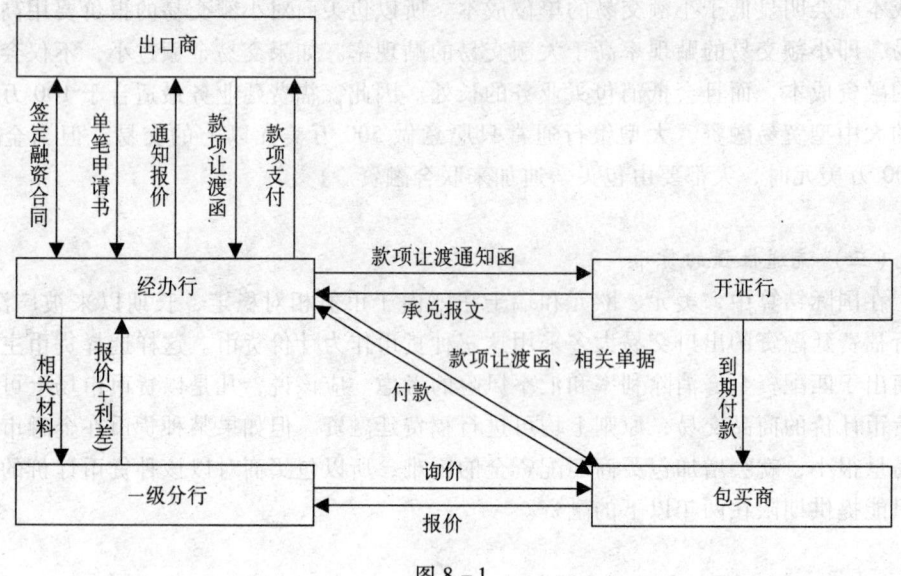

图 8-1

注：

1. 询价。出口商在与进口商签订商务合同之前就应做好融资的准备。有时，为了争取订单，出口商往往主动或被动同意向进口商提供远期信用融资，并将延期付款利率打入货价。为了确保出口商能按时得到融资，并且不承担利率损失，出口商应早与银行（包买商）联系询价，得到银行的正式答复及报价后再核算成本，与进口商谈判并签约。

2. 报价。银行接到出口商的询价后，首先要分析进口商所在国的政治风险、商业风险和外汇汇出风险，核定对该国的信用额度，然后审核担保人的资信情况、偿付能力，以及出口货物是否属正常的国际贸易，合同金额期限是否能够接受等。如以上几方面均达到满意，银行便根据国际包买票据市场情况做出报价，报价的内容包括：①贴现率（Discount Rate），进口商可以选择固定利率，也可以采用 LIBOR（伦敦银行同业拆借利率）加上利差的计算方式；②承担费（Commitment Fee），视个别交易而定；③多收期（Grace Days），即预估延期天数。

3. 签约。出口商在接受了银行的报价后，便需要与银行正式签订包买票据协议，协议的内容包括：①项目概况及债务凭证；②贴现金额、货币、期限；③贴现率及承担费率；④有关当事人的责任义务；⑤违约事件及其处理；⑥其他。

4. 交单。根据包买票据协议的有关规定，出口商在发货之后应立即将全套的装船单据交银行议付，议付行将远期票据寄开证行/担保行承兑后退给出口商。出口商在银行承兑的远期汇票或本票上背书并注明"无追索权"字样后，正式连同其他的单据在承诺期内交贴现银行审核。一般须提交的单据包括：本票或银行承兑汇票等；提单副本；发票副本；合同副本；信用证或保函副本；出口商对其签字及文件真实性的证明；出口商债权转让函。

5. 审单及付款。银行在收到出口商提交的单据后须认真审核，尤其对出口商签字的真伪要核实。若该贴现银行是投资性贴现（即自留票据，到期后向进口方银行索偿），应事先得到进口方银行的付款承诺及进口国有关政府和法律的许可文件。然后，经审核单据无误后向出口商付款。若该贴现银行是代理性贴现（即同时转贴给二级市场），则需事先与二级市场的有关银行达成默契。在收到出口商的全套单据后，再背书给下一手银行，并提供其他有关资料和证明，收到付款后再支付给出口商。银行要向出口商提供一份贴现清单，列明贴现票据面值、贴现率、期限、承担费以及贴现后的净额，同时抄送进口方银行作为一份存档文件，以便在到期日索偿时参考。

6. 到期索偿。贴现银行对出口商付款后，要将远期票据妥善保存，在到期日之前，将票据寄付款银行索偿。付款银行按照贴现银行的指示将款项汇到贴现指定的账户，这样，一笔包买票据业务就完成了。如果付款银行未能在到期日正常付款，贴现银行可委托律师对付款银行起诉，同时向出口商通报拒付事实，以便取得出口商的协助。若真是由于进口国的政治风险和外汇短缺造成无力支付，贴现银行也只能承担一切损失。

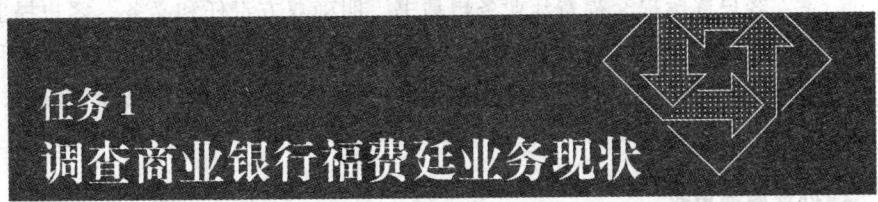

任务1 调查商业银行福费廷业务现状

 **业务场景**

A公司是一家贸易出口企业，不久前A公司白俄罗斯买方准备通过某银行开立的远期180天信用证进行采购，金额为100万美元。但是，A公司对开证行的最新情况并不了解，对该笔信用证到期能否按时收款没有把握，希望银行能买断开证行的风险。

工商银行立即根据该开证行的资信情况和福费廷二手市场的报给A公司年利率10%的参考价格，同时也向A公司指出，由于白俄罗斯市场上不同开证行的风险不同，福费廷价格相差很远，建议A公司向买方了解其在哪家银行有授信额度。最后，工商银行从中挑选了白俄罗斯资信状况相对比较好的一家银行，并按照3.5%的年利率给A公司叙做了福费廷业务，让A公司获得了更高的收益。

 **任务描述**

调查国内商业银行，例如中国银行、工商银行等开展福费廷业务的现状。

 **业务描述**

A公司希望了解，福费廷融资的手续是否繁琐？费用是否高昂？

■ 操作指导

银行办理信用证项下福费廷业务要点如下:

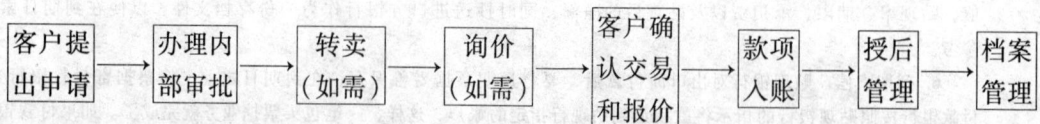

一、客户提出申请,银行受理福费廷业务

客户逐笔提交福费廷业务申请书,明确双方责任和义务。客户提出单笔福费廷申请时,应提交福费廷业务申请书,福费廷业务申请书填写的内容应齐全和正确;我行应将客户在申请书加盖的印鉴签章与该客户在我行预留的授权书印鉴核对,并由核对人员在申请书上确认相符。

二、办理内部审批

出口商品如属于国家实行出口管制的商品,应要求申请人提交有关部门签发的出口许可证件并复印留存;考虑出口商品的市场行情、销售前景、是否会引起反倾销纠纷等问题。

在取得已经过有关银行承兑/保付的汇票或有关银行的承兑/承付/保付通知后,按有关规定将审核意见填具相关内审表,连同有关业务资料按规定程序报有权人审批。经有权人审批同意后,在贸易结算融资业务台账中登记该笔业务的有关情况。

1. 贷款卡。登录人民银行企业信用基础数据库进行查询,确认客户是否存在贷款卡暂停、注销或不良信用记录等异常信息。如申请人不存在异常信息,须打印留存相关记录;如申请人贷款卡暂停、注销,应拒绝受理。

2. 当事人。福费廷业务的申请人应为出口单据的受益人,福费廷融资款项只能支付给出口单据的受益人;并考虑其信用记录,以及以往同类商品出口是否发生过贸易纠纷。审核国外进口商(信用证的申请人)的资信情况,了解其与福费廷业务的申请人是否为老客户,双方以往业务往来是否正常。

承兑/承付银行应资信良好,有授信。对于信誉较差,存在经常性无理拒付或无故拖延付款现象的承兑/承付银行,应谨慎办理福费廷业务,可通过二级市场转卖或要求卖方投保出口信用险等方式转移风险。

如承兑/承付银行所在国家/地区风险较高,存在政局动荡,经济金融环境较差,外汇资金短缺,外汇管制,战争、战乱、暴动,或法律法规风险较大等情况,应谨慎办理福费廷业务,可通过二级市场转卖或要求卖方投保出口信用险等方式转移风险。

承兑/承付通知电应为加押格式,密押相符。承兑/承付银行明确表明接受单据或承兑汇票,承担到期付款责任,有明确的承兑/承付金额和到期日。承兑/承付电文中,不应有"以客户名义"、"开证申请人已接受单据，付款到期日为××"等类似表述。如承兑/承付电措辞模糊，应要求承兑/承付银行重新发送符合UCP600要求的承兑/承付电。

3. 信用证类型：

（1）对于延期付款信用证，虽然UCP600明确了指定付款行在到期前可以融资，但由于各国法律制度不同，即使开证行或其指定银行已承付，仍可能因法院止付令而到期拒付。因而在延期付款信用证下，应注意了解承付银行所在国家/地区是否较易发出法院止付令，严格审核卖方资信、履约能力以及和买方的业务往来关系。如确定叙做，在其他条件相同时，应收取相对较高的利率浮点。

（2）对于议付信用证，如信用证限制其他银行议付，客户向我行交单后，单据经由指定议付行寄交开证行，办理福费廷业务应满足以下条件：一是，指定议付行未议付；二是，卖方通知指定议付行，已将债权转让我行；三是，我行从指定议付行取得承兑/承付电的真实副本；四是，指定议付行通知开证行债权转让事宜，并要求开证行向我行确认到期直接向我行付款；五是，指定议付行向我行承诺，如到期收到开证行付款，立即将收到的款项全额转付我行。

（3）即期议付信用证项下福费廷业务，我行应为指定议付行或信用证为自由议付。出口商应资信良好，履约能力较强，与我行保持长期业务往来关系，并与进口商有着良好的交易记录。

即期信用证项下办理福费廷业务，我行不仅承担了开证行及其所在国家/地区风险，而且承担单据风险，因此，必须严格审单标准，确保"单单一致、单证一致"，以免开证行以单据不符为由解除付款责任或拖延付款。贴现天数应充分考虑单据邮寄及开证行审单付款时间。

（4）在可转让信用证项下办理福费廷业务，应严格审核基础交易背景，以及买卖双方和中间商之间的贸易往来关系，充分了解中间商及转让银行的资信情况。

如转让银行以自身名义发出承兑/承付电，承担到期付款责任，办理福费廷业务应占用转让银行的授信额度，承担转让银行风险。

如转让银行仅是通知我行开证行已承兑/承付，在收到开证行付款后将款项转付我行，应谨慎办理福费廷业务。在此情况下，我行不仅承担开证行的付款风险，而且承担转让银行转付以及中间商履约风险。办理福费廷业务应同时占用转让银行和开证行的授信额度。

三、客户确认交易

获得承兑/承付/保付银行的授信额度后，按规定确定收费标准并与客户签署"福费廷业务确认书"。

四、发放融资款项

根据"福费廷业务确认书"在扣除贴现息和有关费用后将款项净额结汇或入账支付给客户，并按规定进行相关会计核算。客户向我行交单时正常的验单/托收费及邮电费等其他费用照常收取。

五、承兑款项入账

有关汇票/债权到期前 3 个工作日,应向债务人或承兑/承付/保付银行发出提示付款电。如债务人或承兑/承付/保付银行逾期付款,应向其追索迟付利息。

六、落实授后管理

严格按照有关要求落实授后管理工作,采取有效措施控制业务风险,保障银行资金安全。在收汇归还贴现款项或客户按时偿还贴现款项时应按规定作相应的会计账务处理,避免误入待核查账户,并在符合以下情况时按规定及时归还对承兑/承付/保付银行的授信额度:①在收到债务人或承兑/承付/保付银行付款后;②将买入的汇票/债权转卖;③在我行实际买入汇票/债权前客户提出撤销福费廷业务申请时。

在以下情况下,我行应向客户主张追索权:①因法院止付令、禁付令、冻结令或其他具有相同或类似功能的司法命令导致我行未能从债务人处获得偿付;②客户欺诈,出售给我行的不是源于正当交易的合法有效债权;③客户违约,未履行与我行签署的《福费廷业务合同》及其他相关协议中约定的义务或违反其声明与承诺。

七、业务档案管理

业务档案包括福费廷客户的管理、单笔业务档案的管理。福费廷在业务终了前单独立卷,业务终了后归入相应的信用证项下出单业务(BP)卷,以反映业务发生的全过程。

国内商业银行福费廷业务现状

中国银行 2010 年,中国银行集团国际结算量超过 1.97 万亿美元,为全球银行业首位;中国内地外币贸易融资余额 475.02 亿美元、外币保函余额 562.21 亿美元,市场份额保持绝对领先;出口双保理业务量 24.15 亿美元,也居全球第一。四大国有商业银行中,中国银行作为老牌专业外汇银行,在国际结算与贸易融资等项业务方面占有近乎压倒性的优势。

在贸易融资产品创新方面,中国银行在 2010 年也取得了长足发展。其汇利达产品体系进一步丰富,供应链融资叙做范围不断拓宽,办理了全球首笔 TSU(Trade ServicesUtility)平台下订单融资业务及 BPO(Bank Payment Obligation)项下出口商业发票贴现业务,推出了银团保函、海事保函、EPA(Environmental Protection Agency)保函等多种创新业务。

中国工商银行 2010 年,中国工商银行境内分行贸易融资累计发放 9 747 亿元,比上年增长 43.4%,其中国内贸易融资 6 244 亿元,增长 66.8%,国际贸易融资 3 503 亿元。2010 年 12 月 31 日,在"流动资金贷款"项下,工行贸易融资余额 4 887.30 亿元,占公司类贷款总额(47 003.43 亿元)的 10.4%。全年工商银行境内分行累计办理国际结算 7 827 亿美元,增长 43.4%。

中国建设银行 2010 年全年完成国际结算量 6 670.26 亿美元,同比增长

43.42%，增幅在四大行中排名第一；实现收入30.47亿元，同比增长46.02%。贸易融资表内外余额合计2 622.10亿元，增长52.76%，国际业务发展状况良好。在贸易融资等国际业务产品创新方面，建行2010年成果甚丰，成功推出了大宗商品融资套期保值、银行保单项下融资、跨境贸易人民币结算、应收账款池融资、外汇现金管理等一系列新产品。

中国农业银行　境内分行全年累计发放国际贸易融资563.07亿美元，较上年增长108.1%，实现国际贸易融资手续费收入8.73亿元；完成国际结算量4 679.15亿美元，较上年增长34.03%，实现国际结算业务收入9.01亿元；边贸结算业务稳步发展，继续保持市场领先地位。与此同时，农行积极配合国家实施"走出去"发展战略，大力支持企业对外投资、承包工程，境内分行全年对外提供担保61.76亿美元，较上年增长177.1%。

交通银行　2010年交行贸易结算业务增长较快，支付结算与代理手续费收入人民币33.20亿元，同比增长39.26%。在交通银行持有的外币资产中，贷款和应收款2010年初为2 320.79亿元，年末为2 781.12亿元（其中包括现金及存放央行款项、存放同业款项、拆出资金、发放贷款和垫款、应收款项类投资）。

招商银行　2010年，招商银行完成国际结算量2 273亿美元，其中跨境人民币结算量超过282亿元，市场份额占比5.53%；结售汇交易量915亿美元，累计发放贸易融资167亿美元，其中叙做进口代付25亿美元（占贸易融资总额的15%），运用福费廷业务办理资产转让5亿美元，办理国际保理24亿美元，出口保理服务质量在国际保理商联合会（FCI）全球年会上蝉联全国第一，全球第五，排名较上年提升三位；国际双保理市场份额接近20%，比上年末大幅提高；实现国际业务非利息收入20亿元。在上述国际业务中，境内外、离在岸联动结算业务增长强劲，在总量中占比达到40%；出口买方信贷及境外银团贷款全年对外签约项目7个，签约金额合计近7亿美元，堪称招商银行国际业务重大突破。（资料来源：梅新育主持撰写的《2010年中国贸易融资发展报告》）

任务2　中小微企业尝试贸易融资创新

为了对福费廷业务进行更加全面的了解和分析，下面将从实际案例来看利用福费廷业务能否有利于中小出口企业缓解融资困境。

 **业务场景**

我国一家贸易公司，企业性质为民营企业，年销售额约为 3 千万元人民币。该公司（以下简称 A 公司）曾欲向印度某进口商（以下简称 B 公司）出口一台售价为 20 万美元的机械设备。

双方在对合同内容进行谈判的过程中，买方提出了延期付款要求，并表示可以向印度国家银行申请开立远期信用证。在这种情况下，如果 A 公司使用福费廷进行融资，就可以在为 B 公司提供延期付款条件的同时及时收回货款。

 **任务描述**

中小出口企业在远期信用项下，申请证使用福费廷进行融资。

 **业务描述**

掌握福费廷业务操作流程。

操作指导

以下，将再从外贸企业的角度来分析，可见无论是从福费廷业务的特点、操作流程还是费用上面来看，该业务都不失为中小出口企业融资的一种较为理想的选择。

一、融资企业的业务操作

1. 如果 A 公司希望使用福费廷业务，则需要尽早地向包买商（也就是银行）询价。福费廷一方面有利于出口商 A 公司确定融资成本，然后尽可能地将融资成本转移到货物价格中；另一方面 A 公司可以向多家银行询价，并做出比较，进而选择最优的融资方案。同时，A 公司在得到银行的报价后再与 B 公司签订销售合同，能确保 A 公司按时得到融资，并避免承担利率损失。

2. 银行对融资的相关参与方进行审查。由于福费廷业务具有"无追索权"的特点，银行对出口商、进口商以及担保银行的审查就显得尤为重要。在出口商 A 公司向银行提出融资申请时，银行一般会要求其提供贸易合同，以便审查出口商品的种类、合同金额、期限、币种等基本情况；还需要提供能证明企业资信状况的材料，以及营业执照、签字印鉴、法人代表身份证明等资料，以供银行调查 A 公司履行合同的能力及核对票据背书的有效性等。银行还会要求 A 公司提供进口商 B 公司的详细情况，包括注册地点、财务状况、支付能力等。这样，可以方便银行核查 B 公司的信用水平，了解 B 公司所在国的相关法律对票据有效性及合法性的规定，以保证买进的是有效债权，同时，还可以测定进口国的国家风险，以便为福费廷定价。担保银行的信誉也是包买商需要审查的一个重要因素。担保银行的资信状况直接关系到福费廷业务的风险，对包买商是否能顺利索偿起到重要作用，因此包买商需要确认对担保银行本身及其所在国家或地区是否有足够的信用额度，担保银行本身在行业内的违约情况、信用等级及业务权限等信息。

在对这三方进行详细了解后，包买银行将综合进口商所在国家或地区是否有足够的信用余额来叙做该笔业务，如余额不足，能否通过二级市场来分散国家风险；担保银行的资信状况；贸易背景是否正常；有无对买卖双方资信状况产生不利影响的记录及报告；能否以有利可图的价格在二级市场上转卖票据。这五个方面来决定是否叙做该笔福费廷业务。

3. 包买银行报价。如前述，福费廷的价格由贴现利息、承担期及选择期费用、宽限日成本三个部分组成。

银行将综合考虑 B 公司的信用水平、印度的国家风险以及印度国家银行的信用风险和贴现率，然后在 LIBOR 利率的水平上加一定的比率，得出贴现率。承担期及选择期费用银行一般有固定的费率。银行一般在报价时都会在实际贴现天数的基础上加上 3 至 7 天的宽限期，并按照贴现率计算宽限期的费用.

4. 签订合约。如果 A 公司能接受银行的报价及融资安排，并且 B 公司也能接受 A 公司使用福费廷业务，并能按要求提供相关文件和票据，则两家公司就可以签订货物销售合同。同时，A 公司也需要和包买银行签订一份正式的福费廷融资协议，确定融资金额、期限、贴现方法、贴现率、承担期、宽限期等具体内容。

5. 出口商交付单据。在签订了相关合同、协议后，A 公司就开始准备货物，履行合同义务。A 公司发货后就得到相应的装船单据，在信用证结算项下，A 公司要将这些单据提交银行议付，然后议付行将 A 公司开立的远期汇票连同相关单据提交给印度国家银行承兑并进行担保，然后在交回给出口商 A 公司。

经 A 公司将汇票背书并注明"无追索权"后，连同其他单据一起交包买银行审查。通常包买银行要求的单据包括：提单副本、发票副本、合同副本、信用证或保函副本、出口商对其签字及文件真实性的证明、出口商债权转让函等。

6. 银行审单贴现。包买银行在收到 A 公司提供的全套单据后必须进行仔细审核，尤其要根据 A 公司的预留印鉴审核背书签字的真实性。

审查无误，在确定票据的真实性和有效性后，银行按照福费廷协议中商定的价格，扣除贴现利息和相关费用后，将款项无追索权的支付给 A 公司。

银行得到单据后有两种处理方法：一种是持有票据至到期后，向担保银行印度国家银行索偿，这种情况下，银行采取的是投资性的方式；另一种就是在福费廷二级市场上寻找其他包买商，将票据背书再贴现给后手，在这种情况下，银行只是作为中间商，起到代理的作用。

在这一步骤中，银行应注意在贴现付款时，/应该按出口商的指示将贴现款项汇到其指定的银行账户上，同时向出口商提供一份贴现清单，列明贴现票据面值、贴现率、期限、承诺费以及贴现后的净额，并抄送进口方银行做存档文件，以作为到期日索偿时的参考。

7. 银行索偿。票据到期后，银行或是二级市场上的包买商会向担保银行印度国家银行索要福费廷项下的款项，在担保银行付款后，这一笔福费廷业务也就完成了。

从福费廷业务的整个流程来看，我们也可以发现与其他贸易融资工具相比，福费廷业务的一些优势，有利于满足中小出口企业的融资需求。

前述，通过对福费廷业务的操作流程的详细解剖，可以看出对比于商业贷款，福费廷的操作程序更加简单：银行从五个方面决定是否叙做该笔业务。可以在短时间内做出是否提供贸易融资的判断，有利于中小企业迅速地抓住商机。

此外，即期收汇的优势增强了中小企业资金的流动性，进而增加了企业生产经营的活力。由于企业在签订销售合同前就可以通过银行的报价基本确定融资成本，进而出口企业就可以通过成本转嫁来保证自己的利润，这也就提高了中小出口企业的盈利水平，为企业进一步的发展打下基础。

二、融资企业的业务费用

福费廷业务的收费由几个部分构成，即贴现息、手续费和承诺费以及宽限期贴现组成。

（一）贴现息由贴现利率和贴现天数确定

贴现息由贴现利率和贴现天数确定。贴现利率以基础利率（Basic Rate，如 Libor 或其他国际金融市场拆借利率）加利率浮点（Margin）的形式反映。利率浮点的确定应按照总行福费廷业务价格管理实施规程的有关规定执行。贴现天数是买入汇票/债权日期至汇票/债权到期日的实际天数加上宽限期。贴现天数是买入汇票/债权日期至汇票/债权到期日的实际天数加上宽限期。

（二）手续费和承诺费

1. 手续费是在买入汇票/债权时向客户收取的业务处理费用。

2. 承诺费。从向客户出具"福费廷业务确认书"到我行实际向客户买断汇票/债权并支付买断款项这一段时间（以下称承诺期间），因占用我行对承兑/承付/保付银行的授信额度，并使我行承担了相应的责任和风险，应向客户收取承诺期间的承诺费。如客户在签署《福费廷业务确认书》后提出取消福费廷业务申请，则应按从我行向客户出具《福费廷业务确认书》之日起至客户提出取消该笔福费廷业务日止的实际天数计算承诺费，并从客户账户中主动扣收，或要求客户立即缴付。

承诺费的计算公式如下：

$$\left(承诺期间天数 \times \frac{拟收取的贴现年利率}{2} \times 汇票/债权金额\right) \div 360$$

如承诺期间不超过 30 天，则可减免收取承诺费

（三）宽限期

宽限期是从汇票/债权到期日到我行实际收款日的估计付款在途天数。根据承兑/承付/保付银行的不同及其所在国家/地区的不同，宽限期可定为 3 至 5 天，由业务经办行

根据实际情况确定。

此外，客户向我行交单时正常的验单/托收费及邮电费等其他费用照常收取。有关汇票/债权到期前3个工作日，应向债务人或承兑/承付/保付银行发出提示付款电。如债务人或承兑/承付/保付银行逾期付款，应向其追索迟付利息。

通过以上对于福费廷业务费用的计算分析，以及与其他融资方式的对比，我们可以直观的看出，福费廷融资的费用并不高昂。相反，只要出口商根据福费廷费用的组成，尽可能缩短承担期、宽限期的天数，选择信誉较好的进口商及担保银行，并有效的利用包买银行的一些优惠条款，就能最大限度的降低融资成本。

中国工商银行

我行所做福费廷业务指远期信用证项下开证行（保兑行）或承兑行已承兑前提下办理的福费廷业务。

一、增加贸易机会

对开证行/保兑行的无特别限制（对于国外银行不符我行要求无法办理出口贴现业务的，可以选择办理福费廷业务），外贸企业因此可放开手脚，考虑更多的贸易地区。

二、增加综合收益

1. 增加国际结算量：出口信用证结算量

2. 外汇中间业务收入：

信用证业务收入：出口信用证通知费（200元/笔）

出口信用证审单费（按照单据金额的0.125%收取）

其他国际结算手续费收入：中介型福费廷项下的我行加点收入

汇兑损益：若客户将融资款项结汇使用

3. 利息收入：我行自行买入项下的利息收入

三、风险防范要点

包买行要规避以下三种风险：汇率风险、银行风险、国家风险。风险防范要点：

1. 客户风险："Know your customer"。

2. 银行信用风险：选择信誉良好的承兑银行和包买银行。

案例分析

福费廷业务能够吸引中小出口企业的一个重要原因在于，这种业务以无追索权的方式买断了能代表出口商债权的票据，随着这种买断的实现，出口商原先面临的各种信用风险、国家风险、汇率风险、利率风险等都一并转嫁给了包买银行。

【例】信用证项下福费廷业务的处理

案情： F 银行与 X 公司签订了福费廷协议。2013 年 10 月，F 银行收到 W 国 A 银行 N 国分行开来的 180 天远期信用证一份，受益人为该行客户 X 公司，金额为 USD 413 000，装运期为 2013 年 11 月 15 日。2013 年 11 月 4 日，X 公司发货后，通过 F 银行将货运单据寄交开证行，以换取开证行 A 银行 N 国分行担保的远期承兑汇票。2013 年 12 月，X 公司将包买所需单据包括"无追索权"背书的 A 银行承兑汇票提交 F 银行包买。2014 年 2 月，W 国 A 银行突然倒闭，A 银行 N 国分行于同年 3 月停止营业，全部资金被 N 国政府冻结，致使 F 银行垫款无法收回，利益严重受损。

【分析】

此案例中，F 银行包买的是信用证下的汇票。A 银行 N 国分行是信用证的开证行，日后承兑信用证下的汇票而成为票据承兑人，具有保证按期履行对外支付的义务。但 A 银行总行倒闭，致使 A 银行 N 国分行停止营业，从而 F 银行即将到期的票据款无法收回。这里，F 银行之所以遭受严重的银行担保风险就是因为 F 银行与 X 公司签署福费廷协议前，没有认真评估担保行 A 银行的信用级别，没有掌握全面信息从而为 A 银行核定一个合理的信用额度。

【启示】

在实务中，信用证开证行的倒闭是极少数、极偶然的现象。而且，一般的信用证业务中，即使开证行倒闭，风险损失通常也是由出口商实际承担。但即便如此，开展信用证业务时，开证行及其所在国的资信状况仍是出口地银行审证的重点内容。如果信用证下叙做福费廷业务，由于开证行的支付意愿及支付能力直接关系到包买银行自身的风险大小，因而，对开证行的资信审查应更加谨慎和严格。

福费廷的风险

通过福费廷业务，出口商将远期收汇的所有风险都转嫁给了包买商，所以包买商成为福费廷业务有关风险的主要承担者。其承担的风险主要有：

一、利率风险

利率风险主要是指在选择期和承担期中，由于利率上升而导致包买商融资成本上升的风险。控制和消除利率风险的主要手段是应尽量做到与资金完全匹配。

二、商业风险

商业风险即信用风险，这里指债务人或担保人无力或不愿按规定付款。防范此类风险要求在做每一笔交易时，对担保银行的信誉进行评估，而且债务人必须是信誉极好的公司。大多数包买商只有在对信用风险得以评估的情况下，才会做出承诺。

三、货币和汇率风险

即指进口商用非出口国货币支付债款，受汇率波动的影响，即如果融资期限内出口国本币升值或所支付外币贬值，会导致债权人最终所收本币数量减少，蒙受损失。防范货币和汇率风险的办法是尽量要求债务人用在国际结算中广泛使用的、价值比较稳定的货币偿付债款。

四、国家风险

即担保行所在国的国家风险，其中最主要的是资金转移风险。资金转移风险是指国家或其他官方机构无力或不愿用所约定的货币支付，包括延期偿付的风险。控制和防范国家风险的主要办法是核定进口国的信用额度或投保国家信用险。此外，防范资金转移风险必须要包买商对进口国家满足其外汇承诺的能力进行估价。

五、单据和票据缺陷风险

票据和担保在有效性方面存在的任何缺陷都可能会给包买商带来风险。因此，包买商应严格审查有关单据、票据，并做好记载。此外，包买商还应加强对单据的保管，因为单据保管不善，如发生丢失、火烧、水渍等也会影响包买商的权益。

另外，福费廷业务中进口商面临的风险主要是汇率风险，即如果交易计价货币是外币，进口商就面临着本币贬值或外币升值而导致支付成本增加。进口商的汇率风险可以通过在外汇市场上的套期保值交易来消除。担保行面临的风险主要是进口商的违约风险，防范的有效办法是要求进口商提供抵押品或反担保。

福廷费业务能够吸引中小出口企业的一个重要原因在于，这种业务以无追索权的方式买断了能代表出口商债权的票据，随着这种买断的实现，出口商原先面临的各种信用风险、国家风险、汇率风险、利率风险等都一并转嫁给了包买银行。

项目小结

近年来，随着福费廷业务的融资期限更加灵活、票据范围逐渐增大、银行担保趋于宽松等新趋势，其即期收汇可增强企业资金流动性、无追索权地买断应收账款能转嫁各种风险的特点更加强化突出；加上较之于商业贷款，审批流程相对简单、包买费用未必高昂，所以新形势下中小型出口企业信用证项下的贸易融资方式，除了沿用传统的打包贷款、出口押汇、出口贴现外，福费廷作为一种能实现银企"双赢"的单证项下融资产品，可逐步加以推广使用，研究表明"远期信用证＋福费廷"是能真正实现银企"双赢"的单证项下融资产品。

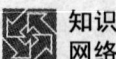

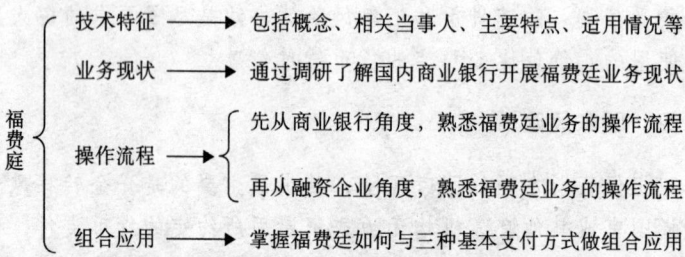

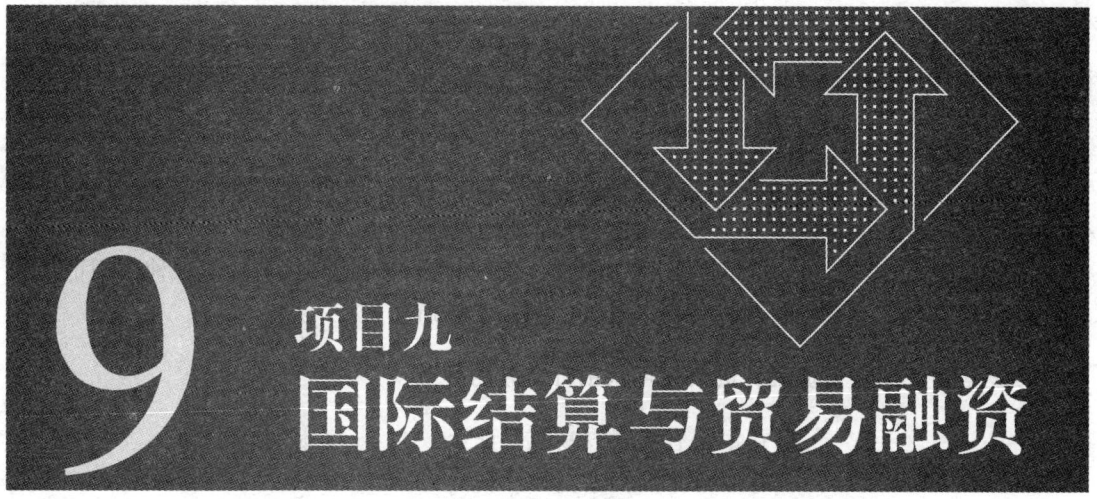

项目九 国际结算与贸易融资

 学习目标

知识学习目标：

1. 理解商业银行各种国际结算产品及贸易融资业务。
2. 运用银行国际结算产品为企业设计贸易融资组合。

技能训练目标：

1. 能够根据进口企业的结算方式，设计贸易融资产品组合，提供传统的银行结算服务。
2. 能够根据出口企业的结算方式，设计贸易融资产品组合，提供传统的银行结算服务。
3. 能够针对中小微企业开展贸易融资产品组合创新，提供"新型"的银行结算服务。

站在商业银行的立场，能够准确计算收益、合理评估风险、选择合适的客户，为中小型外贸企业设计、营销多种支付方式组合应用的贸易融资结算方案。

 **工作任务**

1. 商业银行根据外贸公司选取的进口贸易的结算方式，设计进口贸易融资产品组合。
2. 商业银行根据外贸公司选取的出口贸易的结算方式，设计出口贸易融资产品组合。
3. 商业银行根据中小微企业选取的远期信用证支付，推荐福费廷（国际保理）业务。

■ 必备知识

项目五从外贸公司的角度出发,探讨如何向银行申办出口信用证融资和进口信用证融资;项目九中是从商业银行的角度出发,探讨如何为出口或进口企业设计贸易融资产品。而且,在项目五中,我们仅探讨了打包贷款、出口押汇和进口押汇三种信用证项下的融资方式,在本项目中,将在项目五的基础上有所拓展。

一、根据信用证的业务流程,进口商可从银行借款的环节

1. 开证环节融资 $\begin{cases} 在银行有额度:减免保证金 \\ 在银行无额度:质押开证 \end{cases}$

2. 付款环节融资 $\begin{cases} 货到单已到,开证行先替你付款赎单——进口押汇 \\ 货到单已到,找另一银行替你付款赎单——进口代付 \end{cases}$

3. 近洋运输贸易 $\begin{cases} 货到单未到,用担保函借单先提货——提货担保 \\ 货到单未到,直寄提单也无妨——提单背书 \end{cases}$

二、根据信用证的业务流程,出口商可从银行借款的环节

1. 备货环节融资。到证后借钱备货——打包贷款。

2. 交单环节融资 $\begin{cases} 交单就收货款——出口押汇 \\ 承兑就收货款——出口贴现 \\ 提前收来的货款不会再被要回去——福费廷 \end{cases}$

■ 导入案例

A 公司是一家专营进口贸易的企业,进口业务主要结算方式为货到付款,年进口量为 1 000 万美元左右。公司希望能通过银行融资,在货物收到时先行对外付款,等货物销售账款回笼后归还银行融资。中国工商银行作为 A 公司的开户银行,认为对该客户适用的融资产品是进口 T/T 融资——在客户选择货到付款方式下,工商银行提供的对外付款融资,以解决客户资金周转问题。

1. 业务提示。

业务审查:客户信用等级要求在 A 级(含)以上;应提供贸易合同、商业发票、报关单等资料。

融资期限:一般不超过 120 天(含),可展期一次最长不超过 60 天(含)。

融资比例:最高可达 100%

协议文本:进口 T/T 融资业务申请书 + 进口 T/T 融资协议。

2. 银行收益。

国际结算量:增加 1 000 万美元

汇款手续费：1 000×0.1% = 1 万（美元）

利息收入：假设 LIBOR 为 4.52%，融资期限 90 天，融资利率 LIBOR + 1。

则，1 000×5.52%×90/360 = 13.8 万（美元）

从银行的角度，传统意义上的国际贸易融资是外汇银行围绕着国际结算的各个环节为进出口商提供的资金便利，贸易融资往往作为国际结算的附属性资产产品，以国际结算业务带动贸易融资是外汇银行主要的运作方式。

从企业的角度，只有在采用某些特定结算方式下才可以利用到相应的融资便利，还不能完全依靠银行提供覆盖供产销全过程的贸易融资来减轻运营资金压力，扩大业务额。为了避免供应链因供应商资金流动性不足而断裂，并进而影响国际化大生产的顺利进行，不论卖家还是买家都需要银行为自己的供应商提供流动资金支持以保证存货能够顺畅地流动。

流程图解

在项目五中，我们在深圳智盛国际结算模拟系统上，模拟操作了出口押汇和进口押汇；在项目九中，我们将参照中国银行国际结算及贸易融资业务操作规程、中国工商银行国际业务管理及借鉴等实际业务操作，进一步熟悉商业银行各种贸易融资操作细节、注意事项和风险防控等，并深入探讨一下如何将不同的结算方式与融资方式进行组合的问题。

一、工商银行为企业提供的贸易融资产品

1. 工商银行进口贸易金融产品体系，见图 9-1。

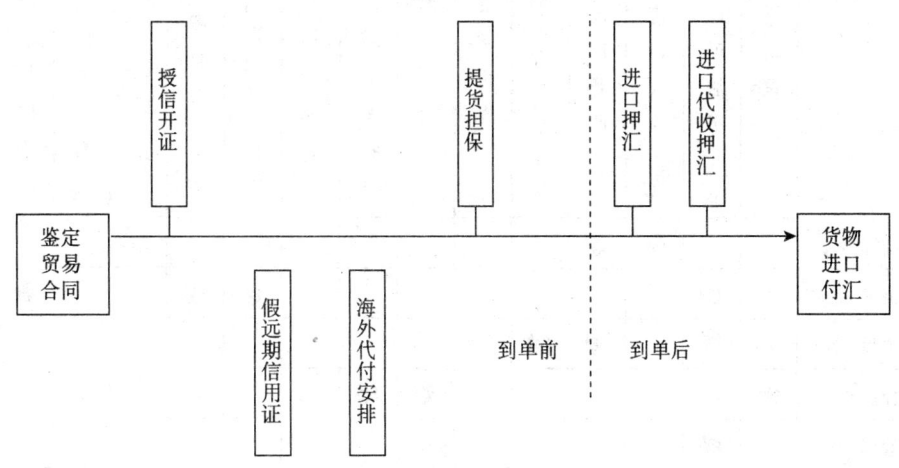

图 9-1

2. 工商银行出口贸易金融产品体系,见图 9-2。

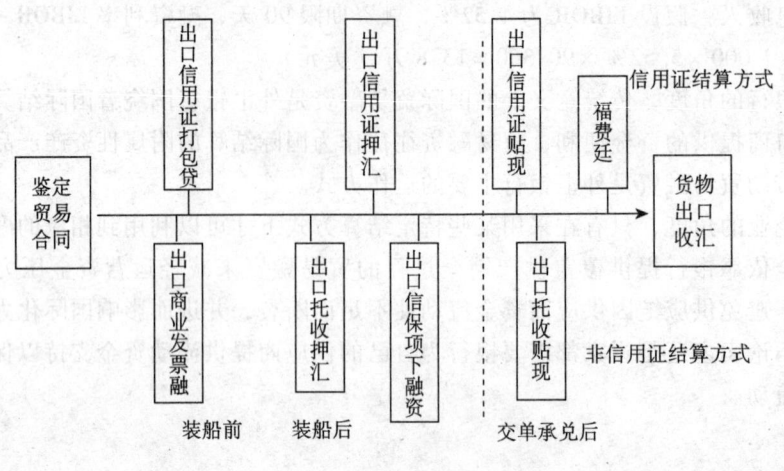

图 9-2

二、中国银行为企业提供的贸易融资产品

1. 进口贸易金融产品体系,见图 9-3。

		合同阶段		备付阶段		运输阶段			来单阶段			付款阶段			
		资信调查	顾问服务	进口代收	进口开证	进口保理、付款保函	提货担保	海事调查	代理运输保险	海外代付	进口贴现、进口押汇	融货达	汇出汇款、即远期售汇	远期售汇交割	汇出汇款融资	进口汇利达
贸易结算				●	●								●			
融资需求			●							●	●	●			●	●
信用增强			●			●	●	●								
风险控制		●	●					●	●				●		●	
账款管理			●													

图 9-3

2. 出口贸易金融产品体系，见图9-4。

	合同阶段		备货阶段				运输	交单阶段			收款阶段		
	资信调查	顾问服务	资信证明、投标保函	信用证转让、背对背信用证	出口托收、出口来证	信用证保兑	订单融资、打包贷款	代理运输保险	福费廷	出口贴现、出口押汇	出口保理、融信达	汇入汇款、即远期结汇	远期结汇交割	应收账款管理、国际C保理	质量保函
贸易结算					●						●	●			
融资需求		●		●			●			●	●				
信用增强		●	●	●											●
风险控制	●	●				●		●	●	●		●			
账款管理		●												●	

图9-4

任务1 商业银行为进口企业设计贸易融资产品

业务场景

广州C公司是中国工商银行一个AA级进口客户。该公司长期从德国进口先进的电子产品到国内进行销售。国外客户只接受即期信用证，但C公司一般均需要用将电子产品销售回笼的货款来支付信用证款项，C公司销售电子产品的周期约6个月。

假设C公司能提供满足工行要求的担保方式且中国工商银行已经授予其充足的开证额度和信托收据额度，申请开立的信用证均要求提供全套海运提单。

请问：中国工商银行可以给客户设计什么样的进口贸易融资产品组合？

出口商：德国某电子产品制造商

进口商：广州的C公司

 **任务描述**

即期信用证支付方式，在货到单已到的情况下，为进口企业设计贸易融资产品。

 **业务描述**

广州 C 公司与德国某电子产品制造商在进口合同中约定用即期信用证支付方式，货到单已到，但这时 C 公司的钟经理提出：近期资金周转不灵，需要开证行帮忙推荐合适的贸易融资产品，先替 C 公司付款赎单。C 公司提货后，预计将用差不多半年的时间，把进口的电子产品在国内销售，到时候再用回笼的货款来支付该信用证款项。

工商银行作为受理贸易融资申请的银行，同时也是广州 C 公司的开证行，其国际结算部门的马生接待了 C 公司的钟经理，他需要针对 C 公司的需求，负责向其推荐合适的进口贸易融资产品。

操作指导

进口贸易融资产品主要包括信用证项下的进口开证、提货担保、提单背书、进口押汇及信托收据贷款等，这里重点介绍工商银行两种常用的提货担保、进口押汇的操作要点。此外，还将介绍非信用证项下的进口贸易融资产品，如汇出汇款项下融资的业务操作。

一、提货担保

（一）基本概念

提货担保指当进口货物先于货运单据到达时，进口商为办理提货，向承运人或其代理出具的、请求银行加签并由银行承担连带责任的书面担保（见图9-5）。

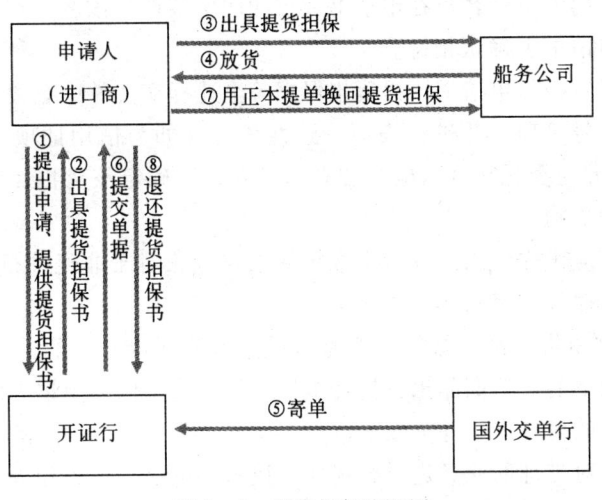

图9-5 提货担保流程图

（二）业务流程

提货担保融资特别适用于海运航程较短、货物先于单据到达的情况。通过提货担保，既可为进口商降低进口成本和交易风险（仓储费用、货物变质而致损），又利于进口商抓住交易时机，便于尽快筹集资金偿还开证行。

（三）提交资料

1. 提货担保申请书；
2. 提货担保书；
3. 副本发票；
4. 副本提单或正本提单复印件（副本提单复印件不接受）；
5. 信托收据（如需）；
6. 船公司的货物到港通知书（如有）；
7. 为避免银行卷入不必要的商业纠纷，建议对金额超过10万美元的业务提供国外交单银行的加押电报通知（注明已收到单据、发票金额、提单以及交单银行寄单日期等）；
8. 申请人/担保人（如有）已年审的贷款卡资料。

（四）操作要点

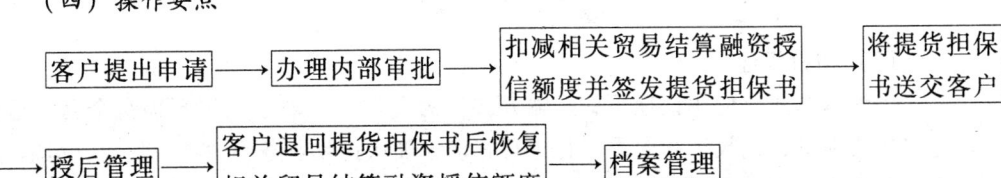

1. 受理提货担保业务。客户接到船公司通知货物抵港后，向经办行提交担保提货申请书；经办部门人员将客户在申请书加盖的印鉴签章与该客户在银行预留的授权书印鉴核对，并在申请书上确认相符。

银行应对提货担保申请书、提货担保书等上述提交文件中有关商品名称、数量、船名、金额、提单号等项，并进行表面一致性核对（如为信用证项下，还应与相关信用证核对一致），并与委托行确认电（如有）核对，以确定该货物确属银行所开信用证或代收业务项下的货物。

提货担保书应优先使用经办行提货担保书格式，对于非经办行格式的提货担保书，应先提交银行法律部门审核。

2. 办理内部审批。经办行仅限于为本行作为开证行开立的信用证项下或作为代收行的进口代收项下的进口商品出具提货担保，且提货担保的申请人应为信用证的申请人或进口代收项下的付款人，并需逐笔审核。尤其对进口代收项下的提货担保应从严、谨慎处理。经办行对受理的业务进行合规性、技术性审核，审查相关业务是否符合国际惯例及银行相关的结算业务管理规定。审核要点包括：

（1）贷款卡。登录中国人民银行企业信用基础数据库进行查询，确认客户是否存在贷款卡暂停、注销或不良信用记录等异常信息。如申请人/担保人（如有）不存在异常信息，须打印留存相关记录；如申请人/担保人（如有）贷款卡暂停、注销，应拒绝受理。

（2）保证金。在收取足额保证金（不低于100%发票显示的货物价值）或落实其他足额付款保证，且客户保证无条件承担由于出具提货担保可能给我行造成的一切损失的情况下，方可办理提货担保。对于到货金额大于信用证金额的，应要求客户补足差额部分保证金。若开证时未缴足保证金者，应将足额货款划入银行保证金账户，差额部分凭银行授信开证者除外。

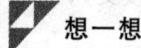 想一想

提货担保一定是融资吗？

提货担保不一定是融资。收取进口商一定比例保证金或不收取保证金，则形成银行对进口商的融资；收取全额保证金则不存在融资行为。为避免提货担保下的风险，银行签发担保书前，除了收取全额保证金外，或对有信托收据额度者在额度内凭信托收据签发提货担保书。

（3）物权凭证。

①海运方式：信用证项下，运输方式须为海运，且规定向银行提交全套海运提单；进口代收项下，代收行须向委托行进行查询，确认托收业务确由本行代收、运输方式为海运且向本行提交全套海运提单，同时要求其告知本行运输方式、提单收货人、商品名称、船名、金额、数量等内容后方可办理。

②提单抬头：提单为记名提单或须经进出口双方以外的第三方背书方可转让的提单，不得办理提货担保（以本行为收货人的除外）。提货担保项下以本行为收货人的海运提单原则上应背书为记名形式。

③书面承诺：应要求客户向本行出具书面承诺，信用证项下，无论单据是否存在不符点，均放弃拒付/拒绝承兑的权利，保证立即承兑或付款，如申请人在银行规定的期限内未承付或承兑，银行有权从公司账户中扣款，按时对外付款，不足部分银行保留追索权；进口代收项下，无条件放弃拒绝付款/拒绝承兑的权利；并保证收到提单后，将提货担保书交还我行。因出具提货担保使银行遭受损失，由客户承担全部赔偿责任。

提货担保项下银行承担"无限责任"

提货担保项下，做出担保的银行往往是开证行，银行承担的责任具有"无限责任"特点。银行承担的责任包括：进口商不付款的风险；船运公司因无单交货而可能招成的风险；丧失货物所有权的风险。

提货担保往往没有金额限定，担保银行的赔偿责任包括，但不限于货物本身。因为如果单据存在不符点，必然导致客户拒收单据，而开证行把单据退回后，出口商找船公司要货，但货已被进口商凭提货担保提走了，那么船公司必然向开证行索赔。由于赔偿责任包括，但不限于货物本身，所以开证行赔付的金额可能比单据金额还多。

注意事项：若船公司要求银行承担的风险及法律责任超过了银行对申请人单笔提货担保的范围，或者超过了银行作为担保人应承担的约定范围，银行可以拒绝签章，或者在明确所承担的保证责任范围内承担保证责任。对于以下情况，应按提货担保业务的有关管理办法及收费规定进行处理，银行受理此类开证申请时，应提醒申请人注意：一是，信用证规定部分正本提单寄申请人，且规定以银行为提单抬头，申请人先于银行收到提单，向银行申请办理提单背书业务；二是，信用证项下空运单以银行为收货人，申请人先于银行收到空运单，向银行申请由银行出具提货委托书业务。

（4）审批权限。例如，中国银行规定，由省行对提货担保业务实施集中处理。经办行受理提货担保申请后应按规定上报省行单证中心，经单证中心审批后由经办行自行出具提货担保书，经办行按有关规定将审核意见填具相关内审表，并连同有关业务资料按规定程序报有权人审批。并扣减该客户相关贸易结算融资授信额度，同时在贸易结算融资业务台账中登记该笔业务的有关情况。

3. 签发提货担保书。收到省行单证中心批复后，经办行设立提货担保登记本，并做好相关记录；授权签字人员在担保提货申请书上审批签发，由国际结算部门在提货担保书上加盖银行提货担保专用章或授权的银行业务专用章。

不得向境外承运人或其代理人出具提货担保书；不得为到货口岸为境外（含港、澳地区）的业务办理提货担保业务，原则上提货担保书抬头人名称应以中文表示。

经办行将提货担保书送交客户。在完善签收手续的前提下，经办行将提货担保书交客户向船公司办理提货手续，将申请书及其他文件归入信用证档案中，在信用证登记本上记录，并按规定作会计核算及按规定向客户收取提货担保手续费。

4. 落实授后管理。提货担保开出后，经办行在信用证档案上作相应的批注，并将"提货担保申请书"及"提货担保书"副本（复印件）专卷保管，编号登记备查。如是授信开证项下的，经办行还应登记提货担保授信台账。

办理提货担保后，经办行有关人员需定期检查有关记录，查看有关运输单据是否已收到，若尚未收到者，则需联络客户了解情况，亦可以电报向信用证通知行查询受益人交单情况。

经办行收到已出具提货担保的信用证项下或进口代收项下的单据时，应通知并督促申请人或进口代收项下的付款人尽快换回提货担保书，来单时即使存在不符点，原则上也不得对外拒付。换回的提货担保书由经办行进行注销并通过传真或影像系统等方式通知省行单证中心销案的情况。提货担保书返回经办行后，经办行应在提货担保书上加盖"注销"戳记后归入有关的信用证档案中；经办行有关人员应记录注销时间，在登记本及信用证档案中的提货担保申请书上批注。

（1）如果自提货担保签发之日起40天内未能销卷的，经办行应向申请人或进口代收项下的付款人追讨提货担保书，并按规定加收担保费；同时通知授信发起部门，并停止对其办理新的提货担保业务。

（2）如遗失提货担保书，经办行须要求申请人出具证明，说明情况并由提货担保受益人盖章确认，保证承担并免除该担保书项下本行的一切责任。经办行应及时将有关情况报告省行单证中心，必要时，可征询本行法律部门意见。

5. 业务档案管理。包括提货担保客户档案、单笔业务档案的管理。办理了提货担保后，应将有关业务资料归入相关信用证档案中，提货担保档案保管时间同信用证档案。

二、进口押汇

（一）基本概念

进口押汇具有手续简便、还款期限灵活、与信用证占用同一个授信额度等优点，可以满足进口商资金周转需求。通过进口押汇及时对外履行付款业务，而企业本身并未实际支付货款条件下的物权单据，进而可以提货、生产或销售，不占用流动资金也可完成进口贸易。具体如下：开证行会先从申请人的授信额度中扣除进口押汇额度，通知放款部门将押汇款（扣除利息及相关手续费后的余款）入申请人账户；之后，开证行再作为押汇行在对外付款；待到押汇到期后，待申请人归还押汇款后，客户综合授信额度中的进口押汇额度自动恢复。

(二) 业务流程

业务流程如图 9-6 所示。

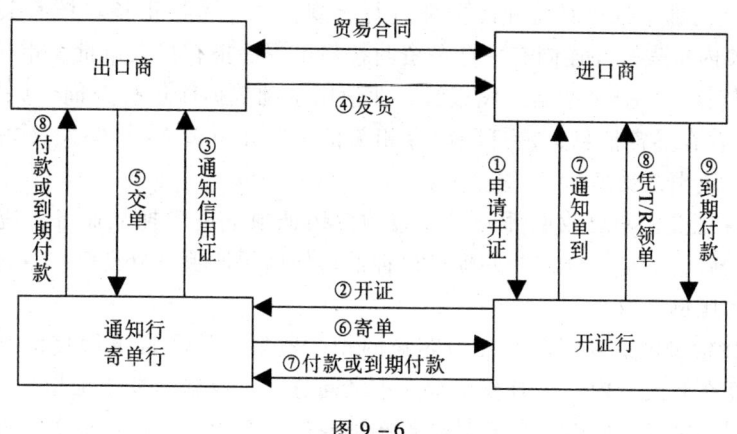

图 9-6

> **想一想**
>
> **押汇银行一定要是开证行吗？**
>
> 　　是的。通常押汇银行就是开证行，因为只有这样才能直接、有效地控制住进口项下的单据和货物。进口商与押汇银行之间的关系是一种附有特殊担保机制的融资法律关系：依赖于特殊的担保机制——押汇申请人将其进口项下的信用证及其相关单据作为"质押品"或"抵押品"，进口商和押汇行之间签订的押汇协议，具有很强的借贷协议特点。因此借贷关系是进口押汇的基础性法律关系。

(三) 提交资料

1. 进口押汇申请书/合同；
2. 全套进口单据；
3. 信托收据（如需）；
4. 进口商品的国内销售合同（如需）；
5. 申请人/担保人（如有）已年审的贷款卡资料。

(四) 操作要点

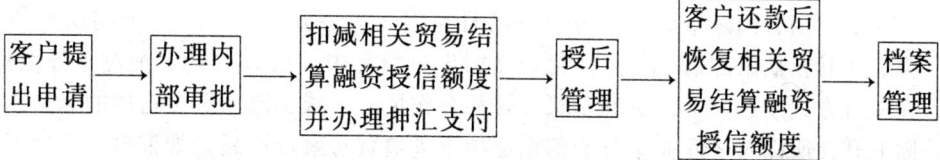

1. 受理押汇业务。客户提交进口押汇申请书，进口押汇申请书填写的内容应该齐全和正确，并与其他相关资料内容一致；银行将客户在申请书加盖的印鉴签章与该客户在银行预留的授权书印鉴核对，并由核对人员在申请书上确认相符。

2. 办理内部审批。对受理的业务进行合规性、技术性审核。按有关规定将审核意见填具相关内审表，并连同有关业务资料按规定程序报有权人审批。审核要点包括：

（1）贷款卡。登录中国人民银行企业信用基础数据库进行查询，如申请人/担保人（如有）不存在异常信息，须打印留存相关记录；如申请人/担保人（如有）贷款卡暂停、注销，应拒绝受理。

（2）保证金。对已收取部分保证金的信用证项下进口押汇业务，应以存入的保证金办理付汇后，不足部分方予办理进口押汇；如信用证项下分批来单议付，保证金应按来单金额的比例支取。

（3）授信额度。押汇金额在该客户的相关贸易结算融资可用授信额度内，并注意审核该额度在有效期内；经有权审批人审批同意后，根据审批意见扣减该客户相关贸易结算融资授信额度。同时，在贸易结算融资业务台账中登记该笔业务的有关情况。

（4）押汇期限。应与货物销售资金回笼期限相匹配，原则上不得超过180天。如果确因实际贸易需要，经授信部门同意后可以展期一次，但展期期限不得超过原押汇期限，且原押汇期限与展期期限之和不得超过360天。

（5）还款计划。考虑客户还款计划的合理性及对我行融资资金安全的保障程度。进口商品应已落实销售途径，资金回笼时间应在押汇期限内，如不能提供国内销售合同或出口销售合同等，要进一步了解资金的回笼计划；对于授信开立远期信用证付款期限在90天（含）以上，在付款到期时需办理进口押汇的融资申请，相关进口商品必须有明确的销售对象和资金回笼时间，且销售对象资信状况良好，具备付款能力，货款支付渠道清晰，银行可对应监控相关资金流。

3. 押汇对外支付。审核信用证/进口代收来单情况，对于银行不掌握货权的进口押汇业务业务，应核查相关货物到货、提取、销售及资金回笼等情况。

在开出的信用证付款到期日按规定办理相关会计核算手续。要注意进口押汇款项只能直接对外付款，不得结转或存入客户的人民币/外币账户挪作他用；押汇日期应为实际付款日期。

4. 落实授后管理。申请人按时偿还进口押汇款项后应按规定办理相关会计核算手续，同时相应恢复其相关贸易结算融资授信额度。

5. 业务档案管理。包括进口押汇客户档案、单笔业务档案的管理。进口押汇在业务终了（指押汇本息全部还清）前单独立卷，业务终了后归入相应的信用证卷，以反映业务发生的全过程。

三、汇出汇款项下融资

由于随着国际市场上买方市场的日益强大，买方在合作关系中的议价能力日益增强，尤其在低附加值、无差异化商品的出口贸易中，买方占据了绝对主导地位。因此，在支付方式的选择上，更利于买方转移合作风险、减少流动资金占用的赊销方式比例稳固上升，所以对于商业银行非信用证项下进口贸易融资产品，如汇出汇款项下融资等业务操作也应掌握。

(一) 基本概念

汇出汇款项下融资业务是指在货到付款结算方式下,银行根据进口商的申请,凭其提供的符合外汇管理规定的有效单证和商业单据先行对外支付,从而向进口商提供的短期资金融通。

(二) 业务流程

(略。参见提货担保)

(三) 提交资料

1. 汇出汇款项下融资申请书;
2. 按提货担保申请办理汇出汇款业务应提交的资料;
3. 进口商品的国内销售合同(如有);
4. 信托收据(如需);
5. 申请人/担保人(如有)已年审的贷款卡资料。

(四) 操作要点

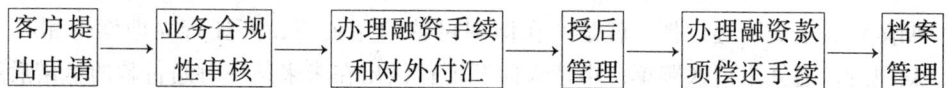

1. 受理融资业务。客户提交融资申请书,签订《汇出汇款项下融资合同》。核查客户提交融资申请书的签章与预留在银行的授权印鉴一致,内容齐全和正确,并由核对人员在申请书上确认相符。

2. 办理内部审批。按规定填具相关内审表,并连同有关业务资料参照进口押汇业务的内控管理要求逐级审核后报有权人审批。审查客户进口商品性质和市场行情,对非申请人主营商品及热门商品(特别是已明显形成炒买炒卖的商品)应谨慎处理。

(1) 贷款卡。登录人民银行企业信用基础数据库进行查询,确认客户是否存在贷款卡暂停、注销或不良信用记录等异常信息。如申请人/担保人(如有)不存在异常信息,须打印留存相关记录;如申请人/担保人(如有)贷款卡暂停、注销,应拒绝受理。

(2) 报关单。通过海关进出口报关单联网核查系统核查企业提交的正本进口货物报关单的真实性,以确保贸易背景的真实性。

(3) 授信额度。融资金额在该客户的流动资金贷款可用授信额度内,并注意审核该额度在有效期内。

(4) 押汇期限。融资期限原则上不超过90天,如果确因实际贸易需要超过90天,可以展期一次,展期期限不得超过90天,且展期期限不得超过原融资期限。

3. 办理对外付汇。经有权审批人审批同意后,应根据审批意见扣减该客户的相关流动资金贷款额度。对属于代理进口性质的,应根据外汇局有关管理规定要求客户提交相关代理进口协议。如代理合同中列明委托人向代理人支付一定比例的代理业务订金,汇出汇款项下融资金额应剔除该部分资金。

4. 落实授后管理。核查相关商品到货、提取、销售及资金回笼等情况，并评估其融资申请及期限的合理性；相关进口商品必须已落实销售途径，销售对象资信状况良好，具备付款能力，资金回笼时间应在融资期限内，货款支付渠道清晰，我行可对应监控相关资金流。

5. 融资款项偿还。客户按时偿还融资款项后应按规定办理相关会计核算手续，同时相应恢复其相关流动资金贷款额度。

6. 业务档案管理。包括汇出汇款项下融资客户档案、单笔业务档案的管理。汇出汇款项下融资业务结清（指融资本息全部还清）前单独立卷，业务结清后归入相应的汇出汇款业务卷中存查。

任务1的标志性成果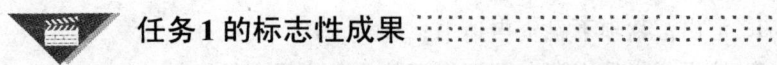

中国工商银行作为受理押汇业务银行，同时也是广州C公司的开证行，其国际结算部门的马生针对C公司的需求，向其推荐的融资产品及业务操作如下：

一、融资产品的营销

针对广州的C公司的情况，是在即期信用证项下、单据到达开证行时、6个月的短期融资需求，而进口押汇就是"在即期付款信用证下，开证行立即偿付相符交单行的款项后，通知申请人赎单；申请人向开证行做出在未来某一时间付款的承诺后开证行放单"，所以可以向广州的C公司推荐进口押汇这种融资产品。

二、押汇操作的提示

（一）前提条件

准入门槛"A级"客户。C公司作为"AA级"进口客户，能提供满足工行要求的担保方式。进口押汇的法律关系，依赖于特殊的担保机制——押汇申请人将其进口项下的信用证及其相关单据作为"质押品"或"抵押品"。

（二）协议文本

进口押汇申请书＋进口押汇协议＋信托收据。工行协议文本即要求包括（进口押汇申请书＋进口押汇协议＋信托收据）及正本报关单（非物权或全套物权单据）。融资比例最高可达100%；不得超过开证行在该笔信用证下付款金额。

三、风险点及控制措施

（一）风险点

审查贸易背景的真实性；客户的融资结构、近年来在我行及他行的融资情况；客户与贸易伙伴的履约情况；申请人与上下游客户的业务合作历史记录；同业对客户的融资态度等。

(二) 控制措施

押汇发放后，关注客户所属行业的发展趋势、产品国内外市场价格波动、客户在行业的地位和竞争力；需落实担保的关注担保人的资信情况。

四、业务参考资料

《中国工商银行进口押汇业务管理办法（修订）》（工银发［2005］84号）

《中国工商银行国际贸易融资业务信贷管理规定（修订）》（工银发［2006］129号）

国际结算业务发展到今天，早已不再是单纯的资金收付，在结算的同时提供贸易融资已成为国际银行界的普遍做法。由于贸易融资业务具有期限短、风险低、收益高的特点，各家银行在此领域的争夺非常激烈。在利率市场化日益临近的今天，银行工作人员必须加大对包括派生贸易融资业务的国际结算业务在内的中间业务的营销，扩大银行的市场分额，才能在将来的竞争中生存下来。

任务2 商业银行为出口企业设计贸易融资产品

 业务场景

广东佛山某家电企业A公司年营业额超过3亿元，常年向欧美出口小家电产品。2007年金融危机后，家电业也受到冲击，从前通常采用的赊销交易方式风险加大，且进口商的资金亦不宽松，其国内融资成本过高。经商议，双方达成以开立远期信用证的方式进行付款。

2009年1月10日，A公司美国客户B公司通过CITIBANK NEWYORK开来远期信用证，金额为30万美元，付款期限为见票后60天，通过中国工商银行通知该信用证。

▶ 任务描述

远期信用证支付方式，银行在受益人的到证、交单、承兑几个时间节点时，分别为企业设计适用出口企业的贸易融资产品。

▶ 业务描述

佛山A公司是个AA级的客户，在远期信用证支付方式下，中国工商银行作为A公司的通知行，在受益人A公司分别面临到证、交单、承兑几个时间节点，中国工商银行国际结算部门的马生希望能针对A公司进行出口贸易融资产品的营销。

■ 操作指导

出口贸易融资产品主要包括信用证项下的打包贷款、出口押汇、出口贴现等，重点介绍其中中国工商银行三种常用的打包贷款、出口押汇和出口贴现的操作要点。此外，还将在案例分析部分介绍非信用证项下的出口贸易融资产品，如T/T出口发票融资、出口跟单托收押汇或贴现等业务操作。

一、打包贷款

（一）基本概念

打包贷款亦称信用证抵押贷款，是信用证项下出口方银行以出口商提供的进口商银行开来的信用证为抵押向出口商提供的一种装船前融资。仅限于有关信用证下出口货物的备货备料、生产和出运，以满足出口商从接受国外订单到货物装运前这段时间的流动资金需要。

打包贷款是一种短期融资业务，它具有周转快，使用效率高，申请手续简便等特点。

（二）业务流程

1. 按照企业法人，核定打包贷款专项额度。打包贷款纳入我行对借款人的统一授信管理，为便利实际业务运作，银行可按流动资金授信管理的要求，为与银行业务合作密切的借款人核定打包贷款专项授信额度。对于授信额度外融资申请应遵循单报单批原则，如：

（1）借款人必须具备的条件（蓝字）；

（2）贷款金额：信用证金额的80%，可调整；

（3）贷款期限：MAX DAYS≤100；可分批安排；①即期：三个月；②远期：LC效期+远期天数。

（4）贷款利率：打包贷款执行本行规定的人民币或外币流动资金贷款利率。

2. 使用授信时借款人需要向客户经理提交下列材料：

（1）"打包贷款申请书"；

（2）信用证正本和修改正本，且须经通知行证实印押相符；

（3）出口合同、国内购货合同等能证明贸易真实性的资料以及必要的出口批文或许可证；

（4）本行认为需要提供的其他材料。

3. 送企业金融部进行专业审核。

4. 送有权人审批（授信审批中心），单报单批的比照流贷标准审核。

5. 专项额度的签订《银行短期借款合同》，单报单批的除签订《银行短期借款合同》还应签订抵质押合同。

6. 放款中心放款，办理下柜手续。

7. 贷后及还款。

（1）办理打包贷款的信用证必须从该行寄单，收汇还贷款；

（2）申请展期提前十天申请；

（3）办理打包贷款信用证的修改必须取得该行同意；

（4）再行续作其他融资，融资款项必须先归还该行打包款项。

> **想一想**
>
> **贷款银行一定要是通知行吗?**
>
> 是的。银行只有处于通知行和议付行的地位,才能进行打包贷款业务。银行在审核信用证及开证行的情况后,决定是否叙做打包贷款业务。否则就不能对信用证做修改金额、展期等业务操作,会给银行带来麻烦。
>
> 尽管打包贷款与信用证有密切联系,但是银行与客户之间通过"打包贷款协议"构建的法律关系,还是借贷关系,即采用信用证结算的出口商,以正本信用证为抵押,向银行申请贷款,进行短期融资的业务。银行与客户之间是通过"打包贷款协议"建立的借贷法律关系。
>
> 对出口商而言,在资金紧缺而又无法争取到预付货款的支付条件时,可以帮助其顺利组织货源,开展业务,把握贸易机会;减少资金占压,即在生产、采购等备货阶段,不必占用出口商的自有资金,缓解了出口商流动资金的压力。
>
> 对贷款银行而言,获得的收益是打包贷款业务的贷款利息。但是,由于它实质上是一种信用贷款,风险较高,仅凭国外开来的信用证就贷款给受益人,所以一些银行将其按照信用放款的风险来管理。

(三) 提交资料

1. 打包贷款申请书/合同;
2. 打包贷款提款申请书;
3. 出口信用证及相关修改书(如有)正本;
4. 信用证项下货物的出口合同、出口货物收购合同或落实出口货物来源的证明材料;
5. 借款借据;
6. 申请人/担保人(如有)已年审的贷款卡资料。

(四) 操作要点

客户提出申请 → 办理内部审批 → 扣减相关贸易结算融资授信额度并办理放款入账 → 贷后管理 →

收汇或客户还款后恢复相关贸易结算融资授信额度 → 档案管理

1. 受理打包贷款。

客户提出打包贷款申请,同时提交打包贷款申请书/合同、打包贷款提款申请书和借款借据;打包贷款申请书/合同填写的内容应齐全和正确。我行应将客户在申请书和借据上加盖的印鉴签章与该客户在我行预留的授权书印鉴核对,并由核对人员在申请书上确认相符。

2. 办理内部审批。对客户情况、开证行资信、信用证条款、收汇安全性等情况进行审核。

（1）贷款卡：登录人民银行企业信用基础数据库进行查询，确认客户是否存在贷款卡暂停、注销或不良信用记录等异常信息。如申请人/担保人（如有）不存在异常信息，须打印留存相关记录；如申请人/担保人（如有）贷款卡暂停、注销，应拒绝受理。

（2）当事人：打包贷款的申请人应为信用证的受益人，并考虑其履约能力，如申请人属生产企业，应考察其是否具备相关商品生产能力；如出口商属商贸企业，应考察其是否具备货源组织能力，其委托的生产厂家是否具备相关商品生产能力；在以往同类商品出口时，是否因商品质量或数量问题发生过纠纷；以往打包放款业务还款情况是否正常。

国外进口商（信用证的申请人）的资信情况，是否为打包放款申请人的老客户，双方以往业务往来是否正常。审核中如发现有对打包贷款不利的下列情况，应从严掌握或拒绝接受申请。

（3）出口商品。

①出口商品是否为申请人的主营商品，以往无质量争议；出口商品的数量及金额是否在客户的承受范围之内；商品价格是否合理及是否符合国家对出口商品的管理；出口商品如属于国家实行出口管制的商品，应要求申请人提交有关部门签发的出口许可证件并复印留存。

②出口商品的市场行情、销售前景、有无季节性问题；

③申请人对出口盈亏的测算；

④出口商品能否及时完成生产和交货；

⑤出口商品是否会引起反倾销纠纷。

（4）授信额度。目前我行只办理人民币打包贷款业务。打包贷款金额在该客户的相关贸易结算融资可用授信额度内，并注意审核该额度在有效期内。

考虑客户申请打包贷款金额的合理性。应根据出口商的业务流程、实际资金需求、创汇成本等情况确定打包贷款比例。一般情况下，打包贷款金额不能超过信用证金额的80%。但无论如何不得超过相关信用证金额；如信用证有溢短装条款的，应按下限掌握。

（5）押汇期限：考虑客户申请打包贷款期限的合理性。打包贷款期限应与信用证付款期限、出口业务流程合理匹配。如拟以出口押汇归还打包贷款，贷款期限不应超过信用证效期；如拟以出口收汇款项归还贷款，贷款期限不应超过信用证付款期加预计资金在途时间。

按有关规定将审核意见填具相关内审表，并连同有关业务资料按规定程序报有权人审批。扣减额度并进行业务登记。经有权审批人审批同意后，应根据审批意见扣减该客户相关贸易结算融资授信额度，同时在贸易结算融资业务台账中登记该笔业务的有关情况，并在信用证正本上作相应的批注。

3. 发放打包贷款。按规定办理打包贷款出账等手续后，送交营业部门办理相关会计核算手续,将打包款项划入客户账户。打包贷款的金额一般不超过信用证金额的 60%~80%。要注意打包款项只能支付给信用证的受益人;打包贷款入账后,为受益人出具入账通知。

4. 落实授后管理。严格按照银行的有关要求落实授后管理工作,采取有效措施控制业务风险,保障我行资金安全。

如信用证减额或撤证,应要求申请人提前偿还相应比例或全部的打包放款。如因信用证展期等情况造成打包贷款未能在到期前归还的,在客户书面申请后,应按照贷款的有关展期办法办理展期手续(展期期限不得超过原贷款期限),并按原审批程序进行审批或报批。如申请人交单议付时申请办理出口押汇,有关押汇款应首先偿还打包贷款,有余额的才可转入其结算账户。

在收到有关信用证项下款项后,应优先归还我行打包贷款。在收款还打包或客户按时偿还打包贷款时应按规定办理相关会计核算手续。打包贷款出现逾期的,应依照人民币流动资金贷款的相关规定处理。

5. 业务档案管理。包括打包贷款客户档案、单笔业务档案的管理。打包贷款在业务终了(指打包贷款本息全部还清)前专卷保管,业务终了后归入业务已了卷统一留存。

> **想一想**
>
> **打包贷款与出口押汇的比较?**
>
> 打包贷款实质上是一种信用贷款,风险较高。相对而言,出口押汇风险要小很多。在这点上,它有别与出口押汇。
>
> 在打包贷款业务中,出口方银行仅凭国外开来的信用证就贷款给受益人(出口商),而信用证只是开证行有条件的付款承诺,若受益人未能满足信用证规定的条件,开证行就不会付款,打包贷款就可能失去还款来源,融资银行将会面临巨大风险。

二、出口押汇

(一) 基本概念

出口押汇是指出口商发运货物后,银行凭出口商交来的出口单据保留追索权地向其提供的短期资金融通。出口押汇包括"出口信用证项下押汇"及"出口跟单托收项下押汇"。其中,出口信用证项下单证相符的出口押汇、单证不符但电提开证行同意后的出口押汇,属于低风险贸易结算融资业务,可不占用申请人的的贸易结算融资授信额度,但需占用开证行的金融机构授信额度(开证行为我行联行的,则无需占用其授信额度)。对信用证项下不符点单据和没有占用金融机构授信额度单据、出口跟单托收单据叙做的押汇则属于风险类贸易结算融资业务,应占用申请人的贸易结算融资授信额度。以下将主要介绍"第二类:低风险出口押汇业务"的相关操作。

> **想一想**
>
> **押汇银行一定要是议付行吗？**
>
> 出口押汇与议付行有着密切的联系。在实践中，银行为了押汇和议付的安全性，往往不对二者区分，有的银行将押汇作为议付完成的对价，议付的完成就是去议付行法律地位的标志。
>
> 出口押汇是相对独立于信用证的一种"融资法律关系"或"借贷法律关系"。押汇行是融资方，押汇申请人是借款人，二者之间是依附有特殊担保机制的一种融资融资法律关系，这种法律关系的构建，依赖于特殊的"担保机制"——押汇申请人将其出口项下的信用证及其相关单据作为"质押品"或"抵押品"。正因如此，项下的出口押汇与信用证有着密切的联系。

（二）提交资料

1. 出口融资申请书/出口押汇合同；

2. 全套出口单据，信用证项下押汇还需提供出口信用证，以及相关修改书正本（如有）；

3. 申请人/担保人（如有）已年审的贷款卡资料。

（三）操作要点

客户提出申请 → 办理内部审批 → 扣减相关授信额度并办理押汇入账 → 授后管理 → 收汇或客户还款后恢复相关授信额度 → 档案管理

叙做低风险出口押汇业务必须同时满足以下两个条件：一是，必须单证相符。二是，必须在申领信用证开证行的金融机构授信额度后方可叙做押汇。开证行为我行联行的，则无需占用开证行的金融机构授信额度。

1. 受理押汇业务。客户提交出口押汇申请书；出口押汇申请书填写的内容应齐全和正确。银行应将客户在申请书加盖的印鉴签章与该客户在银行预留的授权书印鉴核对，并由核对人员在申请书上确认相符。

2. 办理内部审批。主要对收汇安全性进行审核，包括审核代理行可用授信额度、客户交易历史、融资期限及单证是否相符。出口商品如属于国家实行出口管制的商品，应要求申请人提交有关部门签发的出口许可证件并复印留存；考虑出口商品的市场行情、销售前景、是否会引起反倾销纠纷等问题。

（1）贷款卡：登录人民银行企业信用基础数据库进行查询，确认客户是否存在贷款卡暂停、注销或不良信用记录等异常信息。如申请人不存在异常信息，须打印留存相关记录；如申请人贷款卡暂停、注销，应拒绝受理。

（2）当事人：出口押汇的申请人应为信用证的受益人；并考虑该受益人信用记录，以往同类商品出口是否发生过贸易纠纷。国外进口商（信用证的申请人）的资信情况，是否为老客户，双方以往业务往来是否正常。

（3）单证相符：信用证项下业务应国际商会跟单信用证统一惯例对有关单证进行审核。

（4）授信额度。

（5）押汇期限：考虑客户申请押汇期限的合理性。出口押汇期限应根据经考核的即期合理收汇天数，加上远期付款天数（如有）及银行合理工作日确定。

获得信用证开证行的金融机构授信额度后，按有关规定将审核意见填具相关内审表，并连同有关业务资料按规定程序报有权人审批。经有权人审批同意后，在贸易结算融资业务台账中登记该笔业务的有关情况。

3. 押汇对外支付。按规定办理出口收汇核查和入账手续，并按规定进行相应的会计科目核算。出口押汇可预收利息或按收汇的实际天数计收利息。要注意出口押汇款项只能支付给信用证的受益人；出口押汇入账时，只为受益人出具入账通知，待以国外收汇款偿还押汇后，方可出具出口收汇核销专用联。

4. 落实授后管理。信用证办理出口押汇及寄单索汇后，应密切跟踪开证行对单据的处理意见，对开证行电提不符点的应据理力争，并及时通知客户洽开证人赎单。

涉及对公外汇账户资金收付的业务，还应严格执行外汇局有关外汇账户的管理规定，并及时通过外汇账户管理信息系统向外汇局报送外汇账户业务有关信息数据。

如遇开证行或国外客户拒付，或非我行原因造成损失，我行在据理力争的同时，有权向申请人追回出口押汇款项及由此产生的利息、费用等，在客户还清有关款项前不得再为其办理低风险出口押汇业务。

为什么出口押汇风险较小？

因为银行承做出口押汇保留追索权。若因开证行倒闭、邮寄单据遗失延误、电信传递失误等非押汇银行本身过失而导致的拒付、迟付、少付，押汇行有权主动向受益人追回全部垫款及其利息。遇到开证行无理挑剔、拒付、迟付、少付时，押汇行负责对外交涉，以维护出口方权益，但若交涉无效造成损失，押汇行仍可向受益人追回全部垫款及其利息。有关纠纷由买卖双方直接交涉。

由此可见，出口方银行办理信用证出口押汇风险较小，如果单据遭到拒付，押汇行一方面有权向出口商追索，另一方面有权处理作为抵押品的货物。

5. 业务档案管理。包括出口押汇客户档案、单笔业务档案的管理。出口押汇在业务终了（指押汇本息全部还清）前单独立卷，业务终了后归入相应的信用证项下出单业务（BP）卷，以反映业务发生的全过程。

出口押汇与进口押汇的比较

1. 融资意义。

进口押汇：进口商为了偿还出口商的货款。

出口押汇：出口商在货款到达前，为了满足自己内在的资金需求。

2. 担保机制。

进口押汇：可以包括信托收据、质押、抵押及第三人担保。

出口押汇：通常没有信托收据的使用。

原因：出口押汇中的出口方，对物权的掌握不是为了控制最终货物所有权，而是为了将其转让出去——给买方；但是，进口押汇中的进口方则是为了获得物权而融资，并最终管理和使用所有权指向的货物。

3. 与信用证的联系程度。

进口押汇：因为押汇行就是开证行，所以真正关注的不是证，而是证下的货物是否真实、是否有相应的市场价值。

出口押汇：押汇行极为关注信用证及其附属单据的状况。因为押汇行融资款项的偿还，有赖于单证是否相符、开证行（保兑行是否同意付款）。

4. 押汇行与信用证中的当事人的关系

进口押汇：押汇行往往就是开证行。

出口押汇：押汇行通常只是议付行。

三、出口贴现

（一）基本概念

出口贴现是银行保留追索权地购入已经银行承兑或保付的未到期出口远期汇票、为客户提供短期融资的业务。一般银行只办理出口跟单信用证业务项下银行承兑或保付票据的贴现。延期付款信用证项下，买入由资信良好的开证行或其指定银行承付的未到期应收账款，比照出口贴现业务的有关规定执行。

出口信用证项下已经开证行承兑/保付的贴现业务，属于低风险贸易结算融资业务，可不占用客户的授信额度，但需占用开证行的金融机构授信额度（开证行为我行联行的，则无需占用开证行的授信额度）。如未经开证行承兑/保付或无法占用开证行的金融机构授信额度，则应按办理风险类出口押汇业务，占用客户的相关贸易结算融资授信额度。

（二）业务流程

通过远期汇票的承兑与贴现来融资（见图9-7）。

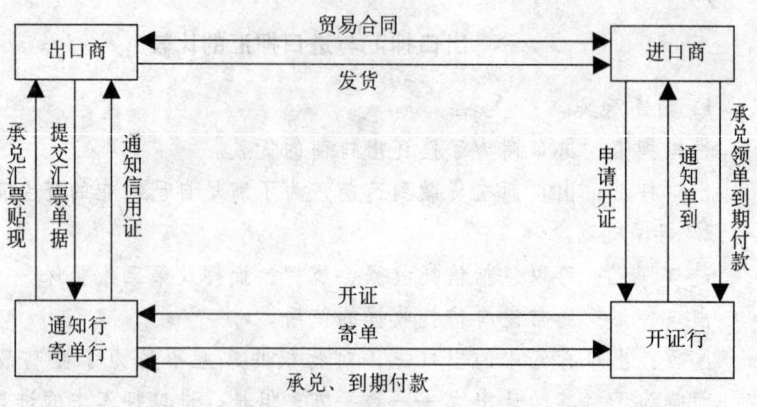

图 9-7

(三) 提交资料

1. 出口融资申请书/远期信用证项下承兑汇票贴现合同。
2. 全套出口单据、出口信用证以及相关修改书正本 (如有)。
3. 申请人已年审的贷款卡资料。

(四) 操作要点

客户提出申请 → 办理内部审批 → 扣减金融机构授信额度并办理押汇入账 → 授后管理 → 收汇或客户还款后恢复金融机构授信额度 → 档案管理

1. 受理押汇业务。客户提出贴现申请 (出口融资申请书/远期信用证项下承兑汇票贴现合同); 业务申请书填写的内容应齐全和正确; 我行应将客户在申请书/合同加盖的印鉴签章与该客户在我行预留的授权书印鉴核对, 并由核对人员在申请书上确认相符。

2. 办理内部审批。出口商品如属于国家实行出口管制的商品, 应要求申请人提交有关部门签发的出口许可证件并复印留存; 考虑出口商品的市场行情、销售前景、是否会引起反倾销纠纷等问题。

(1) 贷款卡: 登录人民银行企业信用基础数据库进行查询, 确认客户是否存在贷款卡暂停、注销或不良信用记录等异常信息。如申请人不存在异常信息, 须打印留存相关记录; 如申请人贷款卡暂停、注销, 应拒绝受理。

(2) 当事人: 贴现的申请人应为信用证的受益人, 并考虑该受益人信用记录, 以往同类商品出口是否发生过贸易纠纷。国外进口商 (信用证的申请人) 的资信情况, 是否为老客户, 双方以往业务往来是否正常。

(3) 授信额度: 必须在申领信用证开证行的金融机构授信额度后方可叙做贴现。开证行为我行联行的, 则无需占用开证行的金融机构授信额度。

(4) 押汇期限: 考虑客户申请贴现期限的合理性。贴现期限应根据远期汇票到期日, 加上远期付款天数 (如有) 及银行合理工作日确定, 但最长不得超过360天。

凡有下列情况之一者,原则上不予办理出口贴现:
(1) 开证行经营作风恶劣;
(2) 开证行或付款/承兑行或进口商所在地、货运目的地是局势动荡、紧张或已发生战争的国家或地区;
(3) 收汇地区外汇严重短缺,外汇管制严格导致收汇困难,或发生金融危机等特殊情况,收汇无把握。

按有关规定申领信用证开证行的金融机构授信额度。在获得信用证开证行的金融机构授信额度后,按有关规定将审核意见填具相关内审表,并连同有关业务资料按规定程序报有权人审批。经有权人审批同意后,在贸易结算融资业务台账中登记该笔业务的有关情况。

3. 押汇对外支付。按规定办理出口收汇核查和入账手续,并进行相应的会计科目核算。要注意贴现款项只能支付给信用证的受益人,入账时,只为受益人出具入账通知,待以国外收汇款偿还贴现后,方可出具出口收汇核销专用联。贴现应按规定预收利息。

如遇开证行拒付,开证行破产或非我行原因造成损失,我行在据理力争的同时,有权向申请人追回贴现款项及由此产生的利息、费用等,在客户还清有关款项前不得再为其办理低风险贴现业务。

4. 落实授后管理。严格按照银行的有关要求落实授后管理工作,采取有效措施控制业务风险,保障我行资金安全。

涉及对公外汇账户资金收付的业务,还应严格执行外汇局有关外汇账户的管理规定,并及时通过外汇账户管理信息系统向外汇局报送外汇账户业务有关信息数据。

在收汇归还贴现款项或客户按时偿还贴现款项时应按规定作相应的会计账务处理,收汇款项须避免误入待核查账户,并按规定归还该笔业务占用的金融机构授信额度。

5. 业务档案管理。包括出口贴现客户档案、单笔业务档案的管理。贴现在业务终了(指本息全部还清)前单独立卷,业务终了后归入相应的信用证项下出单业务(BP)卷,以反映业务发生的全过程。

 **任务2的业务展示成果**

工商银行的马生分析,虽然远期信用证在某种程度上避免了 A 公司收不到货款的风险,但从组织货物出口到拿到货款仍需较长一段时间,因此 A 公司的流动资金可能会出现短缺。A 公司作为 AA 级的客户,出口一向较为频繁,且该公司履约记录良好,另外,A 公司担心较长的付款时间会承担一定的汇率风险。结合上述具体情况,马生提供了两套方案供客户选择:

一、设计了一个低风险的"融资方案一"——50%的出口押汇+50%的银行承兑汇票

1. 2月5日当其到工商银行办理出口信用证交单业务,经过工行审核,确认为单证相符。在1 000万元的贸易融资总额度内,可为A公司提供50%的出口押汇和50%的银行承兑汇票,借以降低客户的融资成本。

2. A公司按美国某银行开立的金额为30万美元,期限为提单后60天付款的远期信用证出运货物后,公司将全套单据提交给某工商银行东山支行,申请办理出口押汇业务。工行对外寄单后,CITIBANK于2月10日发来MT799电文承诺于4月10日付款。承诺到期付汇。于是工商银行答应放款,并与A公司协商以人民币押汇,以免除客户的汇率风险。

融资金额扣除自贴现日至预计收汇日间利息及有关银行费用,客户融资金额=押汇(贴现)金额-押汇(贴现)利息-预扣境外银行费用。

本案中,若按照贴现天数为60天;押汇利率为3.80%;计算出利息=USD300000×3.80%×60/360=USD1900;则客户实得金额为USD300000-USD1900-USD200=USD297900。

融资金额总计为297 900元人民币,其中提供148 950元人民币出口押汇,148 950元银行承兑汇票额度支付给出口商。待进口信用证到期,B公司将汇票提交开证行托收,按期收到信用证项下款项,除归还银行押汇融资外,余款均划入A公司账户。

二、设计含打包贷款的"融资方案二"——打包贷款+出口押汇

1. 2009年1月10日到证时,银行通知信用证的时候,可以主动给客户提供20万美元打包贷款的贸易融资产品。

虽然打包贷款是一种信用贷款,风险较高,但A公司作为AA级的客户,贸易融资额度充足,并且该客户已经落实了最高额抵押。本案,按照不到信用证金额的80%打包贷款20万美元金额,尚在该客户1 000万元的贸易结算融资可用授信额度内。

2. 2月5日A公司按远期信用证出运货物后,当其到工商银行办理出口信用证交单业务,经过工行审核,若确认为单证相符。则可为A公司叙做低风险出口押汇业务,借以降低客户的融资成本。

3. 工行对外寄单后,CITIBANK于2月10日发来MT799电文承诺于4月10日付款。承诺到期付汇。于是工商银行发放出口押汇款项。鉴于A公司担心较长的付款时间会承担一定的汇率风险,可与A公司协商以人民币押汇,以免除客户的汇率风险。

待进口信用证到期,工行按期收到信用证项下款项,应优先归还该证项下打包贷款,再归还银行押汇融资,余款均划入A公司账户。

> **想一想**
>
> 除了上述两种融资方案外，A 公司还有其他的选择吗？

尽管福费廷交易在国外已流行几十年，融资领域越来越广，融资方式越来越灵活，但我国福费廷业务却远没有广泛开展起来。这种现状与我国日益扩张的出口需求不相适应，也与我国在世界贸易中的出口大国地位很不相称。所以，我们要在技术、观念、资金市场缺乏、人才等方面解决发展福费廷业务的障碍，大力发展福费廷业务。

银行还可以推荐含福费廷的"融资方案三"——远期信用证 + 福费廷。详见任务 3。

任务 3　中小型企业远期信用证组合福费廷业务

业务场景

广东某家电企业 A 公司年营业额超过 3 亿元，常年向欧美出口小家电产品。企业通常采用的赊销交易方式风险大，且进口商资金亦不宽松，其国内融资成本过高。2014 年 5 月，A 公司与美国客户 B 公司达成合作意向，商定以开立远期信用证的方式进行付款，由于人民币升值的预期，客户担心两个月后美元贬值。于是向银行咨询，假设 A 公司是个 AA 级的客户，工商银行已经授予该公司一般额度授信 10 000 万元（其中：贸易融资额度为 1 000 万元），并且该客户已经落实了最高额抵押。请问：可以推荐什么样的新型贸易融资产品？

▼ 任务描述

远期信用证支付方式，银行为企业设计适用出口企业的新型贸易融资产品。

▼ 业务描述

佛山 A 公司是中国工商银行 AA 级的客户，在任务 2 的业务场景下，在远期信用证支付方式下，作为 A 公司的开户行，国际结算部门的马生曾为客户提供了两套方案供客户选择：①低风险的融资，即 50% 的出口押汇 + 50% 的银行承兑汇票；②含打包贷款的融资方案，即打包贷款 + 出口押汇。马生希望能针对 A 公司进行新型的出口贸易融资产品的营销。

■ 操作指导

远期信用证下已承兑汇票承做的福费廷业务流程如图 9-8：

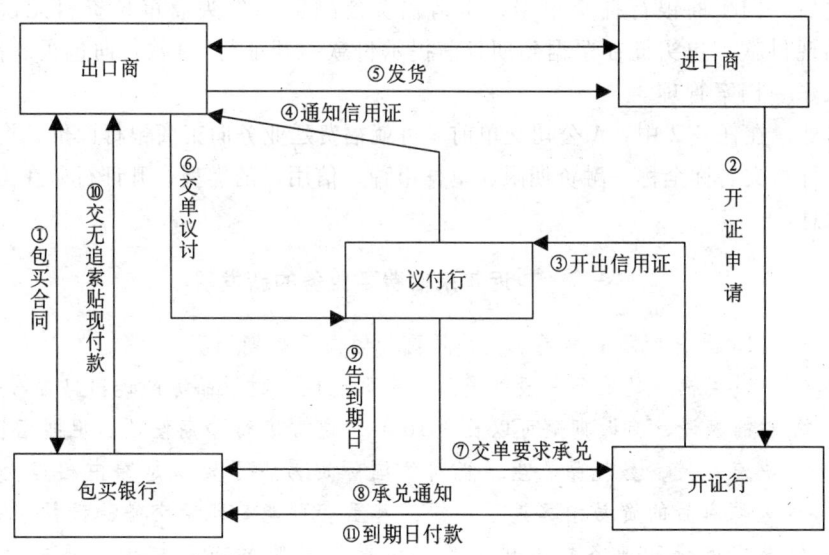

图9-8 远期信用证下已承兑汇票承做的福费廷业务流程

出口贸易融资产品除了有传统的信用证项下的打包贷款、出口押汇、出口贴现以及非信用证项下的出口贸易融资产品,如T/T出口发票融资、出口跟单托收押汇或贴现等外,在远期信用证支付时,福费廷也是一种不错的选择,即"远期信用证+福费廷"的融资产品组合。与其他贸易融资工具相比,福费廷业务的一些优势有利于满足中小出口企业的融资需求。特别是即期收汇的优势,不但增强了资金的流动性,而且由于在签订销售合同前就可以通过银行的报价基本确定融资成本,进而出口企业就可以锁定汇率、通过成本转嫁来保证自己的利润,提高了中小出口企业的盈利水平。

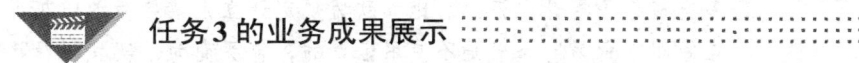 **任务3的业务成果展示**

若A公司曾在工商银行办理过福费廷业务,已与工商银行签订"福费廷业务协议书",告知其实福费廷也是一种不错的选择——即远期信用证+福费廷的融资产品组合。

A公司在签约前就与工行接洽,在办理福费廷业务时需提交:

1.《福费廷业务申请书》;
2. 信用证、商业发票、提单、汇票等全套单据;
3. 信用证款项让渡函;
4. 工商银行要求的其他资料。

工商银行审查通过后,向企业报价,A公司确认报价后即可办理融资。具体业务流程:

A公司提出申请→办理银行内部审批→询价(如需)→A公司确认交易,与工商银行(包买商)签订福费廷协议后,对外报价→授后管理→A公司收到信用证项下承兑电后,向工商银行提交单据,申请福费廷融资→包买商审核资料无误后,向A公司贴现付款。包买商在票据到期日前提示付款→开证行/付款行向包买商偿付款项,款项入账→档案管理。

另外,在任务2中,A公司交单前,可就福费廷业务向工商银行询价,询价时须提供开证行英文名称全称、融资期限、单据币种、信用证的类型、开证行所在国及出运日期等信息。

近年来福费廷业务的新发展

1. 融资期限更加灵活,并且更加倾向于短期融资

过去福费廷业务一般都是为大中型机械、耐用品等的进出口贸易提供5年左右的融资,有时期限可以长达10年,通常进行分期偿还。但随着国际贸易的快速发展,易耗品、生活资料的国际贸易占了贸易总额中相当大的比例,而这类商品的贸易结算期限较短,甚至有可能是即期交易,银行在看到其中的潜在市场和业务拓展机会后,将融资期限的范围扩大,通常为30天到180天,以吸引有这类融资需求的出口商,这就使得融资期限呈现出明显的短期化趋势。

2. 票据范围逐渐增大,包买商可以接受的票据,除了本票、汇票等可流通性票据等,其他一些能代表债权的非流通性票据有时可会被包买商接受。

一般来说,银行为了降低风险,增强流动性,办理福费廷业务时包买的票据是经过进口商承兑并附有银行担保的远期汇票或本票。但近年来,由于金融产品创新的推动,同时银行也为了在激烈的竞争中争取市场份额,逐渐开始接受信誉良好,实力较强的出口商提供的汇票和本票以外的能代表债权的凭证。

另外,这一趋势与国际结算中越来越多的使用短期结算也有一定联系。很多交易都不再开立汇票。比如欧盟规定开立汇票要缴纳印花税,欧洲的贸易商在做即期贸易时一般是不使用汇票的,包买商为了实现福费廷交易,一般会接受其他能代表债权的非流通性凭证及单据。

3. 无须提供银行担保。传统福费廷业务的一个要点就是进口商所在地银行要对进口商的债务进行保付或担保,票据到期后如果包买商不能向进口商收款的话,还可以向担保银行索偿。包买商只面临银行信用风险。但近年来,一些包买商愿意接受进口商信用风险,而不需要进口商所以地银行进行保付或担保。

比如中国工商银行在其草拟的《中国工商银行福费廷业务管理办法(暂行)》中指出:"本办法所称福费廷业务又称包买票据,系指银行无追索权的对贸易项下未到期的应收账款及应收票据进行贴现,从而为出口商提供融资的一种贸易融资业务",可以看到其中并没有对票据是否需要保付或担保做出硬性要求。

4. 文件要求日趋复杂。福费廷业务能够吸引中小出口企业的一个重要原因在于，业务手续简单、办理迅速，这种业务以无追索权的方式买断了能代表出口商债权的票据，随着这种买断的实现，出口商原先面临的各种信用风险、国家风险、汇率风险、利率风险等都一并转嫁给了包买银行。对于银行来说，则要承担与票据相关的所有风险，汇率风险、利率风险的基础上还要承担进口商的信用风险。在包买商接受没有担保的票据时，如果到期不能收款，就会发生垫款的风险。出口商在提出办理福费廷融资的时候要求其提供更多的文件或单据，如发票、提单、出口许可证等，以便银行核实贸易的真实性以及进口商和出口商银行的信用状况。由于对包买票据担保的要求放宽，银行出于防范风险的考虑，虽对文件、单据要求有些繁琐，但也是十分必要的。

案例分析

【例 9-1】信用证进口代付

案情：A 公司与日本 B 公司签订合同 100 万美元，约定以信用证方式结算。4 月 1 日，工商银行为 A 公司开出 100 万美元的即期信用证。

4 月 20 日 A 公司因货物已经到港但单据尚未寄到我行，向工商银行申请办理提货担保。工商银行为其办理提货担保业务。4 月 23 日工商银行收到进口信用证项下的单据后，A 公司向其申请办理期限 90 天的进口代付。

【分析】

1. 融资组合：提货担保 + 进口代付。
2. 业务提示。
（1）前提条件：所有规定均比照信用证项下进口押汇。
（2）协议文本：代付协议 + 信托收据。
（3）办理手续：①CM2002 走流程（待定）；②工商银行代付，发电文指示境外分行代付；③到期客户归还工商银行代付本息，偿付境外分行。
3. 风险防控。
（1）风险点：①审查贸易背景的真实性；②客户的融资结构，近年来在我行及他行的融资情况；③客户与贸易伙伴的履约情况；④申请人与上下游客户的业务合作历史记录；⑤同业对客户的融资态度等。
（2）控制措施。押汇发放后，关注客户所属行业的发展趋势、产品国内外市场价格波动、客户在行业的地位和竞争力；需落实担保的关注担保人的资信情况。

【例 9-2】进口代收押汇

案情：C 公司从美国进口一批原材料，金额为 500 万美元。合同约定通过 D/P 托收方式结算。公司希望在收到单据时能通过银行融资先行对外付款，凭单据提取货物，等销售账款回笼后归还银行融资。

【分析】

1. 融资产品。C公司适用的融资产品：进口代收押汇——进口代收业务项下应付账款到期日给与的融资，解决客户短期资金周转问题。融资款项用途：对外付款。

2. 业务提示：

（1）客户信用等级必须在A级（含）以上；

（2）融资期限一般不超过120天；可展期一次不超过60天（含）；

（3）融资比例最高可达100%；

（4）融资单据包括运输单据；

（5）协议文本：进口押汇申请书+进口押汇协议+信托收据。

3. 风险防控：

（1）风险点：虚假贸易背景风险；融资到期进口商不能按时足额还本付息风险。

（2）控制措施：审查贸易背景真实性；落实有效担保；加强对客户物流和资金流的监控。

4. 参考资料：

《中国工商银行进口押汇业务管理办法（修订）》（工银发［2005］84号）

《中国工商银行国际贸易融资业务信贷管理规定（修订）》（工银发［2006］129号）

【例9-3】T/T出口发票融资

【案情】B公司是一家专营出口贸易的企业，出口业务主要结算方式为赊销（OA）60天，即货物出运后60天才能收到货款，年结算量在500万美元左右。公司希望能在货物出运后提前收回款项办理结汇。

【分析】

1. 融资产品。B公司适用的融资产品为出口发票融资。客户以赊销方式备货出运后，将列明款项让渡条款的商业发票以及其他商业单据提交银行，银行据此为客户提供融资。

2. 业务提示：发票融资业务受理。

融资币种：原则上是商业发票币种。

融资利率：比照同档次流动资金贷款利率；同时收取发票融资手续费。

协议文本：企业填写出口发票融资协议书、出口发票融资申请书。

本案中，上述业务的具体收益为：

（1）增加国际结算业务量：500万美元

（2）发票融资手续费：$500 \times 0.1\% = 0.5$ 万（美元）

（3）利息收入：假设LIBOR为4.52%，融资期限60天，融资利率LIBOR+100点

利息 = $500 \times 5.52\% \times 60/360 = 4.6$ 万（美元）

结售汇收益 = $4.6 + 0.5 = 5.1$ 万（美元）

3. 风险防控。

（1）主要风险点：贸易背景虚假；进口商拒付；进口商未按照指示将款项汇

入我行指定账户。

(2) 风险控制措施：核查借款人历年结算记录确认应收账款回笼概率；通过流程监控加强贸易真实性核查；设置监管账号加强回笼资金监管；应收账款到期日监控和相关担保措施。

出口发票融资的好处

对出口商的好处：提前收款，加速资金周转；提前办理外汇结汇，锁定汇率风险。

【例 9-4】出口托收押汇/贴现

案情：D 公司出口一批价值 200 万美元的货物到欧洲，合同约定以 D/A 60 天方式结算。公司希望能在出运后提前收回款项办理结汇，60 天以后国外付款归还银行融资。

【分析】

1. 融资产品。D 公司适用的融资产品为出口托收押汇/贴现。它是针对企业出口托收项下应收账款给与的融资，能解决客户短期资金周转问题；并方便企业提前结汇、锁定汇率风险。可以包括 D/P 项下办理押汇、D/P 远期和 D/A 项下办理贴现。

2. 业务提示。

(1) 客户信用等级须在 A-（含）级以上；

(2) 融资期限一般不超过 180 天；

(3) 融资比例最高可达 80%~100%；

(4) 融资单据包括运输单据；

(5) 代收行资信良好；

(6) 协议文本：出口押汇申请书 + 出口押汇协议。

3. 风险防制。

(1) 风险点：虚假贸易背景风险；融资到期进口商不能按时足额还本付息风险。

(2) 控制措施：核查借款人历年结算记录确认应收账款回笼概率；审查贸易背景的真实性；应收账款到期日监控和落实有效担保；加强对客户物流和资金流的监控。

4. 参考资料。

《中国工商银行出口托收项下押汇与贴现业务管理办法》（工银发 [2005] 72 号）

《中国工商银行国际贸易融资业务信贷管理规定（修订）》（工银发 [2006] 129 号）

【例 9-5】出口贴现

案情：2005 年我国的 ABC COMPANY 出口一批电子产品到美国。信用证为不可撤销的远期 60 天信用证，开证行为 Citibank, New York。客户凭全套单据向我行申请办理出口贴现。申请金额为 USD50 000。2005 年 9 月 3 日开证行发来承兑报文，到期日为 2005 年 11 月 2 日。2005 年 9 月 4 日我行办理出口贴现。

【分析】

1. 融资产品。出口贴现的产品特点如下：

(1) 押汇/贴现币种：一般为交单的外币种类，本案为美元。

(2) 押汇/贴现期限：本案的贴现天数为 63 天（60+3）。

即期证：按预计正常收汇天数计（单据在途时间 + 银行工作时间 + 资金回流清算时间）。

远期证：承兑到期日 + 收汇资金回流时间，我行原则不超过 360 天。

（3）押汇/贴现金额：最高为出口单据金额的 100% 押汇/贴现。

押汇/贴现利率：按同期同档次外币流动资金贷款利率执行（LIBOR/HIBOR 上浮一定点数）。

押汇/贴现利息：票面金额×押汇押汇（贴现）贴现利率×押汇（贴现）天数/360。

客户融资金额：押汇（贴现）金额 – 押汇（贴现）利息 – 预扣境外银行费用。

本案中，按照贴现天数为 63 天，贴现利率为 3.80%，计算出利息为 USD332.5（USD50000×3.80%×63/360），则客户实得金额为 USD49467.5（50000 – 332.5 – 200）。

（4）还款来源：以信用证项下出口收汇作为第一还款来源，多退少补；客户也可用自有资金归还。

2. 业务收益。

押汇利率一般为：同期 LIBOR + 1%（或 1.5%）。

例如办理一笔 100 万美元的出口押汇，3 个月，LIBOR 为 4.52%，则收益为：
100×5.52%×3/12 = 1.38 万美元

3. 风险防控。业务风险包括三个方面：客户风险、单据风险、银行信用风险。

出口押汇/贴现业务纳入授信管理。其中，低风险的出口押汇/贴现业务，占用代理行授信额度；非低风险的出口押汇/贴现业务，占用企业授信额度。

【例 9-6】买断型福费廷风险防范案

案情：B 公司是 F 银行的国际结算重点客户。2008 年 12 月 15 日，B 公司向 F 银行交来远期信用证项下单据，信用证期限为 60 天，单据金额为 100 万美元，开证行为 I 银行。

由于受到金融危机影响，企业资金紧张，又恰逢年底缴纳生产电费等，B 急需通过融资解决燃眉之急。

F 银行审单后，认为单据存在两个不符点：一是装船晚于最迟装运日；二是提单上未现显示 4 个到货港其中的一个。F 同时指出：若开证行同意承兑，这两个不符点不影响办理融资。F 银行为防范风险，要求 B 公司出具该信用证单据不符点的担保函，同意承担因存在不符点而可能出现的风险。随后，B 公司向 F 银行提出办理福费廷申请。

12 月 25 日，F 银行收到 I 银行发来的承兑电文，告知 F 银行到期日为 2009 年 1 月 15 日。但由于承兑电文中对承兑人身份表述不明，F 银行对该笔福费廷业务的办理持保留态度。F 银行随后进行了认真的分析：首先，对贸易的真实性进行了仔细审核，并让 B 公司出具保证贸易真实性的承诺函；其次，F 银行对进口商 A 公司的规模、与 B 公司的历史交易情况进行了解后，认为 A 是一家经济实力雄厚公司，与 B 有着多年的合作关系，交易长期稳定，记录良好；最后，F 银行抓住风险点的关键——承兑行进行了周密分析。I 银行在全球排名 150 名以内，本国排名第一，资信状况良好、信用额度充足，未被列入金融危机风险银行单内。于是，F 银行发报要求 I 银行将其承兑报文做修改，做到表意明确。

在采取了以上风险防范措施后，F 银行为客户办理了福费廷业务，并在当天为客户办理了入账手续。由于其高效、便捷的服务，B 公司决定日后将继续在 F 银行办理福费廷业务。

2009 年 1 月 16 日，F 银行收到承兑行 I 银行的承兑款，成功收回融资 99.95 美元，该笔福费廷业务圆满完成。

【例 9-7】厦门大豆运费案

案情： 1995 年厦门大豆运费案中，国内出口商出口一船大豆，信用证结算，可自由议付，要求全套正本提单，运费待付。受益人出单后，欧洲一家银行的国内分行议付了该单据，并向开证行寄单。开证行审单后发现不符点拒付。议付行确认不符点成立。考虑到进口商无买单意愿，为避免损失扩大要求退单，议付行一面向出口商追索，一面联系船公司处理货物。处理时间太晚，整船大豆腐烂。船公司由于 500 万美元运费未收，要求出口商和议付行承担，一纸诉状告之厦门海事法院。

法院判决： 进口商拒收货物的情况下，作为托运人的出口商和作为货物的所有权人的议付行，各承担 50% 运费。请问：①议付行冤枉吗？银行到底买入的是什么？②出口押汇，为什么总是多还少补呢？

【分析】

出口商作为托运人承担运费，这无可厚非。议付行，准确地说，是押汇行在其融资款没有收回，货物已经一文不值，却还被要求承担运费，实在让人费解。

在出口押汇是"买单"的观点下，押汇行由于融资买入单据而成为提单所有权人，而提单代表货物，相应地，押汇行也就成为货物所有权人。既然押汇行是货物所有权人，承担货物运输的费用，也就顺理成章。

议付行在议付之时认为单据相符叙做了议付，但是，到后来开证行拒付并确认单据不符之时，议付已经转化为不符点押汇了。

其实，出口押汇，和出口议付一样，归根结底，都不是"买单"，而是买入单据支持的应收账款，单据代表的货物担保的对象是应收账款的实现。

押汇行不是单据及其货物的所有权人，押汇行在买入的应收账款无法实现，造成押汇款归还可能落空情况下，自动获得单据及其货物的留置权，也自动获得了向出口商的追索权。承运人，由于其运费未付，同样可以获得货物的留置权，自动获得了向作为托运人的出口商的追索权。

在出口商归还押汇款和付清运费前，押汇行和承运人一样，通过处理留置的单据和货物，将一样获得对货物变卖款项的清偿权利，只是清偿的顺序有先后之别。

【结论】

无论如何，押汇行不是货物的所有权人，不是运费的债务人，也就谈不上向承运人承担未付运费的责任。

【例 9-8】宁德早交单押汇涉嫌欺诈的信用证止付案

案情： 2008 年宁德 H 公司出口冷冻水产品到韩国，自由议付，要求全套正本提单，运费待付。信用证 47A 规定：单据必须于提单日 60 天后提交。

出货后，货代签发"货代提单"。受益人立即向银行交单，并申请押汇。指定议付行审单发现"早交单"不符点，凭受益人担保下叙做出口押汇，并扣压单据直至提单日后60天满，才把单据寄开证行索偿。

不久，开证行发MT734，通知接到止付令，无法正常付款，提单涉嫌伪造。请问：指定议付行是善意议付吗？

【分析】

"早交单"不符点在扣压单据直至提单日后60天满将自动消失，原先不符点出口押汇，将如何自动变成无不符点出口议付？

出口押汇也不是单据质押下的"借贷"。案中，信用证规定交单期为发运日后90天。单据实际在有效期内提交，但早于发运日后90天，指定议付行审单后发现早交单不符点，但仍应受益人要求予以"议付"。单据留在指定议付行，效期前过发运日90天后寄送开证行。开证行审单无不符点，但收到了法院止付令，理由是：单据对应的货物数量严重不足。

议付行起诉开证行要求偿付，声称是善意议付行，应适用欺诈例外的"例外"原则。开证行辩称议付行之"议付"是在早交单不符点情况下作出，其善意议付行地位并不存在，欺诈例外的"例外"原则并不适用。

议付，以相符交单为前提。早交单不符点情况下，指定银行的融资显然不是真正意义上的议付，而只能是不符点押汇。

但是，当时间自然流逝过了发运日后90天，早交单不符点会自然消失，原来的单据自然转化为相符交单。相应地，原来不符点单据下的押汇，自然转化为议付。

【结论】

议付下是"买入应收账款"，押汇下自然也是"买入应收账款"，只是原先单据存在不符点，属不符点押汇，不符点消失则属议付。既然属议付，案中的议付行的"善意议付行"地位就无需置疑。

项目小结

国际贸易融资是外向型中小企业扩张国际贸易的重要工具，既有助于更加有效地开拓国际市场，又能帮助外向型中小企业强化其国际竞争实力。进口贸易融资产品，主要包括信用证项下的进口开证、提货担保、提单背书、进口押汇及信托收据贷款等，项目九中重点介绍了中国工商银行两种常用的提货担保、进口押汇的操作要点。此外，还介绍了非信用证项下的进口贸易融资产品，如汇出汇款项下融资的业务操作；出口贸易融资产品，则有信用证项下的打包贷款、出口押汇、出口贴现，以及非信用证项下的T/T出口发票融资、出口跟单托收押汇或贴现等，也可以组合福费廷进行贸易融资。

项目九 国际结算与贸易融资 317

知识网络

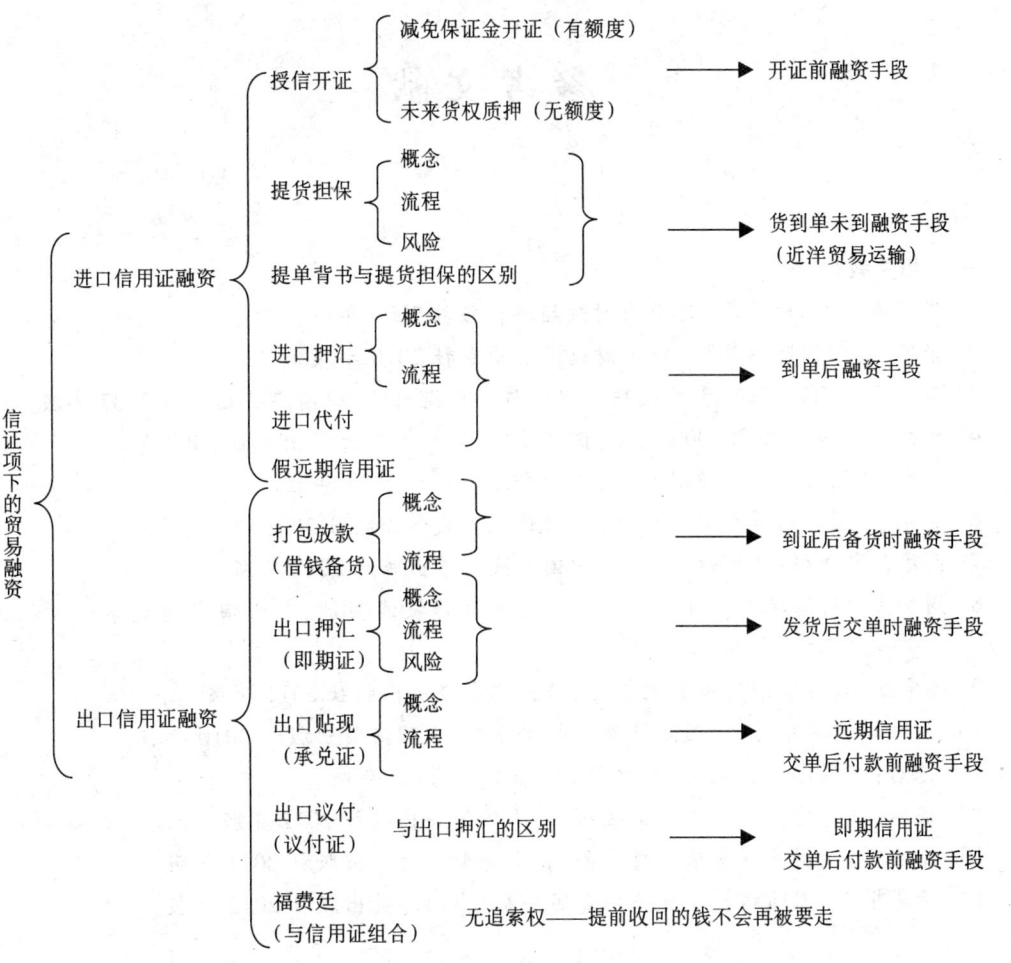

参考文献

一、相关教材

1. 张宏博：《国际结算》，中国财政经济出版社2009年版。
2. 张宏博：《国际结算》，中国财政经济出版社2010年版。
3. 黄海涛：《信用证6小时教程：实例与操作指南》，中国海关出版社2007年版。
4. 陈岩、刘玲：《UCP600与信用证精要》，对外经贸大学出版社2007年版。
5. 靳生：《国际结算实验教程》，中国金融出版社2007年版。
6. 庄艳：《国际结算与外贸单证》，对外经贸大学出版社2008年版。
7. 高洁、罗立彬：《国际结算》，中国人民大学出版社2012年版。
8. 周岳梅、孙海洋：《国际贸易融资结算操作技能实训》，上海交通大学出版社2011年版。
9. 滕宝红：《外贸经理成长同步指引》，广东经济出版社2011年版。
10. 周红军、阎之大：《国际结算函电实务》，中国海关出版社2010年版。
11. 陈岩：《国际结算》，对外经贸大学出版社2012年版。
12. 毅冰：《外贸高手客户成交技巧》，中国海关出版社2012年版。
13. 童宏祥：《国际贸易跟单员实务》，上海财经大学出版社2011年版。
14. 李华根：《国际结算与贸易融资实务》，中国海关出版社2012年版。

二、业务平台

1. 深圳智盛国际结算模拟系统（http：//www.10588.com/forum/forum.php）
2. 南京世格外贸业务教学软件（http：//192.168.86.201/practice/）
3. 南京世格外贸单证教学软件（http：//192.168.86.201/doc/）

三、行企文件

1. 中国银行国际结算及贸易融资业务操作规程
2. 中国工商银行国际业务管理及借鉴
3. 经贸行业外销岗位规范